林业真是一个大事业

杨继平 著

人 民 出 版 社

责任编辑:陈寒节

责任校对:湖 催

图书在版编目(CIP)数据

林业真是一个大事业/杨继平 著.

—北京:人民出版社,2011.6

ISBN 978 - 7 - 01 - 009944 - 6

Ⅰ.①林… Ⅱ.①杨… Ⅲ.①林业管理 - 研究 - 中国

Ⅳ.①F326.2

中国版本图书馆 CIP 数据核字(2011)第 102263 号

林业真是一个大事业

LINYE ZHENSHI YIGE DASHIYE

杨继平 著

人民出版社 出版发行

(100706 北京朝阳门内大街 166 号)

北京龙之冉印务有限公司印刷 新华书店经销

2011 年 6 月第 1 版 2011 年 6 月北京第 1 次印刷

开本:787 毫米×1092 毫米 1/16 印张:27

字数:398 千字 印数:0,001 - 3,500 册

ISBN 978 - 7 - 01 - 009944 - 6 定价:40.00 元

邮购地址:100706 北京朝阳门内大街 166 号

人民东方图书销售中心 电话:(010)65250042 65289539

前　言

　　人类是从森林中走出来的，是自然生态系统中的一部分。自然生态系统本身是一个极其复杂的系统，而深刻认识人与自然的互动性，自然对人类生存发展的基础性、根本性、长远性作用，则是一个更加复杂且日益迫切的问题。人类往往是在受到自然报复之后，才逐渐认清一些人与自然的关系。自然生态系统包括陆地生态系统、海洋生态系统和大气生态系统，森林是地圈、水圈、气圈之间能量交换和处于平衡状态的关键纽带。森林又是陆地生态系统的主体。没有足够数量及高质量的森林，自然生态系统的平衡就会被打破，生态灾害就会降临。自然的恩赐和威力都是巨大的，各种自然灾害，是自然受到破坏之后对人类的警示、教育和惩戒。如果警示无效，屡教不改，最后的惩罚是取消人类的生存权。气候变暖进程加快所造成的各种后果就是最大的警示。与过去相比，人类对生态系统的认识越来越深刻，对保护和恢复生态系统所做的努力越来越多，但面临的问题是，生态灾害不是减少而是增多了，生态危机不是缓解而是加剧了，这说明，人类正在做的与需要做的事情之间，差距正在拉大。

　　在人与自然的种种关系中，生态与经济的关系是核心。过去，经济发展基本上是建立在对自然的破坏之上的，当这种破坏超出自然能够承载的范围，自然的制约甚至破坏便会显现出来，迫使经济偿还欠账。这种赔偿尽管是经常的巨大的，但给机会还算是好的。生态与经济和谐共存共进，是经济社会可持续发展的必由之路，是基础和前提。没有这个基础和前提，就实现不了发展的可持续性。要真正使生态与经济和谐发展，首先是再不能走牺牺牲生态换取经济发展的旧路了。同时,经济必须主动偿还生态欠债,把保护和恢复生态良好面貌作为经济内在的需求,从而自觉为经济社会可持续发展负起责任。当代人,既要偿还前人和自己欠的,又要留下后人需要的。文明史越久,欠下的越多。这些道理,人们已经有所认识,但真正运用到实际处理生态与经济的关系中,就难了。

森林是生态经济的柱石,地球健康的基础。在保证经济社会可持续发展的自然资源中,最重要的是土壤、水和森林。只有保持土壤良好的生产力,才能求得耕地不退化,后备耕地资源不减少。新土壤形成所需要的漫长时间,与土壤流失和沙尘暴刮走的速度是无法相比的。我国耕地很难再增加了,保住现有耕地的持续生产能力是关键所在。森林调节气候、防风固土的巨大作用,是保持土壤生产力的基础和根本。无论有多大困难,也不能再毁林开垦了。水资源越来越匮乏,越来越宝贵。增加降水(雪)、提高水的利用效率、保住地下蓄水层不被破坏是解决干旱缺水的关键。地下蓄水层储水所形成的漫长时间与开采地下水造成地下水位下降的速度也是无法相比的。长期大量超采地下水,致使地下蓄水层枯竭,后果不堪设想。森林促进水分大循环、涵养水源的巨大作用,就像"引水器",能加强水汽蒸腾,增加降雨降雪;就像"蓄水库",能减缓径流,提高水的利用效率。周恩来总理1950年8月指出,"中国森林的面积,远不够一个森林国家的标准",1964年6月又指出,"中国最缺乏的资源是森林",至今,这两句话仍然切中要害。

我国林业和生态建设成就显著,在世界上许多地区森林仍在遭受破坏的情况下,我国是森林不断增加最多的国家,森林覆盖率和总蓄积双增长已有十几年了。但应该清醒地看到,森林资源总量不足、质量不高的问题还远没有解决。世界上国土辽阔的国家中,俄罗斯国土面积1700万平方公里,森林面积8.09亿公顷,森林覆盖率47.9%,森林总蓄积805亿立方米;加拿大国土面积1000万平方公里,森林面积4.176亿公顷,森林覆盖率41.8%,森林总蓄积329.8亿立方米;美国国土面积936.6万平方公里,森林面积3.07亿公顷,森林覆盖率33.1%,森林总蓄积351.2亿立方米;巴西国土面积 850 万平方公里,森林面积 5.44 亿公顷,森林覆盖率 64.3%,森林总蓄积 812 亿立方米。人多山多的国家中,日本国土面积 37.78 万平方公里,人口 1.28 亿,人口密度 338 人/平方公里,山区丘陵占国土面积的 70%,森林覆盖率 68%;韩国国土面积 9.93 万平方公里,人口 0.48 亿,人口密度 487 人/平方公里,山区丘陵占国土面积的 70%,森林覆盖率 65%。我国森林面积 1.95 亿公顷,森林覆盖率 20.36%,森林总蓄积 137.2 亿立方米,森林覆盖率仅列世界第 139 位,差距甚大。

林业是百年大计,千年伟业。1956 年 2 月,毛泽东主席发出"绿化祖国"的伟大号召,3 月说"林业真是一个大事业"。1958 年 8 月,他指出,"要使我们祖国的河山全部绿化起来,……自然面貌要改变过来",同年 11 月,他又指出,"要发展林业,林业是个很了不起的事业","林业将变成根本问题之一"。现在,在气候变暖的大趋势下,在我国人多、山多、沙漠多、耕地少、森林少、水资源少的国情下,林业无疑更是根本问题。实现毛泽东主席 50 多年前提出的目标,仍是一项艰巨的历史任务。正因为这项任务的艰巨性,毛主席早在 1964 年就指出:"用 200 年绿化了,就是马克思主义,……愚公移山,这一代人死了,下一代人再搞"。邓小平同志讲的更明确:"植树造林,绿化祖国,是建设社会主义、造福子孙后代的伟大事业,要坚持二十年,坚持一百年,坚持一千年,一代一代永远干下去"。林业和生态建设任重道远。

我国最主要的自然条件,一是季风气候,冬季对流层低层盛行西北、北、东北风;夏季对流层低层盛行西南、南、东南风。太平洋暖湿气流由东南、东、东北进入内陆,向北、西北、西推进,印度洋暖湿气流经青藏高原向北、西北推进。二是地势自西和西北向东南倾斜,夏季风北上受地形山脉阻塞,到达西北地区已很微弱,而大江大河发源于西部。这就是我国特殊的自然规律。应该从整体上谋划林业和生态建设的重点区域、长远目标和科学布局。由于林业和生态建设的任务十分艰巨,宜林地又是有限的,经过上百年乃至更长时间的不懈努力,森林覆盖率如果能够达到 30%,已经是很不容易了,这也只是到达了全球森林覆盖率平均水平。全球森林覆盖率降低到 30%

的过程中,已经出现并将继续加剧一系列的生态危机。以不到全球平均水平的森林覆盖率去实现生态平衡、人与自然和谐,则更加不易。在不懈地扩大森林数量、提高森林质量的历史进程中,需要十分重视认识、顺从和利用好自然规律,使数量有限的森林能够在调节气候、减少自然灾害中发挥更大的作用。

我在工作中做过一些调查和研究,选了一些业务方面的文字,汇成本书。调查与研究有专题性的,大部分是结合工作进行的。一般分为三个阶段,开始前先做准备,研究各种资料,掌握总的情况,找出特点,提出问题;实施中边工作边结合进行考察,针对特点,探索解决问题的办法;回来后进一步补充材料,深入进行分析综合,形成看法。书中内容,能够为大家提供一些参考就好。十分感谢北京林业大学严耕教授、盛双庆同志和国家林业局周戡同志在编辑工作中所给予的帮助。

杨继平

2010 年 8 月 20 日

目　录

国外考察

专题研究

学

习

思

考

林业干部要加强理论学习[*]

同志们到党校进修,主要任务是"加强理论武装,开阔世界眼光,培养战略思维,增强党性修养,提高知识水平",而这些目标所包含的每一项要求,都与加强学习密不可分。不加强学习,五个任务中的每一个都会落空。

怎样在新形势下加强理论学习,提高学习效果呢?就是要肯下功夫。在增强学习自觉性上下功夫;在增强学习的系统性上下功夫;在提高理论联系实际的能力上下功夫。

一、增强自觉性

增强学习自觉性既是一个老问题,又是一个新问题。这是因为学习是一个不断深化、不断进取、永无完结的过程,就如逆水行舟、陡坡行车,不进则退。谁在学习问题上松懈下来,谁就会停滞不前,甚至倒退;谁在学习问题上锲而不舍,谁就能不断前进。

学习,主要靠主观努力,靠主观能动性的发挥,即使在党校里也是这样。"牛不喝水强按头"是不行的。掌握知识,是要丰富自己的知识面;在学习中提高理论思维的能力,要靠自己的大脑这个"加工厂"去加工制作;运用理论指导实践,也主要是靠自己努力。所以,靠别人、靠客观条件是不行的,装门面、走形式是无用的。有动力才会去努力,而要有内驱力,自己就要不断充盈内在的压力。

---

* 本文是 2000 年 4 月 4 日作者在国家林业局党校第十六期党员领导干部进修班开学典礼上的讲话提纲。

领导干部时刻都处在自己的水平、能力与所担负的职责如何相适应的动态变化过程中。情况总是在不断发展变化的,新生事物层出不穷,新的任务对我们的要求越来越高,随着个人的不断成长,责任也越来越大。因此,必须通过不断地学习来提高自己的理论水平,以不断与新的形势、新的任务、新的责任相适应。

在座的同志都是中青年干部,都工作在中央国家机关或直属单位的重要岗位上,参与着国家事务的管理工作,所处地位特殊,岗位重要。因此,与自己所处的地位和岗位相适应的问题更加重要。无论从全党全国面临的新形势看,还是从本部门本单位面临的新任务看,都给我们提出了很高的要求,都面临着如何提高自己的理论素养,以尽快适应新形势、新任务。

从林业面临的形势和任务看,目前是林业发展极好的机遇。党和国家十分重视林业和生态建设,做出了一系列重大决策。新的形势使林业的内涵和外延都发生了极大的变化,林业已经不再是过去意义上的林业。一是国家实施可持续发展战略,把生态建设放到国民经济和社会发展的基础地位,林业已成为国民经济发展的基础;二是国家制定了全国生态建设规划,把山川秀美列入社会主义现代化的目标体系,林业在现代化总体格局中处于重要地位;三是在西部大开发战略中,国家把林业和生态建设作为实施这一战略的根本和切入点。林业地位、任务的变化,既是机遇,又是挑战。我们能不能抓住机遇,用好机遇,能不能迎接挑战,战胜挑战,不仅对林业各级干部提出了更高的要求,而且对我们是一种历史考验。我们现在是在书写新的林业创业史。能不能谱写好跨世纪第二次创业的新篇章,关键看我们的水平,而没有相应的理论水平是难以胜任的。提高水平,主要是提高从全局上谋划、研究新的带有战略意义问题的能力。比如,西部大开发中林业发展确立什么思路、采取什么举措? 实行什么机制、政策来推进全社会办林业? 林业怎样实现"走出去"战略? 林业怎样科学布局、科学经营、科学管理? 林业如何加强科技支撑? 等等。解决这些新课题,必须用科学的理论作指导,必须解决世界观和方法论问题。

理论根基的深厚与否,在一定程度上,既反映着一个人理性思维的层次和领导水平的高低，又决定着其发展潜力和后劲。一名领导干部，只有马克思主义理论基础扎实了，各方面知识丰富了，才能全面认识和把握各种复杂的矛盾和问题，敏锐地识别各种错误观点和思潮，科学地制定政策措施，掌握工作的主动权。

孔子说，"性相近也，习相远也。"意思是人的才性本来差别并不大，后天学习的不同导致渐行渐远的差异。这个差异的大小在很大程度上就取决于学习自觉性的高低。有了自觉性，就能不待扬鞭自奋蹄，就能持之以恒、锲而不舍，就能积跬步而至千里，积小流而成江海。要增强学习的自觉性，必须克服四种思想障碍。一是克服"差不多"思想。不能满足于过去学过马克思主义基本理论，对党的方针政策有一定了解，有一定的文化知识和工作经历，就感到够用了。如果一个人经常自我感觉良好，是不会去自觉刻苦学习的。二是克服"无所谓"思想。认为搞业务、行政、经济、管理工作是硬的、实的，而学理论是软的、虚的，学与不学区别不大，学好学差关系不大，学多了也没什么用。一个人如果不想学，那就更谈不上自觉学、刻苦学了。三是克服"顾不上"思想。认为工作都忙不过来，哪有时间和精力去系统学习理论。没时间学，主要是不重视学，即使在党校学习期间给大家创造了专门的学习机会，这个问题同样会存在。顾不上，实际上还是不愿学。四是克服畏难思想。认为学习枯燥乏味，坐不下来，钻不进去，不想吃这个苦，不想下这个功夫。怕吃苦，当然也谈不上自觉学、刻苦学了。这四种思想绝不是少数人有，在许多同志身上都不同程度地存在，不克服它，就谈不上增强学习的自觉性。

二、要系统学

所谓理论，即是概念和原理的体系。党校理论课程设置的内容是"三个基本问题"，就是马克思列宁主义、毛泽东思想、邓小平理论的基本问题。马列主义、毛泽东思想、邓小平理论是一脉相承的，是继承和发展的关系，是不可割裂的整体。学习"三个基本问题"，就是要求系统地学习，完整、准确、全面地把握马列主义、毛泽东思想和邓小平理论的科学体系,而不是断章取义,各取所需。

应该承认,现在在中青年干部特别是青年干部中,马列主义、毛泽东思想的理论功底还比较薄弱。有个县委书记在"三讲"中讲学习体会时说:"没有想到毛泽东能写出《反对自由主义》这么好的文章"。可见,他对毛泽东思想知之甚少、知之甚浅。现在,一些干部中存在的理想信念不坚定,理论水平不高,政治上不清醒、不成熟的问题,都与没有系统地学习马克思主义理论分不开。当然,讲系统地学,并不是要求所有人去"啃大部头",而是要以马列主义的基本观点、立场、方法为主线,认真阅读一些马列主义的经典著作,以系统地而不是零碎地、科学地而不是扭曲地掌握马列主义的理论体系。不了解马克思主义科学的理论体系,就谈不上自觉运用。

我们常讲改造自己的主观世界,树立科学的世界观。什么是世界观?世界观是指对世界总的根本的看法。怎样树立科学的世界观? 就是用马克思主义哲学来武装自己。系统化、理论化的世界观就是哲学。马克思主义哲学体系是辩证唯物主义和历史唯物主义,是科学的世界观和方法论,是无产阶级及其政党认识、改造世界的理论武器和科学方法。刘少奇在1948年就讲过,"要提高理论水平,要熟悉马列主义,特别要学习唯物史观、认识论"。哲学基础,是一个干部最重要的基础,没有这个基础,用什么立场、观点、方法来观察事物,改造世界呢? 但是,现在不少同志对哲学进行系统的学习是不够重视的。

马克思是全世界最伟大的思想家,马克思主义是人类思想发展史上最伟大的科学思想体系。马克思把唯物论与辩证法结合起来,并且把辩证唯物论用于观察和分析人类社会历史。马克思主义哲学是关于自然、人类社会、思维运动和发展的普遍规律的科学。马克思主义唯物辩证法揭示了两个基本原则:即普遍联系和永恒发展原则;揭示了三个基本规律:即对立统一、质量互变、否定之否定规律;揭示了五对基本范畴:即内容与形式、原因与结果、本质与现象、必然性与偶然性、现实性与可能性的相互关系。二个原则、三个规律、五对范畴,是认识事物的根本方法,不掌握它,就不能学会掌握分析、观察事物的科学方法。

毛泽东思想是以毛泽东同志为代表的中国共产党人把马列主义基本原理与中国革命的具体实践相结合的产物，是中国化了的马克思主义。毛泽东哲学思想是党的第一代领导集体智慧的结晶，是马克思主义哲学思想的发展。毛泽东哲学思想集中体现在《实践论》、《矛盾论》这两篇光辉篇章里。《实践论》解决认识论问题；《矛盾论》解决方法论问题，领导干部特别需要仔细、经常钻研这"两论"。毛泽东同志是最重视认识论的。在《实践论》中，他深刻阐述了认识的实践基础、认识的辩证过程、理论与实际相统一、真理发展规律、自由与必然的辩证关系。在论述感性认识向理性认识飞跃时他指出，这个飞跃要具备两个条件：一是感性材料十分丰富和合乎实际，而不是零碎不全，不是错觉，这是向理性认识飞跃的条件之一；二是经过思考、科学抽象，通过"去粗取精、去伪存真、由此及彼、由表及里"的改造制作功夫，形成概念的系统，求得对事物本质的、全体的、内部联系的认识。没有这两个条件，就不能实现向理性认识的飞跃。我们之所以常常苦于对某一事物难于形成理性认识，就是缺乏这两个翅膀，因此飞不起来，跃不上去。

《矛盾论》讲的是方法论，深刻阐述了唯物辩证法最根本的法则是对立统一规律，包括矛盾的普遍性和特殊性，主要矛盾和矛盾的主要方面，矛盾各方面的同一性和斗争性，事物矛盾问题的精髓等问题。毛主席精辟地指出，矛盾的共性与个性、绝对与相对是关于事物矛盾问题的精髓。不懂得它，就等于抛弃了辩证法。他认为，主观性，就是不知客观地看问题；片面性，就是不知全面地看问题；表面性，就是不知从矛盾的总体上和矛盾各方的特点上去看问题。关于矛盾的特殊性问题，毛主席运用和发挥得非常好。比如，他在《抗日游击战争的战略问题》一文中，对游击战战略问题的特殊性的论述十分精彩。他说，在抗日战争中，正规战是主要的，游击战是辅助的，游击战怎么会有战略问题呢？为回答这个问题，他运用矛盾规律深刻分析了中国发生游击战的战略问题的原因、条件，认为中国游击战的战略问题不同于一般战略问题，必须具体考察。据此他提出中国游击战的六个战略问题，而这六个问题是游击战特殊的、反映自身内在规律的战略问题。举这个例子是想说明，为什么说哲学问题是世界观问题，以及用科学的认识论、方法论分析客观事物的重要性。

邓小平理论，是马克思主义在中国发展的新阶段，是运用马克思主义哲学的基本思想、基本观点、基本方法分析和解决实际问题的典范。把辩证的观点、实践的观点、联系的观点、发展的观点、群众的观点、具体问题具体分析的观点这些马克思主义最基本的观点和原则，运用于新的实践，并进行新的理论思考和概括提炼，提出和创立了"初级阶段"、"三个检验标准"、"一部分地区先富起来"、"两手抓"、"一国两制"等重要的科学论断，回答了什么是社会主义和怎样建设社会主义的一系列新问题。

再举关于生产力和共同富裕问题的论述为例，来说明系统学习的重要性。马克思一再强调，生产力是人类社会发展的决定力量。毛泽东在党的"八大"就指出，"国内的主要矛盾已经是人民对经济文化迅速发展的需要同当前经济文化不能满足人民的需要状况之间的矛盾"，"斗争的主要任务变为保护社会主义生产力的顺利发展。"邓小平更鲜明地提出社会主义的根本任务是解放和发展生产力。共同富裕问题，是毛泽东最早提出来的，他指出"使全体农村人民共同富裕起来"，这个富是共同富，这个强是共同强。小平同志把共同富裕思想运用于社会主义本质论、一部分地区先富论、两个大局论中。可见，关于生产力和共同富裕的思想，在马克思主义、毛泽东思想、邓小平理论科学体系中是不断继承和发展的关系。

三、提高理论联系实际的能力

理论联系实际的能力，事关贯彻党的实事求是思想路线的水平，是一个涉及党性纯不纯、党风正不正的问题，是一名党员领导干部必备的素养。渔夫为什么能捕鱼，因为他掌握了捕鱼术；轮船为什么能在大海中航行，因为舵手掌握了航海术。毛主席说："对于马克思主义的理论，要能够精通它、应用它，精通的目的全在于应用。如果你能应用马克思列宁主义的观点，说明一、二个实际问题，那就要受到称赞，就算有了几分成绩。被你说明的东西越多,越普遍,越深刻,你的成绩就越大。""马克思列宁主义同中国革命实际,怎样互相联系呢？拿一句通俗的话来讲,就是'有的放矢'。'矢'就是箭,'的'就是靶,放箭要对准靶。"所以,学习理论,目的在于"联系"、"说明"我们正在做的事情。这种"联系"的能力,这种"说明"的能力,就是"捕鱼术"和"航海术"。

一个人学习了多少理论,固然是理论素养的重要基础,但这并不是目的,最重要的在于他能不能正确掌握和善于运用所学理论。这种掌握和运用的本领,就是理论说明、联系实际的能力。这种能力,是在长期学习和实践的过程中积累的、锻炼的,积累多了才能厚积而薄发,锻炼多了便会功到自然成;这种能力,就是运用马克思主义的基本立场、观点、方法,去观察、分析、认识事物的能力,就是透过现象、局部、事务而发现、揭示本质和规律的能力,就是把表面的现象、纷繁的事物抽象出来进行理性概括的能力,就是寻求理论与实际结合部和切入点的能力。有些同志书读的不少,实践也不少,但在理论与实践的结合上缺乏对这种能力的自觉锻炼,所以寻找"结合部"的能力还不强,常常是拿着好"箭"找不到"靶"。

怎样锻炼这种能力呢？大家都有很多经验和认识。解决这个问题是个永无止境的过程,我向同志们提供一些参考意见,这就是讲实际,讲研究,讲独立思考,讲方法。

第一,要讲实际。实际,主要是指我们面临的、尚未被认识和解决的理论和实际问题。实际问题,包括理论与实践、局部与全局、思想与工作、近期与长远等各个领域和各个层次。实际问题往往就是新问题。从实际出发,就是从新问题出发;联系实际,就是联系这些新问题所处的各种条件和环境;符合实际,就是符合新问题的特点,反映新事物自身的内在规律。对外国的、别人的、早已解决的问题,当然也常常要去联系,但这不是目的,我们的目的是为了更好地针对自己的实际,解决面临的工作难题。

第二,讲研究。学习理论不能无的放矢,不能空对空,要防止空学、虚学。研究,就是揭示实际问题的本质特征和内在规律,找出用理论说明实际问题的正确答案,确定解决实际问题的途径、办法;研究,又是锻炼将潜在的理论素养转化为解决实际问题的能力，一个人长期坚持这种锻炼，这种能力自然会得到提高；研究，也是思考、转化及大脑"加工厂"进行理性思维的过程。所以，一定要把学习理论与研究问题紧密结合起来，作为一个相统一的过程，在学习中研究，在研究中再学习，使所学理论不断转化为研究问题的能力。

党校学习的一个重要目标，就是培养学员的战略思维。这也是规划未来、迎接新世纪挑战对领导干部提出的一个新要求。所谓领导，首先是战略领导。在战争年代，毛泽东同志强调领导干部要研究带战略性的战争规律。邓小平同志要求领导干部不能总在事务里打圈子，要用宏观战略眼光分析问题，从大局着眼提出和解决问题。

——研究要注重一个"大"字。大，就是大事、要事。要善于研究带有全局意义、长远意义的大问题。经常学习和研究大事，锻炼的是战略思维、前瞻思维。中央国家机关的领导干部，是参与国家事务宏观管理的，不能陷在事务堆里，不能只看眼前，应该具备研究战略性、全局性、长远性重大问题的能力。方向性、思想性、战略性、规划性、政策性、前瞻性的问题，都是大问题。我们常讲要想大事、议大事、抓大事、办大事，而要做到这些，就必须具备研究大事的基本功。

——研究要讲求一个"高"字。研究大的问题，必须高屋建瓴。一是站在历史的高度，用历史的眼光和思维，来分析观察事物所具备的历史条件、所处的历史地位、所发挥的历史作用、所担负的历史使命、所积累的历史经验和教训、所受的历史局限以及对历史进程产生的影响等。研究林业发展的重大问题，就必须从宏观上认清林业所面临的新形势，所发生的新变化，所担负的新使命等基本问题。二是要站在政治的高度，用政治的眼光，从政治角度来观察、分析问题。凡是涉及国家、制度、政权、政党、人民的问题，凡是带有战略性、全局性、长远性的问题，都是政治问题。研究重大问题，必须站在历史的和政治的高度来观察、分析和思考。不从这两个高度去观察、分析和思考，就不能提高层次，就不能拓宽视野，就不能打开思路，就不能抓住问题的本质。

——高屋建瓴地研究大的问题,必须关注、把握和研究大局。一是国际大局。当前国际大局有些什么新变化、新特点,林业在全球新变化面前处于什么地位,出现了什么新的组织和游戏规则,中央提出的"走出去"战略在林业怎样体现,这都是要从大局出发予以关注的。二是国内大局。随着整个国家经济和社会发展的需要,与之相适应的林业的地位、形势、任务有什么变化,林业发展的思路、重点、布局怎样调整等,也需要把握和研究。当前一个突出问题是全社会办林业方针怎么体现出来,李瑞环同志提出的"千军万马"问题怎么实现。还要注意研究政府对林业的投资需求问题,研究社会对林业投资需求以及发展民营林业的政策、机制等问题,以鼓励、吸引社会投资。三是本部门、本行业、本地区、本单位大局。中央西部开发战略在林业如何体现,这是当前一个重要课题。西部开发、农村经济结构调整都是新情况、新变化,对林业发展既是机遇又是挑战。在机遇和挑战面前,如何把握、用好机遇,如何在挑战中发展林业,这些都需要进行研究。

第三,讲独立思考。在学习和研究中思考问题,当然是自己的大脑"加工厂"在工作。虽然十分需要书本的、别人的、历史的、上级的、集体的等各方面的成果和经验,但一切外来的启示都必须通过自己思维才能发挥作用,如果自己的"机器"没开动起来,一切外来的帮助都难以发生应有的作用。因此,要特别重视锻炼独立思考的能力。锻炼这种能力,一是要抓特点。任何事物都处在特定的环境和条件下,有其特殊性。从实际出发,很大程度上是从某一事物的特殊性入手。二是要善于提出问题。提出问题,并且提出一连串相关联的问题,是研究和解决问题的重要前提。提不出问题,怎么能回答问题呢? 比如,我们在提炼马永顺精神之前,就是先提出了一系列问题:马永顺这个典型的特点是什么(与其他典型的区别),体现的时代精神是什么,精神实质是什么,精神源泉是什么,学习宣传的重要意义是什么,怎样学习宣传等等。当然,提出问题并不是目的,还要回答问题,当回答了这一系列问题之后,我们对于这个问题系统的、规范的思维就形成了。三是要有创造性。真正的独立思考才能激发创造性。新的思想、思路、办法之所以新,就在于它是过去没有提出、没有解决的。不去进行独立思考,照抄照搬,当然谈不上有所创造,有所发现,有所前进。独立思考是创造之母。要在独立思考中不断锻炼和增强自己有所创造、有所发现的能力。四是要不怕艰苦。真正的独立思考是艰苦的。思维的形成是一个不断深化、不断发展的过程,不可能一蹴而就,不可能一口吃个胖子。所以在学习和研究中,要不怕挫折,不怕反复,要在反反复复的过程中寻求解决问题的思路和办法。这个反反复复的过程,就是学习提高的最佳途径。

第四,讲方法。提高理论联系实际的能力,必须注重科学的思维方法。讲方法,指的是思维方法,也就是思维的行为方式。思维的方法很多,讲几点供参考。

一是联系。联系的观点,是马克思主义哲学思想中最重要的观点,是一切方法的总方法。普遍联系是唯物辩证法科学体系中层次最高的原则。列宁认为"真理就是现象、现实的一切方面的总和以及它们的相互关系构成的","要正确认识事物,不仅要把事物分解为各个部分进行分别考察,而且要揭示这些部分的相互联系,从总体上加以把握"。他强调"从事实的联系去把握事物,把握研究事物的一切方面、一切联系和中介,才能真正认识事物"①。这就是说,研究一个事物,要分析与它相联系的各个方面,要揭示它们之间的相互关系,要从总体上概括出这一事物的本质特征。这是防止片面性、简单化、绝对化的重要方法。

二是系统。系统的方法与各种方法都有关系,是联系方法更深入、更具体的方法,是唯物辩证法的重要思想。这种方法,就是把任何事物都看作一个系统,研究系统整体和要素、要素和结构、结构和功能(要素功能、整体功能)、层次和层次、系统和环境等不同方面的关系。通过系统分析,掌握一个事物由哪些相关要素组成,这些要素在整体中处于什么地位,发挥什么作用,哪些是核心要素、关键要素,要素之间、层次之间的相互作用(包括互创条件、互相制约),整体功能怎样最佳发挥或怎样才能受到破坏,等等。

三是历史。历史的方法,主要是通过总结已有的、过去的经验和教训,

① 《列宁全集》第38卷,第209—215页。

从中受到启迪和警示,以正确把握事物发展的规律和前进的方向。

四是比较。比较就是把现在与过去、成功与失败、本地与外地、国内与国外等进行对比分析,形成对客观事物特征、个性的认识,以区别一种事物与另一种事物的不同属性。

五是抽象。抽象是形成概念的必要手段,是思维活动的一种特性。抽象思维,也称逻辑思维。它是指从事物个别的、非本质的属性,抽出一般的、本质的属性,从大量现象中抽出理性的概括,形成概念和判断。毛泽东同志在《实践论》中指出,这是实现从感性认识向理性认识飞跃的两个条件之一。没有抽象,就不会有新思想、新观点、新概括。我们的目的是说明和解决问题,既然如此,就必须对某一个问题形成结论性的看法。这样,势必要进行抽象,不进行抽象,现象摆得再多,也提炼不出精髓,只能是就事论事。

提高调查研究的水平[*]

调查研究是领导干部的基本功,是领导作风转变的重要内容,是领导机关的基本工作方法。在林业改革与发展的新形势下,亟待解决的新问题很多,要及时发现和解决这些问题,保证林业发展的健康推进,必须发扬我党的优良传统,深入开展调查研究;目前,林业的地位、任务、责任发生了很大的变化,并且在不断变化着,这对林业工作者和各级领导干部提出了更高的要求,新形势要求我们通过调查研究提高分析解决问题、指导工作的能力和水平。

要有正确的认识

从宏观上把握好调查研究,需要正确认识调查与研究的关系。现在,调查研究工作存在着一些不容忽视的问题,归纳起来是"六多六少",即跑得多蹲点少,听汇报多接触群众少,走得多想得少,看现象多前瞻性思考少,向基层要情况多为基层办实事少,开会和活动多深入调研少。这"六多六少",既是作风问题,也是思想问题,需要引起各级领导干部的重视,并切实加以解决。克服"六多六少",首要的还是要对调查研究有正确的认识。

调查和研究是一个整体。调查与研究是统一的关系,要注意紧密结合好。调查是基础,是掌握实际情况的途径,是为研究服务的,需要系统而全面;研究是在调查基础上透过现象看本质的过程,是"大脑加工厂"去粗取

---

* 原文载于 2002 年 4 月 15 日《中国绿色时报》。

精、由表及里的思维过程,是形成理性认识的抽象过程,需要深入而细致。调查与研究是水乳交融的关系,在调查中要有研究,在研究中要补充调查。下基层搞调查研究,并不是先下去搞调查,回到机关再研究,而是要下去前就研究情况,调查一路,研究一路,回来后继续深入研究。

调查研究要有明确的目的。调查研究的目的就是发现和解决问题,指导工作,指导实践,绝不是下去"看一看",回来"写一写"。明确的目的性要融会在"五个既要五个更要"之中:其一,既要深入下去更要深入基层。到省也是深入,到县也是深入,到乡也是深入,要特别注意深入到能与群众广泛接触的基层。其二,既要深入基层更要深入情况。深入基层但没有深入情况中,不算真正的深入。其三,既要深入情况更要发现问题。掌握了不少现象和案例,但发现不了问题,就不可能搞好研究。其四,既要发现问题更要提出解决问题的办法和对策。提出了问题,但没有解决的办法,研究还是没有成效。其五,既要提出对策更要提出有价值能够解决实际问题、经得起实践考验的对策,这样,才真正达到了调查研究的目的。

调查研究是一个实事求是的过程。调查研究,就是从实际出发,寻求事物的内在规律。一是要把它作为一个过程,作为一个长期积累、"十月怀胎"的过程,不可能"一下子"完成,而解决问题是"一朝分娩",功到自然成。二是要有全面性,不能满足于表面上的"眼看到,腿跑到,嘴问到,手查到"。眼看到并不能代表已看到了实情,腿跑到并不能代表已经深入情况和问题之中,嘴问到并不能代表已经掌握了关键信息,手查到并不能代表已经查到了真实情况。在调查研究的过程中,要注意全面了解情况,剖析典型要好中差都有,好的典型要找,差的典型也要找,中间是大头,更要掌握。有些地方一听说是上级派调研组来,专门安排好的典型给看,这样的调研所掌握的实际情况是有限的。三是要有锲而不舍的精神,不达目的誓不罢休,问题没有根本解决,调查研究就不停止,有这种精神才能绳锯木断、水滴石穿。四是要有动态性,事物是不断发展变化的,要不断地了解变化着的情况,不断地发现和解决问题。

要讲究方法

讲方法,指的是思维方法,也就是思维的行为与方式。调查研究的方法,说到底是要运用正确的思想方法。

要有历史的眼光、群众的观点、政治的观察力。调查研究要用历史的眼光看问题,要把事物放到历史长河中去看过去、现在和将来,看发展的历程和趋势。林业是一项可持续发展的事业,是关系子孙后代的事业,必须用历史的眼光来观察,不仅要看近几年,还要看几十年、上百年、几百年。调查研究要有群众观点,遵循党的宗旨,体现以人为本的思想,注意把群众的长远利益同眼前利益结合起来,既要解决群众眼前的实际困难,又要解决长远发展问题。调查研究要有政治观察力。带有全局性、长远性、整体性的问题,都是政治问题。林业与全局关系密切,是群众问题、社会问题、战略问题,要注重从政治上来分析观察经济问题、生态问题。

要研究全局性、战略性、前瞻性问题。林业是事关国家生态建设、经济和社会可持续发展、社会主义现代化建设、农村繁荣稳定和农民致富增收的大问题。要调查研究全局性、战略性、前瞻性问题,想大事,议大事,抓大事。

要搞好分析综合。分析综合是一个重要方法,在调查研究中用得最多。对一个问题进行分析综合,第一步是对事物进行一般性认识;第二步是对事物的各个部位进行研究分析;第三步是对所做的各种分析进行综合、概括,形成整体性认识。分析综合的重点是分析,但分析中要有综合,一边分析一边综合。从思维方法讲,还要善于运用归纳、演绎、统计、比较等方法。

要详细占有材料并抓住要点。占有材料一定要详细、全面,这是调查研究的基础。既要从统计资料和历史资料进行分析研究,又要对现实情况进行调查了解。研究林业问题,要跳出林业研究林业,要占有多方面的材料,因为林业已不是原来的行业问题或产业问题,而是事关全局的国家战略问题。比如研究全局或一个地区的植被布局,就需要掌握气象、地形、水资源等材料。仅仅详细占有大量的材料还不够,抓不住特点,就找不出特殊性,在详细占有材料的基础上,要善于抓住最有代表性、最能体现特点的材料,使提出的观点有根有据,作出的分析切中要害。

深化对事物特殊性和系统性的认识[*]

世界观是认识世界的总方法。树立马克思主义的世界观,就是要运用马克思主义的原理来观察世界。这个总方法就是辩证唯物主义和历史唯物主义。马克思主义哲学,是马克思主义理论的基础,是世界观和方法论,它揭示了自然界、人类社会和思维的一般规律,是指导人们认识世界、改造世界最基本的思想武器。我们常讲要把握规律性、富于创造性,而马克思主义的哲学正是揭示规律富于创造的法宝。哲学基础,是一名领导干部综合素养中非常重要的基本功,多学一些哲学,多用哲学头脑来认识和解决面临的问题,是加强能力建设的一个重要方面,每一名领导干部都需要在这方面潜心钻研,自觉锻炼。

马克思主义哲学是一个丰富的宝库。我着重谈谈对事物的特殊性和系统性的一些理解。

一、事物的特殊性

1.为什么要重视研究事物的特殊性

一是世界是由矛盾的普遍性和特殊性构成的物质运动。矛盾就是事物。普遍性就是共性,特殊性就是个性,共性和个性是辩证的关系,是关于事物矛盾问题的精髓,不懂得它,就等于抛弃了辩证法。掌握辩证法首先要

---

* 本文是 2005 年 10 月 10 日作者在国家林业局党校第二十七期党员领导干部进修班的授课提纲。

掌握辩证法的精髓,这就是共性与个性的辩证关系。

二是矛盾的普遍性是寓于特殊性之中的。没有个性就没有共性,共性是包括于一切个性之中的。认识事物首先是认识个性,不认识个性就不可能认识好共性,最基础的东西是注意研究事物的特殊性。

三是特殊性指的是某一事物区别于其他事物的特殊点。特殊点就是这个事物的本质特征,是它特有的。只有抓住特殊点才能抓住事物的本质,才能透过现象看到本质,而抓住本质就可以发现规律,就可以增强认识和指导工作的针对性、创造性、有效性。

四是现在普遍需要注意的问题是对事物的特殊性研究的不具体、不深入。还不善于找到真正的特殊点,常常是一般化,就表面说表面,就一般说一般,就事而论事,这种现象比较多。讲一个问题往往是一个帽子谁都戴,张三的帽子李四戴。研究工作必须着眼于把对象的特殊点找出来,从这出发,从这着力,从这下功夫,就能发现规律,也才能富于创造,有所创新。

2. 怎样研究事物的特殊性

从思想方法上看,要从四个方面来强化意识、掌握方法、提高本领。这四个方面的核心是找出事物在某种条件下的特殊点。

第一,注意区别。特殊点就是一个事物区别于其他事物所特有的东西。思考问题、研究工作首先要注意这个问题、这项工作与其他问题、其他工作的区别。区别,指的是某一事物与其他事物的不同,也指这个事物本身由于各种因素变化而带来的不同。包括时间、地点、对象、环境、条件等因素的变化而带来的不同。

张三和李四是不同的,6岁的张三和60岁的张三不同,60岁的张三有没有工作干也不同。比如,沿海防护林建设,从思路上看,过去几十年主要抓防护林带的建设,现在要抓新型综合防护体系建设,同样是防护林问题,思路不同;从地域看,江苏以南和江苏以北的防护林在整个万里海疆绿色屏障中的地位又不同,同样是新型防护林,东南沿海与东北沿海情况应有区别。又如,全国防沙治沙工作,内蒙古、新疆、西藏、青海、陕西等都是重点,治沙是有普遍性和共性的,但这几个省的情况又各不相同,不能把陕西的办法拿到西藏去。同样是内蒙古,不能把呼伦贝尔、科尔沁沙地的办法拿到阿拉善去。同样是阿拉善,其西部额济纳旗、中部阿右旗、东部阿左旗的情况又不同,因为水系、地理、经济社会、气候等条件都是不同的。再如,年年开民主生活会,其共性就是目标和七个环节不能少,但是如何不断提高质量呢?应该研究每年的新情况和新措施,才能求得新成效。

第二,具体问题具体分析。整体是由局部组成的,把局部研究透了,就能分析出局部对整体的影响。在研究一个整体时,要注意研究好组成这个整体的具体方面。每一个事物都是以它一定的运动形式而具体存在的。研究这一个事物就要具体分析这个事物所处的地点、时间、外部条件、内部构成等。所谓具体问题,就是不要把它当成一般的问题、一般的事物或者其他别的事物。所谓具体分析,就是要分析出特点,分析出变化来。事物就是问题,对问题要具体的对待,具体的分析。如果对问题对待得不具体,对问题分析得不具体,那么解决问题的对策也不会具体。应该看到,在"具体"的程度上,不同的人或同一个人对不同的事是存在着很大差别的,因此,结果也是有差别的。讲"具体",不是讲去抓无关紧要的小事,而是指对问题的对待和分析上要防止空、浅、照搬。

2001年,竞争上岗还是新生事物,经验不多。4、5月局党组组织了竞争上岗。符合条件参加竞争的人员有120多人,通过笔试筛选出50多个,然后面试竞争14个司局级领导岗位。我负责组织这项工作,解决这个问题就是一个具体问题具体分析的过程,特别注意了四个方面:一是从重要性上看,这是干部制度改革的一个新尝试,是党组下了很大决心要抓的一项重要工作,涉及到机关许多干部的切身利益,为整个机关所关注,也为上级所关注。必须认真、细致、具体地抓好,并创造出好经验来。二是从选拔对象看,选拔的是司局级领导干部而不是科技岗位技术带头人、公务员。因此在考试题目、组织方法各个方面都要适应选拔目标的要求。既要体现专业知识,又要体现机关特点;既要有覆盖面,又不能"钻牛角尖"。三是从要求看,要达到公开公正公平公信的统一。公开了也就公信了,但什么都公开就很难做到公平,所以该公开的必须公开透明,该保密的必须严格保密。四是从参与人员看,有四支力量。一支是职工群众,这是监督评价的力量,要让职工群众充分享有知情权、参与权、监督权;一支是应考人员,要让他们口服心服;一支是命题人员,他们的遴选与工作都要适应选拔对象的要求;一支是考官人员,这是评分队伍。对这四支力量,要分别采取相应措施,并处理好四支力量之间的互动关系。由于研究、组织和措施都很具体,尽管没有经验,仍然成功组织了这项工作,创造了经验。

第三,掌握变化。事物是永恒发展,不断发展变化的,表现在时间、条件、地点、内容及组成等。认清和掌握事物发生的变化是具体分析的重点,是抓住事物特点的切入点。不看变化,就是盲目性,是抓不住事物的特殊性的。照搬是不行的,照搬别人的经验不行,照搬自己过去的经验也不行。

去年10月局党组召开了全国林业党风廉政建设会议,明确提出要把党风廉政建设作为机关党的建设、机关建设的重点来抓。这就确定了党风廉政建设在机关各项工作中的位置问题。机关党的工作长期的重点一个是思想政治建设,一个是基层党组织建设,而鲜明地把党风廉政建设作为重点,为什么这样决策呢?主要是分析形势的发展和情况的变化。一是全党提出了加强执政能力建设问题,以巩固党的执政地位。历史和经验教训都证明,最容易削弱和动摇党的执政地位的就是腐败,而经受住拒腐防变的考验,是党面临的长期历史课题。二是中央关于加快林业发展的决定颁布后,林业发展进入了一个关键时期,要求把各级林业部门建设成坚强有力的指挥部。现在林业资金越来越多了,项目越来越多了,地位越来越重要了,手中权力越来越大了。近几年,虽然机关党风廉政建设抓的比较紧,但仍然连续发生违法违纪问题,这说明这项工作还是个薄弱环节,不下功夫抓就会影响全局。三是法律法规和党纪政纪越来越完善了,越来越严格了。《公务员法》、《干部选拔任用条例》、《行政许可法》、《党纪处分条例》、《党内监督条例》、《财政违法行为处罚条例》等相继颁布,必须依法行政,必须规范从政行为。四是各种监督的力度越来越大。审计监督、人大政协监督、司法监督、舆论监督不断加大力度。特别是中央颁发了《建立惩防腐败体系实施纲要》,我局是国务院的组成部分,在全国建立惩防腐败体系中处于较高的层次,这方面的工作抓不好就影响全党,影响国家政权体系。

第四,抓住特点。事物在一定条件下的特殊点就是特点。特点就是这一事物特有的东西,规律性的东西,抓住特点是前面三种方法的落脚点。

比如,在全国防沙治沙、内蒙古防沙治沙中,阿拉善这个地区有什么特点呢?一是生态地位重要。我国有8大沙漠,这个地区占了3个,这一地区处于陕西、宁夏、华北西部,腾格里沙漠包围着民勤,东临黄河有85公里地段,东接贺兰山,从生态安全的角度讲,关系到保卫黄河,保卫贺兰山,保卫陕甘宁,保卫华北,不是局部和眼前问题,关系全局和长远。二是生态极其脆弱。这一地区降雨量很低,植被以灌木为主。在这样脆弱的条件下,沙化面积还在以每年1000平方公里的速度扩张,而现在全国每年整体上减少的沙化面积是1280平方公里,在全国沙化扩张整体遏制的全局中,这里是破坏大于治理的地区。三是地广人稀。阿拉善幅员27万平方公里,共有20万人(50年代3万人)。其中15万人生活在阿左旗,牧民共有3.5万,已经从沙区转移出来定居了2万人。这就带来很多不同。四是地形特殊。这个特殊性就是阿拉善对华北、对黄河、对陕甘宁的重要性。它最西是黑河下游的额济纳河,全长在内蒙古境内275公里,随着黑河全程调控水资源,居延海开始再现,保护和恢复额济纳河流域200多公里防护林带是有可能的。这是第一条防线。在这条防线东面,巴丹吉林沙漠和腾格里沙漠中间有雅布赖山一线,它东接狼山,西接北大山,形成了一条天然屏障,但这条线的山口子很多,山口子是风的加速器。因此,雅布赖山东西一线的山口是治沙的重点,搞好了就能构建第二条防线。从这条防线再向东和东南,是腾格里沙漠东南缘和乌兰布和沙漠西南缘,经多年飞播造林,已初步形成一条120公里的防风林带。阿拉善人口主要集中在这一地带及其以东至贺兰山、黄河之间,加大这一地区飞播造林,将构成第三条防线,锁住两大沙漠扩张。这四个特点就是对阿拉善治沙认识的具体化。抓不住特点就没有思路,没有针对性。

二、事物的系统性

物质世界的普遍联系和永恒发展是唯物辩证法的两个总特征,也是基本的原则。普遍联系原则指明事物是一个系统,永恒发展原则指明事物是一个过程。今天只讲普遍联系问题,也就是事物的系统性问题。系统的观点是普遍联系原则的具体化、深刻化和精确化,是具体揭示事物相互联系、相互作用的方法。我们不仅要善于研究事物的特殊性,还要注意研究事物的系统性,善于用系统的思维,系统的方法来观察分析事物,以防止简单地、片面地和孤立地看问题。

所谓系统,是指由相互制约、相互联系、相互作用的各个部分组成的具有一定功能的整体,它的基本点有三:其一,系统都是由要素组成的;其二,系统的要素之间存在着相互联系,这种联系包括制约和促进的作用;其三,系统各要素构成了一个整体。任何事物都是一个特殊的系统,要善于把一个事物看作一个系统,注意研究由哪些要素构成,这些要素是由什么样的结构来构成整体的,各要素在结构中的不同层次、不同地位,什么样的结构能够形成最佳的整体功能,以及这个系统与外部环境的关系等等。要注意运用系统观点的一般原理去研究某一系统的特殊性,把特殊性和系统性的观点综合起来考虑。掌握和运用系统的观点,要把握好几个方法。

第一是整体性

系统是具有整体性的。整体功能不是构成系统的各个要素的总和,不是 $1+1=2$,而是大于总和,并且是由各个要素构成的一个新质、新的事物、新的东西。整体性的意义在于整体功能大于局部之和;整体是一个新质;整体和要素之间是互为存在互为前提的,没有要素就没有整体,而脱离了整体则要素也失去了存在的意义。

整体功能大于各组成要素之和,整体是一个新质。在第二次世界大战中,坦克是陆地作战新的主战装备,它的出现,导致当时地面作战理论、作战样式都发生了新的变化。而坦克实际上是拖拉机、火炮、机枪、烟雾弹、钢板、电台等要素构成的新质。航空母舰的出现，导致海上作战理论和作战样式的变化，而它是飞机、大型船只、指挥所、飞机场等要素组成的新质。现在的航母战斗群则是由护航系统、攻击系统、电子战系统、预警指挥系统、战场救护系统、侦察系统、火力舰系统等构成的一个完整系统。越南战争中，美空军用几年时间未能摧毁的两座钢结构铁桥，而在 1972 年"后卫二号"战役中，用空中合成作战系统一次就摧毁了这两座铁桥。在 1973 年第四次中东战争中，埃及的防空导弹系统使以色列飞机损失惨重，而在 1981 年贝卡谷地作战中，以色列的空中合成作战系统以零损失击落叙利亚战斗机 81 架、摧毁叙防空导弹阵地 26 个。全国林业由各地区的林业组成，研究各地区的林业，也要从全国生态整体上得到改善来规划，不能就一个地区讲一个地区。一个湿地的破坏，绝不仅仅是对一个局部地区生态的破坏，它可能影响一个流域、甚至全国生态的变化。防沙治沙、植树造林、保护湿地都需要从全国生态整体改善、风沙水旱灾害整体上减少、国土生态整体上安全去考虑。西南地区石漠化绝不是一个局部问题，广西、贵州、云南三省是石漠化严重地区，中度以上喀斯特岩熔地区约 9 万多平方公里，关系到长江和珠江三角洲的经济安全，还关系到西北地区干旱问题，事关重大。这些例子说明，要从整体上观察思考，分析研究问题。

从整体上研究事物时，不仅要看各要素，还要看它们之间的相互联系、相互作用。这种相互作用，既表现为互创条件，又表现为相互制约。从互创条件看，《狼图腾》这本书现在很畅销，抛开狼文化的争论，至少，从这本书可以看到 70 年代初，内蒙古锡林郭勒草原的生态良性状况，人类、食草动物（羊、牛、鼠、旱獭、兔、黄羊）、食肉动物（狼）、草原（湿地、森林）各生态系统之间的互动关系。这种互动是互相依存、互创条件的生存关系。人靠草原生活，草原沙化了，人就不能再养牛羊，就失去了生存空间；食草动物多了，草原承载不起就会沙化；而食草动物的天敌，控制着食草动物数量的增加，维护着草原生态平衡，狼没有了，鼠兔牛羊的繁殖就失去了控制，草原就会受到破坏。人们视狼为害物，极力发展牛羊，而结果则是造成草原沙化，失去家园。应该从中受到启发,要像严格控制耕地那样来严格控制草原载畜量(包括围栏封育、舍饲圈养)。从相互制约看,我们建立的惩治和预防腐败体系,就是对权力运行的监督和制约,通过在思想上、法制上、机制上的制约措施,使权力运行的正面效应最大,负面效应最小,从根本上消除腐败滋生的土壤。土地、草原沙化有多种原因,其中风蚀是主要原因,低空风又使风蚀加重,而众多的风口又是低空风的加速器。所以,治沙就不能不研究如何减少风的作用,就不能不研究从源头上减少低空风加速器的重要部位。

第二是结构性

系统是具有结构性的。结构是系统内各个要素相互联系的方式。从一定程度上讲结构对整体功能起决定性作用。改善结构或者破坏结构对整体都会发生决定性的影响,甚至引起系统的质变。研究系统的结构性,其要点在于:一是要素构成结构,没有要素就没有结构,而脱离特定结构的要素也不成其为要素,这是基础。二是结构的关键是要素的结合形式、时空排列和比例关系。不是一个氧原子和两个氢原子,就构不成一个水分子。三是要素在结构中的地位、层次、作用是不同的,有主要、次要之别,有核心、一般之别,这个区别是一定条件下的区别。

1991年的海湾战争,使空中合成作战系统日臻完善。它由侦察系统(卫星、侦察机)、预警指挥系统(卫星、预警指挥控制飞机)、对地(海)压制系统(电子战软压制、反雷达飞机硬压制)、对地(海)面目标攻击系统(巡航导弹、攻击机)、掩护系统(空中战斗掩护编队)、保障系统(战场救护、空中加油)等子系统(要素)组成。各要素都是重要的,并且在一定条件下,要素在系统中的地位是不同的。如果空对地攻击主力是5000公里远程奔袭,则保障系统的空中加油就很关键。在一般情况下,预警指挥控制系统是整个空袭系统的中枢神经,处于核心层次;电子战飞机压制对方各种指挥、雷达、通信联系,处于重要层次;而攻击系统是直接破坏力量,对保卫防御目标一方危害最大。就防御来说,对空袭系统进行结构破坏,是最有效的防御方法。

第三是开放性

系统是有开放性的。某一个系统可能是另一个系统的要素,其本身又是一个相对的系统。系统都不是孤立存在的,总是处在一定的外部环境中,这是唯物辩证法普通联系法则揭示的原理。研究某一个系统不能孤立的就其本身而言,必须用开放的视野研究这个系统,一切和它有关的外部联系,都要研究。研究系统的开放性要把握几个要点:一是系统的运动和发展主要取决于内部诸要素的相互联系和相互作用,重视开放性,丝毫也不能忽视其内部的结构性和整体性。二是外部环境是系统存在和发展的必要条件,在一定条件下,对系统的存在和发展可起决定作用,而且往往带有根本性、长远性。这种作用,就是系统与外部条件的相互联系、相互作用:有的表现为物质交换,如无水则无林,而无林则也无水;有的表现为能量交换,如风能、光能、热能;有的表现为信息交换,如国际与国内、历史与现在等。70年代塔里木河流域的罗布泊消失了,随后黑河流域的居延海消失了,如果不以史为鉴,若干年后,石羊河流域的民勤绿洲会怎样呢?

我们常讲要跳出林业想林业、干林业、抓林业,因为林业是自然生态系统的主要组成部分(森林生态系统是陆地生态系统的主体),是经济社会的重要组成部分。不把林业放在全国生态状况整体改善、人与自然和谐的大系统中去研究,不把林业放在经济社会的历史进程和实现全面小康的全局中去研究,都是违背系统的开放性原则的。我国粮食问题是个长期的战略问题,这由耕地受限、地力不容歇、人口日增、气候变暖、国际粮食市场需求旺盛等一系列矛盾所决定。我国国土69%是山区,18.2%是沙区,18.21%是林区,粮食安全新的出路在山区、沙区、林区的木本粮油。研究粮食问题,也要用开放的视野,跳出农业抓农业。

上面简要讲了对事物的特殊性和系统性观点的一些理解。就思维方法而言,历史的方法、分析的方法、综合的方法、逻辑的方法、归纳的方法、比较的方法等都是重要方法。平时用的比较多的还是分析和综合。研究事物的特殊性既要分析又要综合,研究事物的系统性也是既要分析又要综合。共同目的都是用辩证思维的方法来提出问题、分析问题、解决问题。提出问题就需要了解情况,从局部到整体、从历史到现在、从内部到外部,对事物的系统性了解得全,对事物的特殊性分析得透,这样就容易发现有什么问题存在,就能够提出问题。分析问题就需要对问题进行周密、具体、深入的分析,对特殊性分析得透,对系统性分析得全,才有益于对问题进行提炼、概括和抽象,揭示事物的本质。解决问题就是针对问题的特点,找到开锁的金钥匙。提出问题、分析问题和解决问题这三个环节是一个交融和反复的过程,不是割裂的,也不能割裂。提出问题的过程就是分析问题的过程,分析问题的过程就是研究对策的过程,并且往往是在反复中进行的。

理论与思维[*]

学习,是思维的源泉,是提高能力的基本途径,是树立马克思主义世界观的主要方法。不断地学习,才能不断地推动工作前进。形势是发展的,情况是变化的。与时俱进,就是不断跟上形势的发展、情况的变化。全国形势的发展,就是落实科学发展观、构建社会主义和谐社会、建设社会主义新农村、建设节约型社会。这是全党的总目标、总任务,林业要把自己摆在全党大局之中来谋划。抓住机遇求发展,就是把握林业在实现全党的总目标总任务中所处的地位,认清林业所肩负的任务,发挥林业不可替代的作用。

今天重点讲讲深化理性认识、创新思维两个问题。

一、理论

理论学习的重点是党的基本理论和最新理论,特别是科学发展观、社会主义和谐社会理论。在林业建设中落实科学发展观,要重视加强现代林业、生态经济、可持续发展理论的学习运用。

1. 现代林业理论

现代林业是林业发展的方向,是奋斗的目标,更是一个长期的转变过程。在历史转变的各个阶段,都要朝着这个方向努力,积量变为质变。要推进这个转变,就要了解什么是传统林业,什么是现代林业,现代林业的指导

---

* 本文是 2006 年 10 月 9 日作者在国家林业局党校第二十九期党员领导干部进修班的讲课提纲。

理论是什么。

传统林业,从本质意义上讲就是以木材生产利用为主的林业。传统林业主要是经营和利用木材,甚至是无度索取木材。

现代林业,是进入后工业社会后,以森林的多种功能满足经济社会的各种需求、生态与经济相协调的可持续林业。现代林业本质上,是以发挥森林的生态功能及社会服务功能为主,森林产出优质高效充足的生态产品,同时兼顾产出多样化的物质产品。

现代林业是满足现代社会对林业的物质生活需求、精神生活需求和优良的生态环境需求,是多种需求的总和。现代林业已经跨越了单纯追求经济无限增长为主要目标的阶段。现代社会生产力的发展,客观要求社会经济全面协调可持续发展,满足人们的全面需求,而不仅仅是物质需求。当前,我国林业在满足经济社会多种需求方面差距甚大。

经济社会的发展是建立在自然生态系统上的,往往是以索取自然资源、改变自然条件为代价的。现代经济社会发展的新观念、新模式就是转变传统的发展观。人们已经认识到,在经济社会发展中,工业活动带来的变化是对木材和林产品的需求不断扩大,对水的需求不断扩大,各种污染不断扩大;国土开发带来的变化是国土质量不断恶化;城市化进程带来的变化是生存环境不断恶化;生活水平提高带来的变化是人们闲暇时间增加、健康需求增加。以上除了社会对木材及非木质产品的需求增加外,其他所有的变化都表现在社会对生态供给需求的增加,主要的需求是净化空气、调节气候、调节水文、美化景观、生态医疗、森林游憩、保持并恢复土壤结构和地力、保存物种基因、建设现代山区和沙区等。

2.生态经济理论

现代林业的指导理论是生态经济学,它是自然生态系统与经济社会系统结合形成的生态经济系统的理论。生态经济理论,是经济科学发展到新阶段的飞跃。它揭示生态系统和经济系统相互作用、相互制约、互创条件的运动规律,指导人们把自己的经济活动和生态系统的自然运动协调起来,把社会生产力与自然生产力的作用有机结合起来,同时遵循经济规律、自然规律的新的科学理论。这一理论强调把经济发展和生态建设、生态保护有机结合起来,为实现可持续发展提供了理论基础。

学习和掌握运用生态经济理论,要坚持新的思维和新的原则。新的思维是三个最基本的认识:一是生态与经济双重存在的思维。认清生态与经济相互依存、相互作用,一切经济活动都以生态运行为基础的关系,绝不能认为生态服从经济,可有可无、可抓可不抓。二是生态与经济协调发展的思维。认清生态与经济相协调是生态文明时代经济发展的必然要求,而且这种协调必须是宏观经济与微观经济、国民经济与林业经济、农村与城市等多层次多领域的协调。三是生态与经济可持续发展的思维。认清生态与经济共同走可持续发展之路,不仅生态要保证经济的可持续发展,而且经济也要保证生态的可持续发展,要深刻认清人与自然的关系以保证发展的和谐性,认清目前与长远的关系以保证发展的持久性。新的原则是四个基本遵循:一是人类利用自然又受制于自然的原则。人类最好不要大规模的改造、破坏自然以达到超限度利用自然的目的。人类对自然的过度利用,必然要受到自然的制约。二是经济主导与生态基础制约促进的原则。生态的基础作用,既可以促进经济发展又可以制约经济发展。三是经济有效性与生态安全兼容协调的原则。二者必须兼容一体,协调共存共融共进。四是经济效益、社会效益、生态效益整体统一的原则,要求取得三大效益在整体上的统一。

要树立新的思维、坚持新的理论原则,必然涉及理念的进步,这种进步就是认识的升华,体现在"五性"。一是统一性。指把经济过程与自然过程作为一个统一进行的过程,不再把经济过程作为纯经济的生产——分配——交换——消费的封闭循环,不能再认为经济只受经济规律支配,而要把经济作为一个开放的系统,把经济摆到它原来就处在的自然条件之中,同时遵循经济规律、自然规律。二是整体性。指把经济系统与生态系统作为一个整体,二者不可分割、水乳交融、互创条件、相互制约,由此树立新的生产观、需求观、消费观、价值观。从经济的供需平衡上升到生态的供需平衡乃至经济平衡与生态平衡的总平衡。三是有限性。生态是有价的、供给是有限的,特别是森林湿地资源是有限的,一旦破坏,恢复难度大。人类如索取过度,自然不仅取消供给,同时伴随给予巨大的报复和惩罚。人们只能也必须在自然生态系统允许的限度内享受自然的恩赐。四是公平性。指当代与后代的代际公平。当代享受的自然恩赐和惩罚大都是前代留给的,当代不能吃祖宗饭,造子孙孽。当代是借子孙的地球、借子孙的森林,都要如数留给子孙。绝不能留给子孙衰竭的土地、枯竭的水源、砍光的森林、缩小的生存空间,要促进代际和谐发展。五是全球性。森林是地圈、水圈、大气圈、生物圈循环的纽带,气温上升、海平面和海温上升、沙尘暴、干旱都是超国界的。人类只有一个地球,每个国家都不能只顾自己,要有历史责任感和国际义务感,共同为解决全球生态危机、维持全球生态平衡尽应有的义务。

林业发展,必须处理好生态与产业、兴林与富民、改革与稳定、保护和利用、培育和采伐、眼前和长远、南方林业与北方林业、整体与局部等八个关系。处理好这八个关系,是落实科学发展观,把握林业发展大局的具体体现。这八个关系所体现的基本思想,是生态与经济社会共同可持续发展的具体化。要加深对这八个关系的理解,在实践中切实把握处理好这八个关系,就需要加强对生态学理论、新经济学理论、特别是生态经济理论的学习。只有加深对林业发展思路任务的理性认识,把握好理论依据,才能在实践中以理论做指导,避免失误。更重要的是引导全社会正确认识林业与生态建设的重要性、战略性、长远性、根本性。

3.可持续发展理论

它是经济社会和生态建设的共同理论。可持续发展理论和生态经济理论是既有区别又相互联系的理论。生态经济发展的目标,是保证经济社会的可持续发展,解决好近期与长远、当代与后代关系的发展战略。科学的发展观,就是全面的、协调的、可持续的发展观。

生态与经济相协调与可持续发展这二者之间是怎样的因果关系呢?我的理解是,生态与经济本身都需要可持续发展,只有协调发展,才能达到可持续发展;可持续是发展战略、发展观、发展方向,生态与经济相协调是可持续发展的基础、过程、载体。可持续发展的基本意图是既满足当代需要,又不对后代人需要构成威胁;其基本要求是实现人口增长、经济发展、资源利用、生态环境之间长期的、平衡的发展;其基本任务是建立严格控制人口再生产体系、资源永续利用体系、真正的生态保护体系、低耗高效的物质生产体系等。

要高度重视解决"三农"问题,也要高度重视解决"三林"问题,这是认识的新进步。工业、农业、林业构成了人类的主要经济活动,是人类对生态和环境影响最大的三个部门。林业远不只是农业的组成部分,远不只是一个重要的产业部门,它的作用要大得多,它关系到人类的生存质量与生存权。这也是认识的新进步。农业可持续发展的内涵是,更多地依靠生物措施来增进土壤肥力,相对减少化石能源投入,在依靠科技发展生产的同时,保护生态和资源,提高食物质量。工业可持续发展的内涵是,在不损害生态的前提下,促进工业长期为经济做贡献。林业可持续发展的内涵是,满足当代和后代社会、经济、文化和精神需求,并长期不超过生态系统的承受能力,包括林地生产力、森林再生产能力、物种和生物多样性、林业大产业、森林湿地资源的开发利用、林业投资、森林布局、林种结构和林产品结构等的持续发展,长期维持森林生态、经济发展、人类生活水平提高的平衡发展。

二、思维

学习和思维是紧密相连的。思维是思考方法、思考层次、思考角度、思考内容。思维的土壤是林业发展的形势任务。创新思维,就是思考问题要与时俱进,从新高度、新角度、新视野更接近科学性地去思考。构建完善的生态体系是林业发展新任务中的一个重要问题,讲思维问题,可以先从这个事物谈起。

要构建一个什么样的生态体系?这个生态体系能发挥什么样的生态功能?这是目标的实践化。我国经济发展快,而生态差距甚大。我们绝不能满足于森林覆盖率、蓄积量增加了几个百分点,当然这是首先要积极争取的。我们要构建的,是一个适合我国气候、地理、经济社会特点的完整的生态体系,这个生态体系应能够使我国山川秀美,自然灾害减少,生态环境良好,国土生态安全,人与自然比较和谐,为经济社会与自然和谐奠定基础。要达到这样的目标,总差距还是老问题:森林总量严重不足,质量不高,布局和结构不合理。

构建林业生态体系的任务十分艰巨。由于长期的破坏,造成我国森林资源、湿地资源总量不足,结构不合理,生态环境恶化。我国现在沙化土地 174 万平方公里;水土流失面积 354 万平方公里;石漠化面积 12.6 万平方公里;森林面积经过长期努力达到了 1.75 亿公顷,森林覆盖率 18.21%。现在全球的森林覆盖率是 30%,尚且生态危机严重。

应该看到,我国林业建设取得的成绩是巨大的,但与世界林业发达国家相比差距很大。美国国土面积 936.6 万平方公里,森林面积为 3.07 亿公顷,森林覆盖率 33.1%;加拿大国土面积 1000 万平方公里,森林面积 4.176 亿公顷,森林覆盖率 41.8%;巴西国土面积 850 万平方公里,森林面积 5.44 亿公顷,森林覆盖率 64.3%;俄罗斯国土面积 1700 万平方公里,森林面积 8.09 亿公顷,森林覆盖率 47.9%。日本森林覆盖率 68%;韩国森林覆盖率 65%,芬兰森林覆盖率 76%(不算水域面积)。世界森林覆盖率超过 70% 的国家有 10 个,超过 90% 的国家有 2 个,有的国家森林覆盖率达 95% 以上。

在我国特殊的地理、社会和历史状况下,再经过长期奋斗,使森林覆盖率达到 28% 是有可能的。也就是说再增加 10 个百分点。增加 10 个百分点,需要新增加进入郁闭计算的成林地面积 14.4 亿亩。我国前 50 年,经过全国人民的艰苦奋斗,森林覆盖率由 8.6% 增加到 18.21%,增加了近 10 个百分点。根据全国东西南北中自然条件,如果新增成林地 14.4 亿亩,按照 65% 的造林面积可进入覆盖率来计算,则至少需新造林 22 亿亩。如果每年新造林面积长期维持 0.75~0.8 亿亩的水平,完成这一任务需要 28 年。这是一笔账。

社会上有人说"年年造林不见林",原因在于他们不了解情况,我国在大规模造林的同时也在大量采伐利用森林,前50年全国消耗森林资源80多亿立方米。1999年我国森林总蓄积达到120亿立方米,前50年的消耗相当于当时拥有量的70%。从1999年开始,我国每年采伐消耗森林蓄积是3.65亿立方米。今后,一方面社会对木材需求还会不断增加,一方面薪材替代品也不断增加。综合起来看,社会对木材的需求必将大于前50年,即使按现在每年采伐森林蓄积3.65亿立方米计算,50年时间至少需要采180多亿立方米的蓄积,需求量之大是惊人的。而我国2005年的森林总蓄积是124亿立方米,活立木蓄积136亿立方米。有人会说不用担心,我国森林年生长量大于消耗量。从第六次全国森林资源清查结果看,与上一次清查相比,间隔期内每年平均全国森林净生长量为4.97亿立方米,年平均采伐消耗量为3.65亿立方米,年均森林火灾损失0.16亿立方米,每年全国可增加活立木蓄积1.16亿立方米。但这并不能使我们高枕无忧,从增加10个森林覆盖率百分点的目标分析,不利因素很多。林分结构不合理,中幼林面积占全国林分面积67.85%,而成过熟林只占全国林分面积18.15%。虽然中幼林发展后劲较大,但大量采伐中幼林在所难免。第五次森林资源清查结果显示,5年间隔期内中幼林采伐占总采伐量的78.5%。很重要的原因是成过熟林难于实施采伐作业。今后如果不采伐中幼林,将难以保证社会对木材的需求,况且木材需求不断增长,扩大进口又受多种限制,因此要客观地、辩证地看待森林资源生长量大于消耗量,绝不能盲目乐观。由于资源年年采伐消耗,必然要求新造林以补充资源减少,对此需要进行客观地调查研究,提出新造林的任务量。今后50年至少需要采伐消耗活立木蓄积180多亿立方米,如果按消耗的1/5计算,则需要新的造林成林地为6.5亿亩(按每公顷84立方米蓄积计算),需要新造林近10亿亩。如果按消耗量的1/4、1/3或1/2计算,则需新造林任务量更大。如果是每年新造林0.75~0.8亿亩,则至少需要12年以上。这是第二笔账。

同时,还必须看到有林地逆转为无林地和灌木林地、林地改变用途或被征占用所造成的森林资源减少。第六次森林资源清查结果,年均流失林地

3032万亩,其中有林地年均损失1109万亩,今后林地和有林地损失仍难以控制,照此有林地年均损失量计算,50年将损失5.55亿亩,而要恢复则需要新造林8.5亿亩。如果是每年新造林0.75~0.8亿亩,则需要10年以上。这是第三笔账。

以上几笔账是仅就森林资源的数量而言,而森林的质量则是更大的问题。现在我国森林蓄积每公顷平均84立方米,且林种比较单一。我国的森林覆盖率即使达到28%,尚不及世界平均水平,而欲以28%的森林覆盖率来达到全国整体上生态状况良好、人与自然比较和谐,必须是优质高效的复合森林生态系统。因此加强对现有林的科学管理,加快提高森林质量,增强森林生态产品、物质产品、文化产品的产出功能,同扩大森林数量一样的任务很艰巨,一样的地位很重要。

以上具体分析了构建林业生态体系任务的艰巨性、情况的复杂性,目的不在于就事论事,更不在于以一概全,而在于通过具体分析构建完善的林业生态体系这个问题来拓宽视野、创新思维,树立新的观念,提高从宏观上观察分析问题的能力和理性思考的能力。我们需要深化和创新"四观"。

1. 安全观

国家安全包括政治安全、国防安全、经济安全和生态安全。生态安全是国家安全的重要组成部分,是涉及中华民族生存发展的长远问题,在认识上还要深化、系统化。

第一,生态安全是全球面临的最大危机。全球面临的气温上升、两极冰川融化、海平面和海温升高、热风暴加剧、地下水位下降及河湖干涸、沙尘暴频繁、森林湿地锐减、土壤退化、物种消失、沙化扩张等,都是全球经济的生命支持系统和资源支持系统的毁坏,其影响是全球性的、长远性的。有位英国科学家指出:"由于森林大量被毁,已经使人类生存的地球出现了比以往任何问题都难以对付的生态危机,生态危机将有可能取代核武器的威胁,成为人类面临的最大安全威胁。"我国国土辽阔、人口众多,全球生态危机对中国的影响最大,缓解全球生态危机中国的责任也最大,任务也最重。

第二,生态安全在国家安全中地位最突出。在以往和通常的国家安全中,国防安全备受关注,战争的失败意味着民族生存空间的割让和资源被掠夺。随着全球经济一体化,经济安全越来越重要。而生态危机的不断加剧,使大片国土失去对国民的承载力,使人民经常遭受风沙水旱火灾的侵袭,使工业、农业生产能力不断下降,使经济对自然报复的被迫赔偿不断加大,国防安全和经济安全遭到破坏的最终结果也不过如此。因此,就相同点来讲,生态安全与政治安全、国防安全、经济安全同等重要;就不同点来讲,国家其他安全是生态安全的条件和保障,而生态安全则是其他安全的基础和载体。没有生态安全,一切安全都无从谈起。

第三,生态安全是民族生存之基、发展之本。国家生态安全实际上是民族生存安全。一是影响范围更广。生态破坏的影响往往是地区性乃至全国性的,往往是整个民族生存条件的变化。二是后果更严重。生态破坏超过"临界值",就难以或不可逆转,人们将世代遭受自然的惩罚。大自然不给纠正"错误"的机会,若决心弥补和补偿过失,将付出十倍、百倍代价,甚至根本无法补偿。三是对人民群众利益的损害最广泛、最直接。民勤绿洲如果成为第二个罗布泊,将涉及武威地区200多万人民的生存条件;现在每年十几次热风暴,使沿海各省人民生产生活不得安宁;华北地区干旱加剧和地下水位持续下降,对华北的人民群众的影响是无法估量的。国家生态安全还是一个战略安全,森林湿地是海洋、大气、陆地的纽带,是水分大循环、气候变暖的调节器,是陆地生态系统的主体。能源安全、水资源安全、粮食安全、木材安全、生物安全、土壤安全都是经济社会持续发展的战略性问题,解决这些事关全局、事关长远的重大问题,林业或发挥主要作用,或发挥重要作用,或潜在着尚未发挥的新作用。

第四,生态安全是国际政治问题。人类共处同一个地球,生态影响是超国界的。跨国河流的开发利用、温室气体的排放、沙尘暴、生物多样性减少都会影响到邻国甚至全球。

2. 全局观

全局,指党和国家大局,执政党面临的历史考验之一是提高抵御风险的能力,包括抵御自然风险。林业事业关系全局,我们必须增强大局观念,着眼于大局,把林业摆在大局之中,以林业发展来服务、支持、发展大局。眼光不能仅仅看林业部门、林业工作、林业项目,要通过积极有效地履行部门职责,推进林业又快又好的发展,求得抓住并用好大局发展的战略机遇,在大局中找准位置,为大局作出贡献。

第一,要站在全局。全局就是在科学发展观指导下构建社会主义和谐社会、建设社会主义新农村和节约型社会。思考林业,必须紧紧着眼大局、围绕大局,始终认准目标、把握好方向。比如局党组已经明确了林业在社会主义新农村中应发挥的作用和办好的实事,我们就要及时总结新经验,扎扎实实不断向前推进工作,锲而不舍地长期抓。集体林权制度改革和国有林场改革是调整农村生产关系、解放农村生产力的战略举措,试点工作已经全面铺开,号角已经吹响,就要举全局之力,不断地掌握和研究新情况,不断地解决出现的新问题,大力地宣传推广新经验,确保这项改革健康有序进行。站在全局首先站立点要高,但更重要的是抓得要深、要细、要实、要准。

第二,要大力协同。林业是一项全国动员、全民动手、全社会办的大事业。必须跳出本部门,与党政各有关部门加强协同,还要和党政以外的社会上各种力量协同。和党政部门的协同包括政策研究、宣传、法制、计划、财政、国土、农业、水利和气象、旅游、金融部门等。还必须与各民主党派、社会团体、社会力量加强协同。方法一是多沟通、多汇报、多联系;二是搞好结合。通过联合宣传、联合调研、联合培训、联合搞项目,共同推进生态建设。

第三,要主动作为。主动为中央当好参谋、主动落实中央决策。多思考当前的紧迫性问题、人民群众关注的普遍性问题以及战略性的重大问题,深入调查研究,如实反映情况,及时提出对策。工作往往是在发现和解决问题中前进的,必须重视、发现、研究新情况和新问题。问题就是阻碍事物前进的矛盾,大的紧迫的问题,就是凸显矛盾。从一定意义上讲,我们要正确履行职责,就是要发现和解决问题,如果只讲经验不讲困难,只讲成绩不讲隐患,只讲贯彻不讲建议,只讲现在不讲今后,林业工作就难有作为。面临的实际问题很多:沙化继续扩张、退耕还林后续政策不明确、石漠化严重、洪灾频发、森林火灾多发、林地流失严重、国有重点林区管理体制改革滞后、湿地仍在减少等等。

3.系统观

物质世界的普遍联系、永恒发展是唯物辩证法的两个总特征,也是最高原则。系统的观点是普遍联系原则的具体化、深刻化。一切事物都是系统。水圈、地圈、气圈、生物圈,是相互联系的自然系统。陆地、森林、湿地、沙漠、草原以及城乡是相互联系的生态系统。事物的普遍联系原则决定了必须用系统的观点观察研究问题。

第一,要从整体上观察思考。系统由各种要素构成一个整体,整体功能大于各要素之和。一方面,要善于从整体上谋划全国生态状况的改善、气候的改善、自然灾害的减少、人与自然的和谐、经济社会与生态供需平衡,推进传统林业向现代林业转变,加快构建完善的生态体系和发达的产业体系。另一方面,要处理好整体与局部的关系。局部组成整体,局部在整体构成中的地位、作用是各不相同的,要注意分析局部在整体中所处的地位、具有的作用,不能就局部讲局部。对整体产生重大影响的局部和环节,具有全局意义。比如防沙治沙工作,现在沙化仍然在扩张的省区和某一省区的某个地区就是生态最脆弱、力量最薄弱的局部,这就对整体控制沙漠扩张具有全局意义。造成土地退化、沙化的自然原因,主要是风和水位下降,调节降低风速和控制水位下降是防沙治沙的重要环节。再一个方面,系统要素构成的整体往往是一个新质、新事物。事物的永恒发展是唯物辩证法另一个总特征。一个系统中要素的增加、原有结构的调整,就会形成新的系统。要致力于增加新的要素、新的成分和新的力量,使系统整体功能不断有新改善。任何时候也不能停留在过去和现在的东西上。比如,工程带动是构建林业生态体系的载体。"十五"期间林业之所以发展较快就在于几个林业大工程实施。"十一"五期间原有的林业重点工程已经逐渐到期,延续这些工程,并实施新的工程就成为紧迫的问题。

第二,要开放的观察思考。系统不是封闭的,而是开放的。一个系统可能是另一个系统的构成要素,另一个系统可能是这个系统的重要外部条件,在一定条件下,一个系统可能会演变为另一个系统。森林是陆地生态的主体,而山区则是我国森林生态的主体,主战场是山区;水文生态系统与森林、湿地、草原生态系统互为外部条件;森林消失后变为草原,湿地消失后草原必然退化,耕地和草原退化后变为沙地。比如,民勤绿洲的防沙治沙不仅仅是一个保护植被的问题,林业的外部条件具有决定性影响。从民勤绿洲的外部条件看,北边有大风口,内蒙古阿拉善右旗雅布赖山一线,是巴丹吉林沙漠、腾格里沙漠的天然屏障,但雅布赖山一线有几个大风口,不断吞噬民勤绿洲北部,风口不治民勤就暴露在风沙前沿;民勤的南面则断水,祁连山八条河流汇成出山的石羊河,总径流量是16亿立方米,经浅山区和武威地区后,过去输入民勤绿洲来水量为6亿立方,民勤绿洲北部的青木湖(犹如黑河下游居延海)就是水平衡的标志。但现在来水量是0.6~1亿立方米,是过去的1/6至1/10,照此下去,不久民勤就会成为第二个罗布泊。将祁连山大通河的水南水北调,如果主要靠这个办法来解决民勤绿洲的问题,未必能解决根本问题,关键在于整个武威地区要减少农业用水。从民勤绿洲内林业的外部条件看,1.1万多个深水井开采地下水导致水位下降了20~30米,植被大量死亡、耕地弃荒、农民大量搬迁,必须减少耕地,大量关闭深水井。从这个例子可以看出,民勤绿洲的治沙工作涉及到农业、水利多个部门,涉及到整个石羊河流域的综合治理,保护和恢复植被是核心,但是水和减少耕地是关键条件。

4. 辩证观

事物都是矛盾的统一体,两个侧面既相辅相成、互创条件又相互制约,相互影响。在思考问题、开展工作中要防止形而上学。

第一,全面又有重点。全面考虑,就是要把与这个问题相关的各种因素以及相互之间的关系都考虑到,并纵横比较、反复推敲。比如国际与国内的、过去与现在的、内部与外部的、有利与不利的。对情况要尽多的掌握,对问题要立足于复杂局面去分析,这就是全面考虑问题。突出重点,就是要抓主要矛盾,抓住关键的、薄弱的、影响全局的部位和环节,以重点突破搞活全盘。不同层面、不同领域、不同单位,都有自己的重点,但是对全局性的重点,方方面面都要合力抓。比如森林防火、林业改革、新农村建设、植树造林是全局共同的重点,各部门、各单位都要共同抓。另外,重点要选得准,少而精,不能太多,多了就不称其为重点了。重点一旦确定就要下功夫抓,锲而不舍地抓,创造性地抓。

第二,防止一种倾向掩盖另一种倾向。防止解决了一个问题,却带来了另一个更严重的问题;防止从表面上解决了问题,而深藏的问题并没有解决;防止今天解决了问题,而为今后埋下了难题。实际工作中这种情况是很多的。比如,大力发展速生丰产用材林,主要目标是产出经济效益、提供木材,但把经济效益定位于唯一的,就会影响用材林的生态效益。新西兰的用材林搞得最好,而其用材林的生态效益也同样很好。在南方大面积发展桉树,要选可以共生灌木和草的树种,要考虑与生态树种带状或片状混交,轮伐期和采伐量要保证水土不流失,不要在重要水源涵养区、景观区大面积搞。

第三,当前和今后。当前的工作是今后工作的基础和条件,是历史进程中的阶段性工作。要把当前和今后联系起来考虑,为今后打好基础、创造好条件,不能走一步看一步,被动跟着情况跑,更不能给今后带来难题。联系今后谋划当前,既要考虑15年、20年乃至更长远的因素,又要考虑与5~10年近期的衔接。

森林生态系统在经济
发展中的重要作用[*]

　　新世纪即将来临。21 世纪,生态危机将有可能成为人类面临的最大威胁。森林作为陆地生态系统的主体,自然成为世人瞩目的焦点。1991 年 9月,130 多个国家和地区 2500 名专家以《巴黎宣言》向世界呼吁:重建地球绿色植被。1992 年在世界各国元首和政府聚集的世界环境与发展大会上,把森林列为主要议题,并指出:"在本次世界最高级会议要解决的问题中,没有任何问题比林业更重要了。"随着全球变暖、全球环境恶化和全球生物多样性的急剧下降,人们对森林生态系统在全球地圈、气圈、水圈、生物圈平衡上的作用的认识正在深化,开始意识到人类生存兴亡与森林生态系统的密切关系,开始懂得怎样才能获得对自己生存、生活最有利的长远和根本的物质利益与环境利益等一系列问题。

　　森林是整个国民经济持续、快速、健康发展的基础,在国家经济建设和可持续发展中具有不可替代的地位和作用。为了进一步认识森林的多种效益,特别是森林的生态效益和社会效益,很有必要对森林在经济发展中的重要作用深入地进行探讨。

一、森林生态系统是经济可持续发展的基础

　　经济与生态,二者是相辅相成,水乳交融,互创条件的关系。它们之间,

---

　　* 原文摘要载于 1999 年 8 月 3 日《人民日报》。

经济活动取之于自然并还之于自然。一切经济活动乃至人类的活动都是依赖自然生态运行的基础进行的,经济发展过程一刻也离不开生态系统这个基础。经济取之于自然而求得了发展,然而取之过度,大自然就会强迫经济来偿还;经济运行中和人们消费中所产生的废物最终还之于自然,污染破坏了自然生态系统,造成人类生存环境和健康的恶化,大自然还是强迫经济来偿还。可以讲,由于经济行为造成的生态系统的"折旧",是要由经济本身来"付费"的。因此,生态系统对经济活动有着极大的制约能力。现实生活中由经济来偿还生态系统"折旧"费用的例子不胜枚举。从世界上看,1996年由于生态破坏造成的直接和部分间接经济损失已占世界 GDP 总量的14%;从我国看,全国每年因为各种自然灾害造成的直接经济损失高达2000 亿元,因洪涝灾害减产粮食 200 多亿斤。这还不能说明,经济要想求得可持续发展,必须保护和建设良好的生态系统吗?

自然生态系统由陆地生态系统、海洋生态系统和大气生态系统组成。森林,是陆地生态系统的主体。森林和林地(含疏林和灌木林)约占陆地面积的34%,跨越寒带至热带的各个气候带,有着丰富多样的类型,是世界上最丰富的生物基因资源库。森林生态系统比其他生物系统具有更复杂的空间结构和营养结构(食物链和营养链),其系统自身的调节能力远比草原要大。森林总的利用率和生物生产力也是天然系统中最高的。森林具有对长波辐射的高吸收率和对短波辐射的低散射率,可利用的净辐射率相当高。对能量交换来讲,森林是陆地覆盖层中最活跃的因素,林冠层是地球——大气最粗糙的内界面,因而对垂直湍流、压力场的产生和大气环流都有一定影响。由于森林是陆地生态系统的主体,那么,森林生态系统当然是经济可持续发展的重要基础。

二、森林生态系统是控制全球变暖的缓冲器

由于人类大量使用化石燃料和森林大面积减少,导致大气二氧化碳浓度迅速增大,产生了"温室效应",使全球发生气候变暖的趋势。同时,由于

作为碳贮库的森林大面积被砍伐,原来被贮存于森林生态系统内的碳贮量被释放出来,特别是森林采伐后被用作薪材,更加剧了温室效应,加速了全球气候变暖趋势。研究结果证明,在当前大气二氧化碳浓度增加的因素中,森林面积减少约占所有因素总和作用的 30% ~ 50%。因此,人们不仅呼吁减少森林砍伐所带来的森林这个巨大碳库的破坏,而且指望发展森林来调节大气二氧化碳的浓度。

温室效应的后果是惊人的。一是会引起降雨格局的变化。比如,北美和俄罗斯的平均降雨量将有可能减少,由于世界粮食市场的净出口 70% 来源于北美,这一地区降雨量的减少必将对世界粮食市场的供需产生巨大的影响。二是会导致海平面上升。由此而带来的后果是,陆地上的许多河口三角洲和海岸线上的大城市将沦为汪洋。三是会导致陆地现在生长的许多植物群落因温度的变化而死亡。这样的变化又会进一步推动温度的上升,形成生态系统全球范围内的恶性循环。因此,由于森林生态系统的恶化而带来的气候变化,不仅将使经济付出难以估量的损失,更为严重的是,将直接威胁人类的生存权,如果人类的生存权都被大自然收回了,那还谈什么经济发展!

三、森林生态系统是防洪保土的根本

江河泛滥造成的损失不亚于战争给人类带来的灾难。1998 年我国长江、松花江、嫩江流域发生的洪灾,造成直接经济损失达 2550.9 亿元,受灾人口 2.23 亿人,如果加上灾后重建的开支,则经济"付费"的数额就更惊人了。这样的例子是不胜枚举的,人们总是跳不出只顾经济发展而不顾保护生态,而生态的破坏又必须由经济来承担的恶性循环圈。

洪水泛滥的根本原因有两条,一是由于土地失去植被不能对雨水进行截留,使洪水迅猛而下;二是由于土地失去植被造成水土流失,淤积了河床、库区、湖底和泄洪区,致使河床抬高,库容减少,蓄洪泄洪能力减弱。

一方面,森林具有巨大的涵养水源、调节径流的功能。森林的复杂主体结构,能对降水层层拦截,可将地表径流更多地转化为地下径流。一棵25年生天然树木每小时可吸收150毫米降水,一棵22年生人工水源林树木每小时可吸收300毫米降水,而裸露地每小时仅吸收5毫米。林地的降水约有65%为林冠截留或蒸发,35%变为地下水。因此,森林在雨季能在一定程度上削弱洪峰流量,延缓洪峰到来时间,延长径流输出时间;在旱季则可增加枯水流量,缩短枯水期长度,达到"消洪补枯"的作用。从松花江水系8个森林覆盖率不同的流域的径流季节分配资料分析,没有森林覆盖的流域,其春季枯水径流仅占全年流径的6.5%,夏季汛期径流却占78%;而森林覆盖率为90%的流域,则分别为28.6%和47.6%。我国现有森林面积13370万公顷,森林覆盖率13.92%,主要分布在东北、内蒙东部、西南林区,占全国天然林面积的33%,而这些地区恰恰是1998年洪灾最严重的长江、嫩江、松花江的上中游地区,充分说明了这些林区过量采伐所带来的恶果。根据四川1981年7月特大洪水资料,森林覆盖率分别为12.3%的涪江和5.4%的沱江,在降水量相同情况下,前者的洪水径流系数比后者减少21%。比较黑龙江海浪河流域森林覆盖率分别为75%和14%的两个林区,前者洪峰值比后者低29.24%～38.40%,而退水过程前者比后者延后24～48小时。可见无林区、少林区洪峰进退既迅猛,威胁性又大。

另一方面,森林又具有巨大的水土保持功能。据研究,林地土地只要有1厘米厚的枯枝落叶层,就可以使泥沙流失量减少94%。有林地每公顷泥沙流失量为0.05吨,无林地为2.22吨,相差44倍。20厘米的表土层被雨水冲净,有林地需要57700年,裸地仅为18年。可以这样讲,植被得到保护,就可以祖祖辈辈享受自然生态与人类的协调,而一旦破坏了植被,子子孙孙将会受害无穷。很可惜,这个简单的真理人们领悟得太晚了。从我国情况看,全国有水土流失面积367万平方公里,占国土面积的38%,全国平均每年新增水土流失面积1万平方公里。长江中上游水土流失面积已达51万平方公里,占全流域水土流失面积的91%,每年长江进入三峡库区淤积泥沙近6亿吨,减少库容3.5亿立方米。宜昌以上江段每年有5亿吨泥沙进入长江中游,荆江段平常年份的汛期水位比堤内居民区高出10米,已成为名符其实的悬河。重庆市的主要河流平均每年淤高 20～30 厘米。洞庭湖平均每年进入泥沙 1.29 亿立方米,湖床每年抬高 3 厘米,与 1949 年相比,全湖蓄水量由 293 亿立方米下降到现在的 174 亿立方米,减少约 40%。鄱阳湖也由原来的 5040 平方公里水面面积下降到现在的 3950 平方公里。江西省内河河床平均比四、五十年前高出 1 米。承担长江蓄洪重任的 8 大湖泊面积比 50 年代减少 33%,损失库容 12 亿立方米。全国 8 万余座水库库容已被淤积 40%,损失库容共 400 亿立方米。黄河水土流失面积已由 60 年代的 28 万平方公里增加到 56 万平方公里,三门峡以上年平均输沙量达 16 亿吨,年侵蚀模数高达 2000 吨/平方公里,相当于每年剥去地表 1～2 厘米土层。从这些数字看,我国水土流失已达到何种严重的程度,而由于河床淤积、库容损失带来的洪涝灾害却给国民经济和人民生命财产带来了何等巨大的损失。以上还只是一些主要江河流域的情况,从全国其他地区看,"三北"风沙综合治理区荒漠化面积为 31 万平方公里,南方丘陵红壤区水土流失面积为 34 万平方公里,北方土石山区水土流失面积为 21 万平方公里,东北黑土漫区水土流失面积为 42 万平方公里,青藏高原冻融区水土流失面积为 22 万平方公里。要对这些水土流失区在 2030 年之前进行有效治理,以跟上实现现代化目标的战略步伐,需要何等巨额的投资啊!

四、森林生态系统是防风固沙的屏障

森林具有防风固沙的功能。其防风效益是从降低风速和改变风向两个方面表现的。一条疏透结构的防护林带,迎风面防风范围可达林带高度的 3～5 倍,背风面可达林带高度的 25 倍。在防风范围内,风速减低 20%～50%,如果林带和林网配置合理,可将灾害性的风变成小风、微风。乔木、灌木、草的根系可以固着土壤颗粒,防止其沙化,或者把被固定的沙土经过生物作用改变成具有一定肥力的土壤。

我国荒漠化面积已达 262 万平方公里,占国土面积的 27.3%。由于经济的快速发展,不合理的向自然索取,沙漠化的发展趋势极其迅速。20 世纪五十至七十年代,年均沙漠化土地增加 1560 平方公里,80 年代中期以后,年均沙漠化土地增加 2460 平方公里,现在,全国沙漠化总面积已达171.1 万平方公里,占国土面积的 17.85%。沙漠化的不断加剧,给经济建设造成了巨大的损失。沙漠化每年造成直接经济损失 45 亿元,间接经济损失可达 2070 亿元,每年减少可利用土地 13.3 万公顷,每年因风蚀损失的有机氮磷总量达 5591 万吨,相当于各类化肥 26849 万吨,价值达 168.77 亿元。随着沙漠化的加剧,沙尘暴屡屡出现,90 年代以后越加频繁。1993 年5 月 5 日,特大沙尘暴袭击新疆、甘肃、宁夏、内蒙古 4 个省、自治区的 18 个地区,约有 12 万头牲畜死亡,12 万头失踪,死伤 300 余人,直接经济损失5.4亿元。1998 年 4 月 14 日~16 日,甘、宁、陕、蒙四省区发生特强沙尘暴,在高空气流引导下向东扩散,浮尘和泥雨横扫华北、华东地区,直接经济损失 3.22 亿元。5 月 19 日~20 日,西北地区特强沙尘暴波及 10 个地州、52个县市,造成直接经济损失 20 亿元。

与此截然相反的情况是,凡是植树种草的地区,风沙灾害就大大减轻。在 1995 年 5 月那场西北特大沙尘暴袭击中,林草覆盖度在 30% 以上的地带和农田防护林占地 10% 以上形成防护林体系的农田,都没有受灾或受灾很轻。反之,农作物几乎绝产或严重减产。据不完全统计,我国耕地实现农田林网化的地区,仅小麦一项就增产 40 亿公斤。在华北平原,农田林网一般使小麦增产 5%~20%。更重要的是,森林参与了构建新的稳定性强、生物生产力高的复合农业生态系统,这种复杂的生产结构,既可以形成经济合理的物质能量流通过程,构成复杂的食物链,又对自然灾害具有极大的抗逆性,有效地抵御风沙对经济作物的侵袭。

五、森林生态系统可满足人类健康和精神的需求

经济发展的目的,还在于提高人们的物质、文化、精神生活的质量。由于环境污染造成人们健康的恶化,还是要由经济来承担。森林、林木和草地具有净化空气、减轻和治理污染、满足人类身心健康和精神享受的功能,可

以说,森林、草地是人们健康的身体和高质量生活的保护神。一是可以净化二氧化碳、氟化氢和氯对大气的污染。世界卫生组织和联合国环境署报告,现在城市里有6.25亿人生活在含硫烟气中,占世界人口总数五分之一的10亿人生活在对人体有害的气体之中。冶炼厂、化肥厂、发电厂等都有大量二氧化硫的排放,而树木能吸收大量的二氧化硫,使之氧化为硫酸。据研究,每公顷城市林木每年可吸收二氧化硫30～60公斤,一定宽度的林带可使氟的浓度降低一半左右,一般树叶都有吸收积累氯的功能,可以说,树木真是人们的环保卫士。二是可以减少噪声和减尘滞尘。噪声,已成为现代城市的主要公害之一,被发达国家列为最严重的环境问题。美国资料报道,噪声经过30米的林带,可减低6～8分贝,国外甚至还出现了城市森林学。森林还有很大的防尘滞尘作用。林带一般对降尘的阻滞率为23%～25%,城市行道林带减尘效果更加明显,一般可达68.1%～89.2%,乔木与绿篱混合的林带,减尘率可达96%。三是可以增加空气中负离子浓度,对人体健康十分有益。四是可以优美环境。绿化是优美环境的主要条件之一。据研究,在人们的视野中有25%的绿色时,人的精神就感到舒畅。如果一个城市充满绿色,不仅有利于人们的身心健康,提高学习和工作效率,还能丰富人们的精神生活,陶冶情操。另外,森林可以释放大量的氧气,我国森林每年提供氧气量为2.46亿吨,价值为929.5亿元。1公顷森林每天可生产735公斤氧气,足可供近千人的氧气需求。

森林对经济发展的贡献,绝不仅仅局限于上述几个方面,还有许多。比较突出的还有:第一,是振兴山区经济的根本出路。我国山区占国土面积的69%,山区人口占我国总人口的三分之一。山区综合开发、扶贫攻坚已成为国民经济和社会发展的主要战场之一。根据山区的特点,治水必先治山,治山必先兴林,抓好林业这个龙头,山区经济和生态的一盘棋就搞活了。第二,是国民经济重要的产业部门。木材是世界公认的四大原料(木材、钢材、水泥、塑料)之一,用途极为广泛。1994年我国林业总产值已达1800亿元。第三,是天然的蓄水库。水资源的匮乏,是我国面临的严重问题之一。据科学测算,树木在土壤中根系达到1米深时,每公顷森林可贮水500～

2000 立方米，每平方公里森林每小时可吸纳雨水 20～40 吨，大约为无林地的二十多倍。雨水多时，森林可贮水；雨水少时，森林可慢慢释放水分，简直就是一座巨大的天然水库。

  总之，林业是生态环境建设的主体，是国民经济的基础产业之一。它集生态效益、经济效益、社会效益于一身，肩负着改善生态和促进发展的双重使命，在实现经济、社会可持续发展中具有不可替代的作用。大力发展林业事业，的确是促使经济和生态和谐发展，实现社会主义现代化战略目标，造福子孙后代的千秋功业。

加快发展现代林业
促进和谐社会建设[*]

　　讲到林业,不少人认为就是种种树、采伐木头、搞绿化,对林业缺乏科学的、深入的认识。毛泽东同志早就说过,"林业真是一个大事业","是将来的根本问题之一"。周恩来同志早就讲,"中国最缺乏的资源是森林","森林保护不好,后代会骂我们的,那还搞什么社会主义"。

　　林业是一项重要的公益事业和重要的基础产业,承担着保护和发展森林资源、保护和监管湿地资源、保护和拯救野生动植物、预防和治理土地荒漠化、指导和监督国土绿化以及提供木材及林产品的重要职责。

　　下面,我从森林的功能与作用、我国森林状况与生态安全、加快林业发展与促进和谐社会建设三个方面讲讲。

一、森林的功能与作用

　　自然生态系统分为海洋生态系统、陆地生态系统和大气生态系统。森林是陆地上分布面积最大、组成结构最复杂、生物多样性最为丰富的生态系统,被喻为自然界功能最完善的资源库、生物库、蓄水库、贮碳库、能源库。森林绝不是单一的林木,更不仅仅是树。它是以乔木为主,包括灌木、草本、藤本、苔藓等植物,鸟兽、昆虫等动物和微生物,以及所在地的气候、温度、湿度、土壤、水分等非生物因素共同组成的自然生态系统,这个系统具有特殊

---

　　* 本文是 2006 年 11 月作者在全军群工干部培训班上的讲课稿。

功能和巨大效益。国内外专家认为,森林的价值包括直接价值和间接价值。目前人类对森林直接价值的利用尚未充分挖掘潜力,对其间接价值远未科学揭示出来。总体上看,森林具有生态效益、经济效益和社会效益。

1.森林的生态功能

在森林的三大效益中,生态效益是其他任何物质所无法替代的,越来越受到重视。森林被称作大自然的总调节器,维持着全球的生态平衡。森林在调节生物圈、大气圈、水圈、土壤圈的动态平衡中起着基础性、关键性作用;在生物世界和非生物世界的能量和物质交换中扮演着主要角色,对保持全球生态系统整体功能起着中枢和杠杆作用。尤其是 20 世纪 90 年代以来,随着全球生态危机日益加剧,人们对森林生态功能的认识越来越深刻,归纳起来,森林的生态功能主要表现在保护"水"、"土"、"气"、"温"和"生物多样性"五个方面。

第一,在"保水"的方面,森林具有涵养水源、调节径流、净化水质、促进降雨、维持雪线的特殊功能。森林与水的关系十分密切,"山清水秀","林茂粮丰","林茂水丰"辩证地说明了森林与水的关系。

一是调节径流。总径流分为地表流、壤中流和地下流。从地表流看,下雨时,茂密的森林就像无数把"伞",这些"伞"有效地阻挡或削弱了雨滴对土地的直接冲击。雨水在下落过程中经过森林后发生了再分配:一部分直接落到地上,一部分被树冠截留,被截留的雨水或者被树木吸收、蒸腾,或者沿枝干慢慢下流入地。丰厚的林下植被及腐殖质层,像海绵一样,减缓地表径流速度,使降水缓缓渗入土壤,从而有效地延缓洪水形成时间,削减洪峰,减少水患的发生。森林调节径流的巨大作用,不仅表现在削减洪峰、防止洪灾上,还体现在延长水资源在流域的滞留时间,从而大大提高水资源的利用效率。我国许多江河是出境或入海河流。1998 年全国水量总量为 34311 亿立方米,其中入海水量 21321 亿立方米,出境水量 8136 亿立方米,两项共 29457 亿立方米,86% 的水量是入海或出境的。这 86% 的水量通过森林调节径流的作用,能在国土延长滞留时间,那样会带来何等大的效益。

二是自然蓄水。林地涵养水源的能力比裸露地高 7 倍。根据我国森林生态定位监测结果,4 种气候带、54 种森林综合涵蓄降水能力值在 40.93 ~ 165.84 毫米,中间值为 103.40 毫米,即森林涵蓄降水能力值在 100 毫米左右,以此来计算,1 公顷森林涵蓄降水 1000 吨,10 万公顷森林就是一个 1 亿立方米的天然水库。正如农谚所说:"山上多栽树,等于修水库,雨多它能吞,雨少它能吐。"

三是促进降雨。森林植被能够影响成云降雨,是人类能动地解决干旱问题的基本形式。陆地大范围成云降雨的过程,是大气环流产生的结果。海洋水蒸气随季风吹向陆地后,不断形成水分大循环,这是自然规律。但地表森林植被状态,对局部地区降雨过程有一定的影响,在同一地方同一季节,森林植被多的地方容易出现降雨,反之则不容易出现降雨。民间讲"隔山、隔河、隔路不下雨",奥妙何在呢? 复杂的问题简单讲,降雨过程是冷热空气垂直运动的结果,水蒸气上升至对流层遇到冷空气就形成云滴,在一定条件下,云滴凝聚成雨滴就会形成降雨。首先,地面要有大量水蒸气上升,这与地表反射率有密切关系。太阳辐射至地表,地表粗糙度高、颜色深、湿度大,则太阳辐射被地表吸收的就多,反射率就低。森林植被多的地表反射率低。乔木反射率最低,灌木次之,田野、草原、半沙漠、沙漠依次增高。森林植被由于积蓄了大量太阳辐射,造成积温高,加之森林的蒸腾作用,使大量水蒸气上升,从而促进冷热空气垂直运动,使水蒸气在高空与冷空气相遇形成云滴。其次,森林植被所产生的大量腐质微粒随水蒸气上升,这些特殊的微粒是一种生物核,是可把云滴形成雨滴的最重要的凝结核。没有这种凝结核,还是只见云,不下雨。人工降雨的原理,就是向具备降雨条件的云层布撒干冰。所以,森林的蒸腾作用和产生雨滴凝结核的功能,促进了降雨机会的增加。研究人员实际观测,一般地形条件下,森林覆盖率增加一个百分点,可增加降雨量 8 毫米;起伏丘陵地森林覆盖率增加一个百分点,增加降雨可达到 16 毫米。同样,森林植被遭到破坏,降雨随之减少,又致使森林因干旱大量死亡,干旱随后则愈发加剧。看几个例子:内蒙古赤峰市敖汉旗,几十年来植树造林 500 万亩,森林覆盖率达到 43.5%,1957 ~ 1960 年平均降雨量 373 毫米,1999 年平均降雨量为 487.7 毫米,增加降雨 31%。河北承德市赛罕坝林场,40 余年造林 110 万亩,森林覆盖率达 78%,20 世纪 60 年代年平均降雨 417 毫米,90 年代年平均降雨 530 毫米,增加 113 毫米。青海海西蒙藏自治州都兰县南部香日德地区从 70 年代开始大搞造林,1990 年降雨量为 147.6 毫米,1999 年增至 363 毫米,近 10 年降雨量竟增加一倍以上。

四是净化水质。森林中的植物根系和土壤能对渗入地下的水产生巨大的过滤功能,沉淀有害物质,并使过滤后的水成为富含矿物质的天然泉水。

五是维持雪线。长江、黄河是中华民族的母亲河,发源于雪山地带。如果将江河比作"动脉",雪山则是"血库"。高山地带森林,由于所处海拔多在 1500 米以上,其促进降雪的机会更多。雪山地带的森林是维持雪线不上移、冰舌不后退的保护神,作用巨大,影响深远,关系民族的生存。我国的大江大河多发源于西部地区,而西部地区生态状况十分脆弱,随着西部地区经济发展和生产规模逐步扩大,保护和培育西部山区森林就成为一项事关长远的重大战略问题。

第二,在"保土"的方面,森林具有保持水土、防治荒漠化的重要功能。生物措施是有效防止水土流失的根本措施,实验证明,林地只要有 1 厘米厚的枯枝落叶层,就可以使泥沙流失量减少 94%。在年降水量 340 毫米情况下,每公顷林地土壤冲刷量为 60 千克,而裸地高达 6750 千克,相差 110 倍。20 厘米厚的表土被雨水冲净的时间,林地为 5.77 万年,而裸地仅为 18 年。近几年由于国家实施天然林保护工程、退耕还林工程,不少地区已初见效益。

森林具有防风固沙、抗御风沙灾害的作用。从森林植被改善沙区生态的作用看,一方面森林可以防风。风的危害主要是低空风,它对农作物、土地、城镇、乡村产生危害,而森林植被正是防止这一危害的屏障。据科学家研究,在林带迎风面 5 倍于林带高度的距离、在背风面 25 倍于林带高度距离时,风速一般可减少 20%~50%。低空风在经过山谷地带时,由于"狭管效应"会加大风速,而山口、峡谷地带的森林可以减缓这种效应。另一方面,森林可以固沙和改良沙地。森林里的乔木、灌木、草本、藤本等植物构成的庞大根系像一张盘根错节的网,不但可以牢牢地网住土壤、锁住沙丘,有效减少土壤流失,遏制沙化土地扩大,减少泥石流的发生,防止水利设施遭到破坏,还可以将大量的枯枝落叶转化为有机物,有效改善沙土的结构,提高土壤肥力。内蒙古赤峰市的治沙经验表明,在沙化地带建设宽林带,5~6年后沙化土地即可改良为耕地。

第三,在"保气"的方面,森林具有净化空气、制造氧气的特殊功能。森林与空气质量关系密切。一是可吸附有害气体。如 1 公顷柳杉林每年能吸收二氧化硫 720 千克;刺槐和女贞等树种能吸收氟化氢;银杏、柳杉、夹竹桃等树种能吸收氟;加拿大杨、紫穗槐等能吸收致癌物质安息吡啉等等。森林中的很多植物,如丁香、桦树,能分泌出杀菌的挥发性物质。二是对灰尘具有阻挡、过滤和吸附作用。林木叶面的灰尘经雨水冲洗后,又能恢复其滞尘功能。三是制造氧气。森林是地球之肺,是大氧吧。森林通过光合作用,在吸收二氧化碳的同时,释放出大量氧气。1 公顷森林每天可生产氧气 735千克,足以供应近千人的氧气需求。

第四,在"保温"的方面,森林具有调节气温、缓解"温室效应"的特殊功能。森林是气候调节器,是控制气候变暖的重要缓冲器。森林对太阳辐射有再分配功能,当太阳光辐射至林冠时,有 10%~25% 被反射至空中,35%~80% 被吸收转化,林木叶面蒸腾作用大量消耗热能,使林区或森林附近地区的日温差小,减弱了冬季的寒冻和夏季的日灼高温危害,"大树底下好乘凉"就是这个道理。在一定的区域内,森林受到破坏,干热风就会很容易形成,风暴就会肆虐成灾。

"温室效应"加剧已引起全球的关注。"温室效应",就是由于大气中二氧化碳、甲烷等气体浓度升高,这些气体,可阻挡太阳短波辐射从地表反射后成为穿透大气层的长波辐射,造成大气层温度上升。由此引起的气候变暖,已成为 21 世纪人类面临的最大威胁之一。森林为什么具有调控气候变暖的巨大作用呢?其一,由于森林可吸收大量太阳短波辐射,使反射回去穿过大气层的长波辐射减弱,从根本上减弱大气层温度上升。其二,温室气体阻挡长波辐射穿过大气层,森林具有强大的固碳能力,林木每生长1立方米,需要吸收1.83吨二氧化碳,能大量吸收温室气体,使之减少进入大气层。其三,森林本身储存了大量的碳,一旦被破坏,就会释放大量的碳,造成气温上升,保护森林不被破坏,象减少化石燃料碳排放量一样重要。只要森林不被破坏,同样可减少碳排放量。

第五,在"保持生物多样性"方面,森林是地球生命系统的"基因库",具有保存和维护生物多样性的特殊功能。生物多样性包括遗传多样性、物种多样性和生态多样性。森林是一个庞大的生物世界,是数以万计的生物赖以生存的家园。森林中除了各种乔木、灌木、草本植物外,还有苔藓、地衣、蕨类、鸟类、兽类、昆虫等生物及各种微生物。据统计,目前地球上大约500万至5000万种生物中(包括25万种植物,4.5万种脊椎动物和500万种非脊椎动物),有50%~70%在森林中栖息繁衍,因此,森林生物多样性在地球占有首要位置。在世界发达林业国家,保持生物多样性成为其现代林业发展的核心要求和主要标准,比如在美国密西西比河流域,人们对森林的保护意识就是从猫头鹰的锐减而开始警醒的。

此外,森林中具有数不清的各种性状的物种基因,都是宝贵的遗传工程材料。在现代科技条件下,研究人员利用这些基因不断创造出新的生物品种。从这个意义上讲,森林具有巨大的科学价值,是人类未来的绿色财富,对未来世界的发展具有十分重要的意义。

综合以上方面,森林的生态功能众多,作用巨大,但这些生态效益的价值有多大呢? 森林生态效益的计量研究是一个复杂的问题,不少国家都在研究森林的生态价值。据2001年日本公布的资料,日本3.77亿亩(0.25亿公顷,我国森林是其6.4倍)森林发挥的生态效益价值量为74.99万亿日元(不包括生物多样性价值),按当时汇价约合5.23万亿人民币;芬兰森林一年生产木材的价值为17亿马克,而森林产生的间接效益的价值则为53亿马克;美国森林的间接效益价值为木材价值的9倍。我国森林生物多样性这一项的生态价值就有7万亿人民币。1999年北京市采用替代法对全市60.9万公顷森林的生态价值进行核算,为2119.88亿元人民币,是其森林经济价值的 13.3 倍。当时全国森林是北京市森林的 260 倍,其生态效益该是何等巨大。

2. 森林的经济功能

森林作为一种再生资源,不仅发挥着不可替代的生态功能,而且还是不可缺少的战略资源,具有巨大的经济价值。其直接经济价值可以从以下几个方面来分析:

第一,木材价值。木材与钢材、水泥、塑料并称为世界四大传统原材料,现实生活中木材产品无处不见,用途极为广泛。建筑、铁路、车辆、化工、采矿、船舶、农业等生产都离不开木材。新中国成立初期,木材生产成为新中国的主产业。林业产值曾名列全国前三位,在相当长的一段时期内,林业成为影响国民经济发展速度的主要产业,为新中国完成原始积累做出了巨大的贡献。进入 20 世纪,特别在下半个世纪以来,木材以其多层次加工产品的形式开拓出越来越多的新用途,如以各种纤维板、刨花板和胶合板为主体的人造板及其他材料的复合制品,在建筑、室内装修、家具、车船甚至飞机制造上找到了越来越多的新用途,而以纤维素、半纤维素和木素为主要成分的木材又找到了越来越多的化学利用途径,其中以利用木材纤维素为主要成分的木材制浆造纸业成为提供高质量纸张和纸产品的主要来源,在发达国家木浆造纸大约占 90%。

除木材外,森林还为人类提供其他工业产品,其中不少是不可替代的,如,松香、香料、染料等。竹、花卉、茶、种苗、野生动植物繁育利用等,都是潜力巨大的产业。

第二,木本粮油价值。我国树种资源丰富,有 1000 多种经济价值较高的树种,其中木本粮食有 100 多种,如板栗、核桃、枣、果用银杏、仁用杏、柿子、橡子等,木本油料类有 200 多种,其中含油量较高的木本油料树有 50 多种,食用油料树种有 10 多种,如油茶、油橄榄、文冠果等。

第三,药用价值。随着科学技术的发展,森林的药用价值正在被源源不断地开发出来,比如止痛药、抗生素、强心剂、抗白血病药、激素、抗凝血素等不断从森林植物中发现。以银杏为例,它的果和叶因含有大量对心血管病有重要保养和治疗价值的黄酮醇甙类药物,在短时间内迅速形成了银杏产业;又如稀有的红豆杉,它所含的紫杉醇具有医治癌症的疗效被证实后,大大超过黄金的价格。其他如植物纤维、蚕丝、白蜡虫、哺乳动物毛皮等林副产品都是重要的工业原料。

第四,能源价值。在发展中国家,森林是最主要的生活能源。随着煤、石油、天然气等不可再生的石化燃料的大量消耗而引起的短缺,一些发达国家又重新考虑可再生生物资源的能源利用价值。用速生丰产方式培育出大量木材及油料树的果实,使之转化为固体、液体或气体燃料,是人类利用无穷尽的太阳能来转化为能源的又一选择。

第五,旅游价值。森林特有的保健、景观、文化价值,使森林生态旅游成为旅游业新的经济增长点,发展迅速,所带来的经济和社会效益十分可观,是一个充满希望与潜力的朝阳产业,是人们提升消费层次的重要领域。美国每年有20亿人次到森林中旅游,为全国人口的7.12倍。英国位于伦敦南部的新林区国有林地面积只有1.3万公顷,每年却接待游客2000万人次,对当地的贡献达6000万至1亿英镑。截至2001年,我国已建立森林公园1217处,2006年接待游客超过2亿人次。

3.森林的社会功能

森林是人类的摇篮,也是社会文明的源泉。人类的文明与发展,都是以森林为依托、以良好的生态为基础的。中国黄河中游、非洲尼罗河三角洲(埃及)、西亚的幼发拉底河、底格里斯河流域(古巴比伦),南亚的印度河流域等地区,之所以曾经是人类社会发展中心,都与当时这些地区有茂密的森林这一优越的自然条件密切相关。位于亚洲、非洲和欧洲接壤的西亚,有一片著称于世的大平原,历史上将其称为美索不达米亚平原(现在伊拉克境内),主要由幼发拉底河和底格里斯河两大流域冲积而成。由于森林茂密,土肥粮丰,公元前1894年至538年建立的古巴比伦王国,直至1000多年前的阿拉伯帝国,均以"两河"流域和巴比伦城为政治、经济和科学文化中心,创造了显赫一时的"巴比伦文明"。人们为了获得木材和燃料以及耕地,不断砍伐"两河"上游高山上的森林,导致水土流失加剧,水路被泥沙堵塞,水源得不到贮存和涵养,使昔日肥美的美索不达米亚沃野良田不断沙漠化,到公元2世纪竟成了一片废墟,著名的古巴比伦文明也随之消失。100多年前,恩格斯在《自然辩证法》中指出:"美索不达米亚、希腊、小亚细亚以及其他各地的居民,为了得到耕地,毁灭了森林,但是他们做梦也想不到,这些地方今天竟因此而成为不毛之地,因为他们使这些地方失去了森林,也失去了水分的积聚中心和贮藏库"。

在我国黄河流域,无论是广袤的平原还是崇山峻岭、黄土高原,历史上都曾经绿意盎然,生机勃勃。从殷商王朝起,经春秋战国、秦、汉、唐等一直到北宋长达3000年左右的时间,黄河流域都是中国政治、经济和文化中心,当时这些地方的自然条件优越,森林茂密,气候温和,土地肥沃。后来这些地区之所以变得干旱和贫瘠,主要是由于数千年来战火不断、乱砍滥伐、毁林开垦等人为原因破坏了良好的森林生态系统。

历史上,森林消失而导致国家衰亡、文明转移的例证屡见不鲜。古巴比伦文明、古黄河文明、古埃及文明、古印度文明的衰落都是如此。森林的繁茂曾为人类文明带来了光明,森林的衰亡亦曾导致人类文明的衰落和转移。可以说,文明始于森林,衰于破坏森林,止于森林消失。曾有哲人说过这样一句话:当第一棵树被砍倒的时候,人类文明开始了;当最后一棵树被砍倒的时候,人类文明即宣告结束。过去,人类并没有充分认识到森林对陆地生态系统的特殊重要性,而是把森林作为一种取之不尽、用之不竭的资源,长期被无休止地索取、破坏。随着经济社会的发展,人类社会对森林的功能与作用的认识越来越深刻,发达的林业是国家兴旺、民族繁荣、社会文明的重要标志已成为国际社会的共识。

党的十六届六中全会指出,建设社会主义和谐社会,必须"全面推动社会建设与经济建设、政治建设、文化建设协调发展。"必须"加强环境治理保护,促进人与自然相和谐。"综合分析森林的生态、经济、社会功能,把握林业在推动我国政治、经济、文化、社会建设中的重要作用,可以得到以下启示：

启示一：从政治意义看，森林是未来发展的战略问题。森林问题涉及一个国家的生态安全、能源安全、粮食安全等。木材进出口、碳排放都是国际政治问题。森林多，则国力强，国际形象好；森林少，则国力弱，国际形象差。此乃未来的趋势。重视森林，体现的是对国家、未来高度负责任的战略眼光和政治意识。

启示二：从经济意义看，森林是人类的绿色财富。森林既为人类提供了十分丰富的木材和非木质等物质产品，又提供了重要的气候调节、土壤保持、涵养水源、维护生物多样性等生态产品，所有这一切构成了"绿色 GDP"的核心内容。重视森林，就是重视经济社会可持续发展。

启示三：从文化意义看，森林是人类重要的精神来源。作为人类文化的源泉，森林是一部内容丰富、包罗万象的教科书，一座取之不尽、用之不竭的精神宝库。森林文化及其相关的哲学思想等，极大地丰富了人类文化的内涵。重视森林，便是重视人类的文化价值观。

启示四：从历史意义看，森林的历史与人类的历史密切相关。森林变迁反映了人类与自然的关系，反映了人类进化和演变的过程。"以史为鉴，可知兴衰。"重视森林，就是尊重人类的发展历史。

启示五：从社会意义看，森林是人类的家园。山清水秀、空气清新、风调雨顺、鸟语花香是人类梦想追求的美好家园。尊重自然，与自然共融共进，实现人类与森林的和谐发展，是社会进步的规律。重视森林，就是重视自然规律、社会发展规律。

二、我国森林状况与生态安全

根据联合国粮农组织发布的《世界森林状况 2005》，2000 年世界森林面积为 38.69 亿公顷，其中 95% 为天然林；森林覆盖率 41.8%；森林蓄积 3863.52 亿立方米；人均森林面积 0.6 公顷，人均森林蓄积 64.63 立方米。

我国第六次（1999～2003 年）全国森林资源清查结果表明，全国森林面积为 1.75 亿公顷,森林覆盖率 18.21%,森林蓄积量 124.56 亿立方米。我国森林面积虽然居世界第五,但远不够一个森林国家的标准。世界森林平均覆盖率近 30%,我国只有 18.21%。俄罗斯国土面积 1700 万平方公里,森林覆盖率 47.9%;巴西国土面积 850 万平方公里,森林覆盖率 64.3%;加拿大国土面积 1000 万平方公里,森林覆盖率 41.8%;美国国土面积 936 万平方公里,森林覆盖率 33.1%。日本森林覆盖率 68%,韩国 65%、芬兰 73.9%。我国森林覆盖率、人均森林面积、人均森林蓄积分别居世界第 130 位、第 134 位和第 122 位。

党中央、国务院高度重视林业工作,特别是最近几年来,相继出台了一系列重要方针政策,并取得了举世瞩目的成就。"十五"时期,中央实施了天然林保护、退耕还林、防沙治沙、生物多样性保护等重大战略,颁发了《关于加快林业发展的决定》,召开了全国林业工作会议,确立了以生态建设为主的林业发展战略,林业建设进入了新的历史时期。

1. 林业建设主要成绩

一是造林绿化事业快速发展。"十五"时期,我国年均造林面积超过 1 亿亩,人工林保存面积增加到 8 亿亩,森林面积由 23.8 亿亩增加到 26.3 亿亩,森林覆盖率由 16.55% 提高到 18.21%。全国初步形成了以工程造林为主体,社会造林和义务植树共同发展的造林绿化新格局。非公有制造林蓬勃发展。有人说,年年造林不见林,但却没人说年年打粮不见粮。全国造的林,一部分保留下来了,一部分采伐利用了,还有一部分因各种森林灾害而毁掉了。林业为社会主义建设、人民生产生活做出了巨大贡献。建国以来,全国采伐森林蓄积共约 80 多亿立方米,如折合成造林面积,大约需造林 20 亿亩。森林覆盖率增加约 10 个百分点,如折合成造林面积,约有 22 亿亩。这还不包括森林火灾、病虫害、林地逆转流失的损失。所以全国人民造林护林育林的成绩是很大的。

二是森林资源保护管理逐步走上了法制化轨道。全国森林资源保护管理基本形成以实现森林可持续经营为目标,林权管理为核心,资源利用管理为重点,综合监测为基础,执法监督为保障的工作格局。全国林地确权发证面积超过90%。初步实现了由单一资源调查向森林资源和生态状况综合监测一体化的转变。森林警察、武装森林警察和林业行政执法队伍建设进一步加强,森林火灾受害率控制在1‰以内。林业有害生物防治率由60%提高到75%,成灾率下降到0.5%以下。林业重大灾害应急处置能力有所增强。

三是重点林业工程建设取得了显著成效。从20世纪末开始,我国启动了林业重点工程,包括天然林资源保护工程,主要通过全面禁止长江上游、黄河上中游地区天然林的商品性采伐和大力调减东北、内蒙古等重点国有林区的木材产量,解决天然林资源的休养生息和恢复发展问题。退耕还林工程,主要通过对陡坡耕地和沙化耕地实施退耕还林,解决我国重点地区的水土流失问题。京津风沙源治理工程,主要通过退耕还林、禁牧舍饲、小流域治理等措施,尽快恢复北京周围地区的林草植被,解决首都的风沙危害问题。"三北"和长江中下游地区等重点防护林体系建设工程,主要通过因地制宜、因害设防地营造各种防护林,解决"三北"地区的土地沙化问题和其他地区各不相同的生态问题。野生动植物保护及自然保护区建设工程,主要通过抢救濒危珍稀物种、恢复典型生态系统等措施,解决野生动植物资源、生物多样性和湿地资源的保护问题。重点地区速生丰产用材林基地建设工程,主要解决木材供应问题,减轻木材需求对森林资源保护发展的压力,为其他生态工程建设提供重要保证。林业重点工程,规划范围覆盖了全国97%以上的县,计划造林任务超过10亿亩,总投资达数千亿元。林业重点工程是新世纪林业建设的主战场,更是实施以生态建设为主的林业发展战略的基本途径。在重点林业工程的带动下,"十五"时期,全国共完成造林4.8亿亩,14.3亿亩森林得到有效管护。

四是自然生态保护工作得到有力加强。全国林业系统管理的自然保护区达到1700多个,面积18亿亩,占国土面积的12.49%,超过世界平均水平。大熊猫、兰科植物等15大物种被纳入国家重点保护项目,建立野生动物拯救繁育基地250多处、野生植物种质资源保育基地400多处和规模培植基地 1000 多处,大量珍稀濒危野生动植物形成了稳定的人工种群,物种资源稳中有升。共建立湿地自然保护区 473 个,现有自然湿地的 45% 得到有效保护。野生动物疫源疫病监测防控体系初步建立。全国人大通过了《防沙治沙法》,国务院编制了《全国防沙治沙规划》,作出了《关于进一步加强防沙治沙工作的决定》。

五是林业产业发展势头迅猛。木材、人造板、松香、家具、经济林等传统产业继续巩固,竹藤花卉、生态旅游、森林食品、森林药材等非木质产业迅速增长,野生动植物驯养繁殖、生物质能源、生物质材料等一批新兴产业异军突起。产业发展区域化格局日趋明显,产业布局不断优化,一些资源小省变成了产业大省。产业投资主体呈现出多元化趋势,非公有制成分大幅度上升,经营规模越来越大。林业产业已成为我国经济发展中的一个重要组成部分,表现出越来越明显的优势和潜力。2005 年林业总产值达到 7269 亿元。2006 年仅林产品进出口总额达 450 亿美元(3600 亿元),野生动植物培育利用及进出口总产值 1570 亿元。

六是林业发展的支撑保障能力明显增强。"十五"期间,林业资金投入大幅度增加,共到位各类建设资金 2120 亿元。林业科技教育工作不断强化,取得重大科技成果 1100 多项,制定各类标准 500 多项,自主研发新产品、新技术、新工艺 295 项,林业科技贡献率达到 35%,完成了中国可持续发展林业战略研究,1433 万人次的林业从业人员得到培训。林业法制建设取得新进展,颁布了防沙治沙法、农村土地承包法、种子法、森林法实施条例、退耕还林条例等法律法规,制定部门规章 19 件。林业行政审批制度改革取得明显成效,行政许可工作稳步推进,行政执法行为进一步规范。林木种苗建设得到加强,全国已建林木良种基地 400 多万亩,年种子生产能力达 2600 万公斤,苗木产量达 300 多亿株。林业国际合作不断深化,签署政府和部门间协议 16 个,争取无偿援助资金 2.9 亿美元。

2.林业建设面临的问题

我们必须清醒地看到林业生态建设面临困难和问题,主要有五个方面:

一是森林资源总量不足、分布不均、质量不高、结构不合理,森林经营水平亟待提高。我国森林覆盖率只有世界平均水平的 61.5%,人均森林面积和蓄积只有世界人均水平的 1/4 和 1/6 左右。东部地区森林覆盖率平均为 34.27%,中部地区为 27.12%,西部地区只有 12.54%,占国土面积 32.19% 的西北五省(区)森林覆盖率平均只有 5.86%。全国林分平均每公顷蓄积只有 84.73 立方米,相当于世界平均水平的 84%,林分平均胸径只有 13.8 厘米,林木龄组结构也不尽合理。树种单一现象比较严重,森林生态系统整体功能脆弱,可采森林资源严重不足。

二是部分重点保护野生动植物种群数量过少。相当数量的物种种群呈下降趋势,个别物种极度濒危;一些非重点保护野生动植物因过度开发利用导致资源减少,某些物种资源储量面临枯竭。

三是因开垦、开发占用等造成自然湿地面积削减、功能下降。全国围垦湖泊达 130 多万公顷,围垦导致天然湖泊消失 900 多个。

四是水土流失仍然严重。水土流失面积仍占国土面积的 1/3 以上,大江大河上中游等生态脆弱地区水土流失仍很严重,局部地区还存在恶化趋势。

五是荒漠化形势依然严峻。全国荒漠化土地达 267.4 万平方公里,占国土总面积的 27.9%;沙化土地 174.3 万平方公里,占国土总面积的 18.2%;一些省区沙化土地面积仍在扩大,一些地方乱采滥挖、乱垦过牧等人为破坏仍未得到有效控制,边治理、边破坏的现象仍很严重。

3. 人类社会面临的生态危机

由于森林的锐减,直接或间接导致了当今全球范围的六大生态危机。

沙漠化。沙漠化居全球生态危机之首,其形成有多种因素,但最主要的是森林植被的破坏。目前,全球沙漠化土地达到 3600 万平方公里,占陆地总面积的 1/4,共有 110 个国家、约 10 亿人口受到危害,而且还在以每年 5~7 万平方公里的速度扩展。沙漠化正在逐步从生态危机延伸为生存问题、贫困问题、社会问题和政治问题,联合国警告说:"照此下去,地球将被卷入一场浩劫性的社会和经济灾难之中。"我国是世界上沙漠化危害最严重的国家之一,严重影响着人民群众的生产生活,成为中华民族生存和发展的心腹之患。

水土流失。水是生命之源,土是生存之本,森林是生存发展之基。水土流失是破坏森林植被后的直接后果。全球水土流失日益加剧,每年约有600多亿吨肥沃的表土流失,相当于720万公顷土地1厘米厚的表土被剥走。据科学家研究,在自然力的作用下,形成1厘米厚的土壤需要100～400年。可见,水土流失造成的危害极其严重且难以挽回。我国的水土流失面积356万平方公里,约占国土陆地总面积的1/3,每年流失土壤50亿吨,其养分相当于4000万吨化肥。全国8.2万座水库总库容的三分之一被泥沙淤积。1995年黄河花园口最大洪峰流量每秒6260立方米,仅相当于1958年流量2.23万立方米的四分之一,但洪水水位却比1958年高出0.32米。1998年长江洪峰流量并不比1954年大,但水位却高于1954年。渭河河床高于各支流。由于泥沙淤积,造成洪灾频繁,使大型水库电站设施减少寿命。过去50年中,因水土流失而损毁的耕地在270万公顷左右,严重影响了经济社会特别是农村的发展。

干旱缺水。半个世纪前,鲁迅先生说过一句非常深刻的话:"林木尽伐,水泽湮枯,将来的一滴水,将和血液等价。"森林及其土壤像海绵一样可以吸收大量降水,被誉为"绿色水库"。由于森林锐减和湿地退化,形成了世界性的水荒。全球60%的陆地淡水资源不足,100多个国家严重缺水,1/3的人口生活在中度或重度缺水环境之中。我国是世界上的贫水大国,人均水资源占有量只有世界人均水平的1/4;全国约有400个城市供水不足,缺水60亿吨以上;农村有4300多万人饮水困难,农作物年均干旱面积达到3.8亿亩,每年因此造成的经济损失超过2300亿元。

洪涝灾害。旱涝是一对"孪生子",没有森林植被遮蔽的地方,无雨则旱、有雨则涝。森林的防洪作用主要体现在两个方面:一是截流和蓄存雨水,做到"细水长流";二是保持水土,防止大量泥沙下泄而使江河、湖泊和水库淤积。俗语说"穷山必有恶水"。近些年来,洪涝灾害肆虐全球,造成的经济损失和人员伤亡十分严重。孟加拉国由于森林被大量砍伐,洪水灾害由历史上每50年1次上升到20世纪后期的每4年1次,1988年的洪灾使3000万人无家可归。我国长江流域过去500年共发生53次大洪水,而近50年就发生了约20次。1998年发生的特大洪灾,造成3.34亿亩农田被淹,死亡4150人,直接经济损失2550多亿元。

物种灭绝。一般认为,地球上的生物物种在500万种以上,其中超过一半栖息繁衍在森林之中。森林的破坏,伴随的是物种的消亡。根据专家测算,由于森林的大量减少和其他种种因素,现在物种的灭绝速度是自然灭绝速度的1000倍。这种消亡还呈加速之势。有许多物种在人类还未认识之前,就携带着它们特有的基因从地球上消失了,而它们对人类的价值很可能是难以估量的。现存绝大多数物种的个体数量也在不断减少,据英国生物学家诺尔曼·迈耶斯估计,从1900年以来,人类大概已毁灭了已存物种的75%。1990~2000年,每年可能灭绝1.5~5万个物种。世界自然基金会在《2004地球生存报告》中说:自20世纪70年代以后的30年中,全球野生动物的数量减少了35%。我国处于濒危状态的动植物物种数量为总量的15%~20%,高于世界10%~15%的平均水平。

温室效应。近100年来,大气中二氧化碳含量增加了30%以上,导致温室效应加剧,北极地区的冰盖因此减少了42%,海平面上升了约50厘米。1960年以后,由于温室效应,全球气温上升了0.5~0.7度。如果这一趋势保持下去并加剧,将造成灾难性后果。联合国政府间气候变化委员会研究报告预测,到21世纪末,气候变暖带来的两极冰川消融,将使海平面上升0.3~1米,届时东京30%的地面受淹,全球30%的人口可能迁移,我国珠江、长江、黄河三角洲也将严重受损,占国土面积18%的北方常年冻土地将解冻,一切冻土基础设施将受到破坏。

三、加快发展现代林业 促进和谐社会建设

林业作为一项重要的公益事业和基础产业,承担着生态建设和林产品

供给的重要任务,在人口、资源、环境的协调发展中居于关键和纽带的地位。加快林业发展,对于保障生态安全、能源安全、粮食安全、政治安全、木材安全,推进新农村建设,实现社会主义和谐社会战略目标都具有十分重大的意义。

1.发展林业的时代意义

第一,从生态安全看,加快林业发展是解决和预防生态危机的根本途径。由于人类长期对森林的无穷索取和大量破坏,使地球上的森林面积从人类文明初期的 76 亿公顷,减少到 20 世纪末的 38.69 亿公顷。联合国《2000 年全球生态环境展望》进一步指出,人类对木材和耕地的需求,使全球森林减少了 50%,原始森林 80% 遭到破坏。一位美国经济学家指出,到了后工业社会以后,世界上出现了两大危机,一是经济发展的资源支持系统出现了危机,二是人类的生命支持系统即生态也出现了极大的危机。英国科学家断言:由于森林大量被毁,已经使人类生存的地球出现了比以往任何问题都难以对付的生态危机,生态危机将有可能取代核武器的威胁,成为人类面临的最大的安全威胁。因此,从长远看,要保证人类的生态安全,必须重建森林植被,构筑功能完善的生态网络。

第二,从粮食安全看,加快林业发展是解决粮食问题的新途径。随着我国人口的增加和生活水平的提高,粮食消费需求持续增长,粮食安全正成为面临的重大问题。同时,我国耕地数量正在不断减少,优质耕地少,耕地后备资源不足,使粮食播种面积增加受限。2003 年全国耕地为 18.51 亿亩,比 1996 年净减 1 亿亩,其中 1300 万亩为优质良田;全国中低产田占耕地总面积的 69%,全国粮食平均单产比发达国家少 100 公斤左右;我国耕地后备资源潜力为 2 亿亩,其中 60% 以上分布在水源不足和水土流失、沙化、盐碱化严重的地区。我国年粮食总产量和消费量均占世界年总产量和消费量的 25%,国际粮食市场每年的贸易量基本保持在 2200 ~ 2300 亿公斤,还不足我国年总需求量的一半。从潜力上分析,我国有 43 亿亩林业用地,利用率仅为 57%,另外还有 8 亿亩可治理沙地,两者合计相当耕地面积 2.4 倍。

利用林地资源大力发展木本粮油,不仅是解决好粮食问题的新途径,并且还是绿色食品。

第三,从能源安全看,加快林业发展是应对和化解我国能源危机的有效途径。根据国际能源机构统计,人类目前主要使用的石油、天然气和煤炭3种化石能源可供开采的年限分别只有40年、50年和240年。加快新能源的开发,成为21世纪的当务之急,世界发达国家纷纷致力于开发生物质能利用技术,保护不可再生的矿物能源资源。日本制定了"阳光计划",印度启动了"绿色能源工程",美国建设"能源农场",巴西实施"酒精能源计划",丹麦、荷兰、德国、法国、加拿大、芬兰等国经过深入的研究与开发,形成了生物质能源研发体系。据科学家预测,生物质能源将成为21世纪主要新能源之一,到2015年生物质能源将占全球总能耗的40%。我国已将生物质能源建设列为国家"十一五"能源发展计划的重要内容。林业生物质能源作为一种高效、无污染、安全的能源,具有巨大的发展潜力,正引起全世界的广泛关注。科学家已经研究出600多种常见的木本燃料油植物,如麻黄树、西蒙得木等都可以提取柴油。我国现有林木生物质中可用作工业能源原料的生物量有3亿多吨,如全部开发利用可替代2亿吨标准煤,能够减少目前1/10的化石能源消耗。目前,我国木本燃料油植物种植面积超过600万公顷,年果实产量200多万吨。据测算,若将现有宜林荒山荒地的10%用于种植木本燃料油植物,每年可新增木本油料资源1000万吨以上。我国现有300多万公顷薪炭林,每年可获得0.8亿吨~1亿吨高燃烧值的生物量。全国已形成大约5700多万公顷的中幼龄用材林,如正常抚育间伐,可提供1亿多吨的生物质能源原料。

第四,从建设社会主义新农村看,加快林业发展具有重要的战略意义。发展林业是加快农村生产发展的重要内容。一是林业是农村经济的重要组成部分。农村是林业的主战场,农民是林业的主力军,通过发展林业,利用好林地这一非耕地资源,可以拓展农村经济的发展空间。二是发展林业有利于保障农业稳产高产。森林具有调节气候、涵养水源、保持水土、防风固沙等功能,在改善农村生产环境等方面发挥着独特效能。据实地观测,平均每公顷防护林能保护农田 10.80 公顷,增产粮食 9360 公斤。三是发展林业有利于保证粮食安全。通过实施以山补田战略,开辟大粮食生产的新途径,大力发展木本粮油、果品、菌类、山野菜等各种替代粮食,丰富人们的米袋子、菜篮子、果盘子,减轻基本农产品的生产压力。

发展林业是实现农村生活宽裕的有效途径。农民增收,是农村生活宽裕的前提条件。林业在促进农民增收方面能够发挥独特的作用。一是资源充裕。发展林业,有着广阔的林地、巨大的市场、充足的劳动力、丰富的物种等资源条件。二是林业产业的经济效益日益显著。果品、木本粮油、桑蚕业、竹产业等传统林业产业,森林旅游、森林食品、花卉、药材等新兴林业产业的不断发展,已经成为拉动农民收入增长的重要因素。三是林业重点工程直接增加农民收入。国家林业重点工程的范围涉及我国 97% 的县,基本覆盖了我国农村地区,农民通过参加退耕还林、风沙源治理等工程获得的钱粮补助,已经成为农民收入的重要组成部分。退耕还林工程实施 7 年来,已使 1.2 亿农民直接受益,监测显示,1999 年至 2004 年,退耕农户每年纯收入中来自退耕的补贴在 930 元至 1150 元之间,占农户年均总收入的比例达 9% 至 12%。

发展林业是促进乡风文明、实现村容整洁的重要措施。乡村文明整洁,是农村社会发展向现代化迈进的一种显著标志。发展林业,一是提高农民生态道德意识。通过乡村绿化建设,促进人与自然和谐相处,提高自身修养,形成良好的生态道德意识,有助于农民改变传统的生活观念和生活方式。二是绿化美化农村生态环境和人居环境。农村生态环境是农民生活质量提高的必要条件,通过构筑农田林网、增加村庄和农户院落的林草覆盖,发展庭院林业,能使农民的家居环境、村庄环境、自然环境和谐优美。

发展林业是推动农村管理民主的重要手段。管理民主是通过民主决策和民主监督,使农民获得参与农村经济、政治、文化和社会事务的权利。集体林权制度改革是当前广大集体林区发展林业的重要途径,土地是农民的命根子,林地和林木的所有权、经营权、处置权和收益权,是广大农民群众在从事林业生产过程中最关心、最直接、最现实的利益问题。集体林地占全国林地的一半以上，由农民自己管理好和经营好这一重要的生产资料，不仅能落实农民各项合法权益，还能提高农民群众的法律意识、民主意识和参政议政能力，是推进农村民主管理的重要途径。福建、江西等南方重点集体林权制度改革实践证明，这项改革是集体林区经济社会发展的一项重大变革，随着这项改革在全国的全面推开，势必极大地促进我国广大农村和林区的民主管理进程。

第五，从建设社会主义和谐社会看，加快林业发展具有重大的时代意义。和谐社会包括人与人的和谐、人与社会的和谐、人与自然的和谐。推动林业发展，加强生态建设，是实现人与自然和谐的关键和基础。实现人与自然和谐，解决自然灾害之患，最根本最持久的措施是通过大力植树造林、发展林业，从而改善生态条件。党和国家领导人高屋建瓴地对此进行了一系列科学阐述。毛泽东同志早在1958年就说过，"要发展林业，林业是个很了不起的事业"。周恩来总理在1951年讲，"在未经过大搞造林、大搞水利之前，水、旱等灾害是难以避免的"。"把树都砍光了，水灾就来了"。邓小平同志讲，"植树造林，绿化祖国，是建设社会主义、造福子孙后代的伟大事业，要坚持二十年，坚持一百年，坚持一千年，要一代一代永远干下去"。江泽民同志讲，"通过植树造林解决两大心腹之患。一是解决长江、黄河上游植被稀少，泥沙俱下，给我们国家带来的巨大水患。二是加大沙漠化的治理力度，实现人进沙退而不是沙进人退"，胡锦涛同志指出：我们所要建设的社会主义和谐社会，应该是民主法治、公平正义、诚信友爱、充满活力、安定有序、人与自然和谐相处的社会，"必须以对子孙后代高度负责的态度，从全国生态安全和可持续发展的大局出发，遵循自然规律和经济规律，处理好眼前利益和长远利益的关系，切实把生态环境的保护和建设放到更加突出的位置来抓。""在实施退耕还林还草、天然林保护等工程的过程中，要充分考虑当地群众的当前和长远生计，因地制宜地搞好后续产业开发，解决好他们的吃饭和增收问题，使群众能够从生态建设中得到实实在在的利益。"

从科学的角度看，人与自然和谐，就是风调雨顺、山清水秀、江河安澜，自然灾害较少，从而实现自然界与人类的生态供需处于比较平衡的状态。

在自然条件中,风沙水旱灾害与森林植被都有密切关系,森林植被好,风沙水旱灾害就少,这是人与自然和谐最直接的表现。江河、山脉、湖泊、沙漠等是自然条件的重要组成部分,要确保江河和湖泊安澜、山脉雪线不上移、沙漠不扩张,只有不断增加森林,才能不断促进人与自然的和谐发展。人与自然关系发展演变到今天,自然已经受到了人类太多的创伤,如果只是坐等自然的自我修复和自我发展,很难重新建立人与自然的新的平衡与和谐。必须充分发挥人类的主观能动性,尊重自然规律和采取有效手段,严格保护自然,尽快修复自然,科学改善自然,在更高的层次上实现人与自然的和谐。在这个过程中,加快林业发展、加强生态建设是关键所在,是促进人与自然和谐发展的重中之重。生态是各种自然因素的集中体现:所有的生物都要在地球生态系统中生存和发展;生态是所有的资源(包括能源、原材料)运行的环境载体,是许多可再生资源孕育和循环的母体;几乎所有的自然问题都要在生态系统中展现。林业在统筹人与自然和谐中具有重大的、独特的、不可替代的关键作用。

2. 林业建设的战略任务

第一,生态产品短缺,迫切需要加快林业生态建设,提高生态产品的供给能力。物质产品、精神产品和生态产品是支撑现代人类生存与发展的三大类产品。林业是承担生产物质、文化、生态三大产品,发挥经济、社会和生态三大效益的重要部门。当前,随着物质产品和精神产品的日益丰富,物质产品短缺的时代已经过去,但生态产品日趋短缺。生态产品已经成为我国现阶段最短缺、最急需大力发展的产品,生态问题已经成为制约经济社会可持续发展的根本性问题,生态差距已经成为我国与发达国家的最大差距之一。林业是生产生态产品的主体部门,必须充分发挥生产生态产品的主体作用。现在,社会对生态的需求越来越大,人们对生态质量越来越关注。时代要求我们、社会要求我们、人们要求我们,必须千方百计地加快林业发展,实现林业又好又快发展,大力推进传统林业向现代林业转变,大力提高生态产品的供给能力,从而满足社会和人们对生态产品的迫切需求,这已成为林业最艰巨、最迫切的任务。

第二,木材和林产品供给不足,迫切需要加快林业产业发展,保障我国经济社会可持续发展。目前,我国每年进口林产品折合原木达1.5亿立方米,进口额高达186亿美元。而我国人均木材消费水平仅为0.12立方米,如果要达到世界人均0.68立方米的水平,我国每年需生产木材8.8亿立方米。据预测,2010年以后,我国每年森林蓄积消耗总需求的缺口将达到3亿立方米,供需矛盾十分尖锐。另外,国民经济建设和社会发展对生物质能源的需求也在迅速增长。

第三,世界大国地位迫切需要加快我国林业发展,进一步提升国际形象。我国林业承担着许多国际公约的履约任务,已成为国际政治的重要内容。林业问题不仅是一个生态问题、经济问题、社会问题,还是一个国际政治问题。我国是蒙特利尔进程、亚洲区域进程等国际林业进程的参加国,是《生物多样性公约》、《濒危野生动植物种国际贸易公约》、《湿地公约》、《防治荒漠化公约》、《气候变化框架公约》等国际公约的签署国,还是《濒危野生动植物种国际贸易公约》、《湿地公约》的常务副主席国,履约任务极其繁重。特别是扩大森林资源,吸收二氧化碳,已成为缓解全球气候变暖的战略途径。英国一家国际研究所指出,森林能吸收全球二氧化碳释放总量的25%。

《京都议定书》要求各国温室气体排放量要按控制指标排放。而我国每年二氧化碳排放量仅次于美国,居世界第二。日本专家指出,到2020年之前,中国温室气体排放量将比现在增加一倍,达到国际社会难以接受的程度。增加森林资源,吸收二氧化碳,已成为我国的一项重大外交战略和必须履行的重要国际责任。我国作为世界上最大的发展中国家,无论是从经济发展与世界接轨的需要出发,还是从我国作为一个负责任的大国应当对世界生态建设作出应有贡献的角度出发,都必须认真履行这些公约,义无反顾地承担起应负的责任。

3. 推进我国林业又好又快发展

当前,全国正在深入贯彻十六届六中全会精神,全面落实科学发展观、构建社会主义和谐社会,新形势对发挥林业的多种功能、满足社会的多样化需求提出了新要求,给林业发展带来了新机遇,把林业推向了新高度,使林业成为国家发展全局的战略重点。林业的地位越来越重要,林业的任务越来越艰巨,必须抓住战略机遇期,加快林业发展,实现又好又快发展。

面对新的形势与任务,"十一五"林业工作的总体要求是:以邓小平理论和"三个代表"重要思想为指导,用科学发展观统领林业工作全局,深入贯彻落实中共中央、国务院《关于加快林业发展的决定》精神,全面实施以生态建设为主的林业发展战略,加速推进传统林业向现代林业转变,着力构建林业生态和产业体系,实施工程带动,深化体制改革,强化科技创新,加强科学管理,转变增长方式,大力提高林业发展的质量和效益,不断开发林业的多种功能,满足社会的多样化需求,努力把我国林业推向又好又快发展的新阶段。

力争到 2010 年,全国森林覆盖率达到 20%,森林蓄积量达到 132 亿立方米,林业产业总产值达到 12000 亿元,新增沙化土地治理面积 1.1 亿亩,50% 的自然湿地和 90% 的国家重点保护野生动植物种得到有效保护,自然保护区面积达到 18.8 亿亩,森林公园达到 2800 处,商品材产量达到 9980 万立方米,人工林供材率达到 70% 以上,木材综合利用率达到 70%,林分单位面积蓄积量达到 6.2 立方米/亩。

实现林业发展战略目标,必须处理好七个关系:

第一,兴林与富民的关系。兴林与富民,是现阶段我国林业发展的根本问题。兴林和富民是相互依存、相辅相成、相互促进、对立统一的。兴林的目的是为了富民,这是发展林业的基本出发点和基本落脚点。通过兴林,可以为人们和社会提供良好的生态产品,提供丰富的林产品,提供可靠的就业机会,可以让农民获得多方面的利益,增加农民收入,提高生活水平。而农民富裕了,就会自觉自愿地投入到林业建设中去,加大对林业的资金、技术和劳动的投入,从而促使林业进一步发展。

第二,生态与产业的关系。林业的特性决定了生态中有产业,产业中有生态,二者不可分割。只有建立起完善的林业生态体系,满足了社会的生态公益和精神文化需求,发展林业产业才能有更大的余地和更高的效率;只有建立起发达的林业产业体系,既满足了社会对林产品的需求,又积累了丰富的物质财富,才能更好地支持、保障林业生态体系的发展。只有将生态与产业结合起来,推进生态建设产业化、产业建设生态化,实现生态建设与产业发展协调推进,才能最大限度地发挥林业的特有优势,林业发展才能充满生机和活力。

第三,改革与稳定的关系。没有改革,就难以解决阻碍林业发展的深层次矛盾,难以释放林业的巨大潜力,也就谈不上稳定;没有稳定,改革就无法顺利进行,美好的计划和蓝图都无法变成现实。在推进集体林权制度改革、国有林场改革、重点国有林区林业经营管理体制改革、林业分类经营改革的过程中,必须协调好国家、企业、职工之间的利益,充分考虑各方面的承受能力,把握好改革的力度、节奏和时机,既要积极推进改革,又要确保稳定。

第四,保护与利用的关系。正确处理保护和利用的关系,是实现林业又好又快发展的关键环节。首先必须严格保护现有资源,同时进行科学合理的开发利用,实现在保护中利用,在发展中利用,以充分发挥林业的多种功能,满足人们的多样化需求。森林是十分珍贵的战略资源,严格保护是为了发展壮大森林资源,更好地发挥林业的三大效益,从一定意义上讲,保护不仅是发展的基础,更是发展的途径;森林又是十分重要的可再生资源,是规模最大的循环经济体,合理利用能够使林业成为群众的致富之源,进一步促进保护工作的开展,实现在科学利用中自觉有效的保护。

第五,数量与质量的关系。我国森林数量不足与质量不高的问题同等严重。正确处理数量与质量的关系,是实现林业又好又快发展的核心要求。森林资源是数量与质量的统一,稳定的森林生态系统要靠大面积与高质量相统一的森林资源为基础,既要不断增加森林资源的数量,又要下功夫提高森林资源的质量。

第六,人工培育与自然恢复的关系。人工培育也需要借助大自然的力量,自然恢复在许多情况下也需要人工促进。有些遭到破坏的生态系统,通过自然力恢复,少则需要几十年、几百年,多则需要上千年;有些遭到完全破坏的生态系统,仅靠自然力已经无法恢复,必须辅以人工措施。必须坚持实事求是,根据具体情况,恰当地选择和实施两种方式。

第七,眼前与长远的关系。林业是一项长期坚持的事业,是一项功在当代、造福子孙的伟大事业,必须处理好眼前与长远的关系。既扎扎实实,坚持从群众最关心、要求最急迫、受益最直接和条件最成熟的问题抓起,切实解决林业经营者的眼前收益、切身利益问题;又着眼于林业长远发展,科学布局,坚持不懈,建立健全促进林业持续发展的长效机制,为民族长远生存发展打好根基。

4. 军队是国土绿化和林业建设的重要力量

长期以来,全军和武警部队始终以坚强有力的组织领导、求真务实的科学态度和英勇顽强的战斗作风,积极投身营区和驻地生态建设,为我国国土绿化和林业建设事业作出了重要贡献。

一是营区绿化建设蓬勃发展。建国初期,营区绿化以"四旁"植树为主;20世纪80年代开始建设"园林式营院";进入新的世纪,全军创建"绿色营区"。目前正在组织开展"生态营区"试点。一大批团以上单位建成了绿量丰富、布局合理、植物多样、环境优美、具有浓郁军营文化特色的"绿色营区"。

二是军事区域"三荒"土地治理取得阶段性成果。2003年军事区域2000万亩"三荒"土地治理正式纳入国家退耕还林工程,军委、总部制定颁发一系列法规制度。到2006年,军队利用国家专项投资4亿元,治理"三荒"土地800多万亩。

三是军队森林资源保护迈入新台阶。2004年,军队森林资源保护纳入中央森林生态效益补偿基金范畴,目前,全军数百个万亩以上大型林木管护单位充实了林政管理、警务消防、营林护林等专业机构,完善了基础设施。

四是支援国家生态建设走在前列。自1982年开展全民义务植树运动以来,全军部队积极响应号召,发挥突击队、生力军的作用,成建制、大规模地参加和支援国家及驻地生态工程建设,先后投入3000多万人次,义务植树 3.6 亿株,飞播造林 8000 多万亩。

  在全军绿化事业不平凡的历程中,涌现出了许许多多的先进单位、个人,创造了在全军、全国乃至全世界都有重大影响的奇迹。比如贵州省军区关岭县人武部在喀斯特石漠化地区成功造林 12 万亩。北京军区某部场区黄羊滩,是距北京最近的三大风沙源区之一,总后勤部和北京军区连续三年组织万人植树大会战,使场区森林覆盖率由 1% 提高到 63%。兰州军区驻青铜峡某部、第二炮兵某基地等单位相继攻克了高寒、干旱和沙地、盐碱地造林难关,营造大面积的防风固沙林、水源涵养林,使昔日"地上不长草,风吹石头跑"的荒滩、荒漠、荒山成为瀚海绿洲。人民军队是绿化祖国的骨干力量,今后,一定会为实现山川秀美、人与自然和谐的宏伟目标,再立新功。

努力做中国先进生产力
发展的忠实代表[*]

  江泽民总书记提出的"三个代表"的重要论述,是全面推进党的建设新的伟大工程的纲领,是全面推进社会主义现代化建设各项事业的行动指南,同样也是全面推进新时期林业和生态建设的根本指针。林业部门深入学习"三个代表"的重要论述,不仅要落实到各级党组织建设的各个方面,也要落实到林业和生态建设的各个方面。我们要紧紧把握时代脉搏,适应新形势新任务新要求,科学推进林业和生态建设,为实现"三个代表"尽到应有的责任,为改革开放和现代化建设作出新贡献。

  "三个代表"是统一的整体。始终代表中国先进生产力的发展要求,是物质基础,是先进文化和人民根本利益的基础,这是根本的、首要的。但仅仅有物质基础还不够,还要发挥精神力量的作用,这就是始终代表中国先进文化的前进方向。致力于推进生产力的解放和发展,致力于推进社会主义精神文明建设,归根结底,都是为了更好地代表最广大人民群众的根本利益,全心全意为人民服务。三者相互联系,相互促进,互为因果,统一于建设有中国特色社会主义的伟大实践。

  生产力不仅是生产中最活跃、最革命的因素,而且是社会进步和发展的最终决定因素。党的根本任务是解放和发展生产力。面对 21 世纪,只有敏锐地把握先进生产力发展的特点、趋势和要求,才能始终代表先进生产力的发展要求。那么,林业和生态建设与中国先进生产力的发展要求是什么关

---

* 本文是 2000 年 6 月 26 日作者在国家林业局直属机关司局级干部理论学习班的讲话提纲。

系？如何推进林业和生态生产力的发展，我谈两点体会。

一、充分认识林业和生态建设在生产力 发展中的重要地位和作用

充分认识林业和生态建设在生产力发展中的重要地位和作用，对于各级林业部门的党组织和领导干部认清林业承担的重大历史责任，增强发展林业、改善生态的紧迫感、使命感和责任感，为促进中国先进生产力的发展作出应有的贡献，具有重要意义。

要认识林业和生态建设在生产力发展中的地位和作用，有必要对生产力作一个简要分析。自 1757 年法国重农学派经济学家魁奈第一个提出"生产力"概念 200 多年来，学者们对生产力有多种多样的理解和解释。有的把生产力定义为是生产过程中人与自然的关系，是人类征服自然、改造自然的能力；有的说生产力就是人类改造自然，协调人与自然的关系，创造财富的能力；有的说生产力是一定的生产组织把生产力诸因素在特定的关联方式下有机地合成起来的系统；有的说生产力既具有社会属性，又具有自然属性，是包含双重属性的事物；有的认为生产力既是物质生产力，还包括精神生产力和人口生产力，进而提出了文化生产力、思想道德生产力。

生产力是马克思主义科学中的一个基本范畴，是创造马克思主义哲学、政治经济学和科学社会主义理论体系的根基。马克思主义生产力观包括以下要义：一是生产力在本质上是物质生产力。同自然界中一切现象都有物质原因作基础一样，人类社会的发展也是由生产力的物质力量决定的。二是生产力是具体的、有用的、现实的生产力。是能决定生产关系进而决定社会改革与发展的实际力量，而不是潜在的、抽象的能力。三是生产力不仅反映人与自然的关系，还在很大程度上反映着人与人的关系，因此，生产力既具有自然属性，又具有社会属性，既是一种物质力量，又是一种社会力量。四是生产力具有整体性，它是一个由多种因素和多层次结构组成的总体，是一个系统。马克思指出："劳动生产力是由多种情况决定的，其中包括：工

人的平均熟练程度,科学的发展水平和它在工艺上应用的程度,生产过程的社会结合,生产资料的规模和效能,以及自然条件"。① 由此可见,对生产力有一个共同的认识,就是离不开人与自然的关系,劳动者、劳动资料、劳动对象、科学技术、自然条件都是生产力的重要组成部分。那么,林业和生态建设在生产力的发展中有着怎样的地位和作用呢? 可以从两个基本方面来认识。

第一个基本方面,林业和生态建设是重要的物质生产,是生产力的重要组成部分,建立发达的林业产业和生态产业,是发展先进生产力的重要力量。森林是世界上最宝贵最重要的自然资源之一,集三大效益于一身。森林具有巨大的经济能量,是古老而又经典的生产力。它不仅为人类的祖先和经济发展的原始积累作出过重大贡献,也必将为人类未来的经济发展作出贡献。据联合国粮农组织估计,全球每年仅薪柴和木质产品的价值就近4000 亿美元。世界上不少发达国家如加拿大、芬兰等至今仍把林业作为重要的经济支柱。加拿大林产品出口占国家全部出口的 18% ,是国家外汇的第一大户,全国每 15 名就业人员中就有一名从事林业。据 1997 年《世界森林状况》披露,1990～1995 年世界森林面积净减 5630 万公顷,同时世界木材消耗量增加了 36% 。在世界保护森林资源的强烈呼声下,木材消耗仍以如此大的幅度增加,充分说明林业作为重要的物质生产是不可替代的,并且向人们发出了两个强烈的信号:一是森林在快速减少,木材将日益紧缺;二是世界经济对木材的需求量仍在快速增长。满足未来经济对木材的需求量是我们必须考虑的战略问题之一。

林业不仅仅为生产提供木材产品,它还是生态产业的主体,在经济结构中,是最有希望的支柱性产业。其经营涉及的范围十分广泛,包括家俱业、装修业、造纸业、林产品加工业、林产品出口贸易、经济林、花卉业、竹业、森林药材业、野生动物驯养繁殖业、森林旅游业、生物工程产业等等,具有十分重要的综合生产能力。据专家估计,森林可提供的产品达上万种。特别是

---

① 《马克思恩格斯全集》第 23 卷,第 53 页。

森林旅游业和生物工程技术的兴起,为提高林业的综合经济效益提供了广阔的前景。人们之所以对生物多样性保护给予特别关注,一个重要原因就是丰富的生物物种资源对人类未来社会经济的发展有着难以估量的重要价值。

在我国,林业对生产力发展发挥了重要作用而且具有巨大的发展潜力。一是林业用地利用潜力巨大。全国林业用地为39.4亿亩,森林面积为23.7亿亩,还有15.7亿亩尚未利用或利用不充分。仅就现有林地的利用情况看,已经产生了巨大的经济效益。除开森林蓄积量本身的价值不计,1999年全国林业总产值已达3000多亿元。1997年,森林资源利用对国内生产总值(GDP)的贡献为2124.02亿元,是1997年全国国内生产总值的2.84%,是第一产业所创国内生产总值的15.21%,是全国工业所创国内生产总值的6.6%,相当于铁路年运输总收入的842.1亿元的2.52倍,比全国铁道、公路、水路及港口运营收入1804.7亿元高17.6%。这仅仅是1997年的23.7亿亩林地的经济贡献,如果进一步提高这23.7亿亩的经营效率,如果再增加15.7亿亩林地的经济效益,如果在广阔的山区、沙区通过退耕还林和荒山荒沙地造林形成新的经济效益,那么,仅就林业经济效益的贡献来看,其前景是十分广阔的。二是树种资源利用潜力巨大。我国有各类植物约3万种,其中木本植物5000种以上,经济林树种达1000多种。1993年我国经济林果品总产量已跃居世界第一位,1998年经济林产品的总量达到5400万吨,产值达1000多亿元。据预测,到2010年,我国经济林产品的总需求量将达到8000万吨。三是林业就业潜力巨大。1999年仅森林资源利用对就业人数的贡献就达4217.6万人。据专家预测,如果将我国的林地利用率提高到80%,可为全国新增就业3000多万人。如果再加上森林旅游、经济林开发、花卉业、中医药业以及野生动物驯养繁殖业、山区沙区综合治理开发以及林业所辐射的产业安置的就业,对就业的贡献还会大大增加。总之,如果把我国丰富的土地资源、丰富的树种资源和丰富的劳动力资源有机结合起来,将会释放巨大的经济能量,完全有可能把林业办成富国富民的大产业。

第二个基本方面,林业和生态建设对生产力发展具有重要的基础性、制约性和促进性作用,建立完善的生态体系,是发展先进生产力的必然要求。生产力在本质上是物质生产力,它反映人与自然之间的物质变换关系。生产力规律总是直接受自然规律的制约和促进,总是以自然规律的作用为基础和前提的。生产力的趋优分布规律,就是形成于自然资源的生成和分布、自然地理条件等所提供的自然基础之上的;而生态平衡的良性自然规律,生态失衡的恶性自然规律,则对生产力规律发生异常巨大乃至不可抗拒的影响。生产力规律与自然规律的这种密切联系,是它不同于其他经济规律的一大特点。因此,自然资源、生态环境对生产力发展具有重要的基础性、制约性和促进性作用。

首先,这种基础性作用巨大。一个国家一个地区自然资源、自然条件的丰欠或优劣,虽然不能绝对标志该国该地区生产力水平的高低,但它却是生产力发展的物质基础。林业和生态建设对生产力的基础性作用,主要表现在,一是作为地球上生物量最大的自然资源的森林是重要的劳动对象,它是众多产品生产的物质基础。二是生态状况是生产力发展的自然基础,往往成为一个国家或地区建立某种类型和模式生产力系统和生产力结构的重要条件,对产业确立及其发展规模,都有相当程度的基础作用。因此,自然资源、自然状况,对生产力规模、生产力布局甚至起着决定性作用。这也可以说明,为什么生产力具有趋优分布规律。我们认清了这些关系,就可以从生产力理论的层次,进一步加深为什么把林业和生态建设作为西部大开发战略的根本和切入点的理解。

其次,这种制约性作用巨大。自然条件、生态状况对生产力发展具有极大的制约性。从历史上看,由于森林的大面积消失,导致了古埃及文明、古巴比伦文明、古黄河文明的衰落。中国历朝政治经济文化中心是随着森林的变迁而变化的。从地球面临的生态危机看,由于森林破坏,生态状况恶化,导致和加剧的温室效应、臭氧层破坏、土地沙漠化、严重水土流失、洪水泛滥、水资源短缺、干旱频发、物种减少已经对生产力发展产生了巨大破坏并且将产生更大的破坏作用。科学家断言,假如森林从地球上消失,陆地

90%的生物将灭绝,约有450万个生物物种将不复存在;全球90%的淡水将白白流入大海,人类将出现严重水荒;生物固碳将减少90%,地球上二氧化碳将大量增加,生物放氧减少60%;地球将升温;许多地区风速将增加60%到80%,亿万人将毁于风灾;水灾泛滥,大批农田、城市、道路将被水冲毁;人类得不到木材、林副产品,亿万人得不到柴烧,生产生活寸步难行;空气污染、噪声污染、太阳辐射增加,人类将无法生存。有人估算过,如果地球平均气温上升6℃,将引起全球性的气候干燥,尘暴肆虐,植物群落破坏,沙漠化加剧,两极冰川将可能全部溶化,使世界洋面上升数十米至上百米,其造成的灾难将是难以估量的。所以,在一定条件下,生态对经济发展的作用是决定性的,生态和自然条件的劣变达到一定程度,将从根本上破坏生产力的发展。因此,要发展先进的生产力,必须树立新观念,就是人类不能只是改造、利用、征服自然,当代、当前就面临着如何善待自然的尖锐矛盾,只有发展森林,改善生态,才能从根本上协调人与自然的关系,使人们难以抗拒的恶性自然规律得到改善和减少。

再者,这种促进性作用同样巨大。与森林和生态破坏对生产力发展带来严重负面影响相反,发达的林业和平衡的生态系统则对生产力发展具有极大的正面影响。过去,人们对生产力的认识,一直特别强调改造自然、利用自然、向自然索取财富这一面,把生产力看成是人类利用、改造、征服自然取得物质财富的力量。刚才,我们从限制、减少恶性自然规律的侧面尖锐地讲了,这种传统的生产力观是不科学的,是必须摒弃的。现在,我们从促进良性自然规律的侧面讲,继续坚持改造、征服自然的生产力观同样是不科学的。先进生产力的发展要求,就是不仅要提高人的智能化,提高生产过程的科技化、信息化,提高劳动对象的材料化,更重要的是使人与自然处在和谐状态,使经济与生态协调发展。因此,保护和改善自然条件,维持生态平衡,实现经济与生态和谐共存共进,是先进生产力发展的必然要求。这个认识,是发展林业、改善生态与先进生产力之间关系的最重要、最本质的认识。从长远看,从本质上看,以生态平衡为基础的良性自然规律,给经济社会带来的是极大地促进生产力的发展。因此,生态效益就是长期的经济效益,就是最大、最根本的经济效益。例如,日本在1991年对全国森林生态效益的价值进行了评估,得出的结论是,全日本森林每年为社会提供的价值约合39.2兆日元,其中涵养水源4.26万亿日元,防止水土流失7.98万亿日元,防止山体滑坡1800亿日元,保健休养76.7万亿日元,野生动物保护6900亿日元,净化空气提供氧气18.42万亿日元,并且,写入了日本政府发布的白皮书之中。可见这种无形的间接的效益对生产力的促进作用是长期的、巨大的。又如,雪山山脉的森林,是维持雪线的主要因素,雪线不上移,雪库容量不减,则大江大河源头水量充足,浅山丘陵区、平原区雨水和地下水充沛。一个地区森林覆盖率高,则可以增加降雨,对于防止干旱、防止土地沙化影响巨大。大江大河流域森林植被覆盖率高,就可以防止水土流失,减少洪水的危害,充分发挥水利设施的效能。

从以上两个基本方面分析,发达的林业和生态产业体系,是生产力发展的重要力量,完善的生态体系,是先进生产力发展的必然要求。从我国的生态现实看,林业和生态建设对保护和发展我国生产力具有特别重大的意义。当前,我国生态恶化仍在加剧,水害、沙害、干旱、水土流失等生态问题十分尖锐,十分突出,对经济发展危害严重。1998年,我国"三江"洪水造成直接经济损失达2550.9亿元。今年的沙尘暴仅仅是沙漠化危害的一个具体表现。我国水土流失面积达367万平方公里,占国土面积的38%,沙漠化面积169平方公里,占国土面积的17%。水患和沙患不仅是我国发展的心腹之患,首先是威胁中华民族生存的心腹之患,对我国面向21世纪的现代化建设和社会经济可持续发展构成了严重威胁。对生态恶化的严重性和对生态建设的重要性,中央领导同志有许多精辟论述。1997年,江泽民总书记指出:必须大搞造林种草,增加植被,涵养水源,才能从根本上解决干旱缺水问题,不然就永远难以摆脱靠天吃饭的被动境地"。他在谈到西部大开发时指出:"改善生态环境,是西部地区开发建设必须首先研究和解决的一个重大课题。如果不从现在做起,努力使生态环境有一个明显改善,在西部地区实现可持续发展的战略就会落空,而且我们整个民族的生存和发展条件也将受到严重威胁。"朱镕基总理指出:"改善生态环境是西部大开发的根本","西部地区生态环境如果不改善,必将成为中华民族繁衍生息的心腹之患,将极大阻碍现代化。"这些精辟论述,从本质上揭示了林业和生态建设与中国生产力发展的内在联系。概括起来讲,要从根本上解决干旱缺水问题,要调整我国生产力布局,在西部地区实现可持续发展战略,要改善中华民族的生存和发展条件,要顺利推进社会主义现代化建设的进程,必须大力发展林业,加强生态建设。

从理论与实践的结合上认清林业和生态与先进生产力发展要求的内在联系,其意义在于,可以进一步认清林业和生态建设在实现党的根本任务——解放和发展生产力中所肩负的历史使命,进一步认清林业和生态建设在代表先进生产力发展要求中的艰巨任务,从而进一步增强历史的责任感,全力以赴、义无反顾地投身于推进中国先进生产力发展的伟大实践中去。

二、努力做先进生产力发展要求的忠实代表

如何使林业和生态建设对生产力发展起到推进作用,使经济与生态协调发展,人与自然和谐共处,这是始终代表中国先进生产力发展要求对林业提出的重要课题。要做中国先进生产力发展要求的忠实代表,关键是怎样"代表",怎样发挥好"代表"的作用。这就要求各级林业部门的领导干部切实把握好林业和生态建设的关键,不断总结经验教训,采取一整套正确的方针政策和有效的实现形式,真正发挥"代表"的作用。

第一,代表先进生产力发展要求,必须坚持以现代林业思想为指导,使林业和生态建设沿着科学的道路健康、稳定发展。传统林业是以追求林业经济效益为主要目标的林业。在传统林业思想影响下,很长一个时期,我国实际上坚持的是以木材生产为中心的林业建设指导思想,忽视或没有很好地顾及林业的综合效益特别是生态效益。在这一思想指导下,长期以来,林业为推进我国生产力的发展作出了巨大的、不可磨灭的贡献,但是由于这一思想的历史局限性,也给林业建设带来了一系列负面作用,影响了林业健

康、稳定发展。如：一度重视森林的木材效益，出现了严重的毁林造林现象，使大量天然林遭受破坏；造成了森林资源的过渡采伐、过渡开垦；只重视对木材生产的投入，不重视对森林保护、生态建设的投入，等等。在传统林业思想指导下的林业建设，已经明显地不适应先进生产力发展的要求，必须及时转变，必须牢固树立现代林业思想。现代林业，是充分利用现代科学技术和手段，全社会广泛参与保护和培育森林资源，高效发挥森林的多种功能和多重价值，以满足人类日益增长的生态、经济和社会需求的林业。其强调的重点是，以满足人类对森林的生态需求为主，多效益利用。要求林业发展必须符合人类社会可持续发展的需要，广泛应用现代科技成果，建立生态和产业协调发展的体制和运行机制，高效益地发挥对人类生存与发展支持系统的作用。简而言之，现代林业，体现了"三大效益"兼顾，生态效益优先的原则。坚持现代林业的林业建设指导思想，是生态经济时代潮流的客观要求，是我国林业发展到现在阶段的客观要求，是经济社会可持续发展的客观要求，是中国先进生产力发展的客观要求，是实现祖国秀美山川伟大事业的客观要求，符合世界林业发展潮流，我们必须牢固树立、长期不懈地坚持下去，加速现代林业的发展进程。

第二，代表先进生产力发展要求，必须坚持以保护和发展森林资源为中心。森林是陆地生态系统的主体，是陆地自然资源的宝库，是陆地自然条件的关键部分，是一切林业和生态问题的核心和基础。森林资源的迅速增长既是先进林业生产力的重要体现，又是促进先进社会生产力发展的重要基础条件之一。必须把保护和发展森林资源摆到林业和生态建设的中心地位，采取一切有效措施来适应先进生产力发展的要求。当前，森林资源存在的主要问题，一是数量少，质量差，二是破坏严重，保护不力。而后者是造成我国森林资源增长缓慢的最尖锐、最突出、最复杂的矛盾。因此，必须坚持一手抓保护，一手抓发展，保护和发展并重，两手都要硬。首先，保护这一手要硬。这一手不硬，成果难以巩固，资源难以增长，甚至会进一步退两步。应该鲜明指出，破坏森林资源，就是破坏生产力的发展，就是取消人类的生存权。从这个意义上讲，保护就是发展，不严加保护，就谈不上发展，甚至还会倒退。另一方面,发展这一手也要硬。发展是硬道理。《全国生态环境建设规划》提出,到2010年森林覆盖率达到19%,2030年达到24%,2050年达到26%。现在是16.55%,过去50年,我国森林覆盖率大约增长了7.85个百分点,平均一年上升0.157个百分点。今后30年要达到24%,需要增加8个百分点,30年要超过50年的进度,任务何其艰巨! 所以,林业和生态建设的一切工作,都要紧紧围绕着保护和发展森林资源这个中心来进行。这是先进生产力发展对林业和生态建设的核心要求。

第三,代表先进生产力发展要求,必须全面推进林业四大战略性工程,加速实现山川秀美的社会主义现代化。建设祖国秀美山川,根治生态环境,治理水害和沙害两大心腹之患,是党中央、国务院赋予林业建设的战略任务,事关社会主义现代化目标的实现,事关中国生产力的整体发展。以分类经营为基础的林业四大战略性工程,是林业生产力发展的战略布局,是改善西部生态环境、建设祖国秀美山川的重大措施,对我国生产力整体布局的调整和发展至关重要。在四大战略性工程中,其中长江上游、黄河上中游重点生态工程和全国重点地区防沙治沙工程是西部大开发的两大战略性基础性工程,直接关系到党中央、国务院关于经济发展重心向西部转移的大局,关系到西部大开发的成败,必须举全局之力、全行业之力全面推进。东北、内蒙古国有林区天然林保护工程,事关东北大粮仓的安全和国有林区的健康、稳定发展,也是林业建设的战略重点之一。速生丰产林基地建设,对其他三大战略性工程稳步推进和确保现代化建设对木材的需求意义重大。目前,我国人均木材的消耗量为0.12立方米,世界平均水平为0.68立方米。如果全国人均消耗木材增长0.1立方米,则需要增加木材1.3亿立方米。据海关统计,1997年我国进口木材3880万立方米,1998年上升为4500万立方米。确保木材的供需,对全国生态建设是一个巨大的压力,对林业部门是一个重大的责任,对全国的经济建设也有重大影响,必须坚定不移地加速实施速生丰产林工程。全面推进林业四大战略性工程,是先进生产力发展的客观要求,是科学布局林业生产力的战略措施。

第四,代表先进生产力发展要求,必须加快林业改革步伐,不断解放和发展林业生产力。以现代林业思想为指导，坚持科技兴林，推进四大战略性工程，以及实施分类经营（指分类经营自身的规划、实施）等，都是着眼于我国林业生产力发展的内部矛盾运动，按林业生产力本身的规律，推进我国林业生产力发展的内部动力。这是问题的一个方面，在这一个方面，思路是明确的，推进是有力的，条件是不断改善的，我们的任务是如何把工作做得更扎实更有效。另一方面，生产力总是在生产关系和上层建筑的作用下发展的，它不可能离开生产关系和上层建筑而单独存在，生产关系和上层建筑的反作用力是巨大的，在一定条件下，甚至会起决定作用。因此，根据生产力的发展要求，不断调整和改革生产关系、上层建筑，是发展林业生产力的必然要求。

应该看到，加快并深化林业改革，是林业生产力发展的迫切要求，是我们面临的、亟待解决的课题。在改革方面，必须进一步解放思想，转变观念，增强紧迫感，加大力度，加快速度。推进林业改革，要根据林业生产力发展的规律及林业所承担的任务，走有中国特色、林业特点的改革之路，为林业生产力的解放和发展提供新的动力。

林业改革要加强研究，加重实验，加快推进。由于受计划经济体制的影响，林业的体制、机制仍没有理顺，活力不足。从影响林业发展的关键问题看，当前，主要是抓好四个方面的改革。一是分类经营改革。这是带有全局性、根本性的重大改革，涉及到林业的管理体制、投入机制、政策法规、科技教育等各个方面。这一改革措施的实现，将极大推进商品林业和公益林业的发展，进一步解放和发展林业生产力。二是国有林区管理体制改革。国有林区的体制是造成"两危"的基本原因之一，必须通过改革，彻底解决国家要资源、地方要利税、企业要生存的尖锐矛盾，解决政企不分、体制不顺、社会负担沉重、产业结构单一、人员过剩、过量采伐、可采资源减少等严重问题。国有林区的改革，要紧密结合国家实施天然林保护工程、森林生态效益补偿基金以及森工企业、国有林场的不同特点来进行。三是改革和完善林业所有制结构，鼓励非公有制林业发展。引导企业、外资、团体、个人向林业和生态建设方面投资。这一块是林业改革极其重要的方面，在广阔的山区、沙区,在城镇、农村,急需形成多种所有制共同发展,多渠道投入相结合、多种分配方式的林业生产力发展的生产关系。必须加大改革力度,充分体现物质利益原则,在发展国有林、集体林的同时,鼓励外资、企业、团体、个人经营林业,从制度上保证"谁造林谁所有,谁投入谁受益,谁经营谁得利",在新形势下真正落实全社会办林业的方针,形成千军万马治山治沙的兴盛局面。四是建立适应林业生产力大发展的政策体系。当前的林业政策还不能适应林业生产力发展要求,甚至束缚了林业生产力的发展。从宏观上看,一个方面是必须改革对林业的重税赋政策,实行轻税赋或免税政策,通过使林业经营者获得应有的利益,调动发展林业的积极性。另一个方面是生态公益林必须实行补偿鼓励政策,建立森林生态效益补偿机制和生态公益林建设激励机制。

第五,代表先进生产力发展要求,必须坚定不移地实施科教兴林战略,充分发挥第一生产力在林业发展中的关键作用。在马克思"科学技术是生产力"思想的基础上,邓小平同志创造性地提出了"科学技术是第一生产力"的精辟论断。这一论断,准确指明了生产力增长的真正源泉,深刻揭示了生产力升级换代的深层奥秘,科学总结了社会生产力发展的基本规律。科学与技术是有区别的,科学侧重于揭示事物运动变化的一般规律并总结出相应的原理、法则;技术则侧重于运用科学法则和原理,解决人类在实践活动中同自然界进行物质交换和能量传递的具体问题。科学与技术又是有联系的,在高科技发展的今天,这种联系日趋紧密。技术对科学的依赖性在增强,科学转化为技术的周期在缩短,二者相互融合,日益趋于一体化,使科学成为理论化的技术,使技术成为方法化、物质化的科学。

大力发展和应用林业科技,是推进林业先进生产力发展的迫切要求和关键因素。当今世界,西方发达国家科学技术对经济贡献率已从20世纪初的20%,上升到现在的80%。林业发达国家科学技术对林业发展的贡献率也达到了80%。我国林业科学技术虽然有了很大发展,取得了5000多项重大林业科技成果,但是与世界林业发达国家相比,整体技术水平落后20年左右。与国内其他行业相比,林业整体技术水平也有较大差距。目前我国林业科技成果转化率为34%,科技贡献率为27.3%,而农业科技贡献率已达42%。科技意识不强、科学管理水平不高、科技含量低,是林业生产力落后的重要原因。要代表先进生产力发展要求,必须按照生产力升级换代的自身规律,把发展科学技术放在主导地位,并贯穿于林业和生态建设的全过程。要七抓:其一,抓理论。要加强林业与生态的科学研究。如对现代林业、生态经济、可持续发展、发展战略理论及各类林业基础理论的研究,都需要十分重视,大力加强。其二,抓规划。要对林业生产力进行科学规划,科学布局。其三,抓体系。要建立健全林业和生态建设的科技支撑网络体系,特别是要加强基层林业科技网络建设。其四,抓转化。要针对不同地域条件,选择适宜的发展模式和先进的科学技术,大力普及推广,提高林业建设中的科技含量,使林业科技与林业生产和生态建设的实践结合得更加紧密。其五,抓技术攻关。要针对影响林业发展的重大技术难题加强科技攻关,抓紧攻克西部生态建设的技术难题,力争使西部干旱地区林草恢复技术取得新的突破。其六,抓政策。要完善科教兴林的政策,调动广大科技人员的积极性。其七,抓教育。要加强技术培训,提高干部的科技意识、科技水平,提高广大林农群众运用先进实用科技的能力。总之,要把科学技术作为推进林业和生态建设的主导力量,适应代表先进生产力发展的要求。

第六,代表先进生产力发展要求,必须继续扩大林业对外开放,加强林业国际合作。当今世界,国际分工在纵深和广阔方面都有了进一步发展,有力推动了生产力的进一步国际化。随着我国加入世贸组织进程的加快,我国林业生产力与世界林业生产力的交流将日益密切。我国林业生产力不仅要在中国的经济环境中运行,而且要在世界经济环境中运行,因此,加强林业"走出去"战略的研究和实施,已成为林业面临的重大课题。当前,我国林业发展水平与林业发达国家相比仍有很大差距,必须进一步加强林业国际合作,瞄准世界林业发展的先进水平,不断缩小差距。要继续加强管理思想、管理模式、先进技术的引进,以适应现代林业发展的要求。要深入研究和借鉴林业发达国家的政策措施和成功经验。要不断扩大外资利用的规模和领域。要大力加强国际林业信息包括林产品贸易信息的收集和研究,掌握最新的发展动态和林产品贸易的主动权。要大力实施"走出去"战略,不断扩大林产品和劳务出口。通过扩大对外开放,加强国际合作,促进我国林业与国际林业接轨,紧跟世界林业发展的先进水平,不断提高我国林业生产力水平。

第七,代表先进生产力发展要求,必须建设一支政治强、业务精、作风正的高素质林业干部队伍。劳动者是生产力重要的实体性因素。由于一切时代和地域的生产力活动都离不开劳动者能动的主导作用,所以劳动者在生产力系统中处于主体地位,发挥主导作用。劳动者因素的演变趋势是素质比数量越来越重要。干部、特别是领导干部是劳动者的核心,要推动林业生产力的大发展,关键在于有一支高素质的干部职工队伍。所以,建设一支高素质的林业干部职工队伍,特别是建设一支高素质的领导干部队伍,是先进生产力发展的内在要求。现在,林业的地位很重要,任务很艰巨,对干部素质提出了新的更高的要求。一是要不断增强完成建设祖国秀美山川重大历史任务的紧迫感、责任感和使命感。二是要加强自我修养,坚定理想信念,增强拒腐防变的免疫力,做"三讲"的模范和"三个代表"的忠实实践者,把始终代表中国先进生产力发展要求,始终代表中国先进文化的前进方向,始终代表最广大人民群众的根本利益作为思想和行动的指南。三是要提高理论水平、政策水平和组织协调能力,强化战略思维,善于发现和研究林业生产力发展的新情况、新问题,善于抓住影响林业生产力发展的重大理论问题和现实问题,进行深入思考和调研,从中找出规律和解决问题的办法,科学地指导各项工作的开展。四是努力学习现代林业理论、经济理论和科技知识,开阔世界眼光,具备知识经济条件下先进生产力发展要求的文化、科技素养。

毛泽东林业建设思想研究[*]

植树造林,绿化祖国,改善生态,是我国长期的一项基本国策。毛泽东同志作为伟大的思想家、政治家、革命家和军事家,作为一代开国领袖,在领导中国革命和建设的长期斗争与实践中,非常关心和重视林业,做出了许多指示,形成了系统的林业建设思想,涵盖了国土生态的战略构想和林业生产力的整体布局、林业的地位与作用、目标与任务、方针政策等方面,视野广阔、见解精辟,实为先见、明见、远见。毛泽东林业建设思想是毛泽东思想的重要组成部分,有力地指引了革命战争年代和社会主义建设时期的全国林业建设,对我国林业和生态建设仍然具有现实和深远的指导意义。在纪念毛泽东同志诞辰 110 周年之际,学习和领会毛泽东林业建设思想,对于贯彻落实中央《关于加快林业发展的决定》,推进我国林业历史性转变,实现毛泽东同志绿化祖国的宏愿,具有十分重要的意义。

一、林业真是一个大事业,将变成根本问题之一

在毛泽东看来,无论争取民族独立还是推进国家社会主义建设,林业都是一个大事业,具有重要地位和作用,需要深入研究和高度重视。

战争年代,毛泽东把造林作为关键实业问题,把森林培养作为农业的重要组成部分,把植树作为合作社的重要业务,十分重视林业在革命战争条件下的作用。早在 1919 年 9 月 1 日,他在《问题研究会章程》中,把"造林问

* 本文成稿于 2003 年 12 月 26 日,原文载于《中国林业》2011 年 1A 期。

题"列入了中国社会需要重点研究解决的八大实业问题之一,把林业作为有研究价值的问题。1932 年 3 月,他领导中华苏维埃共和国建设时,中央政府人民委员会专门设立了林业工作机构——山林委员会,并做出了《对于植树运动的决议案》。1934 年 1 月,在《我们的经济政策》中提出,"森林的培养,畜产的增殖,也是农业的重要部分。"当时,他认为农业生产在根据地经济建设中居第一位,把森林的培养作为农业的重要部分,实际上明确了林业在根据地经济建设中的重要地位和作用。1944 年 7 月 3 日,在陕甘宁边区合作社会议讲话中指出:"合作社的业务主要有十项:工业、农业、……植树、公益。"把植树和工业、农业业务并重,说明他更加重视林业。

新中国成立初期,我国森林资源很少,森林覆盖率仅 8.6%,国民经济恢复和国家建设又急需大量木材。那时他就多次强调,绿化对各方面都有利,要消灭荒山荒地。1955 年 10 月 11 日,在扩大的中共七届六中全会上作结论时指出:"南北各地在多少年以内,我们能够看到绿化就好。这件事情对农业,对工业,对各方面都有利。"1956 年 3 月 18 日,在听取林业部工作汇报时指出:"林业真是一个大事业"。1956 年 4 月 25 日,在《论十大关系》中指出:"天上的空气,地上的森林,地下的宝藏,都是建设社会主义所需要的重要因素"。

毛泽东认为,林业不仅是一个大事业,而且将变成根本问题之一。1958 年 11 月 9 日,在郑州中央工作会议上指出:"林业将变成根本问题之一,林业以后才是牧业、渔业。"不久又多次阐述农林牧副渔的关系,强调农林牧三者互相依赖、同等重要,主张农林牧三结合、农林牧副渔五业并举,这些重要思想对于稳定当时的林业建设,平衡农村和国民经济各方面产生了积极作用。1959 年 7 月 4 日,在修改中央发出的一个指示稿时加写:"所谓农者,指的农林牧副渔五业综合平衡。"同年 10 月 31 日在给吴冷西的信中写道:"农、林、牧三者互相依赖,缺一不可,要把三者放在同等地位。这是完全正确的。"1960 年提出:"要实行农、林、牧、副、渔五业并举的方针。"1962 年 1 月 30 日,在中央工作会议上强调:"在威廉斯的土壤学著作里,主张农、林、牧三结合。我认为必须要有这种三结合,否则对于农业不利。"

毛泽东始终对林业充满热情。1939年12月,在《中国革命与中国共产党》一书中热情地写道:"中国是世界上最大的国家之一,……有纵横全国的大小山脉,给我们生长了广大的森林。"1954年3月27日,亲自给东北森林工业劳动模范大会发贺电,"祝贺你们在森林工业生产中所获得的成就","几年来,你们在恢复与发展东北的森林工业和供应国家与人民需要的木材中,起了巨大作用。"1956年3月18日,在听取林业部副部长李范五汇报工作时说:"(林业)每年为国家创造这么多的财富,你们可得好好办哪!"1958年11月6日,在郑州中央工作会议上说:"要发展林业,林业是个很了不起的事业","同志们,你们不要看不起林业。"

林业是一个大事业,将变成根本问题之一的思想,是毛泽东林业建设思想的精髓。几十年来,林业一直被党中央、国务院当作一个大事业,作为事关经济和社会发展的根本问题。邓小平同志于1983年3月12日指出:"植树造林,绿化祖国,是建设社会主义、造福子孙后代的伟大事业。"江泽民同志发出了"再造秀美山川"的伟大号召,于1995年4月1日指出:"植树造林,绿化祖国,改善生态环境,这是利国利民的大事,也是造福千秋万代的事业。"胡锦涛总书记在2003年4月参加义务植树活动时指出:"植树造林,绿化祖国,加强生态建设,是一件利国利民的大事。我们要一代一代地坚持干下去,让祖国的山川更加秀美,使我们的国家走上生产发展、生活富裕、生态良好的文明发展道路。"

今年6月25日,中共中央、国务院作出了《关于加快林业发展的决定》,形成了全面建设小康社会、加快推进社会主义现代化的林业行动宣言和纲领性文件。《决定》首先指出了林业的重要作用:"林业对促进新阶段农业和农村经济的发展,扩大城乡就业,增加农民收入,发挥着越来越重要的作用";继而指出林业的重要位置:"必须把林业建设放在更加突出的位置";还明确了林业的科学定位:"在贯彻可持续发展战略中,要赋予林业以重要地位;在生态建设中,要赋予林业以首要地位;在西部大开发中,要赋予林业以基础地位"。在深入学习中央新一届领导集体对林业认识的最新成果时,再次领会毛泽东同志几十年前对林业的科学认识,我们深切体会到他对自然规律、经济规律的准确把握,对战略问题、长远工作的高瞻远瞩。

二、绿化祖国,实行大地园林化

我国历史悠久,国土辽阔,山区沙区多,人口多,这是基本国情。怎样把社会主义国家建设得更合理、更好,提出什么样的建设目标,一直是毛泽东研究和思考的问题。绿化祖国,实行大地园林化是他关于林业建设和社会主义建设的目标,是毛泽东林业建设思想的一条主线。在他看来,青山绿水才是社会主义。他所描绘的祖国到处青山绿水的宏伟蓝图,是我国林业发展的方向,也是社会主义现代化建设的方向。

消灭荒山荒地。毛泽东在新中国成立之初就多次提出和强调消灭荒山荒地。1955 年 10 月 11 日,在中共七届六中全会上说:"我看特别是北方的荒山应当绿化,也完全可以绿化。北方的同志有这个勇气没有?南方的许多地方还要绿化。"1955 年 12 月 21 日,在《征询对农业十七条的意见》中提出:"在十二年内,基本上消灭荒地荒山,在一切宅旁、村旁、路旁、水旁,以及荒地上荒山上,即在一切可能的地方,均要按规格种起树来,实行绿化。"

他知道北方任务重,因此说:"有这个勇气没有。"南方植被虽好一些,他亦明确指出:"许多地方还要绿化",并且要求"四旁"及"一切可能的地方"都要种起树来。在 50 年代,在大力开发建设国有林区时,毛泽东早就从战略上提出了基本消灭荒山荒地的目标。1956 年,在他的号召下,全国开始了 12 年绿化运动。群众性造林大力开展起来,全国造林 572.4 万公顷(合 8586 万亩),比 1955 年多 400 余万公顷。可惜,由于种种原因,12 年基本消灭荒山荒地的目标未能实现。直至 80 年代,林业部又提出十年灭荒的工作部署。如果消灭荒山荒地从 50 年代坚持不懈地大抓下去,水土流失、沙漠化怎么会不断扩张,现在何忧水旱灾之患。由此看出,林业是一个见效慢,任务艰巨,周期长的事业,但必须早抓、下决心抓、抓住不放,经几十年努力后一旦见效,就是根本的、巨大的、长远的、综合的效益。

实行大地园林化。毛泽东对辽阔国土的战略构想是河山全部绿化,自然面貌改变,大地园林化。实行大地园林化,是毛泽东思想的重要内容,多次在中央重要会议上提出来,认真地研究。1958年8月,毛泽东在中央政治局扩大会议上说:"要使我们祖国的河山全部绿化起来,要达到园林化,到处都很美丽,自然面貌要改变过来","农村、城市统统要园林化,好像一个个花园一样,都是颐和园、中山公园"。1958年11月在修改《十五年社会主义建设纲要四十条》时写道:"到一九七二年,……使整个农村园林化。"1959年3月,《人民日报》正式发表"实行大地园林化"的指示。

毛泽东认为,实行大地园林化就要实行耕作"三三制"。1958年,他曾考虑把全国的耕地分成三部分,分别种农业作物、土地休闲、种树造林。1958年8月,在中央政治局扩大会议上他明确地指出:"那当然要几年以后,你们不要回去马上就种。几年以后,亩产量提得很高了,不需要那么多土地面积了,土地的概念变了,可以拿三分之一种树,三分之一种粮,三分之一休息。"亩产量提高到什么程度呢?他指出,"真正绿化,我看就是在亩产几千斤、一万斤的那个时候,腾出三分之一的土地,有规划地大种其树"。"现在中国平均每人三亩地,现在这样的粮食增长,我看两亩就够了,拿一亩来种树,就是拿全部耕地的三分之一种树。"1958年11月至12月,毛泽东同志多次阐释耕作"三三制",指出:"所谓基本农田制,所谓园林化,是什么呢?就是实行耕作'三三制',即是将现有全部种植农业作物的十八亿亩耕地(注:据农业发展统计资料,1957年全国主要农作物总播种面积23亿亩,粮食面积20亿亩),用三分之一,即六亿亩左右,种农业作物,三分之一休闲,种牧草、肥田草和供人观赏的各种美丽的千差万别的花和草,三分之一种树造林。"

我们领会毛泽东"实行大地园林化"的思想,应该用历史的、战略的眼光,辩证地、深入地思考,不能简单化、片面化。第一,实行大地园林化,应该作为社会主义现代化建设的目标鲜明地提出来。世界上发达的现代化国家,哪一个不是处处青山绿水,全国像个大花园?日本和韩国,同样是山多、人多、森林破坏严重,经过几十年持续不懈地植树造林,于20世纪90年代都实现了全国绿化,森林覆盖率达到65%以上。要达到国土生态园林化,必须具有丰富的森林湿地、草地资源。而到处光山秃岭、河流干涸、沙化扩张是不可能达到园林化的。中国国土辽阔,森林少、光山多、沙漠多,提出大地园林化的目标,任务相当艰巨,没有大魄力和长远眼光是提不出来的。正像我国西北地区,历史上生态状况是不错的,要恢复过去良好的生态,任务很艰巨。江泽民同志发出"再造山川秀美的西北地区"的号召,并且指出:应该是可以实现的。毛泽东在50年代提出"大地园林化",也应该是可以实现的。至于用多少个年代,则要看决心和努力的程度。当年,对实现大地园林化的主要途径,毛泽东提出耕作"三三制",是根据当时人口为6亿、耕作地为18亿亩(人均3亩)、"亩产量增加很快"三个因素,而事物发展的实际是,人口增加倒很快,亩产量增加却很慢,耕地反而有所减少,这是他未料到的。但是,耕地需要轮休,以种树种草养护耕地的思想是科学的。美国一直有十分之一的耕地轮休,巴西已耕地只占可耕地的17.5%,这才是耕作地可持续利用的正确途径。而耕地不得休息,总归是难于可持续的。第二,实行大地园林化,要创造条件去实施。1958年我国生产力水平是很低的,粮食高产,是在当时大跃进形势下虚报的,不实际。毛泽东对粮食产量的乐观估计,是受这种情况影响的。同时,要保持人口6亿左右,也需要相应稳定人口不增长、缓增长的政策措施,这在那个年代也是难以做到的。我们很清楚一个道理,即历史没有假设。可是,如果当时为了保证大地园林化目标的实现,及时控制人口增长,那么至少,我国生态破坏的程度不会像以后那么严重。况且,毛泽东反复讲"大地园林化",一个是有条件的,一个是准备用15年时间。他在1958年11月修改的《十五年社会主义建设纲要四十条》时,加写了一段话,"在上述条件下,到1972年,争取将全国现有耕地面积十八亿亩中每年播种的面积只要六亿亩左右,以另一个六亿亩左右的耕地休闲和种植绿肥,其余六亿亩左右的耕地植树种草,使整个农村园林化。"到今天,不是15年,而是半个世纪过去了,科技更先进了,国家综合国力更强了,虽然人口增加到13亿,但稳定人口的政策早已实行多年,条件比1958年要好得多,但是耕地仍在不断减少,土地可持续耕作的能力仍然在逐渐衰退,这才是需要以大魄力、大视野去思考如何解决的问题。第三,毛泽东当年多次在政治局扩大会议上讲这个问题,一个重要的着眼点,是达到"增加土壤肥力"、"美化全中国"。增加土壤肥力,是极富远见的思想。他在1958年11月修改《关于人民公社若干问题的决议》时加写了很长一段话。强调"农林牧三结合对土地的合理利用最为必要","由于深耕细作、分层施肥、合理密植而获得极其大量的高额丰产,例如亩产万斤粮食、千斤棉之类。因此有可能以其余三分之一种草,三分之一种树,美化全中国","不过需要经历一个较长的时间才能彻底实现","这样做,……还会在土壤中大增其细菌,从而增加土壤的肥力","这样一来,就是人们过去为之而忧愁的所谓人口众多、耕地少的看法,完全变了"。可惜的是,人口多、耕地少的状况,至今乃至今后,成了更加突出的问题。在中国,再大幅度增加耕地,是绝不能再走毁林开垦的老路了。在耕地数量不能再增加的情况下,保住耕地土壤不退化是一个可行的办法。根本问题在于"土地的合理利用",而要解决这个问题,还要在"农林牧三结合上"做文章。什么时候形成林茂粮丰、林茂水丰、林茂地肥的共识,什么时候才能真正理解毛泽东关于农林牧三结合思想的深意。

绿化祖国。绿化祖国是我国经济建设和社会发展的重要标志,关系到社会的文明与进步,关系到人民生活质量的提高。1956年3月2日,毛泽东同志发出了"绿化祖国"的伟大号召,从此,绿化祖国一直是我国社会主义建设的战略目标和行动指南,并将继续指引我国国土绿化事业的发展。他关于绿化祖国的号召,与基本消灭荒山荒地、实行大地园林化部署是紧密联系的,但立意更高,魄力更大,范围更广,指的是全部绿化祖国的河山。1958年4月3日,在中央政治局扩大会议上阐述了绿化祖国的标准:"真正绿化,要在飞机上看见一片绿","活了未一片绿,也不能叫绿化。好多地方还是黄的,只能叫黄化。"1958年8月,又在北戴河中共中央政治局扩大会议上强调:"要使祖国的河山全部绿化起来"。

毛泽东提出"使祖国的河山全部绿化"起来,是有其深谋远虑的。第一,他考虑的是把中国怎样建设得更合理。他说"现在中国刚建设,我们要想到怎样建设得更合理、更好一些"。第二,他想的是为人民。他说"逐步绿化我们的国家,美化我国劳动人民劳动、工作、学习和生活的环境"。第三,他认为森林有众多产出能力。他说"林业、森林、草,各种化学产品都可以出"。第四,他清醒地看到祖国河山全部绿化需要做长期的努力,要一代一代发扬愚公移山的精神搞。他在 1955 年提出"实行绿化"的十年后,于 1964 年在听取陕西、河南、安徽三省负责人汇报工作时说:"前几年你们说一两年绿化,一两年怎么能绿化了?用二百年绿化了,就是马克思主义。……这一代人死了,下一代人再搞"。1983 年 3 月邓小平同志讲到:"植树造林,绿化祖国,是建设社会主义、造福子孙后代的伟大事业,要坚持二十年,坚持一百年,坚持一千年,要一代一代永远干下去"。这与毛泽东的林业思想是一脉相承的。

毛泽东提出绿化祖国的设想是宏伟的,目标是远大的,视野是开阔的,意义是深远的,思想是坚定而一贯的。几代人、几十代人都要一代一代地贯彻毛泽东的这一思想,通过艰苦不懈地努力,去实现绿化祖国的宏伟目标。那时,才能真正使人与自然和谐,才能具备可持续发展的自然条件。

三、森林是很宝贵的资源,有很大的产品

毛泽东认为,"森林是很宝贵的资源","那个东西有很大的产品","这件事对农业,对工业,对各方面都有利"。他把林业和许多事业联系起来看,他强调,"这个绿化,不只是绿而已"。他的这些思想,抓住了林业本质特征,就是林业对经济社会的发展具有基础性根本性的服务、保障作用,同时又有制约作用。

控制水土流失,防止水旱灾害。毛泽东认为,没有树木,雨则水灾,无雨则旱灾。早在 1930 年 10 月,在《兴国调查》中写道:"那一带的山都是走沙山,没有树木,山中沙子被水冲入河中,河高于田,一年高过一年,河堤一决便成水患,久不下雨又成旱灾。"1932 年 3 月 16 日,在签署的中央苏维埃政府《对于植树运动的决议案》中指出:"为了保障田地生产,不受水旱灾祸之摧残以减低农村生产影响群众生活起见,最便利而有力的方法,只有广植树

木来保障河坝,防止水灾天旱灾之发生"。

1955年,他主持编辑《中国农村的社会主义高潮》一书并亲自撰写按语。在肯定山西离山县(该县是黄土丘陵沟壑区,灾害频繁。主要措施是山上蓄水保土,大面积植树造林,栽培牧草,山沟打坝堰,坡地修梯田)制订和实施水土保持规划情况的按语中指出:"离山县委的这个水土保持规划,可以作黄河流域各县以及一切山区做同类规划的参考";在肯定山西阳高县大泉山种植树木,治理荒坡,控制水土流失情况的按语中指出:"有了这样一个典型例子,整个华北、西北以及一切有水土流失问题的地方,都可以照样去解决自己的问题了。……问题是要全面规划,加强领导";在肯定广东台山县组织开垦荒山的按语中指出:"必须注意水土保持工作,绝不可以因为开荒造成下游地区的水灾"。1956年1月,在修改《全国农业发展纲要》时加写一句话:"在垦荒的时候,必须同保持水土的规划相结合,避免水土流失的危险。"

在上个世纪50年代,我国受旱农田为1.2亿亩,到90年代已达到3.8亿亩,耕地成涝面积每年达到1.2亿亩,合计为5亿亩,水旱灾害仍然是民族心腹之患。全国水土流失状况仍然十分严重,90年代,公布的水土流失面积为179万平方公里,占国土面积18.6%,现在,面积已达到356万平方公里,约占国土面积的三分之一,流失土壤50亿吨,其养分相当于4000万吨标准化肥。随着全球气候变暖进程的加快,全国水旱灾害越来越频繁,带来的损失越来越大。重温毛泽东同志关于植树造林、治理水土流失,防止水旱灾害的思想,对于科学认识农业、林业、水利建设的相互关系,科学认识林业在治理水土流失、防止水旱灾害中的根本作用,从而下定决心大抓植树造林,来解决水旱灾害这两个中华民族的心腹之患,具有重要意义。

增加群众利益,奠定工业基础。在毛泽东看来,林业经济价值很大。1932年3月他签署的《对于植树运动的决议案》指出:"实行普遍的植树运动,这既有利于土地的建设,又可增加群众之利益"。早就指明了林业与土地、与群众利益的关系。1942年12月他在边区高级干部会议做报告时指出:"发动群众种柳树、沙柳、柠条,其树叶可供骆驼和羊子吃,亦是解决牧草一法。同时可供烧料,群众是欢迎的"。1958年9月,在安徽舒城县谈话时指出:"以后山坡上要多多开辟茶园。"1958年10月31日,在同河北省委负责人谈话时指出:"山区可以种核桃、梨、……粮食这个商品出路不大了,可以搞些核桃、枣子……,核桃是高级油料,将来普通油料是吃不开的,菜籽油是吃不开的。"第二天(11月1日),在听取邯郸地委、邢台地委负责人汇报时又指出:"树木经济价值很大,木材是化学原料,可以多种些。"11月6日,在郑州中央工作会议上讲:"你要搞牧业,就必须搞林业,因为你要搞牧场"。说明了林业与牧业的关系。对于林业与工业的关系,毛泽东着重强调了林业的基础性作用。11月9日在郑州会议上谈到林业工作时,明确指出:"林业是化学工业、建筑工业的基础。"1958年3月在审阅农业部部长廖鲁言准备在中央工作会议上发言稿时加写了一段话:"农业、畜牧业的经营,还一定和各地大、中、小片各种类型的(用材林、薪炭林、其他各种经济林、防风防沙防潮林和风景林)林业经营相结合。"

关于森林资源的宝贵性及价值,毛泽东讲得早、讲得明确。他的基本思想是"自然面貌要改变过来","有利于各方面","增加群众利益"。经过60年的实践,科学地认识林业的地位和作用,确实有了弥足珍贵的深化和升华。但由于林业是个"有利于各方面"的事业,人们往往看到的是"各方面"那一面,容易忽略"有利于"它们的这一面;又由于林业所具有的根本性、长远性、全局性,往往容易顾现实顾不及根本,顾当前顾不及长远,顾局部顾不及全局,以破坏生态来换取一时一地一业的短距离发展;再由于"我国最缺的资源是森林"(周恩来),绿化祖国的任务实在是太艰巨了,而经济社会发展中面临的紧迫问题又很多,不容易下大决心去大抓;还由于自然生态系统本身的复杂性,揭示其规律与人类经济社会的发展水平紧密相关,与人类生存发展的危机感直接相关,因此及早地科学地认识自然规律,真正把林业摆在全局中的突出位置,并非易事。

四、保护森林,发展林业

早在1949年,毛泽东主持制定的《中国人民政治协商会议共同纲领》

就提出了"保护森林,并有计划地发展林业"的任务。对怎样保护森林资源,发展林业,毛泽东不断地在研究和总结。

政府管理森林资源。毛泽东认为,森林是公共使用的,应由政府直接管理。1928年12月在井冈山制定的《土地法》中规定,"竹木山,归苏维埃政府所有"。1931年12月1日,在他签署的《中华苏维埃共和国土地法》中提出:"一切水利、江河、湖溪、森林、牧场、大山林,由苏维埃管理建设,便利于贫农、中农的公共使用。"新中国一成立,党和政府就把森林资源的保护放到十分重要的位置,在1950年通过的《土地改革法》中明确规定"大森林由人民政府管理经营之"。当前,我国正在探索重点国有林区森林资源管理体制改革,重温毛泽东的这一思想,对于落实"国家所有,分级管理,政企分开,委托经营"的原则,加快建立权责利相统一,管资产与管人、管事相结合的森林资源管理体制,仍有着积极的指导意义。

大力开展植树造林。毛泽东认为,没有林,也不成其为世界,我们这个国家没有多少树,应当发起植树运动。1932年3月16日,他签署了中央苏维埃政府《对于植树运动的决议案》,组织开展了普遍的植树造林,对造林宣传、护岸护路林、选种育种、春夏禁伐等作出了规定。1942年12月,在陕甘宁边区高级干部会议上说:"发动群众种柳树、沙柳、柠条⋯⋯政府的任务是调剂树种,劝令种植"。1944年5月24日,在延安大学开学典礼上的讲话中说:"陕北的山头都是光的,像个和尚头,我们要种树,使它长上头发。⋯⋯搞他个十年八年,'十年树木,百年树人'。"1964年9月7日,提出"公路、河流两旁要植树。"对"四旁"植树,毛泽东讲得很早。1958年,他就讲:"听说资本主义德国的道路、房屋旁边都是森林,是林荫道,搞得很好。资本主义国家能搞,我们为什么不能搞"。

他强调,植树应抓落实。"要粮食到手,树木到眼,才能算数。"他最早提出要落实到户、到人。1934年1月,在第二次全国苏维埃代表大会作报告时指出:"应当发起植树运动,号召农村中每人植树十株"。1944年5月24日,强调"种树要订一个计划,如果每家种一百棵树,三十五万家就种三千五百万棵树"。7月3日在陕甘宁边区合作社会议上讲到:"全边区人民要在几年之内消灭文盲,在十年之内每家种一百棵树"。毛泽东关于每人植树十棵、每家种一百棵的思想,至1981年9月,由邓小平倡议,当年12月召开的五届全国人大第四次会议作出决议,在全国开展起来全民义务植树运动。

强调植树要有规划。1958年1月,在《工作方法六十条(草案)》写到:"林业要计算森林覆盖面积,算出各省、各专区、各县的覆盖面积,作出森林覆盖面积的规划。"1958年8月,他在中央政治局扩大会议上讲到:"种树就要有计划地种,种得很有规划,不要乱种一气。""我看要用新的观点好好经营一下,有规划,搞得很美。"1959年6月22日,在同河南省委负责人谈话时说:"至于林,无非是有计划地来造。"

反对造假。他提出绿化祖国的任务后,有的省提出要在几年内实现全省绿化,毛泽东在1958年11月中央政治局扩大会议上批评到:"还有一个绿化,化到什么程度?年年化,那个树就不多。横直是上面规定他要完成任务,结果他没有完成,他就只好报假,说完成了。实际上没完成。"

现在,党中央、国务院继承和发展了毛泽东同志等老一辈无产阶级革命家关于林业建设的思想,把林业放到了经济社会可持续发展的重要位置和生态建设的首要位置,为加快林业发展提供了前所未有的机遇。在林业以生态建设为主的新时期,随着中央《决定》的全面贯彻落实,毛泽东同志绿化祖国、实行大地园林化的宏愿一定能够早日实现。

论周恩来林业建设思想[*]

在新中国成立后 27 年的社会主义建设中,周恩来对林业建设关怀备至,倾注了大量的心血。他对我国国情林情、林业在国民经济中的地位和林业的主要任务、指导思想、工作布局、方针政策等林业建设的重大问题都有精辟的论述和明确的指示。在周恩来林业建设思想的指导下,我国林业建设发展迅速,取得了举世瞩目的成就,为以后的林业发展奠定了坚实的基础。

一、植树造林是百年大计

周恩来认为民族独立国家的发展必须研究资源,而森林资源有限与短缺是中国的基本国情之一,必须高度重视。1950 年 8 月 24 日,他在参加中华全国自然科学工作者代表大会上发表的《建设和团结》的讲话中指出:"讲到林业,中国森林的面积,远不够一个森林国家的标准。"①1963 年 10 月 1 日,他在接见西哈努克私人顾问、柬埔寨国家银行行长松山时说,"一个民族独立国家的发展,不能不研究资源,包括地下资源、地上资源,包括水利、森林。"1963 年 1 月 18 日,周恩来同志作《关于中小学和职业教育问题》的讲话时指出:"从资源看,我们有不少有利条件,如气候多半处于温带和亚热带,水利条件比较好,地下资源比较丰富,人口众多。可是有两个很大的

---

  * 本文由作者任组长的课题组于 1997 年 10 月完成,与张蕾共同执笔,原文载于中央文献出版社 1998 年 10 月《全国周恩来生平和思想研讨会论文集》。

  ① 《周恩来选集》下卷,人民出版社 1984 年版,第 25 页。

弱点:第一,耕地少,只有 16 亿亩不到,占全国土地还不足 12%;第二,我国的森林覆盖面也很小,不足全国土地的 10%。"1964 年 6 月 21 日,他和邓颖超在会见英国前坎特伯雷教长休勒特·约翰逊夫妇时说:"中国最缺乏的资源是森林。文化越古老的国家,越不知道保护森林。"①

周恩来一方面指出:"中国最缺乏的资源是森林",一方面又指出:中国是一个森林资源消耗大国,林业在国民经济发展中占有重要地位。他于1954 年 9 月 23 日作《把我国建设成为强大的社会主义的现代化的工业国家》的报告中指出:"林业对供应建设事业所需木材和防止水旱风沙灾害都有重大的意义。"②国民经济其他部门的发展不能脱离林业,不能不顾森林资源的短缺而盲目发展;在整个国民经济的发展中,必须对林业的发展给予应有的重视,保持适当的比例。1959 年 6 月 17 日,他在接见朝鲜副首相郑一龙时指出,煤炭生产不能脱离林业生产。他认为我国 1959 年煤炭生产设想搞到 3.8 亿吨,经过实际考察是不可能的。其原因之一就是坑木需要的数量增加得很多,供应不上。他说:"我国坑木的采伐基地就在东北,从南方供应一部分,坑木供应不够,无法增加生产。要保证国民经济的发展对木材的迫切需要,必须大力发展林业。"1962 年 11 月 2 日,在讨论中共中央关于成立东北林业、农垦两个总局的决定(草稿)时,他明确指出:"先解决林业问题,这个问题和大家关系很大。不抓木材,钢、煤、矿怎么能上去。"1963 年 9 月 19 日,周恩来在中央工作会议上说:"农业方面先上去,工业才能跟上去。林业还得上去,木材是我们最大的缺口。"

我国是一个生态环境比较脆弱的国家。由于"远不够一个森林国家的标准",因此,水旱灾害频繁,水土流失严重,沙化面积扩大,一直是影响我国社会主义现代化建设的大问题。周恩来精辟地分析了森林资源与生态环境之间的联系,反复强调森林对于防止水土流失,保护水利设施,减轻水患灾害的重大作用,并鲜明地指出,要从根本上解决水土保持,固住泥沙不下流的问题,必须严禁滥砍乱伐上游的森林,大力植树造林。1951 年 9 月 7

① 《周恩来年谱》中卷,中央文献出版社 1997 年版,第 649 页。
② 《周恩来选集》下卷,人民出版社 1984 年版,第 138 页。

日,他在第 101 次政务会议上说:"靠山吃山,靠水吃水"这两句话要写适当才行①。否则,"靠山吃山",把树木砍光了,水灾就来了。1958 年 4 月,他在去三门峡视察时,多次对黄河沿岸的干部和群众说,"要搞好植树绿化和水土保持工作","不能孤立地修水库,要配合进行治理,即要同时加紧进行水土保持、整治河道和修建黄河干支流水库的规划,不能只顾一点,不及其余。"②。1956 年 8 月 14 日,他在接见外宾时说:"在水利工作方面,除一般水利工程外,还需要注意到植林,我们的祖先把许多山上的树木砍伐过多,以致形成严重的水土流失。因此,我们要注意植林以做好水土保持工作。"1960 年 2 月 10 日,他在视察海南时说,"儋县、澄迈、琼山成片的开荒,把森林挤掉了,将来台风一来就顶不住了。"③他忧虑琼崖有不少光山,提出水利、造林、水土保持都要做到 3 年小变,5 年大变,8 年全部变。他希望海南到那时到处是热带作物,到处是花园芬芳,成为南海一明珠。1960 年 5 月 2日,他视察贵州,对贵州树木砍伐得多了一点深表不安,主张通过蓄水、造林,改变气候,减少旱象。1962 年 11 月 8 日,周恩来指出,山区挤林开荒,水土流失很严重,在湖南、福建等省已经看出来了;草原开荒,在内蒙古搞得多的地方,不能护土,不能固沙造林,也看出问题来了。1963 年 11 月 21日,周恩来对阿富汗来宾说,中国长江以北的水库泥沙很多,长江以南的水库泥沙问题也未很好地解决,长江上游地区由于开垦荒地多、砍伐的森林也多,因此泥沙更易流失④。1964 年底,在第 3 届全国人大会议期间,他对江西省委负责人说,"解决兴国的淤沙,一要挖沙筑坝,二要从根本解决问题,严禁乱砍滥伐上游森林,大力植树造林,搞好水土保持,固住泥沙不下流","只要我们有雄心壮志,长期搞下去,增加森林覆盖率,兴国的淤沙问题就可以迎刃而解"。

他多次列举国内外破坏森林的历史教训,认为这不仅造成水土流失,而

---

① 《周恩来年谱》上卷,中央文献出版社 1997 年版,第 179 页。
② 《周恩来年谱》中卷,中央文献出版社 1997 年版,第 140—141 页。
③ 《周恩来与治水》,中央文献出版社 1997 年版,第 10 页,1991 年版,第 171 页。
④ 《周恩来年谱》中卷,中央文献出版社 1997 年版,第 597 页。

且是造成沙漠化的根源。他说,印度的恒河和埃及的尼罗河流域,是古代人类文化的发源地,当时土地肥沃,农业昌盛,但由于不合理开发利用,破坏了森林植被,所以后来都成了沙漠。我国甘肃省的敦煌一带恐怕也是这样。在周恩来看来,森林资源的破坏会造成水土流失、河流淤塞、水患增加、旱象严重、气候恶劣、土地沙漠化。要解决这些问题,必须发展林业,保护森林和自然资源,以保持水土。

治理黄河,是我国历代治国安邦的一项重要举措。但是几百年来在水患灾害面前,多是采取筑堤改道修坝之举,未能从根本上得到治理。周恩来认为治理黄河的根本,是在黄河水土流失区域植树造林,搞好水土保持工作。他多次提出,要在西北大力植树造林,以减少水土流失,以达到根治黄河的目的。考虑到西北地区特殊的自然条件,他于1966年亲自批准建立了西北林业建设兵团。他认为,西北自然条件恶劣,气候环境也不好,对于生产不利,必须将西北的林业搞上去,以改善当地生态环境。西北林业建设,不能完全依靠国营林场,要搞一个西北林业建设兵团。在他的直接过问下,组建了西北林业建设兵团及所属三个师,并亲自听取各师、团的部署情况汇报。

对兵团的工作如何开展,他指示得十分具体,他说:"兵团要搞试点,要深入林区,面向林子,才能建设林区。"兵团造林"要同公社植树结合起来,两条腿走路","一要有阵地的发展,二要农林结合,三要亲临前线"。他对当时的兵团负责人说:"西北地区造林要集中在黄河泥沙主要来源地区,不要孤零零地分散搞。分散了,投资很大,功效很小,起不了大作用。"他在听取关于兵团治理规划汇报后指出:"如果前15年治理5000万亩,仅是黄河水土保持区的1/9,后一个15年搞大规模机械化,搞起来就快。""面对黄河流域28万平方公里水土流失区,只要有雄心壮志,有愚公移山的精神,子子孙孙搞下去,就能战胜它……我们不仅要恢复森林面貌,而且要发展得更好。"十分可惜,由于"文化大革命""左"的思想的干扰,周恩来为中华民族生存发展亲自部署的这项根治黄河的宏伟工程,未能得以顺利实施。

新中国成立以后,我国林业建设取得了显著的成绩,但是,由于种种原因,水土流失和荒漠化问题仍然十分突出,形势十分严峻。现在我国水土流失面积已达 367 万平方公里,占国土面积的 38%;荒漠化面积已达 262 万平方公里,占国土面积的 27.3%,而且每年还以 2460 平方公里的速度在扩展。早在三十多年前,周恩来就尖锐地指出:"我最担心的,一个是治水治错了,一个是林子砍多了,治水治错了,树砍多了,下一代人也要说你。""工业犯了错误,一二年就可以转过来,林业和水利犯了错误,多少年也翻不过身来。"他多次强调,"植树造林是百年大计,总得坚持到 21 世纪",①丝毫不能忽视,丝毫不能放松,必须予以高度重视。今天,我们重温周恩来"植树造林是百年大计"的思想,对于科学认识国情林情,科学认识农业、水利、林业建设的相互关系,科学认识林业建设在我国社会主义现代化建设中不可替代的重要地位和作用,科学认识规划和建设大型生态综合治理工程的重要性和紧迫性,从而下决心把林业建设作为社会主义现代化建设和民族生存发展的"百年大计"来抓,具有十分重要的意义。

二、林业的主要任务是植林

新中国成立初期,百废待兴,工业基础十分薄弱,木材是支撑国家建设的重要原材料。为了满足国家建设的需要,林业部门的重要任务是生产木材。周恩来及时指出了国民经济其他部门不能不顾森林资源的短缺而盲目发展。1966 年 2 月,他在接见出席全国林业工作会议的有关负责同志的讲话中明确指出:"过去光看到林区采伐,我看你林业部,主要还是抓造林"。"林业部要面向全国,主要任务还是植林"。"林业部要把主要力量放在南北植林上"。②

围绕"主要还是抓造林",周恩来进行了一系列的具体部署。

一是抓各种防护林建设。根据森林的不同作用,周恩来提出了建设防台风林、防沙林、水土保持林、护路林的要求。1960 年,他视察海南岛时,强

---

① 《周恩来选集》下卷,人民出版社 1994 年版,第 447 页。
② 《周恩来选集》下卷,人民出版社 1997 年版,第 446 页。

调了森林对防御台风的作用,首先提出要建设沿海防护林带。现在的"三北"防沙林的建设,也是在周恩来的关怀下开始运筹决策的。他指出,沙漠化是森林植被被破坏的结果,要防止沙漠化,必须建设防沙林。他还说:"陕北防沙林带有人烟,地面水浅,就可以造林。靖边、定边高原水位低,不容易成林。要有选择,有阵地地前进。"他还提出,全国大部分地区都有必要建设保持水土的防护林。他多次号召在铁路两旁、公路两旁植树,提出了建设护路林的问题。

二是抓国营林场建设。1962 年他亲自过问办成 32 个试验林场,并且迅速推广国营林场建设的试点经验。今天,在国土保安方面发挥着重大作用的 4200 个国有林场,有 85% 是在 1965 年之前建设起来的。

三是抓根治黄河的西北地区植树造林。

四是根据我国山区特点,因地制宜地进行综合开发,把发展经济林与搞好水土保持紧密结合起来。1961 年前后,周恩来视察大寨,对陈永贵说:"虎头山上要造林,不然,梯田造得再好,水土也难以得到保持,只有造林植树,有了一个良好的生态环境,才能保证粮食丰收。"以后,1965 年、1967 年和 1973 年他又 3 次亲临大寨,嘱咐大寨人要把所有的山头都绿化起来,要多种树,发展林业,水果树、干果树、木材树都要种。① 1966 年春,他 3 次亲临邢台地震灾区,视察灾情,慰问群众。他到了巨鹿县何家寨大队,看到那里是茫茫碱滩,一片洼地,几里不见一棵树,就关切地对干部社员说:"这里太荒凉了,你们要学大寨,学习劳动模范王国藩、吕玉兰,要植树造林,改造碱滩。"这个大队 10 年后实现了绿树成荫,林茂粮丰。1961 年,周恩来到云南,看到我国试种的橡胶成功,指示说,要鼓励大家在荒山区多开胶林,为我国的橡胶事业多做贡献。1964 年初,周恩来访问阿尔巴尼亚时,了解到当地的油橄榄树出油率很高,对解决人民食用油很有好处,表示要引种,阿方当即赠送给我国 1 万株油橄榄树苗。经过广大林业职工和农民多年的努力,油橄榄在我国的引种获得成功。

---

① 《敬爱的周总理我们永远怀念您》第一辑,人民出版社 1977 年版,第 128 页。

周恩来不仅明确地指出了林业的主要任务,还明确提出了"面向全国,依靠全党全民"的林业建设方针。他早在 1954 年就指出:"我国的森林资源是不足的,除了必须加强国家的造林事业和森林工业、有计划有节制地采伐木材和使用木材以外,还必须在全国有效地开展广泛的群众性的护林造林运动。"①1966 年他进一步指出:"造林也要两条腿走路,要依靠 6 亿农民。四旁植树也是大工作。"林业"要面向全国,依靠全党全民",并对如何抓好群众造林,推动全社会办林业提出了具体要求:"要调查公社的造林办法,总结推广经验。"在工作部署上要突出重点,这就是"国营与群众营林,重点放在群众;伐木与育林,重点放在育林;前方与后方,重点放在前方(指林政和林业生产第一线)"。"北方 8 省(指豫、鲁、冀、晋、陕、鄂、皖、苏)地区大,人口多,树林少,造林工作搞起来,能很快发展……南方林业的造、护、用都很重要"。周恩来关于林业要"面向全国,依靠全党全民"②的重要指示,是走适合我国实际的社会主义林业发展道路的指导方针。

我国农业人口占全国人口的 80% 以上,是植树造林主要的依靠力量。建国以后,在周恩来的关怀下,总结了一套农民造林的经验,从发展林业专业队到兴办社队林场,"造上一片林,留下一批人,管好一片山,办好一个场"的做法,成为我国农村发展林业的重要经验。改革开放以来,不断完善分配制度的乡村办林场的形式,仍然不失为今天乡村林业发展的重要组织经营形式之一。

为了使全社会办林业形成制度,长期坚持下去,1964 年周恩来首先提出:"从中央到地方,每个负责同志,除年老有病的外,每年都要带头种树,要养成一种风气,并对此事作出相应的规定。"③1981 年,在邓小平的积极倡导下,全国人大颁布了《关于开展全民义务植树运动的决议》,开展全民义务植树成了一项国家的法律制度。邓小平带头参加一年一度的义务植树,并号召:"植树造林,绿化祖国,是建设社会主义、造福子孙后代的伟大事

---

① 《周恩来选集》下卷,人民出版社 1984 年版,第 138 页。
② 《周恩来选集》下卷,人民出版社 1997 年版,第 446 页。
③ 《周恩来年谱》中卷,中央文献出版社 1997 年版,第 641 页。

业,要坚持 20 年,坚持 100 年,坚持 1000 年,要一代一代永远干下去。"江泽民 1991 年发出了"全党动员,全民动手,植树造林,绿化祖国"的号召。1981 后至 1996 年,全国累计义务植树 250 亿株,植树造林、爱林护林的社会风尚已在我国初步形成。

今天,我们重温周恩来关于林业"主要任务是抓植林","要面向全国,依靠全党全民"的重要指示,对于我们更加坚定的把林业发展的主要目标确定在森林资源的培育和发展上,在今后相当长的一段时期内,把培养和发展森林资源作为林业建设的主要任务,对于我们继续探索走建设有中国特色社会主义林业发展道路,坚持和发展适合国情的、具有本国特色的林业建设的基本经验,具有十分重要的指导意义。

三、青山常在,永续利用

"青山常在,永续利用"是周恩来关于林业建设的重要思想,确立了我国林业建设的基本方针。他多次指出,森林采伐不能违背科学的方法,没有护林和育林,森林地带就会成为荒山秃岭。如何实现"青山常在,永续利用"? 首先,他根据林业的自然规律和经济规律,辩证地阐明了培养和利用森林资源之间的关系。他在 1962 年指出:"林业的经营一定要越伐越多,越多越伐,青山常在,永续作业。"①并说:"这四句话要联系起来考虑。不能说越多不伐,一定要给任务。不给任务不行。越多越伐,也不是伐过头。采伐是有条件的。要合乎这四句话。"他针对当时存在的重采轻育的问题指出:"你们(指林业部门)再不能把破坏自然当做慷慨,搞不好和赫鲁晓夫一样。咱们要慎重,林区开荒也要注意这个问题,违背自然规律什么都做不通。"他又说:"用剃光头的办法采伐,采光了就走,修一条路废一条路,这怎么得了。不能吃光了就算,营林是建设社会主义,不能当败家子"。"总之要使林木长的多些,用的少些才好。"周恩来要求联系起来考虑这四句话,一方

---

① 《周恩来年谱》中卷,中央文献出版社 1997 年版,第 509 页。

面,"越多不伐"不行,要给任务;一方面"伐过头"也不行。这两个方面,他更担心的是过度采伐。1966年2月,他在接见出席全国林业工作会议的有关负责同志时,十分不安地说:"全国森林覆盖率只有10%多一点,16年砍了6000万亩,造了5000万亩(指国营),还是赔了。20世纪还有三十几年,再赔下去,不得了。"早在1951年,他在《关于林区经营问题》的批示中就指出:"采伐不得超过规定任务。要特别提起注意的是,不能把采伐木料当成财政任务去做,而要科学地合理地去采伐,即用护林育林的长远打算去采伐。"采伐多少要掌握一个度,周恩来认为这个度就是"长的多","用的少",即"消小于长",这就是决定采伐的前提条件。根据周恩来的这一思想,我国1979年试行、1984年正式颁布实施的《森林法》中明确规定:"林业建设实行以营林为基础,普遍护林,大力造林,采育结合,永续利用的方针。"在这一方针的指导下,我国森林采伐实行了限额管理制度。

如何实现"青山常在,永续利用",周恩来在强调采育结合的同时,特别强调对森林资源的管理保护。1950年他就指出,我国森林"基础太小,林政不修,森林采伐不按科学的方法,这都需要大力整顿。如东北森林地区,据调查,如果林业工作不加以改进,快则10年,慢则25年,就完全毁了。不科学的采伐,没有护林和育林,森林地带也会变成像西北那样的荒山秃岭"。1962年6月,他到吉林省延边朝鲜族自治州视察,看到延边的山山岭岭森林不少,就一再叮嘱:"千万要注意保护森林,这是关系到国计民生、子孙后代的问题。森林保护不好,后代会骂我们的,那还搞什么社会主义。"①他看到延边龙井附近的帽儿山还没有绿化好,就指示要把坡坡岭岭都栽上树,要把森林保护好。1961年4月,周恩来到被称为天然的"森林公园"和"动物王国"的西双版纳时,看到许多地方都在开垦,有的把陡坡上的林木也砍光了,就语重心长地说:"西双版纳号称美丽富饶之乡,如果把森林破坏了,将来也会变成沙漠,后果会不堪设想。要合理砍伐,保护森林,要保持水土,要保护自然资源。"②对于森林资源的管理保护问题,周恩来一再叮嘱"千万要

---

① 《敬爱的周总理我们永远怀念您》第二辑,人民出版社1977年版,第158页。
② 《周恩来年谱》中卷,中央文献出版社1997年版,第405页。

注意"，并把这个问题提高到"关系国计民生、子孙后代"，"保护不好，那还搞什么社会主义"的高度来看待。

为了加强森林资源的管理保护，周恩来十分重视林业法制建设。早在1951年7月27日，在讨论木材供应困难时，他就说："今年2月公布的农林指示中说不要乱伐木材，但是没有说伐了怎么样。所以，我们一方面要教育，一方面要搞些法规来使其有法可依。这样才能把木材采伐引上计划性。"1953年5月23日，林业部副部长惠中权向周恩来汇报林业"三五"计划，当谈到世界各国管理林业都有个《森林法》时，他再次提出，我国要搞个《森林法》，主要是集体所能接受的东西，由国务院颁布施行。改革开放以来，周恩来的这一思想得到了体现。1984年，我国《森林法》颁布实施，使林业建设初步走上了依法治理的轨道。实践证明，《森林法》的颁布实施，对保护和发展我国森林资源起到了巨大的作用。为了加强森林资源的管理保护，周恩来十分重视森林防火工作。1951年10月7日，在接到东北、内蒙古等地林区先后发生火灾的报告后，他在给东北人民政府的指示中要求："望督促各级政府加紧防火救火。"1952年3月2日，他在《关于1951年全国森林火灾情况的报告》上批示："此件由政务院转发各大行政区、内蒙古自治区，并责成有关省区对其应负的责任进行检讨，保证今后不再重犯，并以书面报院。"①同日，他又给毛泽东、刘少奇、朱德、李富春写信。信中说："火灾的损失实在太大，1950年伐木482万立方米，1951年预计伐木498万立方米，今年拟伐木795万立方米，而去年火灾便损失了670万立方米，似此非严加管制不可。"②周恩来在担任中华人民共和国总理26年的时间里，国务院几乎年年发布严防森林火灾的指示。他说："森林起火是每年的大事，要向广大群众进行爱护公共财产的教育，进行防火常识的教育，同时要作出规划，制订措施，配备防火扑火必要的工具和制品。"周恩来要求林业部对护林防火工作一定要有一个副部长专管，专管副部长不在家时，在家的副部长要兼管。护林防火要研究特殊情况，要检查护林防火机构是否可靠。

---

① 1952年3月2日周恩来《关于1951年全国森林火灾情况的报告》上的批示。
② 《周恩来书信选集》，中央文献出版社1984年版，第405页。

为了加强对森林资源的管理保护,周恩来还提出,必须合理地分配紧缺的木材资源,使其得到最佳利用。1961 年 12 月 28 日,他在中央工作会议上提出 1962 年的 8 项工作,第一项就是使木材等紧缺资源得到最佳利用。他说,从木材、煤炭、钢材来看,都是有限的。有限的东西,要不用在最有效的、经济效果比较大的、利于全局的方面,就很不利。他认为停减一部分企业的木材等资源的分配,是要有所舍才能有所取,是以退为进的正确决策。

"青山常在,永续利用","千万要注意保护好森林",是周恩来林业建设思想的重要组成部分。近一二十年来,尽管我国在加强森林资源保护方面采取了许多积极的措施,特别是这几年逐步实现了森林覆盖率与蓄积量的双增长,成绩不小,但是,由于历史遗留下来的森林资源很少,人们对林业发展规律认识不够,多年形成的林业经济体制、机制、政策不太适应林业生产力发展的要求,致使我国生态环境整体恶化的趋势仍未得到根本的扭转。进入八十年代末以来,可持续发展已成为世界各国共同的行动纲领,环境是实现可持续发展的主要制约因素,森林是实现环境与发展相统一的关键和纽带已成为世界各国的共识。林业肩负着改善环境和促进发展的双重使命,在社会可持续发展中起着不可替代的作用。在这样的时代背景下,怎样在面临的种种现实问题面前保持清醒的头脑,既考虑眼前又考虑长远,既对当代负责又对后代负责,正确处理改革、发展和稳定的关系,进行科学决策,加大森林资源保护和发展的力度,真正实现"青山常在,永续利用",的确是我们必须解决好的、义不容辞的历史责任。

四、管理体制要符合林业特点,科技兴林要先行

林业具有自身特殊的自然规律和经济规律,生产关系必须适应生产力发展的需要。根据林业的特点,周恩来强调对国有重点林区要实行统一计划,统一管理。1950 年 8 月 6 日,他写信给毛泽东、刘少奇、朱德,强调内蒙古林业与东北林业"如不很好整顿,东北 10 年后(每年砍伐 400 万立方米),东蒙 25 年后(每年砍伐 40 万立方米)便将无好木可伐,而森林培植至

少需 80 年为一期。""从林政、林业观点来看,保林、育林、伐林如没有统一计划、统一管理,只从地方经营和收入着眼,其害与水利之不统一相等,而时间性更过之"。① 1962 年,经党中央、国务院批准,林业部成立东北林业总局,直接领导和管理东北和内蒙古林区的林业生产建设。为了加强东北、内蒙古国有林区营林工作,1964 年周恩来又提出,东北、内蒙古地区的营林所要恢复。其他地区的营林工作,也恢复林业指导站,以加强指导。周恩来认为林业管理的集中统一必须与因地制宜结合起来。他提出像东北、内蒙古这样的大林区直属林业部统一管理,对于小的林区,由地方管理,群众性造林要交给地方去做,林业部起指导作用即可。伊春林区原来是多县市交界地带,森林面积大,资源丰富,但建国初期没有一个集中统一的行政领导机构。为了改变这种状况,1962 年他批示:"将以前各县都不管的这一地区单独划分出来,成立伊春特区政府,既管林业,也管行政。"建国初期,他在给内蒙古自治区乌兰夫主席《关于林区经营问题》的电报中要求,"为加强护林防火及合理化经营,希大量训练干部,于各级人民政府内建立林政机构,充实采伐机构,加强对林业工作的领导与督促检查",并将此件抄送内蒙古自治区、东北人民政府。1952 年,周恩来亲自批示,抽调部队,组建护林武装部队,加强对东北、内蒙古森林的保护管理。

针对建国以后林业建设中出现的各种矛盾,他提出林区建设应"工农结合,城乡结合,有利生产,方便生活",②要"以林为主,林农结合,因地制宜,全面发展"。近些年来,国有林区的可采森林资源大量减少,其中一个重要原因就是林区人口大量增加所造成。如黑龙江大兴安岭林区已由开发初期的几万人增加到现在的 50 多万人。对于这个问题,周恩来 1964 年就早有预见。他提出:"为了减少大量人员进山,造林和森林采伐可采取征兵入伍的办法来解决劳动力的问题。"

周恩来十分重视林业科技。第一届中央人民政府成立时,他任命林学专家梁希为林垦部(后改为林业部)部长,并多次对林业科技人才培养提出

---

① 《周恩来年谱》上卷,中央文献出版社 1997 年版,第 62 页。
② 《敬爱的周总理我们永远怀念您》第二辑,人民出版社 1977 年版,第 210 页。

具体的要求,批示要充分发挥林业科技人才的作用。1952年,林业部梁希、李范五等部领导,为加快开发大兴安岭林区,向政务院提出了引进苏联专家与技术设备,进行森林航测的方案。周恩来十分重视。在他的关怀下,经国家批准列入苏联援建我国项目。同年,周恩来率领中国政府代表团赴苏谈判,指定林业部副部长李范五参加,达成协议后,随即组织实施。从此开创了我国利用国外先进技术进行森林资源航测的新局面。1961年,周恩来到西双版纳看到不少地方的森林远看郁郁葱葱,近看却有不少是弯弯曲曲的无用之材,当即嘱咐科学工作者,一定要协助当地研究如何解决好合理开垦、保护自然资源的问题,如何使无用之材,让它变为有用之材,为社会主义建设做出贡献。

新中国成立以来,我国重点国有林区在国土保安和经济建设中发挥了重大作用,功不可没。但是,国有林区人口剧增,可采森林资源越来越少,已成为当前和今后林业建设的一个突出问题摆在我们面前,到了非下决心解决不可的时候了。"文革"以后,重点国有林区的管理体制发生了变化,但是,国有重点林区在国家生态环境建设中的重要地位没有变,林业自身的规律没有变。在社会主义市场经济条件下,我们在借鉴世界各国林业管理体制的经验,研究如何推进重点国有林区经济体制、管理体制改革,真正把国家最宝贵的这几块生态屏障管理保护好的过程中,重新学习和深刻理解周恩来当年关于林业管理体制方面的重要思想的精神实质,对我们解决当前面临的问题,仍然具有重要的指导意义。周恩来对林业科技工作的高度重视,为我们树立了光辉的典范。我们在为实现建立比较完备的林业生态体系和比较发达的林业产业体系宏伟目标的奋斗过程中,一定要紧紧地依靠科技,并使林业科技与林业生产建设紧密结合,真正发挥出第一生产力的作用。

国内调研

新疆塔里木河流域生态建设问题研究*

塔里木河与长江、黄河不同。长江、黄河是跨流域、跨省区的大江大河，是中华民族的母亲河。由于黄河断流、长江洪灾，严重制约了我国经济和社会的可持续发展，引起了党和国家的高度重视。中央已决定实施长江上游、黄河中上游重点生态建设工程以根治这两条大江大河，既造福当代又泽及子孙。塔里木河是一条新疆的内陆河，其影响力与长江、黄河当然是不同的，因此，长期以来，对该流域的生态建设问题尚未引起应有的重视。在我国社会主义现代化建设迈进新世纪的历史进程中，改善生态环境已成为经济社会可持续发展、实现山川秀美社会主义现代化的重大课题，非常突出地摆在我们面前。特别是我国在推进西部大开发战略之际，塔里木河流域的生态建设已经成为一个很大、很尖锐的问题，急需及早采取措施加以解决，不容再忽视，不容再搁置。那么，塔里木河流域生态建设的状况及严重性如何？为什么要给予高度重视并及早解决？怎样才能加快这一流域的生态建设？本文研究这三个问题。

一、状况、危机及原因

1. 塔里木河流域生态系统的主体——胡杨林带

塔里木河是一条世界著名、我国最大的内陆河。她位于新疆南部，是环

---

* 原文载于《中国林业》2000 年第 2 期。

绕塔里木盆地和塔克拉玛干沙漠的诸多大中河流水系的总称。该河流全长2200公里,是一条三面环山的封闭型内陆河。流域面积43.55万平方公里,分布着5个地州的27个县市和4个新疆生产建设兵团师(局)的56个农牧团场,流域人口820万,约占新疆维吾尔自治区总人口1745万的二分之一。当前,塔里木河干流流域面积19.8万平方公里,河道全长1388公里,分为上游、中游、下游三个地段。上游指由叶尔羌河、阿克苏河、和田河三河汇合口阿拉尔至哈得熏,长369公里;中游指由哈得熏至卡拉,长478公里;下游指卡拉至罗布庄,长491公里。

新疆的经济是绿洲经济。没有绿洲,就没有一切。南疆年降水量仅为20~60毫米,是极端干旱的沙漠地区。胡杨林是在气候条件十分恶劣的干旱荒漠地区唯一能生存和种植的乔木树种,它耐高温又耐寒,可在正负39度的气温条件下生存;耐干旱,可在降水50毫米以下条件下生长;耐盐碱,其自身能分泌盐碱;抗风沙,可抵御每秒26米的大风。它可以防风固沙、防浪护岸、阻挡流沙、防止干热风、改善区域小气候。它号称沙漠"三千岁",即生而千年不死,死而千年不倒,倒而千年不腐。林中伴生着梭梭、柽柳、甘草、驼骆刺等沙生植物,与野生动物共同组成了一个特殊的生态系统。胡杨林带是保护极端干旱沙漠地区农业、畜牧业和河流的天然屏障,是野生动物的栖息地,是维护荒漠地区生态平衡的主体。

世界上的胡杨林主要分布在地中海周围、我国西北部地区等干旱、半干旱荒漠地带的20个国家。我国的胡杨林分布在西北地区的新疆、内蒙古西部、青海、甘肃、宁夏等5个省区,全国91.1%的胡杨林面积集中在新疆,而塔里木河流域的胡杨林就占我国分布总面积的89.1%。可见,塔里木河流域的胡杨林不仅是世界上而且是我国天然胡杨林面积最大、分布最集中的地区。这种荒漠河谷林与塔里木河相伴而生,就像一条绿色长城,长期以来紧紧锁住塔克拉玛干沙漠的扩张,屏护着塔里木河流域820万各族人民的生产和生活,被誉为南疆人民的保护神。在南疆这种特殊的自然环境中,没有以胡杨林为主体的生态系统,就没有塔里木河流域的绿洲,就没有人们的生存空间。

2. 严重的生态危机

在 20 世纪 50 年代以前,塔里木河流域的生态平衡尚未遭到破坏。从开发新疆以后,随着人类活动的加剧,塔里木河流域的生态系统不断遭到破坏。时至今日,该流域已成为新疆乃至国家生态环境劣变最为突出的地区之一,出现了严重的生态危机,主要表现在:

一是上中游径流量锐减,下游断流。塔里木河干流的源流河叶尔羌河、阿克苏河、和田河向其首站阿拉尔的输水量在 20 世纪 50 年代是 49.35 亿立方米,七十年代减至 44.98 亿立方米,九十年代减至 40.36 亿立方米,减少 9 亿立方米,占原来年平均径流量的 18.2%;中游始站哈得熏的输水量在五十年代是 35.9 亿立方米,七十年代减至 28.83 亿立方米,九十年代减至 21.48 亿立方米,减少 14.42 亿立方米,占原年平均径流量 40.2%;下游始站卡拉在五十年代的输水量是 13.53 亿立方米,七十年代减至 6.69 亿立方米,九十年代只剩 1.97 亿立方米,减少 11.56 亿立方米,占原年平均径流量 85.4%。这些变化的严重后果是:位于塔里木河干流下游尾闾的罗布泊湖(大湿地),其湖面面积由 1958 年的 2500 平方公里至 1962 年缩小为 660 平方公里,至 1972 年完全干涸。罗布泊湖是塔里木盆地的盆底,它就象一面镜子,标示着塔里木河流域的生态平衡,它的干涸,就是塔里木河流域生态平衡遭到严重破坏的标志。在罗布泊湖干涸之后,塔里木河下游尾闾曾有 1000 平方公里的台特马湖于 70 年代随之干涸,塔里木河尾闾退至台特马湖以上 300 公里的大西海子水库,形成下游断流 300 公里,至 1994 年,大西海子水库也干涸。现在,在塔里木河的枯水期,干流中游也开始出现断流。专家预测至 2010 年,下游始站卡拉将彻底断流。届时,塔里木河下游断流河道将由 300 公里变为 491 公里。在塔里木河径流量锐减的同时,其水质污染也日趋严重。据报道,1958 年以前,它还是淡水河,矿化度每升含量不超过 1 克,现在已超过 1 克,到 2010 年可达到 2.7 克,2020 年可达 3.4 克,届时,将不能作为生产生活用水。

二是胡杨林衰败,"绿色走廊"正在消失。在塔里木河干流两岸 5~15

公里的范围内,生长着一条带状荒漠河谷林——胡杨林。据推测,五十年代该流域胡杨林面积为 34 万公顷,1979 年航测数据为 14 万公顷,减少 58.5%。其中,中游 58 年有 17.58 万公顷,78 年为 10.2 万公顷,减少 43%;下游 58 年有 5.4 万公顷,78 年剩 1.64 万公顷,减少 69.6%。现在,下游从卡拉至罗布庄一线的胡杨林,已由五十年代的 5.4 万公顷减少至 0.73 万公顷,减少 87%,其中若羌县阿尔干以南 200 公里近 10 万亩胡杨林因 20 多年灌不上水,早已成为沙漠"木乃伊"。塔里木河下游约 30 公里宽的胡杨林带,曾经抵御着塔克拉玛干和库姆塔格两大沙漠的扩张,保护着沿河两岸的绿洲和农田,一直被人们亲切地誉为绿色走廊。而如今,随着下游胡杨林大面积枯死,这条绿色走廊正在消失。其直接后果是,绿色走廊西部的塔克拉玛干沙漠和其东部的库姆塔格沙漠正在合拢,最近处仅 2 公里;通往青海格尔木的库(尔勒)若(羌)公路,受流沙分割的地段已达 197 处,约 65 公里长的地段被风沙掩埋,使这条战略通道面临着被吞噬的危险。

三是沙进人退,生存空间受到严重威胁。胡杨林衰败之处,流沙随之入侵。1959 年至 1983 年的 24 年间,塔里木河中、下游沙漠化土地由 69.23% 上升至 80.6%,上升 11.37%;而下游沙漠化土地从 63.52% 上升至 85.57%,上升 22.05%。在塔里木河中游南岸,成片的胡杨林已经枯死,流沙正四处逼近河道。塔里木河下游河道已呈现沙丘活化,绿色走廊沿线的 6 个农垦团场弃耕、撂荒 13 万亩耕地,已有 3 万亩被流沙掩埋。塔里木河中下游地段曾经拥有 2000 万亩荒漠草场,载畜量达 60 万头(只),现在草场面积减少到 400 万亩,载畜量急剧下降。中科院新疆地理研究所预测到 2008 年,下游断流河道两岸将全部沙化。这样发展下去,6 个农垦团场将会被迫搬迁,塔克拉玛干、库姆塔格两大沙漠合拢后,将继续向西北扩展,紧逼尉犁县城和库尔勒市。

四是气候恶变,风沙肆虐。塔里木河中、下游生态环境的劣变,迅速带来了气候的恶变。这一地区在六十年代年均风沙日有 42 天,现在增至 130 天,浮尘日高达 180 天。沙尘暴 1993 年发生 13 次,1994 年发生 16 次,1997 年发生 14 次。1998 年 4 月 17 日至 20 日的沙尘暴,造成 12 个地(州)市的

52个县市受灾,农作物受灾面积达46万亩,11万头牲畜死亡,直接经济损失达10亿元。

3. 造成生态危机的原因

塔里木河流域的生态危机是从五十年代开始,七十年代加剧的。分析其产生的原因,必须用系统的观点综合地分析。总的看,可归结为直接原因和根本原因两个方面。

直接原因是多方面的。全球气候变暖的总趋势在塔里木河流域同样存在,由于平均气温上升,有利于形成风沙和土地沙化。但是,在形成温室效应的综合因素中,最主要的两个因素是化石燃料的增加和森林植被的减少,而森林植被的破坏,则是不合理的人为活动所致。这种对生态系统人为的破坏活动,突出表现在"三滥"。一是滥垦。长期以来,新疆作为我国重要的粮棉基地,开垦耕地达5700万亩,人均3.9亩,其中种植棉花1100万亩,仅塔里木河干流上游1998年以来新开垦荒地就达70万亩,塔里木盆地近10年新开垦荒地则达300万亩。拓垦耕地的代价一方面是大量消耗水资源,一方面是毁林开垦,直接破坏植被。二是滥伐。现在塔里木河下游绿色走廊的总人口已增至建国初期的15倍以上,燃料、用材都向绿色走廊索要,在30年间,被滥伐滥采林木60万亩,林木蓄积量减少77%。在石油勘探开发中也毁灭了大量植被,截至1992年,塔里木石油开发占地6097公顷,损失胡杨林452公顷,灌木林1699公顷和近千公顷草场。三是滥用水资源。由于大量开荒造田,人们在塔里木河干流上、中游沿河两岸任意掘口引水达138处,且采用大漫灌方式,每亩灌溉定额高达1200~1500立方米,消耗了大量的水资源。如下游始站卡拉以上203公里的中游区段内,每公里减少1010万立方米,致使下游地下水位由原来的3~5米下降至现在的16米以下,超过了胡杨林根系吸水10米的深度。塔里木河流域内各地州、各团场、各石油开发部门各自为政,全流域对水资源缺乏有力的统一调控手段,使源流与干流、上中游与下游、生产生活与生态用水之间存在着尖锐的矛盾,一直没有妥善解决。

根本原因也是多方面的。一是社会对生态与经济发展的辩证关系缺乏科学的认识。经济与生态，二者是相辅相成，水乳交融，互创条件的关系。一切经济活动乃至人类的活动都是在自然生态运行规律的基础上进行的，经济发展的过程一刻也离不开生态系统这个基础。经济对自然生态系统取之过度，超出了自然生态系统的承受能力，自然生态系统就会对经济产生巨大的报复，危及人类的生存安全，逼迫经济偿还生态的损失。塔里木河流域在经济发展的过程中，正是由于社会对经济与生态的关系缺乏科学的认识，以致造成只顾经济发展，不顾生态安全，导致短短 50 年间，塔里木河流域生态平衡遭到严重破坏，生存空间被迫缩小，气候发生恶变，经济和社会的可持续发展受到严重制约。在新疆这个极其干旱、生态环境极其脆弱的地区，这种认识上的滞后和偏差所带来的后果是极其严重的。二是发展战略不完善。"黑—白"发展战略，指靠开发石油矿产资源和发展粮棉来振兴和发展经济。现在看，这一发展战略需要调整。在塔里木河下游已经断流 20 多年，中游也开始断流，生态系统遭受严重破坏的情况下，仍继续垦荒造田是没有基础的。加之，在全国粮棉市场供大于求的新的经济环境中，继续扩大粮棉生产规模也不是出路。"黑—白"战略虽然是九十年代明确提出的，实际上是几十年来坚持的经济发展指导思想，不及时摒弃过去资源开发为主的思维定势，调整发展思路，新疆战略开发的蓝图势必落空。三是国家对新疆的生态环境建设支持给予的不够。新疆自然条件十分恶劣，财力十分有限，仅靠新疆自己的财力恢复生态平衡，其力量远远不及。新疆的大型江河治理工程、生态建设工程，至今都还没有作为重点工程列入国家规划，这与西部地区其他省区相比，是严重滞后的。国家不从财力上予以支持，不能从根本上解决新疆生态建设面临的重大问题。

二、重要性和紧迫性

塔里木河以叶尔羌河为源头，全长 2200 公里，与珠江并称为我国第四大河流。我国第三大河流黑龙江在小兴安岭广袤森林的涵养之下，是中俄界河;珠江处于我国南方降雨丰富地带,这两个流域保护和发展植被的条件相对比较优越。而塔里木河则是干旱沙漠地区的内陆河,且已断流 20 多年,流域植被遭到了严重破坏,生态环境已经严重恶化。从自然地理条件看,仅凭塔里木河大江大河的地位和特殊的自然条件,就已经决定了治理的重要性和紧迫性。更为重要的是,塔里木河流域的生态建设直接关系到新疆的政治稳定、经济发展和国土生态安全,进而关系到党和国家西部大开发战略的实现,意义十分深远。随着我国社会主义现代化进程的向前推进,现在,已经到了把新疆、特别是把塔里木河流域生态建设这一重大问题,摆在国家生态环境建设及西部大开发战略全局重要位置的时候了。

1. 加强西部地区生态环境建设,是推进社会主义现代化建设进程的客观要求

一是实施西部大开发战略,是我国社会主义现代化建设战略的重要组成部分。邓小平同志在 90 年代初深刻论述了"两个大局"的战略思想。"一个大局"是在东部沿海地区充分利用有利条件,先一步发展起来,在这一历史进程中,中西部地区要顾全这个大局;"一个大局"就是到本世纪末全国达到小康水平时,发展中西部,在这一历史进程中,东部沿海地区就要顾全这个大局。1997 年 9 月,江泽民同志在党的十五大报告中指出,"中西部地区要加快改革开放和发展","要从多方面努力,逐步缩小地区发展差距"。1999 年江泽民同志明确提出:"实施西部大开发,是全国发展的一个大战略、大思路","从现在起,这要作为党和国家一项重大战略任务,摆在更加突出的位置"。

在我国现代化建设即将全面实现第二步战略目标,并向第三步战略目标迈进的历史时刻,党中央高瞻远瞩,审时度势作出了西部大开发的战略部署,这对于逐步缩小东西部地区之间的发展差距,促进各地区共同发展,共同繁荣,体现社会主义的本质特征,实现共同富裕;对于推动国民经济持续快速健康发展,加快社会主义现代化建设的历史进程,实现第三步战略目标;对于巩固西部地区的政治和社会稳定,促进民族团结,促进边疆安全以及富民强国都具有深远的历史意义和重大的现实意义。

二是西部地区的生态环境建设，是实施西部大开发战略的根本。江泽民同志在1999年6月指出："改善生态环境，是西部地区开发建设必须首先研究和解决的一个重大课题。如果不从现在起，努力使生态环境有一个明显的改善，在西部地区实现可持续发展的战略就会落空，而且我们整个民族的生存和发展条件也将受到严重威胁。"西部地区，是我国水土流失最为严重的地区，生态环境极为脆弱。如果不首先改善西部、特别是西北地区的生态环境，不仅谈不上经济和社会的全面发展，谈不上实现现代化的宏伟目标，就连人们的生存空间也很难维持。所以，西部大开发战略的实施，其根本点和切入点在于首先加快改善这一地区的生态环境，实现"再造一个山川秀美的西北地区"。

三是在西部地区进行生态环境建设的条件已经具备，时机已经成熟。在即将实现社会主义现代化第二步战略目标的今天，我国已经具备了在西部地区推进生态环境建设的物质基础。这个问题在过去是没有一天不想解决的，但总是苦于条件尚不具备。现在条件具备了，时机成熟了。西部地区生态建设的主要任务是恢复植被、保护森林资源、植树造林种草、退田还林还草，以有效地治理水土流失和防沙治沙，这就涉及到亿万群众如何维持生计问题，涉及到政府投入问题。现在，一方面国家有粮食。全国粮食总量供过于求，这就为退田还林还草，实行以粮食换林换草提供了重要条件和机遇。另一方面，国家的经济实力显著增强。进行生态建设需要巨额资金投入，国家的经济建设持续发展到今天，经济实力和综合国力大大增强了，商品供应充足，完全可以采取转移支付的方式，把资金重点倾斜到西部开发特别是生态建设之中。

2. 新疆对实现西部大开发战略影响重大

一是政治地位特殊。新疆是祖国辽阔疆域的西大门，是全国面积最大的省份，总面积160多万平方公里，占国土面积的六分之一；新疆边境线长达5400公里，约占全国陆地国境线总长2万多公里的四分之一；新疆与8

个国家接壤,约占我国陆界 15 个相邻国的二分之一;新疆是个多民族自治区,包括维吾尔、汉、哈萨克、蒙古等 48 个民族。因此,新疆对于促进各民族团结、维护政治稳定、保障边境安全,具有十分特殊的政治地位。

二是经济地位重要。新疆自然资源十分丰富,石油、煤炭、有色和稀有金属矿藏储量居全国前列,是我国重要的战略资源储备和开发基地。从工业发展看,现已探明 60 多座油气田,原油生产能力达到 2000 万吨,"八五"期间探明油气储量 4.83 亿吨,石油化工产品达 300 多种。已发现年生产能力为 25 亿立方米的天然气储量资源,是我国第三大天然气开发区。随着我国"稳定东部,开发西部"的石油工业发展战略的实施,塔里木油田势必成为我国下一个世纪石油开发的重心,并将成为我国最大的石油化工基地之一。从贸易发展看,新疆现有开放和拟开放口岸 18 个,是我国西部最大的边境贸易口岸。从农牧业发展看,新疆是最具发展前途的农牧业生产基地,可用于农业、林业和牧业的土地 7147 万公顷,占全区总面积 41.2%。因此,实行西部大开发战略,新疆是最具潜力的优势地区。

三是生态地位影响深远。新疆是我国生态环境最为脆弱、治理任务最为艰巨的地区,对西北乃至全国生态建设的全局具有重大影响。这种影响主要表现在:一方面,新疆在我国国土绿化方面所占份额很大,对西部地区乃至全国绿化事业有着重大影响。新疆的森林覆盖率只有 1.68%,在全国位居倒数第二;加之,全国恢复植被、治理水土流失的重点地区集中在西北部 5 省,新疆土地面积是青、宁、陕、甘 4 省面积总和 136.6 万平方公里的 1.17 倍。可见,新疆由于森林面积少而土地面积大,又处在全国最干旱的荒漠化地区,其绿化国土、改善生态环境的任务十分艰巨而繁重。新疆绿不起来,西北地区就难以达到山川秀美,国土生态安全也难以实现。

另一方面,新疆在全国防沙治沙方面所占份额很大,对西部地区乃至全国防沙治沙事业有着重大影响。新疆是我国沙漠化面积最大、分布最广、危害最严重的地区,也是世界最严重的沙漠地区之一,号称世界第二大沙漠的塔克拉玛干沙漠地处新疆腹地。新疆荒漠化面积达 104 万平方公里,占全国荒漠化总面积 262 万平方公里的 40%;新疆沙漠化面积达 80 万平方公里,占全国沙漠化总面积169万平方公里的49%,且土地沙漠化以每年400多平方公里的速度扩展,占全国每年新增加沙漠化土地2460平方公里总数的六分之一;新疆还是沙尘暴灾害的重要发源地,1998年4月的特大沙尘暴,不仅给新疆带来巨大的经济损失,而且这场沙尘暴带来的泥雨、浮尘天气,波及到华北平原和长江中下游地区,致使不少地区通信中断、机场关闭,危及大半个中国。因此,新疆沙害不除,后患无穷。

3. 塔里木河流域对新疆的战略开发影响重大

林草植被对于调节区域气候、防沙固沙、涵养水源、调节径流具有不可替代的作用。新疆地貌总体特征是"三山"(阿勒泰山、天山、昆仑山)夹"两盆"(准噶尔和塔里木盆地),天山山脉将新疆自然分为北疆和南疆;主要大河是"三河",即额尔齐斯河、伊犁河和塔里木河;其生态系统的主体是"三带",即阿勒泰山山区天然林带、天山山区天然林带及塔里木河沿岸的荒漠河谷林带。绿洲主要分布在准噶尔盆地和塔里木盆地边缘。塔里木河是南疆的母亲河,该流域在新疆的政治稳定、经济发展、生态环境改善中具有重要的地位和作用。

一是塔里木河流域的稳定是新疆稳定的关键。新疆在全国促进民族团结、维护政治稳定方面居于十分特殊的地位,而新疆民族团结、政治稳定的重心则在南疆。塔里木河流域环绕着塔里木盆地,是塔克拉玛干沙漠边缘的绿洲地带,孕育着南疆36个民族820万人民,新疆80%的维吾尔族人民生活在这里。从当前和今后一个时期看,只有维护南疆的稳定,新疆才能长治久安。

二是塔里木河流域对振兴新疆经济具有较好的基础条件。塔里木河流域光热资源丰富,粮食作物可一年两熟,新疆的优质棉、长绒棉基地主要分布在这一流域;是新疆重要的水果生产基地,库尔勒香梨闻名于世;土地资源丰富,塔里木盆地的宜农宜林荒地大部分分布在塔里木河流域;植物资源丰富,是我国和全世界胡杨林分布最集中的地区,是新疆主要的药用和纤维植物基地;油气资源丰富,正处在多油源、多成油期、多油层类型的油气聚集带;交通运输条件较好,铁路、公路、空运、管道(油气)输送方式齐全;通讯全部实现了微波传递。南疆经济开发的各种基础条件都比较好,从长远看,是新疆战略开发的重点地区。

三是塔里木河流域生态环境极为脆弱。塔里木盆地是极端干旱的流动沙漠地区,年降雨量仅 20～60 毫米,而北疆准噶尔盆地是半固定沙丘地区,年降雨量在 50～100 毫米,相对而言,塔里木河流域的自然条件更为恶劣。加之长期以来不合理的人为活动,塔里木河中游已经开始断流,生态环境脆弱到了极点,已经严重危及人们的生存条件,该流域生态治理的任务更加艰巨和紧迫。

从新疆的全局看,民族团结、政治稳定的关键在南疆。团结稳定的基础靠经济的发展,而南疆经济可持续发展和维持人们生存空间的根本又在于塔里木河流域生态环境的改善。因此,塔里木河流域生态环境的改善,是新疆实行西部大开发战略的根本和重点,不抓紧改善塔里木河流域的生态环境,新疆的战略开发、经济可持续发展和社会安定团结就会受到严重的影响。

三、对策和措施

几十年来,南疆的经济快速发展,人民生活不断得到改善,但是,也严重破坏了塔里木河流域的生态平衡,造成了生态危机。这种局面的出现,是各种主客观因素综合作用的结果。现在,要使这种局面得到改观,需要从经济理论、发展战略、水资源的开发利用、重点生态工程建设等关系全局的基本问题进行科学的研究,提出正确的思路和措施,以切实加快塔里木河流域生态建设的步伐,为新疆的战略开发奠定坚实的基础和提供有力的保障。

1. 以生态经济理论指导新的战略开发,实现可持续发展

单纯的经济理论是追求以最小的劳动和资源消耗去获得最大的经济效益的理论。生态经济理论,是经济科学发展到现阶段的飞跃。它是揭示生

态系统和经济系统相互作用、相互制约的运动规律,指导人类把自己的经济活动和生态系统的自然运动协调起来,把社会生产力和自然生产力的作用有机结合起来,同时遵循经济规律和自然规律的新的科学理论。这一理论把发展经济与保护生态环境有机地统一起来,为实现可持续发展提供了理论基础。

塔里木河流域生态平衡之所以遭到严重的破坏,其根源还在于经济理论的滞后和偏差;同样,加快塔里木河流域生态建设和经济开发,也不能就生态抓生态,就经济抓经济,根本的问题还是要解决用什么样的理论来指导经济和社会的可持续发展。从全球发展的趋势看,21世纪将是生态经济时代,其经济形态将是生态经济。对地处极端干旱荒漠地区且生态平衡遭到严重破坏的塔里木河流域来讲,要进行新的战略开发,必须以生态经济理论为指导,走可持续发展的道路,再也不能走只顾发展经济,不顾生态破坏的道路了。因此,在指导新疆经济战略开发的一系列重大问题中,首要的问题是解放思想,更新观念,拓宽思路,对经济工作的指导思想进行大的转变,切实把发展经济的指导思想转变到保护资源、加强生态环境建设、实施可持续发展战略上来。

2. 确立"绿—黑—白"发展战略

新疆光热、土地、矿产资源丰富,是我国未来主要的石油基地,把"黑"作为发展战略的重点,是具有充分根据的。新疆又是最具有发展前景的农业生产基地,并被列为全国特大商品棉基地,把"白"作为发展战略的重点也是有充分根据的。"黑—白"战略的确是从新疆特有的优势出发制定的,咬定"黑—白"不放松是必需的。但是,这一战略的不完善之处在于只谋划经济发展,未能顾及生态平衡。在这种发展战略的指导下,环绕南疆的塔里木河流域的经济开发与生态建设就难以得到协调和可持续的发展,这一流域的生态恢复和建设所遇到的矛盾就难以求得解决。因此,要加快塔里木河流域生态建设,势必涉及对发展战略进行新的调整这一重大问题。

绿,是新疆各族人民的生存空间,是经济开发的基础,是生态环境建设的主体,也是新的经济增长点,在新疆,没有绿,就失去生存和发展的条件,就没有一切;绿,不仅是生态的主体,还是经济与生态的纽带,是发展经济和维护生态平衡的共同需要;绿,在中央关于西部大开发战略的总体格局中居于十分突出的位置,是事关战略开发全局的根本性任务。因此,要开发"黑"和"白",首先必须保护和发展"绿",新的经济发展战略,必须有"绿"这根主要支柱。这还不够,还应该进一步明确,在新疆特殊的自然环境条件下,坚持经济效益、社会效益、生态效益整体统一的理论原则有着特殊的要求,这就是生态效益优先,生态建设先行。据此,建议新疆的发展战略调整为"绿—黑—白"。

"绿—黑—白"发展战略,是国家关于西部大开发的战略部署与新疆的实际、长远与近期、生态与经济相统一的发展战略。按照这一发展战略,需要进一步调整战略目标、战略重点、战略措施等发展战略的基本组成部分。只有这样,塔里木河流域的生态建设,才能优先摆上新疆战略全局和长远发展的重要位置。

3.确保水资源的永续利用

新疆一方面水资源富足,地表水年径流量有 884 亿立方米,地下水可开采量有 252 亿立方米,人均占有量排全国第四;一方面水资源又十分短缺,由于极度干旱和疆域辽阔,每平方公里产水量排全国倒数第三。没有水,就没有绿洲,塔里木河流域的经济发展和生态建设都会受到制约。因此,解决水资源短缺的矛盾,是加快塔里木河流域生态建设的一个前提性、长远性的重大问题。要确保水资源的永续利用,主要应解决好三个问题。

一是确立合理开发利用水资源的指导原则。在统筹规划水资源的开发利用时要坚持五项指导原则:第一,坚持开源与节流并举的原则。开源是根本,节流是基础,不能顾此失彼,两个方面都需要加大力度。第二,坚持生活、生态、生产用水统一兼顾的原则。要合理分配水资源,有效加以利用,绝不能只顾生活和生产,不顾生态。第三,坚持近期与长期相结合原则。不仅要考虑近期各方面的需要,而且要考虑进行新的战略开发及长远发展对水资源的需求。第四,坚持水资源的优化配置原则。发挥水资源的综合功能,做到综合利用。第五,坚持上、中、下游统筹规划、尾闾盈余的原则。在20世纪70年代之前,台特马湖和罗布泊湖都曾经是塔里木河下游尾闾的大湖泊。只有保持尾闾水资源富足,塔里木河干流才能逐渐恢复台特马湖,才有可能使罗布泊再现生机,绿色走廊才能真正保住,塔里木河全流域才能恢复生态平衡。这是一条很重要的标准,在研究开发新的水资源时,务必要坚持这个标准。

二是将伊犁河水引入塔里木河,增加干流输水量。20世纪50年代之前,在当时该流域生产和生活用水的规模下,罗布泊湖面积保持在3000平方公里。随着人口增加和经济活动加剧,全流域原来的生态平衡逐渐被破坏。近50年来,三条主要源流叶尔羌河、阿克苏河、和田河的总径流量并没有什么明显的变化,但是塔里木河干流上游首站阿拉尔来水量却由1954～1964年的51亿立方米减至1985～1993年的38.37亿立方米,减少25%,这说明各源流区用水量明显地扩大了。在1994年这个丰水年内,干流首站阿拉尔来水量曾经达到60.84亿立米,但上、中游耗水量却高达58.19亿立方米,耗水百分比占95.56%,致使到达下游始站卡拉的水量仅1.65亿立方米,这充分说明上、中游的用水量也明显地扩大了。虽然可以采取各种节流措施,使源流区、干流各区段的耗水量降下来,但由于人口的增加并将持续增加,生产的扩大并将继续扩大,全流域的耗水量已不可能再维持在五十年代初期的水平上。特别需要强调的是,我们的目标是使干流尾闾的台特马湖及罗布泊湖重现生机,真正使全流域恢复到原来的生态平衡状态,而要达到这一目标,仅仅依靠节流措施是远远不够的。因此,必须下定决心,设法向塔里木河干流输送新的水源。

伊犁河位于天山西部,全长1000公里,它在我国境内约有200公里,径流量164.59亿立方米。我们处于该河上游,应该抓紧时间,充分利用属于自己的水资源。伊犁河水除了保证其流域生产、生活、生态用水和进行新的开发之外,还可以大量调出。据中国科学院区域持续发展研究中心研究的结果,该河可用于外调的极限调水量为20亿立方米。应该尽快研究、上马新疆的第二个北水南调工程(第一个北水南调工程是将北疆额尔齐斯河水南调至克拉玛依、乌鲁木齐),将伊犁河水最大限度地南调至塔里木河,向塔里木河输送新的水源。因此,建议将引伊(犁河)济塔(里木河)水利工程列入国家重点水利工程项目,尽快立项,尽快实施。

三是加强管理,节约用水。塔里木河水量的减少,与严重的水资源浪费和疏于管理紧密相关。当前最紧要的措施是做好加强管理、节约用水这项基础性工作。加强水资源管理,第一,要实行源流区和干流区一体化管理,把流域管理和区域管理结合起来。第二,要建立统一管理调度流域源流区和干流上、中、下游水资源的权威机构。必须赋予这一机构宏观调控水资源的权力和手段,明确并严格控制生产生活和生态用水比例、源流区和干流区用水比例、干流上中下游用水比例、地方及生产建设兵团和国家大型企业用水比例,实行定额限量供水,加强水资源的宏观调控。第三,要制定和完善有关法律法规,组建水资源管理的执法队伍,把水资源管理纳入法制轨道,坚决禁止源流区、干流上游随意挖口漫灌农田草场,坚决制止有令不行、有禁不止的违法行为。第四,要整治河道和灌渠,重点对中游河道清除河床泥沙,疏河筑堤,使灌区实现渠道化。第五,要大力推进节水灌溉技术,加大一次性投入,有计划、有步骤地推广喷灌、滴灌、渗灌技术,把农业生产和生态用水的耗水量大大地降下来。第六,要在塔里木河下游适度开发利用地下水资源,增加井水的生产、生态灌溉面积,缓解下游的用水危机。

4.尽快实施塔里木河流域以胡杨林为主体的重点生态建设工程

塔里木河流域的胡杨林带对维护极端干旱沙漠地区的生态平衡起着根本的、不可替代的作用,拯救、保护及发展该流域的胡杨林资源已经成为事关新疆战略开发全局的一个十分尖锐、十分突出也是十分复杂的问题,急需及早采取措施加以解决。这项重点生态建设工程需要不小的投入,仅仅依靠自治区的财力是很难奏效的,应该列入国家重点生态建设工程,及早立项上马。需要及早看清,这一重点生态工程的意义远远超出了林业乃至生态建设的范畴,它对涵养新疆"母亲河"的水资源,确保该流域的生态安全及可持续发展,促进经济振兴和民族共同繁荣,减少东亚北部地区的沙暴源,都将发挥巨大的作用。实施好这项跨世纪的生命工程、德政工程、基础工程,必然涉及方方面面的矛盾和利益,对其艰巨性、复杂性、长期性要有足够的估计,必须进行周密的调研和论证。初步研究,需要重视解决以下几个问题。

一是制定正确的工程规划指导原则。第一,坚持生态效益优先,生态、经济、社会效益相兼顾的原则;第二,坚持以恢复、保护、发展胡杨林资源为主,实行乔灌草相结合,因地制宜,宜林则林,宜灌则灌,宜草则草;第三,坚持全流域统筹规划,分类指导,因情施策,分区推进;第四,坚持将保护现有林、荒沙荒滩造林种草、退耕还林还草作为这项生态建设工程的基本内容,并在工程实施中将这三项基本内容有机结合起来;第五,坚持科技兴林,加大科技支撑力度;第六,坚持在生态公益区实行封沙育林育草,在生产和生活区建设优化绿洲;第七,坚持调动政府与社会、国家与地方、集体与个人等多方面积极性的政策,坚持谁投入谁受益、谁种谁有的基本政策长期不变的原则。

二是建立三个工程区,分类指导,分区推进。第一,将源流河之一的阿克苏河流域及塔里木河干流上游划分为一个工程区,主要任务是保护和发展沙漠植被,通过控制耕地规模,禁止新垦耕地,扩大胡杨林、柽柳灌木林及其他林草,增加植被,搞好水土保持,固住泥沙不下流。上游区生态治理的关键是控制耕地规模,节约水资源,防止土地出现新的沙化。

第二,将塔里木河干流中游沿岸全部划为胡杨林自然保护区。塔里木河中游从哈得熏至卡拉全长478公里,沿河岸5~15公里范围内分布的胡杨林是塔里木河流域胡杨林最集中、林相最整齐的地段。1984年,新疆在中游的轮台县、尉犁县范围内建立了一个自治区级胡杨林自然保护区,面积为3954平方公里,只有142人管护。由于投入严重不足,病虫害肆虐,中游南岸的胡杨林已经大面积死亡,照这样下去,保护区内的这片宝贵的荒漠河谷林恐怕也难于保全。因此,建议在塔里木河中游全段沿岸10~15公里范围内建立国家级胡杨林自然保护区,设立强有力的管护机构,加大投入,真正把这片胡杨林资源保护和发展起来。

第三,将塔里木河下游卡拉至罗布庄全段划为胡杨林拯救区,作为整个流域生态工程的重点区,提出拯救绿色走廊的明确目标,坚决扭转沙进人退的局面。这一拯救绿色走廊工程,要采取有力措施,抓紧及早进行,不能再有丝毫耽搁。要本着由北向南推进的步骤,有计划地逐渐向南延伸;要坚持生产用水为生态用水让路,优先保证恢复胡杨林、柽柳灌木林用水;要采取超常措施,在工程实施的头几年,统一调控塔里木河干流水资源,保证每年向下游集中输水 1~2 次,使胡杨林和其他灌木的种子顺水而下,得以播种(这是最好的播种方式),同时进行人工造林;要对恢复的胡杨林立即进行封育,加大管护力度,保证种一片,活一片,成林一片。

三是调整产业结构,正确处理林农、林牧及林工关系。生态与生产在用水、用地、用资金方面不可避免地会发生矛盾。在推进这一生态治理工程时,应按照生态效益优先,兼顾经济效益、社会效益的基本指导原则,对产业结构进行相应的调整。第一,严格控制荒地开垦,控制粮棉生产规模。新疆一直是我国产粮基地,近期,土地资源详查的耕地有 380 万公顷,国家要求其全区耕地保有量不少于 455 万公顷,这样,还需要新开垦耕地 75 万公顷。由于我国粮食生产供大于求,新疆又是严重缺水和生态环境最为脆弱的省区,因此,不应继续开垦耕地和扩大粮食生产规模。新疆粮食生产的规模,以控制在能够自给自足、略有储备的水平上为宜。今后的任务,不是继续扩大耕地面积,而是有计划、有步骤地退耕还林还草,发展林业和畜牧业。本着这个精神,在塔里木河流域上、中游要适度退耕还林还草,严禁继续开荒,而在下游,则原则上应该较大幅度地调减粮食生产,集中力量实施绿色走廊拯救工程。

第二,发展无公害畜牧业。新疆现有天然草地 5000 万公顷,既可以发展畜产品,调节径流量,又可以防风固沙。在塔里木河流域,应将部分耕地恢复草场,特别要加快牧区基础设施建设,逐步建设高效优质人工草场,以种植人工饲草料养畜,代替利用天然草地游牧,实现牧民定居养畜,并将畜产品的精深加工开发放到突出的位置,使畜牧业成为新疆经济发展的主要支柱产业之一。在封沙育林育草的公益林、公益草地区,要禁止放牧。

第三,大力发展绿色产业。新疆光热资源丰富,库尔勒香梨、阿克苏薄皮核桃、吐鲁番葡萄驰名中外,适合种植的名特优经济林果品种繁多,有的沙漠植物还是中药材。在沙区发展绿色产业,不仅有利于改善生态环境,而且有可能成为一个新的经济增长点。在塔里木河流域的生态建设中,要十分重视发展林下产业,把兴林(草)与富民紧密结合起来,力求实现在保护生态中发展经济、在发展经济中建设生态的良性循环。

第四,石油勘探开发要同步搞绿化工程。经勘查,塔里木盆地的石油主要分布在塔里木河流域。在石油勘探和开发过程中,所造成的大气和水资源污染以及植被破坏是极其严重的。比如在进行地球物理勘探时,各种车辆对植被的反复碾压破坏就十分严重。塔北油气勘探区对植被的破坏达600~2000平方公里,并且很难恢复。塔里木河流域是富油区,推进"黑"战略势在必行,为了使经济和生态协调发展,坚决不能再走以牺牲生态为代价换取石油开发的老路子了。因此,在石油勘探开发的作业区必须象修路和铺设管道那样,同时进行植被恢复和绿化工程;在机关工作区和生活区,必须建设绿洲。要把油区绿化工程纳入石油开发的总体规划之中,做到开发一处,保护一片,绿化一片。

四是加强力量建设,形成造林绿化和防沙治沙的大军。塔里木河流域生态治理的环境十分恶劣,任务十分艰巨,时间十分紧迫。要有效地推进这项事关新疆长远发展的德政工程、基础工程和生命工程,必须动员和组织社会各方面的力量,形成强大的造林绿化和防沙治沙大军。可由三种力量构成。

第一种是社会力量。对这项社会公益事业,主要应依靠各级政府去动员和组织各种社会力量进行造林绿化和防沙治沙。各级政府应按照中央关于西部开发的战略部署,在抓好基础设施建设、产业结构调整、科技支撑的同时,把生态建设作为实施西部大开发战略的根本点和切入点,纳入地区社会经济发展的总体工作之中,科学处理经济发展与生态建设的关系,加强领导,科学规划,加大投入,搞好宣传,有计划、有步骤地推进塔里木河流域的生态建设。

第二种是新疆生产建设兵团。新疆生产建设兵团有 11 个师和 3 个农场管理局,辖有 173 个农牧团场,职工总数 98.52 万人,拥有土地总面积 717.7 万公顷。兵团作为开发和建设新疆的一支生力军,有着诸多的优势和巨大的潜力。塔里木河流域分布着农一师、农二师、农三师(共 47 个团)及和田农场管理局。在今后控制粮棉生产规模和生态环境严重恶化的新情况、新问题面前,驻在塔里木河流域的兵团师(局)如何继续发展是一个很突出的问题。应该赋予兵团新的历史任务,这就是在生态建设中发挥作用。因此,在塔里木河流域生态工程建设中,应把生产建设兵团作为一支重要力量,纳入工程规划,明确其任务,由国家投入治理经费,充分发挥兵团在各自屯垦地区生态治理中的优势和潜力,让生产建设兵团在这项功在当代、泽及子孙的宏伟事业中再立新功。

第三种是组建新的新疆林业建设兵团。1966 年,在周恩来总理的关怀下,我国曾经组建过西北林业建设兵团,主要任务是治理黄河上中游地区水土流失。如果不是"文革"使这项事业夭折,黄河上中游的生态环境决不会恶化得如此严重。现在,在新疆这样特殊的情况下,有必要考虑组建一支林业建设的强劲力量,在生态建设中担负历史性的攻坚任务。组建这支力量,对于加快新疆生态建设,促进经济发展,保持社会稳定,特别是对加快塔里木河流域的生态治理具有重要意义,应该抓紧研究这个具有战略意义的重要问题。建议成立新疆林业建设兵团。根据新疆社会、经济、生态环境的实际,初步提出以下思路:第一,实行林役制。即区别于生产建设兵团,除骨干保持相对稳定外,兵员服役期满仍回原籍,不增加驻地人口。第二,主要任务是造林绿化、防沙治沙、改善生态环境,为新疆人民造福。第三,编制至少 3 个林业师,按照南重北轻的原则,在北疆部署一部分力量,主要任务是发展阿勒泰、天山的天然林资源;在南疆部署大部分力量,担负塔里木河流域生态建设任务。第四,部署于塔里木河流域的师、团,主要担负塔里木河干流下游拯救绿色走廊及塔里木盆地南缘喀什、和田两个地区的防沙治沙任务。

五是坚持科技兴林,提高科技对塔里木河流域生态建设的贡献率。科学技术作为第一生产力,在经济、社会发展和生态建设中具有巨大的渗透、推动和主导作用。在塔里木河流域恢复生态平衡、促进经济发展的系统工程中,必须依靠科技进步,提高林业科技对经济和生态的贡献率,将各种资源优势转化为发展经济和改善生态的优势。

坚持科技兴林,要着力解决好以下关键问题:第一,制定林业科技支撑实施方案,明确提出科技兴林的目标、指导原则、体系、重点及投入保证。第二,加强林业科研机构和队伍建设,使科研机构的编制、力量、经费与科研任务相适应。第三,切实保证科研投入,在工程总体规划中明确科研经费投入的渠道和所占比例。第四,加大科技宣传的力度,加强科技培训,及时总结推广先进的林业应用技术和优秀成果。第五,建立不同类型的试验示范区,搞好样板,以点带面,推动全局。第六,对关键技术进行攻关,及早取得突破。

要把新疆与内地、林业与其他相关行业的科研力量统一组织起来,抓紧对事关工程全局的关键技术进行攻关。其一,研究胡杨林等沙生植物的生物学特性,重点开发其经济价值、特别是药用价值。胡杨林的生命力极强,至今人们只知道它能产生碱,还没有发现它的药用价值,如果象银杏那样发现了它的药用价值,那么,这种干旱荒漠区的生态公益林种就可兼有经济林效益,就可以将生态、社会效益和经济效益紧密地结合起来,这对于发现新的经济增长点是具有重要意义的。其二,采用高新技术选育胡杨树以及灌木、草类等植物新品种。主要研究胡杨林耐旱、耐碱的基因及基因提取技术。胡杨林是荒漠中唯一能够生存的乔木,如能提取其耐旱、耐碱基因,移植于其他树种,或培育出新的适合北方干旱、半干旱广大地区生长的新树种,这对于全国防沙治沙事业具有重大的意义。其他优良的灌木、草类新品种也很重要,要培育或引进适合沙区生长的优质草品种,为实现牧民定居养畜,大力发展畜牧业,改善沙区植被创造条件。其三,加快研究开发风能、太阳能和推广天然气利用技术,以减少生活燃料对薪炭林的依靠。其四,研究新的优质沙区林果品种,大力发展南疆名特优经济林果绿色产业及其加工业。其五,研究开发节水林业技术,大力节约水资源,为林业可持续发展创造条件。其六,研究防治胡杨林病虫害的技术和方法,尽快遏制病虫害的蔓延。其七,研究沙漠公路道旁防风固沙绿化带的实用技术及方法,用公路绿化带将流动、半流动沙漠分割开来,遏制沙漠的扩张。

重视西藏的林业建设[*]

2000 年 8 月 16 日至 23 日,我率局赴西藏慰问考察援藏干部工作组(成员有人教司、科技司、计资司、中国林科院、东北林业大学、西北农林科技大学、中南林学院、昆明勘察设计院等部门和单位的有关同志),在对林业援藏干部慰问考察的同时,先后对林芝地区、拉萨市和日喀则地区的林业工作进行了考察,听取了西藏林业局的工作汇报,研究了西藏林业的有关问题,并与自治区政府领导同志召开会议交换了意见。现就西藏林业建设的几个问题报告如下,供党组同志和有关司局领导参阅。

一、西藏林业建设的进展和存在的问题

总的看,西藏林业工作虽然条件艰苦,基础薄弱,但在自治区党委和政府的高度重视下,各级领导和群众对林业和生态建设的认识不断提高,林业工作不断取得进展。

一是调整林业发展思路和政策。减少了商品材采伐量,停止了西藏长江上游的江达、贡觉、芒康三县的商品材采伐。自治区政府在经济困难的情况下,今年预先垫支 1500 万元,启动西藏长江上游天然林保护工程和雅鲁藏布江(以下简称雅江)中游防沙治沙工程。

二是造林绿化工作有新的进展。近年来,一些地方改变过去砍大于造的习惯,加大了人工造林和封山育林的力度,全区截止 1999 年,累计人工造

---

* 本文是 2000 年 9 月 8 日作者写给国家林业局党组的报告。

林保存面积达 80 万亩,封山育林 290 万亩,初步形成了以城镇绿化为先导,工程造林为重点,农村与城镇全面发展的格局。

三是加强了森林资源保护和林政管理工作。木材检查站、森林公安队伍建设和森林防火工作得到进一步增强,林业执法力度加大,保护了青藏高原上这块宝贵的森林资源。

四是自然保护区建设成绩突出。目前,西藏已建立森林和野生动物类型保护区 13 个,面积达 38 万多平方公里,占全区总土地面积的 31.6%。国家级珠峰保护区、雅江大峡谷保护区、羌塘保护区的建立,在国内和国际上都有较大的影响。

目前,西藏林业建设存在的主要问题是:地县林业机构不健全,在 30 个有林县中,有近一半没有设林业机构,30 个宜林县均未设林业机构,工作难以开展;科技和管理人才匮乏,全区至今没有一个省、地级的林业科研机构和科技推广机构,林业工作缺少科技支撑;林木种苗、森林防火、森林病虫害防治、森林资源清查等基础工作薄弱,管理水平较低;林业资金投入严重不足;林业宣传力度不够,社会影响力较小。

二、对西藏林业建设重要性的认识

西藏林业建设的重要性主要从三个方面去认识。

从政治上看:西藏地处我国西南边陲,是我国第二大省区;也是少数民族集中的地区(共有 30 多个民族,其中藏族占 95%),西藏的稳定,关系到国家稳定的大局;西藏与五个国家及克什米尔地区接壤,边境线长达 3842公里,关系到我国边境国防安全;主要林区在东南部,境内雅江、怒江、澜沧江都是国际河流,其生态建设和南亚一些国家有着密切关系。此外,达赖反动集团攻击我们把森林采光了,野生动物打光了,加强西藏的林业和生态建设,也是同达赖反动集团进行政治斗争的需要。

从全国生态建设的总体布局上看:一是全国支援西藏是中央的战略部署,加大支援西藏林业工作的力度,是贯彻中央这一战略部署的重要内容,也是西藏林业不同于其他省(区、市)林业的一个显著特点。二是在实施西部大开发战略中,中央明确生态建设是西部大开发的根本和切入点,在西部大开发的 13 个省(区、市)中,西藏的生态建设任务非常繁重,加强西藏的林业和生态建设,是贯彻落实中央西部大开发战略的一项重要任务。三是西藏作为西部大省区,在国家重点生态工程中所占份额较少。长江上游、黄河中上游重点生态建设工程涉及 12 个省(区、市)的 700 多个县,建设内容包括 3 个方面的工程,其中的天然林保护工程,西藏进入的只有 3 个县;全国防沙治沙工程,涉及全国 12 个省(区、市)的 400 多个县,西藏进入这项工程的只有 21 个县;东北、内蒙古天然林保护工程及速生丰产林建设工程,西藏都没有进入。加之西藏财力十分有限,许多事情自己想干也干不成。因此,对西藏林业更应重视,以保证西部地区各省(区、市)林业和生态建设整体协调发展。

从西藏林业的特点看:一是西藏是全国最大的林区之一,全区有林地面积 717 万公顷,排全国第五位;活立木蓄积量 20.84 亿立方米,居全国第一位。二是野生动植物资源十分丰富,全区有脊椎动物 798 种,野生动物数量为全国第一位,高等植物 6400 多种,其中主要药用植物 1000 多种,具有丰富的生物多样性。三是宜林荒山、荒滩、荒地绿化任务也很繁重,现有宜林三荒地 1300 多万公顷。四是防沙治沙任务重,全区有 2047 万公顷的沙化面积,占全区国土面积的 17%。五是自然保护区管理和建设的任务十分艰巨。在西藏 13 个自然保护区中,有 3 个是国家级自然保护区,保护面积达 38.6 万平方公里(其中 50% 是无人区)。六是西藏处于长江、金沙江、雅江、怒江和澜沧江等江河的源头,对这些江河下游地区的生态环境具有很大的影响。

综上所述,西藏林业和生态建设具有十分重要的地位和作用,肩负着艰巨的任务,应该像推进四大战略性生态工程所包涵的其他省(区、市)一样,来重视西藏的林业建设。

三、进一步关注和支持西藏林业的初步想法

西藏林业工作的地位和作用非常重要,但西藏林业建设的基础又很薄弱,与西藏社会经济发展的要求相比很不适应。建议考虑采取以下措施,加大支持力度。

1. 加强林业援藏工作

从前几年情况看,有的省(区、市)林业部门(如福建省林业厅对林芝地区)的援藏工作搞得很有成效,但总体上仍需要进一步加强。目前,很需要对今后的援藏工作有针对性地作出部署,加大力度,加快速度。建议局领导率有关司局对西藏林业进行一次较全面的考察,具体研究如何加强林业援藏工作,如何规划西藏的林业建设及今后西藏生态建设项目等事宜,并在今年适当时候召开全国林业援藏工作会议。

2. 加强森林防火工作

西藏是干旱及火灾多发区,加之边境森林防火的任务繁重,今后应本着"预防为主,打早、打小、打了"的原则,把森林防火的重点放在林芝和昌都林区以及边境防火上。切实加强森林防火的基本建设,包括设备、设施和队伍建设,尽快组建西藏森林武装警察总队。同时,加强西藏的森林防火专业队伍建设,并考虑将西藏纳入全国森林重点火险区。

3. 加强种苗工程建设

西藏各地领导都很重视苗圃建设,但自治区的 7 个地(市)、30 个有林县及 30 个宜林县的苗圃建设基础很薄弱,与内地的苗圃建设相比,差距较大(个别除外)。对西藏的种苗建设应进一步重视,加大投入,特别是国债投入及森林生态效益补偿基金,以加快西藏种苗和治沙建设步伐。

4.继续做好林业援藏干部的选派工作

选派干部援藏,应形成制度,作为一项长期的任务。今后,选派林业援藏干部,一要增加数量;二要保证质量(自治区及农牧学院对我局所派的第一、二批援藏干部反映均不错);三要有针对性,根据西藏林业的实际需要选派。

5.加大西藏林业人才的培养力度

一是选派西藏林业干部到内地、到国家林业局挂职锻炼,挂职时间半年左右。选派人数和对象由自治区党委组织部与国家林业局人事教育司协商。二是由国家林业局负责给西藏举办不同类型的在职干部短期培训班。三是为西藏林业系统培养高学历的人才,重点培养少数民族干部。由自治区林业局向国家林业局人教司上报具体计划。

四、我们向自治区政府所提建议

在慰问考察工作结束前,我们就西藏林业建设与自治区政府领导同志交换了意见,提出了一些工作建议。既提请自治区政府给予重视,又需要我局给予支持。

1.切实管住、管好西藏宝贵的森林资源

温家宝副总理指出,制止破坏森林资源的问题是最艰巨、最复杂、最突出的任务。西藏大林区是几条大江大河的源头地区,现正在逐年调减采伐限额计划,要严格执行采伐限额,切实加强对森林资源的保护,依法治林。全区正在搞森林资源二类调查工作,这项工作很有必要,应加快进度,摸清家底,为科学经营、科学决策提供依据。

2.加强林业宣传工作

西藏森林资源十分丰富,林业和生态建设不仅对西藏,而且对全国都有

十分重要的影响。建议自治区采取有效的措施,进一步加强林业宣传工作,大力宣传生态建设在社会经济发展中的作用和重要性。

3. 加强科研体系和科技推广体系建设

西藏林业建设的任务很重,十分需要加大科技支撑的力度,但从自治区到地(市)、县还没有林业科研体系和科技推广体系。这在全国是一个特殊情况。要尽快建立和完善林业科研和科技推广机构,今后在选派干部时也要注意加强科技干部的选派工作。

4. 健全林业机构,加强队伍建设

西藏林业厅改组为林业局,在这种情况下,特别要注意地、县林业机构建设。西藏共有 7 个地(市),全区 75 个县中,有林县为 30 个,宜林县为 30 个,现在只在一部分地(市)和一部分有林县设有林业机构,宜林县均未设,这种情况远不能适应林业和生态建设的需要。比如日喀则地区林业建设任务非常重,但是林业局隶属于农牧局,下一步应考虑单列。要逐步地设立各级林业主管部门。

5. 抓紧解决森林公安编制问题

西藏森林公安干警现有 200 多人,但实际有编制的只有 39 人,请政府考虑解决编制问题,以充分发挥这支队伍的作用。

6. 加强自然保护区的管理与建设

切实加强自然保护区的建设和管理。对已建立的保护区,一是要抓紧完成总体规划,已经有总体规划的要抓紧做好项目可行性研究报告的上报工作,这方面有什么困难请及时与国家林业局联系;二是抓紧建立保护区的管理机构,没有管理机构,保护任务难以完成。

广西红水河流域龙滩等梯级电站库区生态建设和广西林业的调查报告[*]

2000 年 11 月 3 日至 12 日,我参加"关注森林"组委会赴广西,就红水河流域龙滩等梯级电站库区生态建设和广西林业进行了调研。先后考察了桂林漓江绿化、桂柳高速公路绿化、河池红水河流域生态现状、石山造林绿化、农村沼气、百色澄碧河水库水源涵养林、北海红树林湿地和南宁西津水库湿地,重点对红水河流域龙滩等梯级电站库区的生态建设和如何加强广西林业两个问题进行了调研。

一、广西红水河流域龙滩等梯级电站库区生态建设

1. 加强红水河流域龙滩等梯级电站库区生态建设是个重大问题

红水河是珠江上游主干段。在红水河干流 1100 公里的范围内,计划兴建 10 座大中型水电站,形成梯级电站群,其中建成 4 座,在建 2 座,新建 4 座,使红水河成为我国最重要的水电基地之一。

明年 6 月将开工的龙滩电站是红水河流域 10 座梯级电站规模最大的工程,也是我国继三峡电站之后的第二大水电工程。设计近期蓄水位 375 米,远期抬高至 400 米,相应装机容量分别为 420 万千瓦和 540 万千瓦,相应库容量分别为 162 亿立方米和 273 亿立方米,远期总库容比长江三峡工

---

* 本文是 2000 年 11 月 16 日作者写给国家林业局党组的调查报告。

程库容 221 亿立方米多 52 亿立方米,是黄河小浪底工程 126.5 亿立方米库容的 2 倍多。龙滩电站建成后,年发电量达 156.7 亿千瓦时至 187.1 亿千瓦时,可提供 70 亿立方米的防洪库容,通航吨位由现在的 20～80 吨位提高到 500 吨位,不仅可为华中、华南联网提供支撑电源,还可减轻西江和珠江三角洲的洪水灾害,实现黔、桂、粤、港、澳通航,形成大西南出海水上运输大动脉。龙滩电站建设期 9 年,概算投资 283 亿元,移民 8.05 万人。

严重的问题在于,这一集战略性电力、水利、防洪、航运于一身的工程群库区却处在十分脆弱的生态环境之中,具体表现在:一是水土流失严重。该流域的森林覆盖率已由建国初期的 48.6% 下降到现在的 35% 左右,部分县的森林覆盖率只有 10%。尤其是天然林资源所剩无几,天然降水利用率不足 20%。水利部中南勘测设计研究院测定,每立方米含沙量为 0.726 公斤,流域土壤年均侵蚀模数为每平方公里 1622 吨。二是已建成的水电站泥沙淤积严重。例如,该流域内乐业县 400 万亩流域面积平均日输沙量达 3000 多立方米,境内的石寨、山洲、赖林、鸡公岭等小型水库淤泥已填平至死水位,甚至淤平了第一级放水管。1985 年先期修建的大化电站位于龙滩坝址下游 282 公里处,由于长期的泥沙淤积,在电站附近的河床上已形成了两个近 200 亩的"沙岛",河流被迫改道。三是旱涝灾害严重。红水河流域多年平均降雨量达 1300 毫米,但由于缺少涵养水源的森林植被,旱涝灾害频繁发生。旱季,人畜饮水困难。雨季,洪水泛滥。1998 年洪水淹没了广西工业重镇柳州市和梧州市大部城区,不少民房淹至 3 楼。今年 5 月 7 日至 9 日的一场暴雨,引发山洪和泥石流,仅河池地区的 4 个县、市农作物受灾面积就达 16.1 万亩,冲毁水利工程 75 处,民房倒塌 4070 间,1200 多名群众被洪水围困,15 人死于洪水,直接经济损失上亿元。

2. 确立水电工程建设与库区流域生态建设同步进行的指导思想

我国水电工程建设一方面成就巨大,一方面教训深重,教训就在于库区生态建设滞后,致使库容淤积严重。长江上游、黄河中上游重点生态工程无疑将为三峡、小浪底水电站提供生态安全。在新世纪即将开工的龙滩大型水电站却没有相应的生态工程作保障。因此,红水河流域龙滩等梯级电站建设必须确立一个正确的指导思想,这就是把库区所在流域的生态建设放在与电站建设同等重要的位置,统筹考虑,同步规划,同步设计,同步实施,走电站建设与库区生态建设协调发展的路子。对于这个问题,除了当地政府和水电工程单位应该重视之外,我们也应该及时研究这个带有战略性的林业问题。

3. 积极考虑将红水河流域以龙滩等梯级电站库区为重点的生态建设列入国家重点生态建设工程

需要积极考虑并力求解决好这个新问题。主要依据有四条:第一,加强龙滩等梯级电站库区生态建设,遏制红水河流域生态恶化已成为当务之急,早治理早受益,晚治理对新的大型水电站安全势必造成危害。由于龙滩电站的战略地位与三峡、小浪底同样重要,因此,国家应通盘考虑,不能让这一大型水电工程再走"淤沙库"的老路。第二,珠江是仅次于长江、黄河的第三条跨省区大河,国内流域总面积44.21万平方公里,涉及滇、黔、桂、粤、湘、赣6省区以及港、澳2个特别行政区,流域人口1.68亿。珠江三角洲处其下游。在西部大开发战略中,西陇海兰新线、长江上游、昆明—贵州—南宁一线是要大力发展的三个经济带,而红水河流域正处在云南、贵州、广西至西南出海口经济带的上游,加强红水河流域的生态建设,势必成为西部开发战略生态建设总体布局中的一个战略性问题。第三,广西是西部省区,又是边疆少数民族集中的重点扶贫省区,还是近20年边境战争影响的重点省区,急需加快建设步伐。在现在国家重点生态工程中,广西没有列入天然林保护、退耕还林、防沙治沙等国家重点生态工程,这在西部省区是唯一的,仅靠地方力量加快改善红水河流域的生态状况十分困难。第四,这项生态工程以广西为主,还涉及云南、贵州,该流域降雨较为丰富,自然条件相对好些,中央从政策、资金等方面给予支持,比较容易见效。但如果不上一个重点生态工程,很难把各方面的工作(政策、投入、协调等)统领起来。

4.建立组织协调机构,抓紧制订这一生态建设工程的规划

龙滩电站计划明年 6 月开工,而生态建设至今还没有一个规划。需要积极考虑,是否由国家林业局牵头,组织有关部门和省区参加,将红水河流域梯级电站库区作为一个整体,在深入调查的基础上制订生态建设的工程规划。生态建设资金由中央政府、电站投资各方和地方政府多渠道筹集;电站建成后争取从电费中提取一定比例的资金用于补偿库区的生态保护与建设,以此保证水电工程发挥长远的和最大的效益。

为确保这一生态建设工程稳步推进,取得实效,需要考虑与龙滩电站工程建设一样,建立生态建设相应的组织协调机构。广西、贵州、云南和有关地、市、县有必要建立生态建设领导小组,办公室设在各级林业部门。涉及省区之间的重大事项,可考虑由国家林业局和全国生态建设工作小组进行协调。

5.采取综合措施,加强红水河流域生态保护和建设

初步考虑,涉及库区生态建设的重要问题有四个:一是积极考虑建立库区自然保护区,强化红水河流域森林资源保护。当前要立即停止库区两岸坡面森林采伐;采取以封山育林为主的方式恢复植被;在龙滩等梯级电站库区范围内,建立以水源涵养、水土保持为主要目的库区自然保护区。二是切实按照《森林法》的规定进行资源补偿,确保库区森林资源和林地面积总量不减少。按照《森林法》等有关法律的要求,林业部门应抓紧调查该电站库区建设全部项目需要征占用多少林地,在明年龙滩电站工程开工前,按法律规定程序办理征占用林地的审批手续。林地补偿费、林木补偿费、安置补助费、森林植被恢复费四项费用要足额征收,切实到位,专款专用,确保库区集雨区内森林和林地的总量不减少。这项工作比较紧迫,也是该流域生态建设资金的一个重要渠道。三是有计划地实行退耕还林,加大红水河流域水土流失治理力度。江河两岸陡坡开垦是造成水土流失的主要因素,在红水河流域有计划地实施退耕还林还草是十分必要的。需要研究将龙滩等梯级

电站流域内的有关县市纳入国家退耕还林政策范围的问题。四是积极推行沼气、小水电代柴,减少对现有森林植被的消耗。龙滩等梯级电站库区流域农村薪柴消耗占到森林资源总消耗量的48%,是当地森林资源破坏最突出的问题。沼气是农村最现实有效的生活能源,不仅可以从根本上减少对森林资源消耗,还可以大量节约农村劳动力,提供丰富的有机肥料,增加农民收入,改善农村卫生条件,综合效益十分显著。在红水河流域要大力推广沼气,并积极开发小水电资源,实行以气代柴,以电代柴,保护生态。由于推行沼气工作在广西由林业部门负责(全国由农业部归口管理),因此,我们也需要对这个问题给予重视。

6. 下决心做好移民安置工作

即将开工建设的龙滩电站的移民安置,现在规划中的方式基本上是就地后靠。这样做带来的后果至少有两个,一个是造成新的植被破坏,一个是造成新的贫困。在建设龙滩等梯级电站时,一定要把移民安置工作摆上重要位置,一定要让库区人民受益,一定要走一条国家、社会、电站、生态、移民共同受益,经济、生态、社会三个效益协调发展的新路子。库区的这项工作应以异地安置为主,力求移民工作一次到位。也可考虑在库区流域山坡背面安置一部分,变"种粮人"为"种树看山人",承包管护植被,发展林下经济和多种经营,以解决移民生计问题。这项工作主要由电站建设单位和当地政府负责,但与生态建设密切相关,我们也需要关注。

二、广西林业建设

广西林业建设的基础是好的,发展速度也是比较快的,具体表现在:一是造林绿化稳步推进。广西实施了珠江流域防护林体系建设工程、沿海防护林体系建设工程、平原绿化工程、防治荒漠化工程、石山封山育林工程、生物防火林带建设工程和城市大环境绿化工程等七大生态建设工程。全区有林地面积已从1950年的379万公顷增加到1995年的1067万公顷,活立木蓄积量从 1.66 亿立方米增加到 3.1 亿立方米,森林覆盖率由 16.04% 提高到 39.26%。二是林业产业发展比较快。全区商品林总规模已达 320 多万公顷,已建立竹木加工、林产化工、木浆造纸、林副产品加工等各类林产工业企业 1400 多家,1999 年实现林产工业总产值 40 多亿元。三是森林资源保护基础较好。先后建立了 64 处自然保护区,保护区面积为 169.4 万公顷,占广西国土总面积的 7.53%。自 1998 年 10 月起,自治区划定了停止采伐天然林、水源林、防护林的范围,清理整顿以杂木为原料的企业,关闭了一批对天然林保护造成严重影响的木材加工企业。四是农村能源发展快。全区已建成沼气池 92 万座,微型水电 3.7 万台,装机容量 6.2 万千瓦,节柴灶 794 万户。这些措施减少了森林资源消耗。

我们在与广西壮族自治区政府交换意见时指出,广西林业还存在着不少问题,突出表现在:森林资源总量不足,林种树种结构不合理;用材林多、防护林少,针叶林多、阔叶林少,纯林多,混交林少;林分质量低,林地单位面积产出低,林业经济效益不高;大石山区、水库库区水土流失严重,全区石山面积达 895 万公顷,水土流失面积 281.74 万公顷,生态恶化的趋势没有根本扭转;非法侵占林地严重、乱砍滥伐林木屡禁不止,森林资源保护形势严峻。希望自治区政府和各级林业部门在以下四个问题上加强研究,加大工作力度,以更快地推进广西林业建设:一是加大森林分类经营的工作力度。全国大多数省区都已进行分类区划,部分省已出台本省的森林生态效益的补偿制度和办法。希望广西及早开展这项工作,对大石山区、水库库区应大力推行以封山育林为主的植被恢复方式,条件适宜的划建水涵养林自然保护区,逐步扩大生态公益林面积,并抓紧研究和建立森林生态效益补偿制度和办法。二是用生态经济理论指导商品林建设。按照全国林业分区突破的战略布局,广西是商品林基地建设的重点地域。在加快商品林特别是用材林建设的同时,必须统筹兼顾生态和社会效益:商品林的规划要与区域经济发展、林业产业建设相结合,根据产业发展和市场的需要合理布局,应特别注意对市场变化的适应性问题;商品林和公益林发展要有科学的比例,坚持生态优先,生态与经济、社会效益相兼顾的原则不动摇;商品林建设要做到树种、林种的科学配置,要特别重视防止纯林和单一品种。三是加大森林资源的保护力度。加大森林资源保护的工作力度,需要进一步摆上议事日程,给予重视:要严格按照《森林法》和国务院《关于保护森林资源,制止毁林开垦和乱占林地的通知》,坚决制止未批先占、不批就占、不补办占地手续、不依法对占用林地进行补偿等现象的发生;要进一步健全野生动植物保护管理的法律法规,加强执法,严厉打击边境走私珍稀野生动植物的违法行为;要加强湿地保护,采取有力措施,防止湿地的退化和减少,制定湿地保护和合理利用的管理办法。四是加强基层林业机构建设。广西林业和生态建设的任务非常艰巨,应保持有力的政府林业工作机构,来组织完成繁重的任务。当前,政府省级机构改革刚结束,在各地市的机构改革中,自治区要做好协调工作,保持各地(市)、县及乡镇林业机构的稳定,加强林业队伍建设。

广西是西部省区、边疆省区和珠江防护林工程重点省区,是全国林业和生态建设总体布局中的重要组成部分,加速广西林业的发展对促进西部大开发、保卫边境安全、减轻珠江三角洲的洪水危害及推进我国林业和生态建设具有重要意义。为此,初步研究了加大对广西林业支持力度的五个问题。一是列入国家退耕还林试点范围问题。提出这个问题的基本考虑有:广西是西部省区中未列入退耕还林试点范围的省区;红水河流域已建和拟建的10个梯级水电站需要良好的生态环境;广西是珠江上游,生态地位重要。我们需要积极做好协调工作,给予大力支持。二是防护林工程建设问题。目前国家生态建设工程的重点是长江上游、黄河上中游的生态建设,东北、内蒙古国有林区天然林保护工程及东北、华北、西北地区的防沙治沙工程。考虑到上述重点地区之外防护林建设的需要,将对现有防护林工程的投资结构进行一些调整,即把原来用于这些重点地区的防护林投资调减下来,增加到其他地区的防护林建设,包括珠江防护林工程和沿海防护林工程。广西是珠江防护林工程和沿海防护林工程的重点地区,任务分别占该工程的43%和8%,在进行投资结构调整时,需要考虑加大对广西这两个防护林工程投入的力度。三是大石山区石漠化治理问题。广西有石山治理的良好基础,主要经验是选准适生树种,坚决实行石山封山育林和造林绿化。要加大对广西石山治理的支持力度,并组织有关科研单位配合自治区林业部门开展溶岩石漠化地区造林技术的研究,包括适生树种培育、整地技术、造林方式等。四是商品材基地建设的扶持问题。广西发展速生丰产林的条件优越,是商品林特别是速生丰产用材林建设的重点地区,需要积极支持广西商品林基地建设。五是自然保护区建设问题。广西提出将猫儿山省级自然保护区、澄碧河地区级自然保护区晋升为国家级自然保护区的请求,这两个保护区分别位于漓江和右江上游,对保护水源涵养林和防止区域水土流失具有重要的作用,需要积极考虑这两个保护区的晋升问题。

新疆塔克拉玛干沙漠南缘林业建设的四个问题*

2001 年 7 月 6 日至 13 日,我带局机关有关同志到新疆奇台县检查退耕还林(草)示范点工作,之后到和田、喀什地区调研。穿越塔克拉玛干沙漠,沿沙漠南缘和田地区的民丰县、于田县、策勒县、洛浦县、和田县、和田市、皮山县,新疆生产建设兵团农十四师(原和田农牧场管理局)四十七团,喀什地区的叶城县、喀什市,实地考察防沙治沙、退耕还林(草)、生态移民点共20 多个,召开了 3 个座谈会。塔克拉玛干沙漠南缘地区林业建设任务艰巨,政治地位具有特殊的重要性。加快这一地区的林业建设,不仅事关重点地区防沙治沙的推进,而且关系到这一地区经济发展和社会稳定。通过调研,感到有四个问题需要给予重视。

一、急需采取措施加强南疆荒漠河谷天然胡杨林保护

我国天然胡杨林面积 85.9 万公顷,占全球 61%,其中 91.1% 分布在新疆,而 89.1% 又分布在南疆塔里木河干流及其源流河流域。新疆进入国家天然林资源保护工程的是阿尔泰山、天山、昆仑山(三山)的山区针叶林,而宝贵的荒漠河谷天然胡杨林未能进入"天保"工程予以保护。

加强荒漠河谷天然胡杨林保护的紧迫性、重要性在于:其一,它是极其宝贵的资源。胡杨林是第三纪古新世纪遗留下来的荒漠河岸孑遗植物,据推断,距今大约有 300 ~ 600 万年的历史。它是木本植物中最古老的树种,

---

* 本文是 2001 年 8 月 9 日作者写给国家林业局党组的调研报告。

杨树的一派,号称沙漠"三千岁"(生而千年不死,死而千年不倒,倒而千年不腐),现在,对胡杨林宝贵价值的研究和开发尚未取得进展。其二,正在锐减和逐渐消失。塔里木河干流中游南岸,成片的胡杨林枯死;下游300多公里的绿色走廊已基本消失;塔里木河的源流和田河和叶尔羌河流域的胡杨林由于未能引起重视,更缺乏保护措施,也在逐渐减少。其三,它是沙漠绿洲的生命线。塔里木河干流的胡杨林,发挥着涵养沙漠水源,抵御塔克拉玛干沙漠北侵、东侵的作用,如果胡杨林消失,沙漠就会越过塔里木河,北逼至天山南坡,东扩与库姆塔格沙漠汇合,并且吞掉库尔勒到若羌国道。和田河、叶尔羌河流域的胡杨林是和田、喀什地区防风防沙的第一道天然屏障,保护着塔克拉玛干沙漠南缘的绿洲,当地人民称之为生命线。一旦消失,会给和田、喀什地区防沙治沙带来不可估量的困难。

南疆是国家政治稳定、民族团结、边境安全、防沙治沙、粮棉生产的重点地区,政治、经济、军事、生态地位具有特殊的重要性,巩固、改善、扩大生存空间是这一切的根本和基础,而天然胡杨林在维护生态平衡中发挥着不可替代的作用。加强对南疆天然胡杨林的保护和恢复已经不能再搁置。随着国家塔里木河流域生态建设综合治理工程的实施,对保护和恢复南疆胡杨林将提供新的条件,比如水资源的改善、一部分工程资金可用于林业建设等。

塔里木河流域的胡杨林需要重点加强保护和恢复的可考虑为三大块。一是和田河和叶尔羌河流域。这两个流域分布的胡杨林,大约处在塔克拉玛干沙漠北缘至南缘的中间地带,据当地政府及林业部门同志讲,和田河流域约有27万公顷,叶尔羌河流域约有22万公顷(50年代曾有47万公顷)。对这一块主要应采取有效的保护措施。二是塔里木河干流下游。50年代下游尚有宽30公里的胡杨林带5.4万公顷,被誉为"绿色走廊",现在只剩下0.73万公顷。近两年,新疆采取措施每年向下游输水,为恢复胡杨林开始创造条件,这一块主要应采取拯救措施。三是塔里木河干流中游。近几年,随着保护措施的加强,中游特别是中游南岸的胡杨林有所恢复,但仍需进一步加强保护。对这三块荒漠河谷天然胡杨林保护问题要引起重视,并采取管用的措施。一个措施是建立和扩大天然胡杨林资源自然保护区。和田河、叶尔羌河流域的几十万公顷胡杨林是否能新建自然保护区,请有关部门调研;塔里木河干流中游全段已申请上报为国家级胡杨林自然保护区工作需抓紧协调,早日得到批准。一个措施是积极争取纳入公益林管理体系。国家天然林保护工程、防沙治沙工程、森林生态效益补偿等,都应及时研究南疆天然胡杨林的保护问题。如叶尔羌河流域23万公顷的胡杨林(还有疏林地近千万亩),现有3个林场在管理,约有职工近300人,人均1.1万亩,仅靠县财政拨一点事业费,早就难以为继了。

二、积极支持新疆生产建设兵团在 防沙治沙中发挥生力军作用

新疆生产建设兵团174个团场中,有121个处于沙漠前沿地区。几十年来,兵团在维护稳定、民族团结、边境安全、生产建设、造林治沙上发挥了不可替代的历史作用。

随着维护安定团结责任的加重、水资源紧缺、粮棉生产规模的控制等新情况、新变化的出现,兵团要按照中央的精神继续巩固和发展,面临的突出问题是如何通过产业结构的调整来增强活力,增强实力。通过造林治沙、退耕还林,来大力营造防沙基干林,扩大绿洲,发展特色林果、林药、林草,是兵团发展经济、壮大兵力的重要途径。因此,重视和支持兵团发展林业,不仅是生态问题,而且是政治问题。要从政治、军事、经济、生态多方面来研究兵团在林业建设中发挥生力军问题,采取措施给予支持。

特别需要引起重视的是,从政治、经济、生态各种地位看,塔克拉玛干沙漠南缘都是重点和难点。一是要支持农十四师。和田地区约700公里风沙前沿线,原来的和田农牧场管理局改编为农十四师,但现在只辖3个原来的团场,2400多名职工,急需发展壮大。和田地区已新划给该师30万亩荒沙地。农十四师师长明确地讲,我们要发展壮大,必须靠发展林业,我们师就是林业师。因此,退耕还林(草)和防沙治沙工程有必要给农十四师增加任务,林业建设的有关项目也要注意支持农十四师。二是要支持农二师。农

二师部署在塔里木河下游有 6 个团场,由于下游断流 20 多年,沙漠化扩张严重,恢复"绿色走廊"的任务艰巨,对这 6 个团场也需要加大支持力度。

三、继续总结和探索治沙的经验和思路

塔克拉玛干沙漠是我国最大、世界第二大的流动沙漠,其南缘降雨量极少。比如和田地区绿洲平原年降雨量仅 13.1 至 48.2 毫米,蒸发量却高达 2540 至 2824 毫米。长期以来,在这一沙漠南缘,特别是和田地区人民在极其艰苦的条件下,坚持不懈地顽强治沙,创造了宝贵的经验。对和田这个治沙典型,需要加大扶持力度,继续总结和宣传,其治沙经验最主要的有以下几条。

一是决心大,自觉性高,不等不靠。和田地区治沙成就辉煌,举世瞩目,充分展示了中国人民英勇奋斗精神,树立了中国林业在国际上的良好形象。这些成就与"三北"防护林体系建设工程的推进密不可分。但实事求是地讲,前 20 年国家对"三北"工程的投入并不大,主要是靠南疆各级政府、兵团和人民治沙决心大。他们把遏制塔克拉玛干沙漠南扩,保护和扩大绿洲作为头等任务,没有条件就创造条件干。许多当地的领导同志讲,治沙不仅是国家的事,更重要的是我们自己的事,有国家支持我们当然求之不得,即使没有国家支持,我们为了自己的利益也要干。这种自觉地立足于自己的力量造林治沙的精神是最宝贵、最重要的经验。例如民丰县,不在退耕还林(草)范围中,但他们不等不靠,自己搞退耕还林,并规划在县城外围建设 250 公里长的复合基干防风防沙林带。今年县机关停止办公三个月,带领全县人民已建成 50 公里长的基干林带。这样的例子很多。

二是建立并不断改善三道防沙治沙屏障。塔克拉玛干沙漠南缘的治沙,从整体上有个科学的布局,就是不断完善和扩大三道屏障。第一道屏障是保护好绿洲以北沙漠深处以胡杨林为主的天然荒漠植被。尽管条件十分艰苦,当地政府、林业部门仍在千方百计地管护。第二道屏障是绿洲外围基干防风防沙林带。各县都在不断地建设、扩大基干防风防沙林带。这是保

护绿洲的直接屏障。现在面临的问题是,由于沙漠南缘一线长达1000多公里,各县的绿洲之间空挡很大,这道屏障还没有形成东西相连接的一条沙漠绿色长城。随着和田地区专项生态建设工程和"三北"四期防护林建设工程的实施,很有必要在现在的基础上,加大造林治沙力度,使各县的基干防护林带"拉起手"来,在昆仑山北麓沙漠前沿形成一条东西贯通的基干防沙林带,为不断扩大绿洲,加快这一地区治沙和开发超前奠定基础。第三道屏障是绿洲内的林网化建设。在绿洲内部,加快推进退耕还林(草),完善农田林网化、村屯绿化,大力推广窄林带小网格等。

三是坚持"三个结合"的治沙之路。新疆是灌溉农业、林业,南疆更是如此。塔克拉玛干沙漠南缘既缺水又不缺水。如和田地区的七县一市,南靠昆仑山,共有大小河流36条,年平均地表径流73.35亿立方米,其中24条主要河流地表径流量为72亿立方米,和田河的两条源流河玉龙喀什河、喀拉喀什河径流量就占有45亿立方米,甚至超过了塔里木河干流的径流量。问题在于,这些河流属于冰川融雪型河流,集中在六、七、八三个月行洪,其他月份则干枯。随着控制性水利工程设施的逐渐增多,昆仑山北坡的水资源将会朝着常年合理分配使用发展,这就为加大造林治沙力度提供了基本条件。过去这一地区造林治沙成绩很大,正是有水的保证;今后造林治沙需要加大力度,正是由于水的保证还会改善。

这一地区是典型的干旱荒漠地区,造林治沙的经验很多,从大的方面讲最宝贵的是"三个结合"。一个是乔灌草结合,坚持宜林则林,宜灌则灌,宜草则草。基干防风固沙林、农田防护林网、绿色通道等都以高大乔木树种为主。和田地区在绿洲边缘风沙前沿区已营造了宽30至50米长980多公里的基干林带。实践证明在这样条件下的干旱荒漠地区种乔木是可行的、必须坚持的。另一个是,坚持生态效益优先,林草、林果、林药、林粮、林棉结合,在改善生态的前提下发展特色经济,在经济结构调整的基础上改善生态。在绿洲林网内,大力发展生态经济兼用型林种,如核桃树,它树干高大,树冠大,覆盖面大,经济价值高;大力推广生态与经济复合型经营模式,实行林草、林药、林果、林苗(树苗)间种,如生态林带套种苜蓿,红柳(灌木)套种大芸(中药材),生态林套种经济林苗木等,使水、肥、光不浪费,治沙和增收相辅相成,在治沙中发展沙产业,又通过发展沙产业达到治沙的目的。再一个是,林渠结合、林井结合。在南疆极端干旱和风沙危害极其严重的自然条件下,政府、兵团都有一个共识,就是没有林,就没有粮、没有棉,给粮、棉水就要给林、草水。因此,植树造林治沙的同时, 并将灌渠、机井配套建起来,"两林夹一渠",机井带喷灌、滴灌、渠灌是基本的造林模式。这"三个结合",是灌溉林业地区治沙的成功经验,需要进一步宣传和总结推广。

四、生态移民要与治沙、脱贫相结合

生态移民工作,是保护森林资源的一项带有根本性的措施,特别是对于实施天然林保护工程和自然保护区建设工程更具有直接的意义。南疆和田、喀什地区的一些县市,已经把生态移民工作摆上重要位置,在财力有限的情况下,主动地开展试点工作,以保护好森林资源,改善生态环境。如喀什地区塔吉克县位于帕米尔高原,群众长期不能脱贫,生态环境严重恶化。该县计划移民1万人,移至沙区前沿,政府给予扶持,让这些群众在治沙中脱贫,同时,在帕米尔高原新建圆柏自然保护区,加大对特殊森林景观的保护力度。又如和田地区的和田县在沙区建立了一个综合开发区,从昆仑山迁来一些群众,建立移民新村。在这个综合开发区,当地政府将退耕还林(草)、治沙、扶贫、农业生态建设、财政、水利多方面的工程与资金"捆绑"起来,统盘考虑,林、水、路、电等基础条件都由政府建设好,并给建房补助,让移民在沙区发展林果、林草和饲养业来增加收入。这种做法,将生态移民作为一个系统工程来安排,同时取得保护森林资源、加强治沙力量、推进脱贫致富、不断扩展绿洲等多种效益,是立足长远,具有生命力的新鲜经验,需要及时总结和宣传。

推进光彩事业参与国土绿化[*]

我于 2002 年 5 月 9 日至 12 日，参加了由中央统战部、全国工商联、中国光彩事业促进会在甘肃省酒泉市召开的光彩事业国土绿化项目现场会，参加了由民营企业家捐助、落户酒泉市的"中国光彩世纪林"第二期工程造林启动仪式。参加该会议的有上海、江苏、浙江、安徽、甘肃、河北、福建、内蒙古等省、区、市工商联、光彩事业促进会的负责人和这些省区市参与国土绿化、向"中国光彩世纪林"捐助的部分民营企业家，我局参加该会议的有造林司、宣传办的负责同志。

会议期间，我们与中央统战部副部长、中国光彩事业促进会副会长兼秘书长胡德平同志，全国工商联副主席、中国光彩事业促进会副会长谢伯阳同志，以及全国工商联、中国光彩事业促进会有关部门的负责同志进行了座谈，就如何加强协作，采取有力措施，进一步推进光彩事业国土绿化项目的持续发展，吸引和带动更多的民营企业家参与国土绿化事业等问题交换了意见。之后，又邀请参与光彩事业国土绿化项目的民营企业家们座谈，听取民营企业在开展国土绿化过程中面临的主要问题和困难，以及他们要求政府林业主管部门研究制定进一步扶持、鼓励非公有制林业发展的政策。11日下午，我代表国家林业局向大会作了题为《全社会都来支持参与林业建设》的报告，产生了很好的效果，大家认为是给民营企业家办了个短训班，使他们了解了国家的林业形势和政策，进一步增强了参与国土绿化的光荣感、使命感和紧迫感，很受教育和鼓舞。现将有关情况及建议向局党组报告

---

* 本文是 2002 年 6 月 7 日作者写给国家林业局党组的专题报告。

如下。

一、光彩事业国土绿化项目开展情况

1994年4月,10位非公有制经济代表人士发起了光彩事业,并由全国工商联成立了"中国光彩事业促进会",由王兆国同志担任该会会长。当年,就有民营企业开始在贫困地区投资植树造林项目。1998年特大洪灾后,越来越多的民营企业进入国土绿化领域。通过8年来的积极努力,参与光彩事业的民营企业家在国土绿化方面做出了很大成绩,也积累了一些好的做法和经验。

1. 参加光彩事业国土绿化项目的民营企业越来越多,投入力度和项目规模越来越大。据不完全统计,截至目前,全国从事造林种草的光彩事业绿化项目已近400个,其中完成绿化面积1万亩以上的项目超过了40个,有的企业绿化面积已超过5万亩。比较突出的如内蒙古盘古集团在乌兰布和沙漠承包了100万亩荒沙地,已投入5000多万元,完成绿化面积6万多亩;山西临汾柏松公司在太行山造林绿化8万亩;河南南召金田公司跨乡镇承租了7.5万亩荒山植树造林,带动当地农民脱贫致富。

2. 项目覆盖的范围越来越广,经营的项目越来越多。8年来,光彩事业绿化项目东到上海,西达甘肃、西藏,南至海南,北抵内蒙古,项目分布形成了三个区域,一是"华北、西北"地区的防沙治沙项目,主要在内蒙古、甘肃、宁夏、山西、河北等省区;二是在四川、重庆、贵州、湖北、河南、湖南等省市开展的长江流域的水土保持项目;三是在东北和云南、广东、广西、海南等省区的荒山绿化项目。这些项目涉及到林业建设的方方面面,从用材林到经济林,从种植到养殖,从中草药到加工,形成了产业链。

3. 民营企业国土绿化项目的科技含量越来越高,"三个效益"结合越来越紧密。民营企业参与国土绿化,既是一种公益事业,更是一种投资行为。为了获得更好的投资回报,民营企业家在项目实施中十分重视科技,以高科技、高投入,获取高效益。如科发集团与中国农科院等国家级科研院所合作成立了自己的专项科研中心和研发中心,为其进行沙漠治理和沙生植物种植、开发利用等提供了强有力的科技支持。实现经济效益与生态效益、社会效益的紧密结合,是民营企业在绿化项目中追求的主题。他们主要靠自有资本投入,从一开始就注重可行性研究,以实现最佳的经济效益。从参加这次现场会企业家的情况看,大部分较好地实现了"三个效益"的有机结合,盘古集团将此总结为"以生态效益为基础,以经济效益为支撑,以社会效益为延伸,达到大地增绿、群众增收、企业增效的目的"。

二、民营企业参与国土绿化面临的主要困难和需要解决的问题

国家林业局参加光彩事业国土绿化项目的会议,在全国工商联和与会的民营企业中产生了强烈反响。许多企业家积极向我们反映情况、咨询林业政策。为了全面了解他们在国土绿化项目实施中的情况和遇到的各种困难,听取他们的建议,我们于11日晚上邀请与会的民营企业家进行了座谈。与会代表都参加了会议,发言十分踊跃,气氛十分热烈。民营企业家在参加国土绿化中,有成绩、有收获、有喜悦,也有辛酸、有挫折、有困难。一是决策失误,主要是对林业生产规律了解得不透彻,项目缺乏可行性,盲目上马。二是资金困难,一方面摊子铺得过大,一次性投入过多;另一方面对林业生产周期长的特点考虑不足,后期生产与管理缺乏资金,导致项目难以为继,个别企业濒临破产边缘。三是个别政府和管理部门对民营企业参与国土绿化有歧视行为,执行政策不到位,不依法行政,侵害民营企业利益的行为时有发生。四是需要制定鼓励、支持非公有制林业发展的具体政策措施。为解决这些问题和困难,民营企业家提出了一些具体建议,主要有以下几方面:

1. 政策方面:一是对以加工利用为目的的商品林要放宽采伐限额政策,允许经营者按照市场经济规律采伐利用;二是将民营企业承包、租赁的退耕地和荒山荒地造林列入退耕还林范围,享受国家退耕还林的补助。民营企

业参与退耕还林,把农民分散的退耕还林面积集中造林,既能提高造林标准,强化后期管理,提高成活率,又能以法人资格确保退得下、稳得住,不反弹。如甘肃省大地生态公司承包了 6000 亩退耕地造林,连续两年验收全部合格,而当地农民分散的退耕地造林验收却不合格;三是给予税收优惠政策。民营企业参与国土绿化,主观上是投资行为,但客观上具有社会公益性,在种苗培育和种植环节应享受免税待遇,以体现国家对民营企业从事造林绿化事业的鼓励;四是民营企业营造的成林地被列入水土保持林、生态林规划的,由于不能进行采伐,国家应给予适当补偿。

2. 资金方面:据了解,大部分参与国土绿化的民营企业家是依靠建筑、运输、开矿完成原始积累的。他们把全部或大部分自有资金投入到国土绿化事业。由于前期投入大,而林业投资回报期晚,培育、管护过程较长,尚需大量后期资金投入,不少民营企业的资金已难以为继,个别企业家已变卖了全部固定资产继续投入林业。因此,建议国家允许他们以森林资源作为抵押获得贴息贷款。

3. 待遇方面:一是国家在相关法律、法规和文件中应明确民营企业是国土绿化事业的一支重要力量,给予应有的政治地位;二是在林业工程造林补助、税收、水资源利用等方面享受与国有场圃和林农同等待遇。

4. 服务方面:希望各级林业主管部门和科研单位把民营企业纳入服务范畴,在法律政策咨询服务、信息服务、技术服务等方面给予更多关注。通过服务体现政府对民营企业参与国土绿化事业的支持。

三、推进光彩事业参与国土绿化的几点建议

民营企业参与林业生态建设,是国土绿化的一支生力军,是非公有制林业的重要组成部分,对推进非公有制林业发展具有很强的引导、示范、带动作用。民营企业绿化项目具有其自身特点,一是高投入、高产出,生态效益与经济效益结合得紧密,是典型的效益林业;二是民营企业参与林业开发的大都在自然条件恶劣的沙漠、荒山、荒地,全靠国家投入难以承受,靠农民群

众分散治理也难以奏效。民营企业靠自有资金投入开发治理,这是利国、利民、利企的好事。三是民营企业在治理开发中,吸引当地群众参与,对调整农村经济结构、广开农民就业门路、带动群众脱贫致富,具有重要作用。

中央统战部、全国工商联通过中国光彩事业促进会,号召、组织全国民营企业家参与林业建设,实施国土绿化项目,为我们研究、发展非公有制林业探索了新路子,国家林业局积极参与、大力支持是完全正确的。为了进一步推动光彩事业国土绿化项目健康发展,初步提出如下建议:

1. 中央统战部、全国工商联和国家林业局建立一个联系会议制度,不定期召开联系会议,沟通情况,及时了解民营企业家在国土绿化方面遇到的困难,共同研究解决困难的办法与政策措施。双方各指定一个业务部门具体负责联系协调工作。

2. 与会企业家呼吁,在中国光彩事业促进会成立一个光彩事业林业工作委员会,以有利于动员和组织更多的民营企业家参与国土绿化事业,并为他们提供政策咨询、信息沟通、经验交流服务。建议我局予以支持,并请有关司局的负责人参加该委员会,参与研究有关重大事项。

3. 鉴于中央统战部每年都要组织民主党派人士对国家经济建设的一些重大问题进行调研,建议我局积极与统战部联系,邀请民主党派人士对林业和生态建设进行专题调研,充分发挥民主党派的参政议政作用,促进林业建设中一些重大问题的解决。

4. 联合开展表彰活动。对民营企业家参与国土绿化的先进典型予以表彰,是一种激励措施,是国家对民营企业参加公益事业的肯定。在这次现场会上,统战部、全国工商联的负责人和与会企业家都表达了这个意愿。建议与统战部、全国工商联协商,三家联合开展表彰活动,树立一批生态效益、社会效益与经济效益俱佳的先进典型,以激励和引导更多的民营企业家投身于植树造林、绿化祖国的事业中来。今后全国绿化委员会和我局开展一些大的评比表彰活动,全国工商联可作为直接推荐单位,给予适当的表彰名额。

5. 充分发挥舆论导向作用,加大民营企业家参与国土绿化和发展非公有制林业的宣传力度。一是大力宣传国家鼓励非公有制林业发展的有关政策;二是宣传民营企业在国土绿化中涌现出来的好经验、好典型;三是在《中国绿色时报》、《中国工商时报》开辟"民营企业家绿化祖国风采录"专栏,集中报道宣传一批先进典型。

青海、江西及甘肃酒泉地区林业建设调研报告[*]

按照局党组的统一安排,5月9日至26日,我带机关有关部门调研了青海省、江西省和甘肃酒泉地区的林业工作。考察了青海省西宁市、海东地区、海南州和海北州的6个县及1个自然保护区的天然林保护、退耕还林、防沙治沙和自然保护区建设工作;考察了江西省上饶、景德镇、九江、宜春4个市的7个县和1个自然保护区的退耕还林工程、长江防护林体系建设工程、封山育林工程及自然保护区、保护小区的建设工作;在甘肃酒泉市参加由中央统战部、全国工商联、中国光彩事业促进会召开的光彩事业国土绿化项目现场会之后,考察了酒泉地区的林业工作。在考察中思考研究了几个问题,现报告如下:

一、加强祁连山森林植被建设

祁连山跨甘肃、青海两省,东西长800公里,南北宽200~400公里,海拔4000~6000米,是干旱地区重要的河流发源地。其北麓,有石羊河、黑河、疏勒河三条主要水系,关系到甘肃河西走廊、内蒙古西部居延海、新疆东南部生产生活用水;其南麓,有大通河等水系,是青海湖、黄河的主要水源。祁连山森林植被维持雪线、涵养山区水源的能力,是一个影响面广和很长远的问题,生态地位十分重要。

祁连山和阿尔泰山、天山、昆仑山虽然都是西部干旱地区雪山,但祁连

---

* 本文是 2002 年 6 月 7 日作者写给国家林业局党组的调研报告。

山具有特殊的重要性。一是关系4个省(区)用水;二是黄河的重要源头;三是青海湖的主要水源。由于自然和人为的双重作用,祁连山雪线不断上移,严重地区雪线年均后退12.5~16.5米,一般地区雪线年均后退2~6.5米,由此造成河流来水量锐减。70年代出山地表水总量为80亿立方米,90年代降为70亿立方米;石羊河在50年代输入民勤县6亿立方米,现在不足1亿立方米。由于出山地表水的减少,使巴丹吉林沙漠、河西走廊、青海湖周围及新疆库姆塔格沙漠等地区的生态治理难度增大,也是这些地区生态不断恶化的重要原因。

祁连山生态地位十分重要,但林业建设却比较薄弱。一是植被少。整个山系只有植被1429万亩,其中甘肃境内有869万亩,青海省境内有560万亩。二是没有被全部列入天然林保护工程。在青海境内森林植被有330万亩列入天保,有230万亩未列入天保;三是管理薄弱。在甘肃境内虽然建立了一个祁连山国家级自然保护区管理局,但造林、营林等各项经费不足;祁连山脉主要分布在青海境内,但青海只在海北州建有2个较大的林场,该山系青海境内许多植被尚未严格管起来,管理更加薄弱。新疆阿尔泰山流出的主要是额尔其斯河(出境河),设有阿尔泰山森林管理局(副厅级);天山主要流出伊犁河(出境河),设有天山西部、天山中东部两个森林管理局(副厅级),这两个山脉中还建立了一些自然保护区。与此相比,祁连山跨两个省、植被差、生态地位重要,管理力量显得比较薄弱。

从西部地区林业建设的布局和生态治理的需要看,加强祁连山森林植被建设是件长远性的大事,现在抓紧,有利于子孙后代。建议有关部门认真研究。一是可派专门小组进行考察,提出对策;二是考虑祁连山系森林植被是否进行统一管理问题。水利部门按大江大河流域设立管理委员会,作为大江大河源头的雪山森林区域,也可考虑对特殊重要的森林地带实施统一保护和建设,在祁连山建立一个统一的林业管理机构。三是在现有条件下,对祁连山特别是对青海境内森林植被的保护和建设,采取各种措施加大支持力度。比如对青海境内森林植被是否也建一个自然保护区,将未能进入天保工程的230万亩天然林设法保护起来,另外,还可以采取派干部下去锻炼、列入森林生态效益资金补助范围、加强监测、增加营造林任务等措施。

二、推进部队参与林业建设

积极推进部队参与国土绿化、防沙治沙,先进行试点,是局党组已经明确作出的工作部署。从甘肃、青海两省情况看,有两个实际问题需要研究解决。

第一,加强对总装备部卫星发射基地造林治沙支持力度。在西北的这一基地国防地位重要,担负载人卫星、各种航天卫星、战略导弹研制发射任务,需要一个安全的生态环境;其生态地位重要,该基地军事禁区位于巴丹吉林沙漠西南部、河西走廊西北部,面积达5.1万平方公里,正处于河西走廊前沿风口地区,加强该基地防风固沙林带和植被建设,对于减缓风沙对河西走廊及其以东地区的风沙危害,具有重要屏障作用;该基地军事禁区内布有几十个军事点号,驻军分布广,有造林治沙经验、有力量(可抽2个营的兵力专门搞),有一定经济实力,并被赋予行政管理职权。因此,应考虑将该基地纳入重点支持部队造林治沙的试点,给予支持。

5月30日,我与机关有关部门和该基地首长、总装备部后勤部领导参加的汇报研究会,研究了支持该基地造林治沙的措施。一是派一个专家小组,协助该基地对军事禁区造林治沙工作做一个规划,不但要改善军事要地生态环境,还要使其成为河西走廊西部前沿风口的一道屏障;二是先从种苗方面给予支持,扶持其建1~2个种苗基地;三是考虑基地军事禁区覆盖甘肃4个县、内蒙古2个旗县,这些县人少地广的情况,由局计资司、治沙办协调甘肃、内蒙古两省林业部门,在"三北"防护林四期工程中划出一部分任务由该基地承担。这三条措施都是实际可行的,需要抓好落实。

第二,青海湖周围部队农场退耕还林。青海湖周围地区规划退耕还林41万亩,其中兰州军区后勤部、青海省军区等部队的农场12个,耕地7.5万亩,规划退耕还林6.59万亩。这些部队农场是按照中办发〔2000〕27号文件精神保留下来的,部队积极支持省政府的决策,愿意退耕还林,共同搞好青海湖的生态治理。但是,由于部队不能享受国家退耕还林的补助政策,因此,环湖部队农场退耕还林成为难点。现在,部队还在临湖耕地上用拖拉机耕作。建议计资司、退耕办注意研究,进行协调,设法解决类似青海湖周围部队农场退耕还林中存在的困难。

三、支持民营企业参与林业建设

据三北局调查,现在"三北"防护林建设任务有一半以上是个体承包完成的,因此,解决好这个问题,对加快西部地区造林治沙步伐是一个关键性问题。从政策上看,主要应突破承包大户、民营企业造林治沙享受同等国家补助政策问题。除了"谁造谁有谁受益"外,还应明确谁治理,谁纳入国家重点林业工程,享受国家补助政策。

民营企业参与国土绿化、造林治沙是一支重要力量。怎样发挥这支力量的作用,需要积极探索工作机制问题。中国光彩事业促进会是民营企业的协调服务组织,在全国形成了比较完整的组织体系,发挥光彩事业在国土绿化中的作用,已列为中国光彩事业促进会的重要工作任务。因此,各级林业主管部门与各级光彩事业促进会加强合作,是促进民营企业在国土绿化中发挥作用的一个较好的工作机制。我在酒泉中国光彩事业国土绿化会议期间,与中央统战部、全国工商联和光彩事业促进会初步探讨了这个问题,围绕如何加强联系与合作,共同引导、组织、支持民营企业参与国土绿化事业提出若干建议:一是国家林业局与中央统战部、全国工商联建立联系会议制度,及时沟通情况,研究合作的措施;二是中国光彩事业促进会成立光彩事业林业工作委员会,请国家林业局有关部门和单位负责人参加进去,及时沟通情况。三是与中央统战部共同组织民主党派人士调研林业和生态建设;四是开展宣传表彰活动,宣传民营企业从事国土绿化的先进人物和经验。

四、加快南方林业发展

南方林业是中国林业发展的希望。从整体上看,林业发展有一个南北布局、分类指导推进问题。南方降雨充沛,生物多样性丰富,不少省已经消灭荒山7~8年,森林覆盖率较高。当然,西南与中南、东部各省的情况有所差异。在实施林业重点工程,推进林业发展中,南方林区应因地制宜,明确思路和重点,走在前列。

江西是南方林业的代表之一,1995年达到灭荒要求,森林覆盖率达到59.7%,林业产业也比较发达。从江西林业情况看,发展的任务主要是五个方面:一是继续治理灭荒所剩的荒山和沙化地;二是改造低产林、纯林、疏林地,通过林分改造提高森林质量;三是加强森林、湿地的保护,通过推广自然保护小区加强森林资源保护;四是大力发展林区多种经营,发展林业经济,壮大林业产业;五是抓好南方集体林产权改革和相关政策的调整。江西在推进长防林、退耕还林工程中,积极发展针阔混交林,加大封山育林和人工促进封山育林工作力度,选择生态和经济兼用树种,在改善生态、提高森林质量中获得经济效益。不少地区提出:在发展目标上,由恢复和发展森林资源向提高森林质量转变;在森林经营上,由单一目标向多重目标转变;在发展方式上,由粗放经营向集约经营转变,这些,都体现了江西林业今后发展的着力点。

江西林业发展的条件较好,但也遇到一些具体困难。比如,由于一些"荒山"为草所覆盖,飞播效果不大,任务不好落实;退耕还林和长防林工程荒山造林这一块任务,并不需要大量消灭荒山,增加林地,而重点在于改造林分,提高森林质量;在灭荒时期营造了大量纯针叶林,防病虫害防火任务重,林地生产力低(山青水不绿),进行林分改造需要给予支持,给些政策等等。这些问题都是南方林业发展面临的很实际的具体困难,不解决好,会影响其发展速度。

根据这些情况,需要针对南方林业实际,采取有效措施,有力地推进南方林业的发展。林业发展是一个历史进程,在条件相对较好的南方地区,也可考虑进行林业可持续经营的试点,积累经验,发挥示范作用。

坚定不移地推进退耕还林工程[*]

　　全国退耕还林工程已启动了3年,情况怎样,今后应该怎么办,我2004年6月3日至13日对四川、贵州省林业及生态建设进行了以退耕还林工程为重点的调研。调查中,与四川、贵州省政府及四川成都市、贵州黔西南州政府的有关领导和同志进行了座谈,实地考察了四川省的成都市锦江区、蒲江县、乐山市沙湾区、雅安市雨城区、阿坝州松潘县、南坪林业局和贵州省的安顺市关岭县、黔西南州贞丰县等8个县(区)的退耕还林及生态建设工程,深入村寨农家和山头地块,对基层干部和农民群众进行访谈。现将调查情况报告如下:

一、退耕还林工程意义重大,成果宝贵

　　四川省于1999年作为退耕还林的重点省开始试点,于2001年全面启动,截止2003年底,按照国家计划安排,全省共完成退耕还林任务2144.4万亩,其中退耕地还林1163.4万亩,宜林荒山荒地造林981万亩。贵州省于2000年开始试点,2001年全面启动,截止2003年底,共完成国家计划安排任务1037万亩,其中退耕地还林520万亩,宜林荒山荒地造林517万亩。

　　两省在大规模实施退耕还林工程中取得了明显成效,这种成效十分宝贵,意义重大:

　　* 原文是专题报告载于国家林业局《林情调研》2004年第3期。

1. 初步改善了生态状况

从四川省的情况看,该省国土面积48.5万平方公里,高原、山地、丘陵占全省幅员面积的97%,平原占全省幅员面积的3%,大部分地区山高坡陡,谷狭沟深,地形地势复杂;该省占长江上游幅员面积的48.5%,占长江流域面积的27%,嘉陵江、岷江、大渡河等1300多条河流注入长江,年径流量达3200亿立方米,约占长江入海口总水量的三分之一;地表岩石松碎、土壤瘠薄、泥石流、滑坡多有发生,水土流失严重,诸多河流输入长江的泥沙量长期以来为每年6亿吨,占长江全部输沙量9亿吨的三分之二。该省生态地位十分重要,关系到四川这个产粮大省的粮食生产安全和持续生产能力;关系到长江安澜,特别是三峡水电工程的效益和安全;关系到黄河源头的来水量;关系到汉水和丹江口水库的安全;还关系到长江三角洲这条国家重要经济发展带的生态安全。

通过实施退耕还林工程,加之实施天然林保护工程、野生动植物保护和自然保护区建设工程等林业重点工程,该省森林覆盖率由1999年的24.2%提高到现在的26.6%。全省有效控制水土流失面积3.4万平方公里,占原来水土流失面积的17%;四年共减少向长江输送泥沙量5.6亿吨,平均每年减少1.4亿吨,占过去每年输送泥沙量6亿吨的23.3%。雅安市雨城区治理水土流失面积30平方公里,项目区每年水土流失减少3万吨,河流泥沙含量减少30%;乐山市五年来新增森林面积63万亩,森林覆盖率净增3.1%,水土流失面积下降6.9%,酸雨频率由1998年的60%下降为43%。

从贵州省的情况看,该省国土面积为17.6万平方公里,是全国唯一没有平原的山区省,喀斯特地貌发育充分,面积达12.8万平方公里,占全省总面积的73%;25度以上的陡坡耕地占全国陡坡耕地面积的16%;水土流失面积7.3万平方公里,占全省国土面积的41.6%;水土流失有80%来自陡坡耕地,流入长江上游第三大支流乌江每年泥沙量达1.4亿吨,其中直接进入三峡库区1.1亿吨。该省生态地位也十分重要,关系到石质山区坡耕地和坝子水田的粮食生产能力;关系到长江安澜,特别是三峡水电工程的效益和安全;关系到珠江流域特别是珠江三角洲经济发展带的生态安全;关系到我国西南地区石漠化生态危机的遏制。

经过四年来退耕还林工程的实施,加之天然林保护工程等林业重点工程的推进,森林覆盖率由 1999 年的 30.83% 提高到 2003 年的 34.9%。退耕还林工程区土壤侵蚀模数从每年 3785 吨/平方公里,减少到 2790.3 吨/平方公里,下降 25.7%,每年可减少土壤流失量 1177.6 万吨。

2. 促进了农民增收和农村产业结构调整

退耕还林实施以来,四川农民已从退耕还林政策补助中直接受益 105.3 亿元。一些先期实施退耕还林的县,部分退耕农户已从林中获得收入。如四川雅安市天全县的退耕农户通过林下种草,每亩获得纯收入在 100 元以上。眉山市洪雅县依托阳平奶制品公司,大力推行"林草牧"模式,实施林下种草养畜,每头奶牛年售鲜奶收入 1.2 万元,纯收入达 5000 元。雅安市雨城区发展林下种草 6 万亩,养殖奶牛 4233 头,养羊 14 万只,养兔 8 万只,收入 6500 多万元。退耕还林还促进了农村劳动力的转移,2003 年雨城区转移农村劳动力 5.02 万人,占全区总劳动力的 40%,劳务收入成为农民收入的重要渠道。在实施退耕还林工程中,四川省坚持把生态建设与产业开发、区域经济发展结合起来,大力培育生态经济型产业,促进了农村经济结构战略性调整。如乐山市以中外合资吉象人造板制品有限公司为龙头,重点发展巨桉、欧美杨等工业原料林 10 万亩,辐射带动了全市 901 个村,户均增收 150 元。

贵州农民已直接从退耕还林政策补助中受益 24.3 亿元。此外,贵州省坚持把生态建设与产业开发、区域经济发展结合起来,大力培育生态经济型产业,促进了农村经济结构战略性调整。贵州省黔西南州林业技术干部和农民群众经过长期实践和探索,创造了石山、半石山金银花治理模式、干热河谷车桑子治理模式、陡坡地带花椒治理模式。其中花椒种植面积达 16 万亩,仅贞丰县顶坛片区种植花椒就达 2.4 万亩,农民人均收入由不足 200 元增加到 2630 元。在顶坛片区云洞湾村考察时,村民兴奋地指着自家的房子、汽车和摩托车说:"这是我们的'花椒房子'、'花椒汽车'和'花椒摩托'"。

3.促进了粮食生产

综合各方面的情况看,四川、贵州两省扎扎实实地抓陡坡耕地退耕还林和宜林荒山荒地造林,在改善生态的同时,并没有减少粮食总产量。一是退耕还林等林业重点工程的实施,控制水土流失,涵养水源,减少灾害,为粮食生产改善了自然条件。自然条件的改善随着退耕还林的推进会越来越好,并为粮食生产提供长期的生态保障。二是实施陡坡耕地退耕还林,科学地调整耕地种植结构,提高基本农田粮食产出贡献率。陡坡耕地都是低产地。贵州省国土详查耕地面积 7355.3 万亩(缴税耕地面积 2765.2 万亩),25 度以上坡耕地面积 1462 万亩,占国土详查耕地总面积的 19.9%。退耕地还林 520 万亩,占全省国土详查耕地面积的 7.1%,占 25 度以上坡耕地面积 35.6%。结合退耕还林加强基本农田建设,使粮食单产保持相对稳定或稳中有升。

根据四川省统计局的资料,在退耕还林工程实施以前,四川省粮食平均单产处于波动状态,如 1990 年全省平均粮食单产为每亩 624 斤,1994 年为 589 斤,1998 年为 659 斤;从 1999 年退耕还林工程试点实施以来,虽然全省平均粮食单产也在波动,但高于以前的粮食平均单产,如 1999 年 670 斤,2000 年为 694 斤,2001 年为 615 斤,2002 年为 680 斤,2003 年为 697 斤。1994 年至 1999 年,四川粮食总产量不断攀升,1999 年达到 366.8 亿公斤,近几年粮食总产量有所下降,但超过 1994 年的粮食总产量 309.8 亿公斤。2003 年全省粮食总产量为 318.3 亿公斤,从总量上看比上年减产,但人均粮食占有量为 748 斤。

根据贵州省统计局的资料,在退耕还林工程实施前,全省 1990 年平均粮食单产为每亩 378 斤,1993 年为 430 斤,1994 年为 444 斤,1998 年为 468 斤,1999 年为 478 斤。退耕还林工程实施后,全省粮食平均单产稳中有升,如 2000 年为 492 斤,2001 年为 470 斤,2002 年为 448 斤,2003 年为 488 斤。

1998年贵州粮食总产量为110亿公斤,近几年在全省退耕520万亩的情况下,粮食总产量仍基本稳定在110亿公斤的水平。从实践看,退耕还林与粮食生产是互创条件、相辅相成的关系,退耕还林为提高粮食生产能力提供了保障,为粮食生产进入良性循环创造了条件。

4.深得民心

国家以粮代赈实施退耕还林,深受山区、沙区农民群众的欢迎,农民看到了脱贫致富的希望,他们称这项工程是"德政工程"、"民心工程"。四川的一些农民说:"退耕还林是土改以来农民得实惠最多的一件大好事。"贵州贞丰县农民说:"我们与石漠化苦斗多年,没想到'天上掉下了馅饼'。"当地农民还把退耕还林编成歌:"退耕还林实在好,给钱发粮保温饱,满山栽上致富树,风调雨顺农民富。"在考察中,我们处处感受到基层干部和农民群众十分担心退耕还林政策有变,热切希望将这项"民心工程"坚定不移地、坚持不懈地推进下去。

二、针对存在的问题,下决心采取有力措施, 加大推进退耕还林工程的力度

全国退耕还林工程于1999年开始试点,2001年全面启动,逐年加大推进力度。由于种种原因,近几年全国粮食播种面积和粮食总产量有所下降,国家针对粮食安全这一重大问题采取了一系列积极而有效的措施,这是非常正确的。2004年退耕还林继续推进,但退耕地还林任务下调幅度很大。

通过调查,一是随着坚决控制城市盲目膨胀挤占耕地,坚决制止以开发区名义圈占耕地,科学规划粮食、经济作物种植面积,对农民种粮进行补助以及减免税收等项措施逐步落实,我国粮食安全可能会出现的危机将得到缓解。今年全国夏粮呈现出单产提高、总产增加的局面,预计夏收小麦总产增加50亿斤左右,增长约3%。二是虽然退耕还林基本政策并无变化,各级政府也做了大量的工作,但是基层干部和农民群众普遍担心退耕还林政

策有变。农村基层干部开展工作有困难,农民群众有意见,这个问题需要高度重视,及时解决。三是经过今年退耕还林总结经验、巩固成果,为今后继续加快推进退耕还林做好了准备。因此,对退耕还林这项"德政工程"、"民心工程",应该在总结经验的同时继续加大力度,稳步推进。而要做到稳得住、能致富、不反弹,长治久安,需要重视解决以下问题:

1. 抓紧审批、尽快实施全国退耕还林工程规划

退耕还林是新中国成立以来规模最大、投入最多、涉及面最广、政策性最强的生态建设工程,涉及 25 个省(区、市)、1897 个县(区),规划总投资约 3400 亿元。一是工程建设全面实施已 2 年半,目前全国涉及退耕还林的农村人口接近 1 亿人。四川省涉及退耕还林的农村人口约 1400 万人,约占总人口的 16.9%;贵州省涉及退耕还林的农村人口约 800 万人,约占总人口的 22.9%。二是工程规划任务已完成近半。从试点到全面实施以来(截止 2003 年),全国共完成退耕地还林 1.08 亿亩,宜林荒山造林 1.2 亿亩,分别占规划退耕地还林面积的 49.1%、荒山荒地造林面积的 46.2%。四川共完成退耕地还林 1163.4 万亩、荒山荒地造林 981 万亩,分别占规划退耕地还林面积的 62.2%、荒山荒地造林面积的 98.1%;贵州共完成退耕地还林 520 万亩,荒山荒地造林 517 万亩,分别占规划退耕地还林面积的 42.6%、荒山荒地造林面积的 39.8%。三是国务院颁发《退耕还林条例》已经一年半了,《条例》第二条规定:"国务院批准规划范围内的退耕还林活动,适用本条例。"但是,全国退耕还林工程规划至今未经国务院批准,由此造成这一全国最大的生态建设工程缺乏年度衔接、科学组织的依据,也不符合依法行政的要求。建议抓紧审批、尽快依法组织实施全国退耕还林工程总体规划。

2. 退耕还林工程推进的力度不宜减弱

2004 年将全国退耕地还林任务大幅度下调至 1000 万亩,与 2003 年相比调减幅度达 85%,且任务于今年 3 月 17 日才下达。为了不误造林季节,

更好地完成2004年退耕还林任务,四川省除完成2003年退耕还林任务外,超前完成退耕地整地和还林179万亩,而2004年国家下达该省退耕地还林任务仅45万亩,实际完成量超计划134万亩;贵州省在完成2003年退耕还林任务的基础上,也超前开展了退耕地整地和还林工作,已完成104万亩,而2004年国家下达该省退耕地还林任务50万亩,实际完成量超计划任务54万亩。这种情况带有普遍性,据了解,各省都超前完成了退耕还林任务。各地和农民群众以极大的热情付出的劳动,现在因为指标大幅度下调得不到应有的政策性补助,这绝不是一件小事。建议从农民的切身利益出发,抓紧核实、研究提出增加2004年退耕地还林指标方案,并尽早落实。

特别要重视的是,退耕还林这项最大的生态建设工程的进展和成效,关系到国家确定的2010年生态建设目标能否实现。《中共中央、国务院关于加快林业发展的决定》提出:"到2010年全国森林盖率达到19%以上,全国生态状况整体恶化趋势得到初步遏制"。要实现这个目标,森林覆盖率必须新增加2.5个百分点,即新增加森林资源3.5亿亩。考虑到保存率、形成林地、形成郁闭等消耗,从全国总体上平均估计,由造林面积到最后进入森林覆盖率的比率如按65%计算,则需完成新造林5.4亿亩,并且要提前5年以上时间完成,以保证新造林在2010年能够发挥出遏制生态整体恶化的功能。因此,今后三年(2004年至2006年)新造林面积至关重要。根据退耕还林规划,全国退耕地还林的任务还有1.02亿亩,建议今后三年每年安排2500万亩左右的退耕地还林,以确保中央《决定》提出目标的实现。

3.抓紧出台退耕还林补助期满后的后续支持政策

实施退耕还林的主要目标是改善生态,但由于林木生长周期长,形成具有良好生态功能的森林需要一个过程;退耕还林另一个重要目标是解决农民退耕后的生计问题,这必然涉及农村产业结构的调整、农民生产和生活方式的转变,同样也需要有一个过程。现在,国家规定退耕地还生态林补助8年、还经济林补助5年、还草补助2年。1999年退耕地还的经济林今年就期满,还的生态林再有3年就到期。如四川省期满5年的退耕地还经济林的有 31.8 万亩。这是一个带有普遍性的问题,也是农民群众、基层干部最担心的问题。建议抓紧研究,提出延长补助年限的办法,以尽早使农民吃下"定心丸",确保稳得住、能致富、不反弹。

4.解决退耕还林工程工作经费问题

退耕还林工程涉及千家万户和无数的山头地块,是一项工序复杂的群众性工程,需要制订工程规划、编制实施方案、进行作业设计、组织多级检查验收、登记造册、建立专项档案、林权登记、发放林权证等一整套组织管理工作。仅就检查验收这一项,国家、省、县三个层级的林业及其他有关部门都要进行。据四川省林业厅测算,每亩需要工作经费 15 元。各地林业部门为确保工程质量和任务的完成,只有借钱组织这项工程,如四川雅安市林业局已为此举债 70 万元。许多基层林业局长一说起退耕还林就苦不堪言,甚至掉泪。有的林业局长甚至说:"这样搞工程,不是逼着挪用挤占其他工程经费吗?"退耕还林主要在西部省区进行,地方财力不足。从全国情况看,平均每亩地需要工作经费至少 8 元。建议中央财政每亩地拨付工作经费 4 元,不足部分由地方分级解决。

5.加快石漠化山区治理

我国石漠化地区主要分布在贵州、云南、广西等省(区),全国岩溶地貌分布面积为 31.9 万平方公里,中度以上的石漠化面积为 10.8 万平方公里。由于缺乏国家专项经费支持,治理赶不上扩展,全国石漠化每年以 2% ~ 4% 的速度扩展。贵州岩溶地貌 12.8 万平方公里,中度以上裸露岩溶地区 2.5 万平方公里,每年以 100 万亩的速度扩展。由于降雨量大,喀斯特乳石山土层薄,存不住水分,很容易形成裸岩、秃山,土壤一旦流失殆尽,很难逆转。西南高原和山区植被状况,不仅关系长江、珠江流域生态安全,而且对西北地区增加降雨、降雪有着重大影响。现在再不抓紧治理,就为时太晚了。我国西南地区石漠化扩展是一个日趋严重的问题,建议退耕还林工程的任务安排向贵州、广西、云南三省倾斜;由于石漠化治理不是仅靠坡耕地退耕还林就能解决的问题,要加快遏制生态整体恶化的局面,建议国家把南方石漠化治理作为一个专项工程,以植被恢复为主,以生态移民、沼气建设、小水窖修建为重点项目,由各级林业主管部门牵头,各有关部门分工负责,抓紧制定规划,采取综合措施,下决心及早治理。

阿拉善生态治理调研报告[*]

按照我局与全国工商联、中国光彩事业促进会 2005 年度联席会议确定的工作任务,8 月 9 日至 12 日,我与中央统战部副部长、全国工商联党组书记、中国光彩事业促进会副会长兼秘书长胡德平同志赴内蒙古自治区阿拉善盟对生态治理情况进行了调研。考察了孪井滩移民安置区舍饲养殖基地、春发号移民安置区温棚蔬菜基地、沙井子沙漠危害情况、吉兰泰梭梭林封育区、SEE 生态协会项目区、个体造林示范点和武装部通古卓尔苏木造林基地,听取了阿拉善盟生态治理情况的工作汇报,并在实地考察中与农牧民进行了交谈。总体上看,阿拉善盟生态治理成效明显,经验宝贵,决心坚定,形势严峻。现将有关情况和一些想法报告如下:

一、对阿拉善盟生态治理要进一步给予重视

阿拉善盟是内蒙古自治区最西部、最大的也是生态最脆弱的地区,国土面积 27 万平方公里,占内蒙古自治区的 22.82%,占全国的 2.81%。巴丹吉林沙漠、腾格里沙漠大部和乌兰布和沙漠的一部都在阿拉善境内,由东向西降雨量从不足 200 毫米到几十毫米。荒漠化面积 22.39 万平方公里,占全盟面积的 82.99%;沙漠面积 8.7 万平方公里,沙化土地、戈壁 9.1 万平方公里,占全盟面积的 65.92%。据阿拉善盟汇报,沙化面积仍以每年 1000 平方公里的速度扩张(阿拉善盟林业局提供的盟环保部门监测的结果是每

* 本文是 2005 年 8 月 17 日作者写给国家林业局党组的专题考察报告。

年以500平方公里的速度扩张）。腾格里沙漠分三路逼近贺兰山,乌兰布和沙漠分两路逼近贺兰山,在贺兰山西部近山地区,已形成100万亩的沙化土地,部分地段沙漠已"爬上"贺兰山。

对阿拉善地区生态治理,国家林业局已纳入"十一五"林业发展规划的生态治理重点区域,进一步重视阿拉善地区的生态治理,主要有以下考虑:

1. 阿拉善地区的生态治理是内蒙古自治区生态治理的难点和重点

阿拉善现在的生态状况与内蒙古自治区生态恶化整体遏制、局部好转的形势不相适应。内蒙古自治区是全国防沙治沙的重点区域,国土面积118.3万平方公里,沙漠化土地41.59万平方公里,全国8大沙漠中的4个、4大沙地在内蒙古自治区。阿拉善盟作为内蒙古最大的地区沙化面积仍然在扩张,进一步加强阿拉善生态治理,对内蒙古自治区生态改善是一个关键问题。

2. 阿拉善地区生态状况具有全局意义

阿拉善地区是我国主要的风沙源区,其沙化治理的成效关系到陕、甘、宁地区生态治理和自然条件的改善,关系到首都和华北地区的生态安全,关系到黄河上游水土流失的治理(85公里),关系到东风航天城这个重要的军事基地生态状况的改善,还直接关系到民勤绿洲和贺兰山的生态安危。从生态安全角度看,发挥着保卫陕、甘、宁、保卫首都和华北、保卫黄河、保卫国防的重要作用。

3. 阿拉善地区的生态治理在不利条件中又有有利条件

阿拉善地区国土面积27万平方公里,总人口约20万人,其中15万人集中在阿拉善左旗,阿拉善右旗和额济纳旗约有5万人,地广人稀,采取以转移沙区人口、加强封禁保护、飞播和封育为主的植被恢复方式,尽快遏制沙化扩张、改善生态是有可能办到的。

二、阿拉善地区生态治理有好经验

内蒙古自治区防沙治沙和生态治理有许多好经验。阿拉善地区生态治理有一些做法是比较突出的,使我们看到了在恶劣条件下取得成效的希望。

1. 实施转移发展战略

就是把沙区的农牧民搬迁到自然条件较好的地区,创建新的生产生活基地,人退出沙区后实施林草封育。现在全盟3.5万牧民中已转移出来2万人,实施人口向城镇集中,工业向园区集中,农业向绿洲集中,并正在实施并镇(苏木)并村(嘎查)。集中到新的村镇的牧民分给新的耕地、房屋,政府扶持发展养羊、养猪、养牛和种蔬菜,生活水平大幅度提高。转移发展战略使牧民的生产方式和生活方式发生转变,这对实施围封禁牧、保护和恢复植被是一项根本性措施。阿拉善盟还将继续转移沙区的农牧民。

2. 民营企业参与治沙

在中国光彩事业促进会的组织下,国内有100家企业每户企业每年捐款10万元,连捐10年,每年捐款可达1000万元,10年达1亿元,这些捐款都用于治沙。专门成立了生态治理协会(SEE)来运作企业捐助的治沙资金,SEE生态协会还从意大利争取到用于生态治理的捐款1000万欧元。社会力量参与治沙已经有一定规模。

3. 探索建立生态村

在政府实施围封转移、封禁保护的同时,SEE生态协会正在推行建立生态村的治沙模式。就是在沙区不搬迁的村(嘎查)不再发展养羊、养牛(每户一般只养8~10只羊自用),而是种植梭梭,在梭梭根部套种大芸,在白刺接种锁阳。SEE生态协会资助农民建立家庭太阳能和风能设施,修建羊圈,解决能源问题。有一户农民上半年就卖出鲜大芸4000公斤。SEE生态协会将持续把这种既保护生态,又使农民增收的治理模式不断推行下去。阿拉善盟除了已搬迁的 2 万牧民外,广大沙区还有农牧民 1.5 万人左右,除了政府继续实施搬迁之外,SEE 生态协会建立生态村,就地保护和恢复生态的作用也是很大的。协会对每户建立太阳能、风能的资金支持平均在 5000 元以上,每年协会运作的 1000 万元资金,大约可以使 1000 ~ 2000 户农牧民改变生产方式。

4. 积累了在降雨量 200 毫米以下地区成功飞播的经验

在贺兰山以西,阿拉善左旗降雨量在 200 毫米或以下,属于不宜飞播地区,但阿拉善多年来已飞播恢复植被、灌木 54.3 万亩,取得了投入小、成效大的成功经验。封育和飞播已成为阿拉善盟治沙的主要模式。

三、加大对阿拉善盟生态治理的支持力度

近几年在全国实施的林业重点工程中,阿拉善盟实施了天保、退耕还林还草、三北防护林、野生动植物保护和自然保护区建设工程,2004 年中央财政投入 2000 多万元。由于阿拉善盟生态状况关系全局,以下几个问题需要给予重视、研究和支持。

1. 实施点、线、面结合的治沙布局

关于点。就是村(嘎查)、乡(苏木)、旗、市的绿洲建设。由于实施围封转移和建立生态村,人口集中到自然条件相对较好的地区,可以环绕这些点,建设防护林圈。现在存在的问题是管护经费难以解决,这个问题解决了,就可以把众多的点绿化起来。

关于线。阿拉善盟改善生态状况,关键是由西向东建设三道防风防沙生命线。一是额济纳旗的额济纳河流域一线,该流域长 270 公里,以胡杨林和灌木为主,在黑河流域全程调控水资源的有利条件下,加强和完善第一条生命线绿色屏障建设,以阻挡由西和西北方向风沙的危害。二是阿拉善右

旗雅布赖山一线。雅布赖山东接狼山,西接北大山,处于巴丹吉林沙漠和腾格里沙漠结合部,是阻挡由西和西北两个方向吹向腾格里沙漠的风沙的天然屏障。现在雅布赖山北麓的巴丹吉林沙漠已经爬上山顶,这一线的几个主要风口危害极大,因此,对雅布赖山一线的主要风口加强生态治理是第二条生命线,也是阻断巴丹吉林沙漠和腾格里沙漠拉起手来的"斩手行动",并且对保卫民勤绿洲具有重要意义。三是黄河、乌兰布和沙漠西南缘、腾格里沙漠东南缘一线。这条线对阿拉善左旗人口集中地区,对贺兰山和黄河是一条生命线,现在通过多年的飞播已建立了一条 120 公里长、1.5 ~ 3 公里宽的绿色屏障,需要加大飞播和封禁的力度,加快这条生命线的建设速度。

关于面。就是建立封禁保护区,同时加强贺兰山自然保护区和额济纳自然保护区建设。在建立生态村和农牧民搬迁的地区,甚至可以不搞围栏,以便于保护和恢复生物多样性。

2. 把阿拉善盟作为全国防沙治沙示范区建设的重点,同时加大封禁保护区建设的支持力度

由于阿拉善盟地广人稀、沙化严重,重点采取围封转移、封育保护的模式来保护和改善生态状况。

3. 加大飞播任务

阿拉善盟适宜飞播地区有 600 万亩,2005 年下达飞播任务 8 万亩。现在沙漠逼近贺兰山,形势严峻,是否考虑用 10 年左右时间完成宜播沙区的恢复植被任务。因此,每年给阿拉善盟飞播任务以 50 万亩以上为宜,同时给予 30 万亩以上的封育任务。

4. 加强鼠兔害防治

阿拉善沙化面积大,沙漠植被稀少珍贵,鼠兔害十分猖獗。由于阿拉善盟广大沙区农业耕作很少,又全面推行围封转移,因此在封禁保护区内积极

探索发展天敌来消灭鼠兔害具有许多有利条件。要利用这些有利条件,在阿拉善盟进行恢复生物链保护植被的试点。要抓住不放,力求取得经验。

5. 加强防火

阿拉善现有森林资源 99 万亩,主要分布在贺兰山西麓和额济纳绿洲,非常宝贵。贺兰山自然保护区已纳入全国重点火险区建设,额济纳自然保护区建设规划也包括了防火设施。现在森林防火设施十分薄弱,要把阿拉善的防火问题给予进一步重视,确保这点宝贵的森林资源万无一失。

6. 加大政策扶持

在即将出台的《国务院关于进一步加强防沙治沙工作的决定》中,提出了许多防沙治沙的重要政策,对加大国家资金投入、信贷支持、税收优惠、扶持社会主体参与治沙等作出了明确规定。下一步《决定》出台后要抓好政策兑现的落实工作。比如,鼓励社会主体参与治沙,有一家民营企业,几年来一直致力于建苁蓉加工厂,国家发改委给予的资金支持、企业自筹资金都已到位,但就是银行不给贷款,如果这个加工厂能够建起来,将能极大地带动沙区农牧民种植梭梭的治沙积极性。

7. 研究生态效益补偿资金使用的特殊情况

阿拉善地区纳入生态效益补偿范围的公益林约 1700 万亩,2005 年计划下拨近 8000 万元。阿拉善盟认为,保护沙区灌木林,把农牧民搬迁出去,从根本上消除人为破坏是最好的保护,况且搬迁的农牧民在新的生活基地分配有土地,原来的沙化草场已不归搬迁户所有,但苦于采取这项措施的经费不足,而动用生态效益补偿资金,财政部门不同意。这是一件合情不合法的事。能否作为一个特例进行研究,比如只动用需动的一部分,只许动 2 ~ 3 年,又如对广大沙区分散的公益林(贺兰山、额济纳自然保护区、天保区除外)补助给谁,怎么保证资金安全和有效等。

从福建经验看集体林权制度改革与农村耕地承包经营的不同[*]

集体林权制度改革与农村耕地承包改革的性质都是我国农村土地经营制度改革、农村体制变革，在我国改革开放的历史进程中，同属国家实行农村土地承包经营制度的实践创新，具有同等重要的意义。集体林权制度改革是农村耕地承包经营改革的延续、深化和发展。从福建林改的经验看，二者有许多不同，并不是农村耕地承包经营改革的经验所能覆盖的。延续，指农村土地承包经营制度在不同历史条件下的继续革命。而深化和发展，则是当今历史条件下，由于耕地和林地的区别所带来的一系列指导改革的重要思想、原则、方法所具有的特殊性。同是农村土地承包经营的改革，正是事物一般性与特殊性关系的最好例证。

第一，时代不同。改革开放初期，农村土地经营制度改革的主要目的，是解放和发展生产力，解决长期困扰农民的温饱问题，解决社会主义经济建设的基础保障——粮食问题。今天的集体林权制度改革，是落实以人为本，全面协调可持续的科学发展观，构建社会主义和谐社会，全面建设社会主义新农村的重大任务，是进一步破解"三农"问题的新途径，是破解农村市场有效需求不足，拉动社会消费需求进而促进经济健康持续发展的内在动力源，是推进城镇化进程的重大举措。时代发生了巨大变化，应势而出的集体林权制度改革的历史任务是不同的。

第二，目标不同。农村土地，主要指耕地和林地（还有草地）。农村耕

---

* 本文是 2007 年 6 月 23 日作者写给国家林业局党组的报告。

地经营制度改革,主要解决农民温饱、国家粮食问题,增加特殊的物质商品——粮食。农村林地经营制度改革,一是解决农民增收、农民致富问题;二是解决国家生态改善、生态安全问题;三是解决农村基层政权民主政治建设、经济实力壮大问题。这项改革是农村人与人、社会与自然和谐发展的新途径。改革的目标是农民得实惠、生态得改善、农村公益事业和林业事业得发展的新的综合性目标,不仅要增加林业物质产品,而且要增加生态产品和生态文化产品。

第三,产权不同。这是根本的不同。耕地、林地的承包经营权都是用益物权,但在权力行使上有不同。耕地长期承包给农民,分田到户,指农民可得到耕地的承包经营权。由于耕地的特殊属性所决定,法律规定耕地不能抵押,承包经营权并没有完全放开。而集体林权制度改革,林地所有权尽管集体所有制不变,但却有三个不同。一是分地分林,不只是分山这一种形式,有均山、均股、均利等多种形式。二是分山到户的林地,可以流转,可以抵押贷款,农民可直接从林地商品价值的变化中得益,"我"的林地在"我们"的林地中具有更大的支配权、受益权。三是林地与林木是连在一起的,林木是产权,集体长期经营的"我们"的林木产权,一下子分给了农民所有,成了"我"的林木产权。从对产权触及程度的不同来看,集体林权制度改革更彻底、更深刻。

第四,经营模式不同。表现在两个方面:第一,耕地承包后,除个别农村集体组织仍统一经营外,全国基本上是分田到户,按户经营,即单户分散生产为主。而集体林权制度改革,是在推进现代林业的历史条件下开展的。现代林业,就是可持续经营的林业,要求规模化、集约化经营。在集体林权制度改革中,分山到户、分林到户,明晰了产权主体。林权到户后怎么经营,并不是分户经营的单一模式。在村民民主决策下,愿联则联,愿单则单,自愿结合,民主管理,引导提倡联户集约经营为主。前提是村民自主决定自己的事。第二,耕地承包,农民经营目的是获得短期经营收益;而林地承包,林农经营目标则以获得长期经营效益为主。

福建省永安市在分山到户的主体改革中,从一开始就注意引导愿联则联。改革 4 年来,形成了 240 多个合作经营林场,联户经营山林面积占总面积的 20%~30%。各类协会 255 个,覆盖了永安市所有乡、村。该市洪田镇洪田村分山到户后,村民自主决定成立 16 个联组,每组约十几户,经营面积 700~1000 亩,全部实行联户经营。

确立农民作为林地承包经营权人的主体地位,使集体组织成员平等享有林地承包经营权利,是林权制度改革的核心,其方向并不是停留在分户经营上,而是在经营模式上要适应林农生产经营的目的——对接大市场;加强防火、防病虫害、防止乱砍滥伐,按自然地理条件确定经营方案——形成百家千户利益共同体来解决现实问题;提高森林经营整体效益——合理配置林业各生产要素等客观要求。可以预见,从联户经营、家庭林场股份制的初级型,到各种协会为纽带的产供销一条龙的中级型,再到合作经济组织内部形成分工,自己与国内外市场衔接的高级型,这种逐步走规模经营道路、不断提高组织化的方向是明确的。

第五,集体收入不同。在过去相当长一个时期,农村税费多而沉重。耕地承包后,集体不向农民收取土地使用费。但一直收税和其他费用,集体有收入,农民负担重。而集体林权制度改革,正赶上各种农村税费取消。福建各地村集体向农民收取一定的土地使用费,这看起来令人不解,实际却是一个十分重要的问题、必要的举措。一是农民自己说了算,收自己的用在自己身上,不同于税费。税费是政府定的、收的、用的。此举是农村民主政治建设的一个实际内容。二是林木不同于粮食。粮食是国家宏观调控产品,粮价不能完全放开由市场调控。而林木在未采之前,是公共产品,发挥生态效益、社会效益,采下来后,成为一般商品,价格由市场调控。对生产公共产品和一般商品兼于一身的林地收取一些公共费用,是合情合理的。三是利益再调整的资本。耕地一次性分田到户后,不管农民人口怎么变,以不变应万变,利益调整的面很窄。而集体林权制度改革分山到户后收取林地使用费,大部分用于公益事业,一部分根据人口的变化用于二次分配,可不断进行利益再调整,保证长久公平,保持和谐局面。四是壮大集体经济实力。农村免税减费后,村集体经济来源减少。集体手中几倍于耕地的山地,分山到户后集体经济来源更少。林改中给村集体1万元的财政转移支付,是很难为农民办养老、教育、医疗、救灾、道路、供电等公益事业的。国家无论怎样加大对农村的转移支付,都不可能包揽农村各项公益事业。分山分林后集体收取一定的林地使用费,使集体经济来源得到保证。还要看到,最大限度地让利于农民,并不等于从一开始就把集体林全部分光。一些地方村集体保留一点集体林,也是村民讨论决策的。保留的集体林用途,还由村民讨论决定。因此,保留的集体林,仍体现集体组织成员共同享有。这也是集体经济实力的组成部分。

第六,经营自主性不同。分田到户,怎么种、怎么收,只要不改变粮食作物,自主权在农民。分山分林到户,只要不改变林地用途,林地使用权,林木所有权、受益权、处置权也是落实到农民的。但是,在经营自主性上是有限制的,不是无限制的。一是法律法规限制。依法实行森林采伐限额制度,无论对商品林采伐如何放活,生态公益林如何承包管护,采伐限额管理的基本制度不会变。二是自然规律限制。森林经营方案要科学制定。公益林经营只能加强不能削弱,商品林在增加经济产出的同时,也要既顾当前又顾长远,既顾自己又顾集体和国家,防止山林分到户,一刀切的追求"短平快"的纸浆林、茶林、竹林、果林。自然生态系统具有整体性,个人与集体、地区与地区、上游与下游之间的联系紧密,生态安全是民族生存发展的根基,是亿万农民的根本利益所在,违背自然规律就会受到惩罚,国家和地区如此,农民也如此。

把祁连山生态保护与建设摆上重要议事日程[*]

我国地势西高东低,大江大河发源于西部。西部雪山有八大山系,祁连山虽然不是最大的,但其对我国西北地区经济社会发展全局具有特殊的重要性。它是黑河、石羊河、疏勒河三大内陆河的发源地,是黄河、青海湖的重要水源地,是跨行政区的雪山山系,直接关系到青海、甘肃和内蒙古三省区570万人口的生存与发展。目前,该地区的生态状况堪忧,如果这种状况继续恶化,后果严重,影响深远。

一、祁连山生态保护与建设是个重大战略问题

祁连山脉位于青海省东北部与甘肃省西部,国土总面积 15.37 万平方公里,是黄土高原向蒙新高原、青藏高原的过渡地带。它地跨甘肃、青海两省 9 个地市。青海一侧包括海北州的祁连、门源、刚察 3 县、海西州的德令哈、大柴旦 2 个县和天峻县的一部分,海东地区的互助、乐都、民和 3 个县的部分地区,面积为 7.6 万平方公里;甘肃一侧包括兰州市所属红古区和永登县,武威市及所属天祝县、古浪县和凉州区,金昌市所属永昌县、金川区,张掖市所属甘州区、山丹县、肃南县、民乐县、高台县和临泽县,酒泉市和嘉峪关市,总面积 7.77 万平方公里。祁连山所涉及地区的总人口为 569.2 万人,其中,农村人口占 58%。祁连山区的生态保护和建设,不仅关系祁连山区自身的长远发展,还直接关系到河西走廊、青海湖地区和内蒙古额济纳旗

---

* 本文是 2008 年 9 月由作者任组长的课题组所撰写的研究报告,课题组副组长为刘家顺、陈幸良,成员有尹刚强、赵金成、刘建军、朱民。

的发展,关系民族团结和国防安全,是具有全局性、长远性、根本性的重大战略问题。

1. 水资源安全是根本问题

祁连山是一座"天然水塔"。一是孕育了黑河、疏勒河、石羊河三大内陆河,年出山径流量总计约72.64亿立方米,灌溉了河西走廊和内蒙古额济纳旗105万亩农田,滋润了1650余万亩林地和1200余万亩草场,提供了500多万人民的生存条件,造就了武威、张掖、酒泉和敦煌等历史文化名城,保障了河西走廊经济社会的发展。二是黄河一级支流大通河的发源地,年径流量30.05亿立方米,近年来,引大入秦、引大济湟工程,将大通河水引入秦王川和湟水流域,为其经济发展注入了新的活力。三是发源于祁连山南麓的50多条河流注入青海湖,是青海湖的主要水源,仅布哈河、沙柳河、哈尔盖河、泉吉河4条河的入湖水量就达12亿立方米,占青海湖年入湖水量的3/4以上[1]。

表1 祁连山主要河流概况[2]

河流名称	黑河	石羊河	疏勒河	大通河	合计
发源地	走廊南山雅腰掌(青海)	冷龙岭北坡及毛毛山(青海)	疏勒南山东段纳噶尔当(青海)	天峻县托莱南山日哇阿日(青海)	
全长(公里)	956	300	945	560.7	
流域面积(万平方公里)	7.68	4.16	10.19	1.5	
径流量(亿立方米)	41	15.87	17.22	30.05	104.14
青海境内径流量(亿立方米)	16.79	1.52	8.01	25.72	52.04
甘肃境内径流量(亿立方米)	24.21	14.35	9.21	4.33	52.1

① 青海省工程咨询中心:《青海湖流域生态环境保护与综合治理规划》,2007年版,第16—17页。
② 甘肃省林业厅:《祁连山生态保护与综合治理工程项目建议》,2007年,第5—6页。

同时,该地区冰川资源十分丰富,被称为"冰源水库"。海拔 4400 米以上的山上终年积雪,发育有现代冰川 2859 条[1],总面积达 1972.5 平方公里,冰储量 811.2 亿立方米,多年平均冰川融水量为 9.9 亿立方米,占出山总径流量的 13.53%,冬季积雪储量约占该地区年径流量的 38.2%[2],这种"固体水库"占总径流量的一半以上,发挥了平枯抑丰、调蓄河流径流量的作用。

如果没有水资源的安全,整个地区经济发展将失去活力,社会发展将停滞不前,"古楼兰"、"罗布泊"的历史悲剧将在此重演。保护好祁连山的水资源,就是保护这一地区的生命线,就掌握了可持续发展的主动权。

2. 水资源短缺是现实和长远的难题

随着人口增长和经济社会的不断发展,社会对水资源的需求越来越大。许多地区水资源供不应求,有的地方矛盾已十分突出。据研究,甘肃河西地区,可利用的水资源总量为 64.3 亿立方米,而仅农业用水全部满足就需要 70.5 亿立方米[3],更不用说还有工业生产、人民生活、生态建设和国防建设都需要大量的水。一些地区常常出现水事纠纷,影响当地社会的和谐稳定。

为了缓解祁连山地区水资源短缺的局面,国家先后启动实施了"引大入秦"、"引大济湟"等调水工程,其中,"引大入秦"工程从大通河向秦王川地区调水 4.43 亿立方米,"引大济湟"工程从大通河向湟水流域调水 7.5 亿立方米,这些调水工程在一定程度上缓解了上述地区缺水的局面,但同时也减少了大通河向黄河的输水量。从长远看,气候变暖趋势在发展,生产规模在扩大,生活质量在提高,生态、生产、生活用水的需求还要增加。调水不能从根本上解决问题,控制不好还会带来水源地的水土流失和土地沙化等问题。许多地区通过大量开采地下水,以满足眼前的需要,这种明显的"饮鸩止渴"行为带来了土地沙化的严重后果。人工增雨是重要举措,但也需要具

① 王太宗编:《中国冰川目录》(Ⅰ祁连山区),科学出版社 1981 年版,第 1—46 页。
② 杨针娘:《河西冰川资源估算及评价》,《冰川冻土》1983 年第 5 期,第 56—62 页。
③ 吴晓军:《论西北地区生态环境的历史变迁》,《中国地理》1990 年第 10 期,第 5—6 页。

备人工增雨的气象条件,特别是必须以植被覆盖增加地表粗糙度。

3.林草植被减少是导致水资源短缺的基本原因

水从那里来?水从山上来,山上的水来自于冰川融水、积雪和冻土融化、降雨三个方面。林草植被在维持冰川、雪线、增加降雨和涵养水源等方面起着不可替代的主要作用。祁连山水源涵养林适宜于山区寒冷的气候条件,是西北干旱区经过严酷的自然选择保存下来的生物顶级群落,发挥着促进降水、涵养水源、改善气候的作用。一是调节和稳定径流量,促进水资源在时间上和空间上的合理分布和有效利用。二是增加山区降水,调节小气候,并使大气中的雾凝结成水,可增加降水 20% ~ 30%。三是森林吸收二氧化碳,消减温室效应,维持雪线、冰川的相对稳定。据研究,山区气温每升高 1 度,雪线将上升几十米,降雨减少 100 毫米以上①。

解决水资源短缺问题,主要靠两条,一是增加降水,二是节约用水。节水重要,开源更重要。关键是恢复和增加林草植被,增加山区自然降雨,同时,提高水源涵养能力,实现水资源在时间和空间上的合理分配和有效利用。

祁连山区在晚更新世末次冰期大部分被针叶林、山地冻原针叶林、灌丛及草甸覆盖。《河西志》记载,祁连山在两千多年前的西汉时期约有森林9000 万亩,生长茂密、绿树参天、浓荫遮日、冬夏常青。森林分布范围很广,西逾甘肃新疆交界的伊吾地区,东至甘肃白银,东西长 1200 公里。随着长期的气候变化和人为破坏,特别是清末至民国时期,农业垦殖、木材买卖、矿产开发、生活用炭、建筑用材生产等造成祁连山森林植被大幅度减少,森林仅分布于酒泉以东的深山,浅山百余里内不见森林,林缘已由海拔 1900 米上升到 2300 米。新中国成立初期,祁连山地区森林面积减至 2297.1 万亩,只有西汉时期的 1/4。目前,祁连山地区的森林面积仅为 1818.1 万亩,比50 年代又减少了 1/5,森林覆盖率仅为 8.2%,其中,乔木林面积只有 526.7

① 甘肃省林业厅:《祁连山生态保护与综合治理工程项目建议》,2007 年,第 3—4 页。

万亩。

由于森林植被大幅度减少,影响了小气候,减少了降雨,同时,增加了蒸发量,加剧了干旱,反过来又制约了植被的恢复和增加。因此,必须保护和增加林草植被,不断提高森林草原质量,建立结构合理、功能稳定的森林、草原、湿地生态系统,增强生态系统的整体功能。这是增加祁连山区水资源、缓解供需矛盾的根本措施、长远措施。

二、祁连山生态状况处于整体恶化的趋势

1980 年以来,特别是近年来,国家和青、甘两省在祁连山地区相继实施了一系列生态建设工程,使该地区的林草植被得到一定的保护,但整体仍在恶化的趋势没有得到遏制。主要表现在:

1.冰川日益萎缩,雪线逐年上升

据《西北地区水资源与可持续利用》项目组研究,近 500 年来,祁连山冰川面积减少了 33% ~46% ,冰川储量减少了 31% ~51% ,冰川融水减少了 35% ~46% 。另据中科院寒区旱区环境与工程研究所专家根据 2000 ~2003 年的监测数据所做的分析:位于祁连山脉中段、托莱山西部黑大坂北坡的七一冰川的零平衡线海拔,20 世纪 80 年代比 70 年代平均值升高了 70 米,年均升高 7 米,21 世纪初比 20 世纪 80 年代实际观测的平均值又升高了 300 米,年均升高 15 米,说明冰川退缩速度在加快。冰川的萎缩,减少了对流域河流径流的补给,如祁连山西营河冰川融水径流量就减少了 46% 。

表 2　祁连山地区森林面积变化情况①

植被面积	青海祁连山		甘肃祁连山	
	50 年代	20 世纪末	50 年代	20 世纪末
森林(万亩)	1084.6	931	1212.5	887.1
其中:乔木林		276.4		250.3
灌木林		647.1		618.9
疏林地		7.5		17.9

---

① 甘肃省林业厅:《祁连山生态保护与综合治理工程项目建议》,2007 年,第7—8 页。

同样,据《西北地区水资源与可持续利用》项目组研究,近 500 年来,祁连山雪线由 3800 米上升到现在的 4400 米以上。据甘肃省气象局的监测,近年来祁连山冰川局部地区的雪线正以年均 2 米至 6.5 米的速度上升,有些地区的雪线年均上升达 12.5 米至 22.5 米。

根据专家预测,祁连山雪线还会继续升高,将由 2000 年的 4400 米至 5100 米上升到 4900 米至 5600 米;冰川冰面将继续减薄,冰川的萎缩态势也将继续。面积在 2 平方公里左右的小冰川将在 2050 年前基本消失,较大的冰川也只有部分可以勉强支持到本世纪 50 年代以后。

2. 草场退化严重,载畜能力下降

祁连山地区草地退化和沙化趋势十分明显,草地植被盖度降低,产草量急剧减少。目前青海祁连山区退化草地面积 2826.70 万亩,占可利用草地面积的 56.3%,其中重度退化草地面积 529.7 万亩,占退化草地总面积的 18.7%,中度退化草地面积 942.14 万亩,占 33.3%,轻度退化草地面积 1306.31 万亩,占 46.2%[①]。

草地退化导致牧草植株矮化、优良牧草减少、毒草增多,草场生产力严重下降。目前,山区草场优良牧草比例仅为 32.21%,牧草产量普遍下降 50%～70%。近 10 年来牧区羊只的平均体重下降了 20%～30%;牦牛的体格也逐渐变小,产肉量降低。这不仅缩小了当地牧民生产发展的空间,也对祁连山生态安全构成严重威胁。

草场退化还导致草原病虫害和鼠兔害严重。以甘肃肃南县为例,冬春草场蝗虫危害面积达 427.05 万亩,占该类草场面积的 40%,虫口密度 60～180 头/平方米,严重地段可达 527 头/平方米;全县草原鼠兔害危害面积 827.25 万亩,占可利用草原面积的 38.8%,每亩鼠洞达到 120～140 个,每年造成秃斑地 15 万亩。该县每年因虫鼠兔害造成的牧草损失,使牲畜饲养量减少 23 万个羊单位[②]。

---

① 甘肃省林业厅:《祁连山生态保护与综合治理工程项目建议》,2007 年,第 9—10 页。
② 肃南县农牧局:《肃南县高山草原生态保护与建设情况汇报》,2008 年,第 2—3 页。

3. 生态逆向演替,森林功能弱化

由于森林资源不断减少,祁连山区已经呈现出分层递阶逆向蚕食演替的景象,乔木林演变成灌木林或疏林地,灌木林和疏林地演变成草地,草地被开垦为耕地或者直接退化成沙地。森林、草原和湿地生态系统对经济社会发展的支撑能力严重削弱。

由于祁连山森林面积的大幅度减少和林分质量的明显下降,森林的水源涵养功能退化,出山径流量减少,导致祁连山地区水资源更为短缺。据甘肃省水文站提供的资料,发源于祁连山的河川总径流量由建国初的78.55亿立方米,下降到现在的72.64亿立方米,减少了7.6%,其中石羊河水系径流量近20年减少2.68亿立方米[①]。

同时,森林景观向破碎化方向发展,使野生动植物栖息地遭到破坏,导致一些野生动植物种群数量下降,特别是具有较高经济价值的珍稀濒危野生动物遭到严重破坏,一些国家重点保护动物濒临灭绝。

4. 水土流失严重,荒漠扩大明显

祁连山地区是青海、甘肃两省最严重的土壤风蚀、水蚀、冻融地区之一,水土流失严重,浅山区土地荒漠化加剧。据统计,水土流失面积达6.84万平方公里,占总面积的46.50%,并且主要以风力侵蚀和水力侵蚀为主。根据甘肃省第三次土壤侵蚀遥感调查结果,张掖市现有水土流失面积39804.71平方公里,其中轻度以上15775.19平方公里,占总土地面积的近40%[②]。与1995年相比,水土流失面积和强度都有所增加。在青海境内,据全省第三次土壤侵蚀遥感调查,仅门源县水土流失面积就达1591.21平方公里,占全县总面积的23.05%,其中水蚀面积1020.3平方公里,占全县水土流失面积的64.12%[③]。

---

① 甘肃省林业厅:《祁连山冰川与生态环境综合治理规划》,2007年,第18页。
② 甘肃省林业厅:《祁连山冰川与生态环境综合治理规划》,2007年,第21页。
③ 门源县:《祁连山生态保护与建设汇报》,2008年,第12页。

植被减少和草原退化,使得植被涵养水源能力持续下降、出川径流减少、地下水位降低,导致下游天然沙生植被枯死、土地沙漠化加剧。据统计,甘肃省河西地区沙漠化土地呈逐年递增态势,递增速率分别为:1949~1960年为0.18%,1961~1970年为0.32%,1991~1993年为0.38%,1994~1999年为0.42%,平均递增速率为0.38%。据2004年第三次全国荒漠化监测结果,河西地区沙化土地面积达到2567.1万亩,比1999年又增加888.6万亩。伴随着土地荒漠化的扩展,沙尘暴、低温霜冻等自然灾害频繁发生,其中以沙尘暴造成的影响范围最广、威胁最大。发生次数逐年增加,上世纪50年代发生5次,60年代发生8次,70年代发生13次,80年代发生14次,90年代发生23次[1],进入21世纪,沙尘暴次数、频度继续呈逐年加快之势,已成为全国沙尘暴策源地之一。

上述问题,如果现在不加大治理力度,再过十到二十年,其后果将更加难以设想,更加难以应对,恢复的时间将会更长,付出的代价将会更大。

三、祁连山生态状况整体恶化的原因

祁连山生态状况整体恶化的原因除了全球气候变暖、植物群落单一、生态系统脆弱等自然气候因素外,更大程度是人为因素造成的,突出表现在以下几个方面:

1. 森林资源消耗大,草地超载过牧严重

天然林地、灌木和草场既是生产生活资料,又是重要的生态资源。由于长期缺乏有效的制约机制,牧民要追求收入增长,地方要促进经济发展,主要将其作为生产资料,而不是作为生态资源。1998年以来,通过实施天然林保护工程和自然保护区工程,强制实行林木资源保护,乔木资源得到了保护,但由于"一地两证"现象较普遍,林区的灌木资源保护压力大,特别是许多灌木林

---

① 甘肃省林业厅:《祁连山冰川与生态环境综合治理规划》,2007年,第21页。

尚未纳入国家重点生态公益林补偿范围,珍贵的灌木资源岌岌可危。

祁连山草场普遍存在超载过牧问题,导致草原植被的破坏十分严重。据不完全统计,甘肃省祁连山区的载畜量由上世纪50年代的70万羊单位发展到现在的270.2万羊单位,而草地载畜能力只有201.6万羊单位,超载率达34%,特别是冬春草地超载更为严重。青海祁连山可利用草场面积5022.98万亩,理论载畜量223.86万羊单位,现有牲畜554.55万羊单位,超载率高达148%[①]。

2. 生态保护的能力不强

祁连山生态已经处于极度脆弱的状态,目前,主要依靠自然保护区维系自然生态保护工作,但保护工作存在一些亟待解决的问题。一是保护区管理体制不顺。甘肃省国家级自然保护区所属的保护站实行自然保护区管理局与县林业局双重领导,当生态保护与地方经济发展出现矛盾时,自然保护区管理部门难以做到独立执法;青海祁连山省级自然保护区虽然已经由省政府批准,但至今尚未建立管理机构,保护管理工作由县林业局代管,没有实行统一管理。二是自然保护区事业经费远远不能满足实际需要。作为履行社会公益职能的自然保护区管理机构,其人员经费尚未全部列入财政预算。目前,甘肃省祁连山国家级自然保护区有在职职工1500人,只有822人纳入财政预算,其余678人靠保护站自己创收养活。三是保护区的森林灾害防治体系、科研宣教体系、生态监测体系、社区共管体系等基础设施建设滞后,不能适应生态保护的需要。

3. 生态建设投入不足

一是国家生态建设投入不足。由于自然条件恶劣,造林成活率低,封山育林期限长,人工造林成本约为500元/亩,封山育林成本为300元/亩,封山育草成本为200元/亩,国家投资与实际需要相差较大。二是投入标准缺

---

① 甘肃省林业厅:《祁连山冰川与生态环境综合治理规划》,2007年,第24—25页。

乏正常稳定的增长机制。随着社会经济的不断发展变化,现行生态建设工程投入标准与日益变化的市场越来越不适应。三是地方财力薄弱,难以统筹生态保护与经济发展。由于地区经济社会发展落后,在不断增长的人口压力下,发展经济要求更加迫切。同时,受地方财力制约,地方政府缺乏通过转变经济增长方式,实现既促进经济发展又保护生态环境的有效手段。

归根到底,问题还是出在发展理念上,还不能正确处理好经济发展与生态保护的关系,还没有转变经济增长方式,靠过量消耗和过度利用资源获得一时一地一业的增长,上游不顾下游、生产不顾生态、当前不顾将来的问题并没有解决好。

四、加强生态保护与建设的对策

对祁连山生态保护与建设的重要地位和面临的严峻形势应当引起高度重视。需要着眼于这一地区今后的可持续发展,从整体上谋划,进一步加大生态保护和建设的工作力度。

1. 从整体上把祁连山生态保护与建设作为一个国家工程项目

鉴于祁连山地区生态保护与建设的特殊重要性,建议将其作为国家经济社会发展全局的一个重大战略问题,摆上重要议事日程,开展专题研究,作为一个国家重点工程项目,制定总体规划,明确目标任务,加强组织领导,提出政策措施。

2. 采取严格的保护措施,坚决遏止各种破坏行为

建议国家批复甘肃祁连山自然保护区总体规划,明确其3979.5万亩(1988年国务院批复的保护区面积为718.5万亩)的管辖范围;将青海祁连山自然保护区晋升为国家级自然保护区,尽快建立保护区管理机构,明确保护范围,依法执行保护任务。加大对保护区的投资力度,将管理机构人员事业经费全额纳入省级财政预算,中央通过财政转移支付予以支持,增加国家

基本建设投入,改变基础设施建设落后的状况。

进一步加强天然林保护,做到应保尽保。建议将祁连山天然林特别是灌木林全部纳入天保工程实施范围或纳入国家森林生态效益补偿范围,落实有关政策。

进一步加强天然草场保护。在统一规划的基础上,对冰川周围、江河源头集水区、河流两侧等特殊生态区的天然草场,实行全面禁牧,对林缘、灌木林地等重要区域实施休牧轮牧措施,力争3年内将载畜量压缩到合理载畜量的80%以下。

加强保护区林政执法和森林公安体系建设,加大综合执法力度,坚决遏止各种破坏林草植被的行为。

3. 加大生态建设力度,加快生态治理步伐

加大林草植被恢复和建设力度。扩大森林植被面积,将适宜发展灌木林的退化草场和荒山尽快通过封育、栽植、播种等措施恢复灌木林;将适宜发展乔木林的地方,通过人工造林、封山育林和退牧还林等措施加快恢复成林;将适宜进行人工种草的地方采取相应措施提高草地生产能力。同时,继续通过实施人工增雨促进植被恢复。

开展流域生态综合治理。在上、中游大力开展植树种草、封山禁牧,坚持推进退耕还林、还牧还草等生态工程;在中下游实施节水工程;在浅山地带积极营造和封育植被,加快荒漠化土地治理。同时对严重破坏生态的矿产企业,采取关、停、并、转等措施,坚决遏制其对生态的破坏。

加强森林的科学经营,提高森林的多种功能。大力发展乡土树种,调整树种结构和林分结构,营造异龄复层林;开展公益林抚育试点,促进林分天然更新。

切实加大病虫鼠兔害的防治力度。把森林草原病虫鼠兔害的防治作为一项重要任务,加大资金投入,加强生物防治的技术研发。同时,运用补贴等手段,调动广大农牧民防治病虫鼠兔害的积极性。

4. 实施生态移民,加快小城镇建设

对生态区位极为重要,生态退化比较严重,破坏后难以恢复的生态脆弱区域,且人口密度小的牧区,通过对牧民进行转产安置、定居安置、迁移安置,实施适度集中或搬迁转移。组织开展牧民(农民)培训,提高素质,增强牧民自我生存与发展的能力。

将定居安置和迁移安置与加快小城镇建设结合起来。科学规划,合理布局,搞好配套,培育生计,鼓励创业,促进转产,扶持生产,确保移得出,稳得住,不回迁。通过这项工作,转变农牧民的生产生活方式,加速其与现代社会的融合,减轻对祁连山生态系统的压力,促进社会的和谐发展。

5. 启动祁连山生态保护与建设试验示范区

祁连山生态保护与建设是一项复杂的社会系统工程,需要积极探索行之有效的治本之策。建议在祁连山两侧,分别选择领导重视、生态区位重要、有一定生态建设基础的青海省门源县、甘肃省肃南县作为祁连山生态保护与建设试验示范县。鼓励支持其在加强生态用地管制,转变经济发展方式,创新保护与建设机制,综合治理,森林、湿地和草原可持续经营,建立和完善生态补偿和水资源上下游补偿机制,以及实行自然资源有偿使用等方面进行试验,积累经验,以供借鉴。

6. 加强生态监测

生态监测是生态保护与建设的基础性工作。一是在现有各类监测机构的基础上,科学规划、合理布局,在祁连山南、北坡分别再建立一批生态观测点,全面加强对祁连山森林、草原、湿地、冰川、气象等监测;二是加强林业与气象、水利、农业等部门合作,建立和完善生态监测网络体系,实现资源共享,优势互补;三是加大投入力度,加强监测设施设备建设,提高监测能力和水平。

国外考察

日本林业的改革及其启示[*]

应日本农林水产省林野厅的邀请,我率中国林业代表团一行6人,于2000年6月27日至7月6日对日本进行了访问。代表团先后拜会了日本农林水产省事务次官、环境厅事务次官、林野厅长官、大分县知事。访问了日本全国森林组合联合会、北海道森林管理局、惠庭森林事务所、日光国立公园、别府产业工艺试验所、大分县森林组合联合会、日田市森林组合、北山圆木生产协同组合和私有林主。现场考察了林业机械间伐作业、森林生态系统保护地区、水源涵养林、水土保持林、低水坝群、原木市场制材工厂、柳杉资料馆等。

日本林业经过一百多年的改革发展,已经实现了大地园林化,森林的生态效益得到充分利用,较好地满足了社会的生态需要。近两年实施的现代林业改革,思路清晰,目标明确,措施有力,研究日本林业改革发展的经验,对我国林业建设具有一定的借鉴意义。

一、日本林业的改革发展历程

日本林业从以木材利用为主的传统林业,走向森林多功能利用的现代林业,经历了一百多年的发展历程。明治维新以前,日本林业基本处于原始利用状态。明治维新以后,日本对林业所有制进行改革,解除了土地不准买卖的禁令,把森林明确划分为国有林、民有林,并在1897年颁布的森林法中

---

* 本文是作者写给国家林业局党组的考察报告,原文载于《林业工作研究》2000年第10期。

设立了保安林制度,首次从法律上明确森林生态效益的法律地位。但真正实现森林生态效益有计划有目的的利用,却经历了一个漫长而复杂的过程。在这个过程中,由于社会经济的发展和变化,日本对林业的需求和认识也不断发生变化,从而使林业经营指导思想逐步发生了变化。变化的历史过程大致可以分为三个阶段。

1. 以木材生产和利用为主体的阶段

这一阶段从 19 世纪 90 年代到 20 世纪 60 年代中期,约 70 年时间。在此期间,《森林法》已经提出建立保安林制度,1915 年又建立了保护林(自然保护区)制度,开始注意发挥森林的生态效益。从 1908 年起至 60 年代中期,由于战争和战后经济社会重建的需要,日本林业经营的指导思想仍然以向国家和社会提供木材为主。主要表现在:一是以木材生产利用为主要目的的森林面积(木材生产林)占全部森林面积的比例大。二是木材采伐量大。例如:从 1945 年到 1968 年间,日本每年生产木材达 5000～7000 万立方米。三是天然林资源破坏严重。四是林业发展计划和人工林培育均以增加木材生产量为主要目标。在这一阶段,日本林业也经历了"先破坏,后建设"的过程。1945 年之前,对天然林资源的大规模采伐和利用一直在进行,1945 年之后才开始进行大规模人工造林,五六十年代造林达到高潮,但营造人工林的目的基本上是集约经营的速生丰产林。这些都突出反映了当时林业经营以木材生产为中心的指导思想。

2. 木材生产利用和满足生态公益需要并重的阶段

这一阶段从 20 世纪 60 年代末到 90 年代中后期,约 30 年时间。一方面,由于进口木材的大量涌入,国产木材受价格和成本两方面因素制约,采伐量急剧减少。另一方面,经过 1972 年对森林生态价值的计量研究及宣传,国民对森林的生态公益需求不断提高,促使日本林业经营的指导思想逐步由以木材生产利用为主向充分发挥森林多种功能和作用的方向转变,现代林业的经营思想得到进一步强化。主要表现在:一是发挥国土保安和其他生态公益效能的森林面积不断增加。这时划定为公益林的森林面积已发展到占全部森林面积比例的一半。二是采伐量急剧下降,采伐量已经小于生长量。全日本木材年采伐量从 1968 年的 5294 万立方米下降到 1997 年的 2234.4 万立方米,其中国有林年采伐量从 2000 多万立方米下降到 500 万立方米。三是逐步实现了森林资源由低值消耗向高值消耗的转变。其显著的标志是,薪炭材消耗大幅度减少。每年劈柴量由过去的 3900 多万立方米下降到几十万立方米,木炭产量由 290 多万吨下降到很少的数量。四是注重对国民生活环境、游憩条件的改善,美化城市环境,改善城市生态,森林进入城市,森林包围城市,同时建立了一大批对国民开放的国立公园。在这一阶段,根据国民对森林生态效益的需求和社会经济的总体发展情况及内部结构变化,国家相继在 1978 年、1984 年、1987 年、1991 年四次对原来以木材生产为中心的林业发展计划进行调整和改善,弱化了森林在林木生产利用方面的效能,大大提高了森林在满足国土保安和其他生态公益效能的地位。

3. 以发挥森林生态效能为主体的现代林业阶段

这一阶段是逐步过渡而来的,主要标志是 1998 年对林业进行的彻底改革。随着日本经济社会的发展,国民对林业的需求由以经济开发利用为主转向改善生存环境、防治灾害等发挥和利用森林多样化的社会公益效能为主的转变。在这种情况下,日本对林业经营的指导思想进行了彻底改革,确立了现代林业的经营思想,进入了现代林业发展的新阶段。主要体现在:一是在实现森林资源可持续发展的基础上,完善森林的各种利用功能,鼓励发展复层林,停止采伐天然林,努力实现森林生态效益的高效可持续利用,确保国土保安、山川秀美和生态良性循环的需要。二是在充分满足生态公益需求的前提下,对森林资源开展高效合理的利用。三是林业生产实行高度集约经营。从种苗、造林、抚育、采伐、更新、加工、利用、管理等各环节,全方位采用新技术和新材料,突出强调全面提高机械化、自动化的程度。四是加快林道建设,为人们更直接有效地参与和了解林业和自然生态保护活动,享受森林的多种功能,维护和保养森林,提供便利条件。五是全面实现资源、环境和经济社会的协调发展。

二、日本林业改革发展的基本方向和主要内容

1996 年,日本政府通过了森林资源管理基本计划和重要林产物供求预测报告,1998 年对《森林法》进行了修改,从法律上进一步确立了森林生态公益效能的地位,并决定首先对国有林进行改革,确定了今后日本林业改革发展的基本方向和主要内容。

1. 对林业进行重新定位

长期以来,日本林业一直作为一个产业,实行自主经营,自负盈亏。从 20 世纪 70 年代末、80 年代初期开始,受木材市场需求结构变化的影响和进口木材的冲击,日本国产材木材价格大幅度下降,从每立方米 25000 日元下降到 8000 日元,而劳动力价格却不断上扬,从日均每人 7000 日元上升为 13000 日元。成本的不断上扬和价格的持续下滑,导致了国有林经营累计债务达 3.8 万亿日元。越来越多的民有林,特别是其中的私有林荒废,无人愿意经营管理。据日本政府分别在 1976 年、1986 年、1993 年、1999 年的四次调查,国民对森林和林业的期望及需求中,木材生产由国民需求的第二位下降到第九位,是除其他需求以外的最后一位。而前八位均是生态公益需求。为此,经林政审议会、行政改革会议、财政结构改革会议等长时间认真讨论,将日本林业的定位由木材生产为主、自主经营、自负盈亏转向以重视和发挥生态公益效能为主,由国家财政税收(一般会计)承担必要的经费,并负责处理有关债务。

2. 大幅度增加生态公益林面积

1897 年,日本第一部《森林法》中就明确提出建立保安林制度。但是,到 1953 年,在长达 60 年时间里,共确定保安林为 250 万公顷,只占全部森

林面积的 10%,发展比较缓慢。此后,连续经过五个保安林建设计划,保安林面积迅速增加,到 1998 年已经达到 926 万公顷,占全部森林面积的 36.8%。其中国有林 437.5 万公顷,占全部保安林面积的 47.2%;民有林 488.5 万公顷,占全部保安林面积的 52.8%。依据《森林法》划定的保安林是日本管理最为严格的森林,有严密的管理制度、程序和规定,国家在税收、造林补助金、特别补助金、限伐补偿金、抚育管理费等方面给予全面的补助和补偿。同时,对保安林造林、管护、采伐、更新等提出了严格的要求。

日本林业的改革,目的很明确,就是进一步强化森林的生态公益效能。1997 年改革前,日本把由林野厅直接管辖的 761 万公顷国有林划定为木材生产林和公益林,其中木材生产林占 54%,公益林占 46%,在公益林中,国土保全林占 19%,自然维持林占 19%,森林空间利用林占 8%。根据日本政府通过的决定,从 1998 年起对国有林进行重新调整,确定国有林今后的发展方向是:将国有林建设成为"国民的森林"。所谓"国民的森林",其含义即为国家财政负责一部分经费,为国民提供多种生态公益需要的森林。改革的内容是,扩大公益林面积,将公益林划分成水土保全林(国土保全林、水源涵养林)、森林与人类共生林(自然维持林、森林空间利用林),将木材生产林更名为资源循环利用林。改革的目标是,将全部国有林的 81% 划定为各类公益林,19% 划定为资源循环利用林。对民有林,国家也加大扶持力度,鼓励其向充分发挥森林的生态公益效能方向转变。

3. 对管理体制进行彻底改革

日本国有林管理系统曾是一个庞大的机构,林野厅管理国有林区的机构设有管理部和业务部两个部,在各地设立了 14 个营林局、350 个营林署、2334 个森林事务所及 1521 个事业所,总人数达 88538 人,其中定员内职员 40408 人,定员外职员 48130。从 1964 年到 1998 年的 34 年间已进行了五次改革,逐步精简机构和人员,到 1998 年,营林署从 350 个减少到 229 个,森林事务所由 2334 个减少到 1256 个,事业所 1521 个减少到 71 个,总人数从 88538 人减少到 13666 人。正在进行的第六次改革主要包括四个方面内容:一是进一步精简机构,压缩人员。林野厅将负责国有林区的两个部合并为一个部,原分布在全国各地的 14 个营林局改为森林管理局,缩减为 7 个,229 个营林署改为森林管理署,缩减为 98 个,并计划到 2030 年逐步撤销营林署。整个国有林业系统的职员由 1.3 万人裁减到 6800 人,其中定员内为 5000 人,定员外 1800 人,使政府职员人数降到最低限度,以减轻政府支出成本。二是彻底转变职能。国有林管理,重点放在资源管理、资源调查、财产管理、治山(防治水土流失)和资源监督上,将采伐、造林、抚育等各项具体工作采取招投标的方式全部委托给民间进行。三是按照分类经营的要求,对公益林和资源循环利用林实行不同的会计核算制度。对生态公益林的经营采取一般会计制度,也就是由国家财政负责经费支出。对资源循环利用林的经营采用特别会计制度,即自主经营、自负盈亏,但国家按政策给予一定的补助和扶持。四是冲减原有债务。日本国有林经营积累下来的 3.8 万亿日元债务,2.8 万亿元由政府从财政(一般会计制度)中拨入经费补亏。剩余 1 万亿日元由林野厅依靠木材收入和多种经营收入,在 50 年内还清,但其每年利息由财政(一般会计制度)贴补。

三、几点启发和建议

通过这次访问考察,结合我国国情和目前林业发展形势、重点和建设任务,以下几个问题有启发,值得给予重视。

1. 开展森林生态效益计量研究,为认识和宣传林业的生态价值提供依据

随着人类文明的进步和社会的发展,对林业的定位逐步由产业经济领域转向社会公益领域,这是一个必然趋势。但是对林业进行重新定位并使社会各界认同则是一个长期的过程,需要做大量艰苦细致的工作。早在 20 世纪 70 年代初,日本就开始着手对森林各种生态公益效能的计量方法进行研究。1972 年林野厅公布了日本森林各种生态、社会公益效益总价值为

12.8 万亿日元,当时主要包括水源涵养、防治水土流失、防治山崩土崩、娱乐休闲(风景旅游)、野生动物保护等五个方面。到 1991 年增加了森林供给氧气的公益效益后,林野厅重新核定日本森林生态、社会公益效益总价值达到了 39 万亿日元。目前,日本正在进行森林吸收二氧化碳的公益效益计算。在森林的各种生态、社会公益效益计算出来以后,林野厅及时向国会、政府各部门、广大国民开展宣传,使全社会普遍了解和认识森林的真正作用。从 70 年代到现在,经过长期的工作,日本森林的各种生态、社会公益效益已经得到普遍认同,并得到政府和法律承认,写入了日本林业白皮书。这已成为日本政府坚决地、长时间地增加对林业投入的重要依据。

现在我国已经对林业进行了重新定位。也应该考虑开始进行森林生态公益效能的计量研究,并长期坚持下去,定期向社会公布。这不仅是积极扩大宣传,让全社会充分认识森林的重要地位与作用的重要措施,也是巩固林业地位,坚定国家长期增加林业投入、加大对林业扶持力度的科学根据。而没有具体的量化指标,则不利于全社会对森林巨大作用的认同,林业战略地位也难以得到长期巩固和稳步提升。

2. 把分类经营改革做深做细,进一步强化生态公益林的目的性、针对性

日本林业分类经营、分类指导工作很细致,目的性、针对性较强,并落实到了山头地块。日本国有林的公益林分为两大类,即水土保全林和森林与人类共生林。水土保全林又分为两类:国土保全林、水源涵养林;森林与人类共生林也分为两类:自然维持林、森林空间利用林。此外,全国还划定了保安林,根据其功能和作用的不同共划分为 17 种,即:水源涵养保安林、国土保安林、土砂崩塌保安林、飞砂防备保安林、防风保安林、水害防备保安林、潮害防备保安林、旱灾防备保安林、防雪保安林、防雾保安林、落石防止保安林、防火保安林、护鱼保安林、航行目标保安林、保健保安林、风景保安林。根据公益林的不同目的,对每一类都提出了不同的经营目标、经营方式、技术规程、扶持政策、保护和利用办法。如:对水源涵养保安林,明确提出了复层林、郁闭度高、根系发达、土壤团粒结构发达等经营目标。一旦划为保安林,改变林地用途、森林采伐都受到极为严格的限制。

分类经营、分类指导是我国林业改革与发展的基本方向。根据我国的国情、林情,是否需要把生态公益林进一步细分,值得重视。把生态公益林区分为具体的类型,有利于引起人们对生态公益林特殊重要性的关注,有利于有针对性地制订经营目标、政策和措施,有利于对生态公益林区别对待、区别管理。建议考虑根据分类经营的不断深化,适时提出适合我国国情的生态公益林划分方案,进行更明确的类型划分,强化生态公益林的目的性、针对性,研究制定相应的技术规程、标准和扶持、管理政策。特别是考虑到,当前水灾、沙灾、旱灾已成为我国的心腹之患,可考虑结合我国实际,将公益林明确划分为水源涵养林、水土保持林、防沙固沙林、农田防护林、牧场防护林、海岸防护林、城镇防护林、道路保护林等类型。

3. 进一步加大对林业的扶持

日本森林面积中,国有林 785 万公顷,占 31%,民有林 1730 万公顷,占 69%。对国有林,由林野厅代表国家直接管理,从林野厅到基层森林事务所的职员全部实行国家公务员制度,各种费用全部列入国家财政支出,各种收入也全部上缴林野厅,纳入林业预算,实行"收支两条线"。虽然名义上为自主经营,自负盈亏,但实际上是由国家"全包"。债务只是财政统计口径上关于林业经费支出和收入之间的差额,其实都是国家财政出钱。对民有林,日本也有一整套的扶持政策。一是凡是划入保安林的,国家从补偿、补助、税收三个方面给予扶持,基本上 100% 由国家负责。二是对民有木材生产林这部分,国家也从补助和税收两方面给予扶持,扶持力度基本上达到成本的 70%~80%。三是对一些木材加工企业,国家对其厂房、设备给予扶持,扶持额大约是成本的 50%~60%。1998 年,日本政府对林业的投资金额共计 9600 亿日元,约合 740 亿人民币。即使采取这样有力的扶持政策,日本林业仍然出现了困境,主要是林业生产成本高,林业经营收益少,林业经营者的积极性不高。

当前我国林业发展正面临宝贵机遇,一是党中央、国务院对林业建设空前重视;二是国家正在进行财政、税收、金融体制改革;三是劳动力价格低,林业建设的成本较低。抓住这一有利时机,研究制订一整套激励林业发展的扶持政策措施,对推动林业发展极为重要。虽然我国不可能采取对林业的高额扶持政策,但必须为林业发展创造良好的政策环境。结合我国实际,一是应尽快建立森林生态效益补偿基金,并用这部分资金建立起我国的公益林制度。二是将林业行政、事业人员的开支列入各级政府的财政预算。三是减轻林业的债务,林区的社会性负担应逐步转为由国家财政和地方财政支出;四是林产品经营实行轻税和免税政策。

4. 抓好国有林区改革

从日本国有林的发展历程看,经历了长期的改革过程。1881 年明确了国有林权属后,实行了国家垂直管理和国有林特别会计法,建立了健全的经营管理机构,国有森林资源发展很快。但由于机构庞大,人员多,经营成本高,国有林一直是严重亏损。针对国有林存在的严重问题,日本对国有林的经营管理体制不断进行改革。林业经营逐步由木材生产为主转向生态利用为主;不断压缩机构和人员,人员由过去的 8.8 万人减少到 6800 人,努力减轻国家财政负担;彻底转变职能,从组织木材生产转移到资源监督管理和维护上;完善投资体制,由自主经营、自负盈亏变为国家财政负责,并大幅度剥减国有林积压债务。

我国国有林存在的问题也十分严重,一是产权模糊不清,名为国有林,实为地方管理,企业经营;二是机构庞大,人员过剩;三是企业办社会,社会负担沉重;四是森林质量下降,可采资源锐减,森林的生态效益不断减弱。根据我国国情、林情,在国有林的改革上,应研究:第一,明确产权关系,可考虑将具有战略地位的国有林划定为国家林,实行国家垂直管理,将部分国有林划定为地方林,由地方主管部门直接管理。第二,我国林业在进行重新定位以后,在充分发挥生态公益效能这方面,国有林应成为主要力量。国有林区应成为主要的生态公益林区,国营林场绝大多数也应以生态公益林为主。第三,实行政企分开,将现有森工企业局改为森林管理局,主要负责森林管理、资产管理、调查规划设计和检查验收等管理,同时,尽量把生产性经营剥离出去,分流人员,成立森林采伐、营林公司和各种多种经营公司,实行自主经营,自负盈亏;第四,林区社会性事业,能推向市场的推向市场,能交地方的交地方,不能交地方的,由森林管理局代管,预算单列,逐步过渡到由地方财政负担。

5. 其他几个需要重视的问题

一是在造林过程中,要重视乡土树种的选择和使用。土生土长的树种是最适合当地环境和条件的,也是各种抗逆性表现最好的。日本造林很少用外来树种,生长很好,病虫害也很少发生。在我国大规模生态建设中,应严格限制种源、种苗的非科学流向,重视使用乡土树种。二是对森林要科学经营,既要积极保护,又要科学利用。从科学的、长期的眼光看,要研究天然林保护工程中的森林科学管理、经营问题。例如,合理的间伐不仅有利于形成稳定的复层异龄的森林结构,也有利于预防病虫害和森林火灾的发生。三是速生丰产林的培育要强化未来市场对树种需求的预测。不能单纯看现在的市场,还要看将来的用途和市场走向。长得快,用途不对路,卖不出去也不行。不仅要看国内市场,也要看国际市场。日本为了解决国内的木材供应,营造了大量以日本柳杉和扁柏为主的速生丰产林,结果由于国内建筑用材的减少和生产成本提高,造成普遍亏损,失去了速生丰产林的意义。建议考虑建立和健全我国商品林的信息收集、分析、预测、发布制度,对商品林建设进行宏观引导。四是对现有天然林,包括天然灌木林等要采取全面保护的政策,不仅西部天然林要保护,全国各地的天然林都要采取措施积极开展保护工作。天然林是最佳的生态公益林,不能再毁林造林,要超前看到这个问题,避免走人工林发展起来后再鼓励经营复层林、近自然林的弯路和造成浪费。五是西部生态建设要认真研究解决农村能源问题,特别是薪柴问题。工业用材可以限制、替代、转移,但当地群众的烧柴问题不解决,资源还是保不住,生态也难以改善。日本 1940 年薪柴产量曾高达 3932.1 万立方米、木炭产量达 294 万吨,到 1977 年薪柴产量已下降到几十万立方米,这对日本森林资源的增长起到了至关重要的作用。如果日本不减少薪炭材的消耗量,一直保持当时的薪炭材消耗量,仅以薪柴产量计,到现在至少有23.59亿立方米木材化为灰烬。这个数字相当于日本现有森林资源 34.83 亿立方米的2/3。目前,我国很多地方特别是西部地区,烧柴对森林植被的破坏性很大,甚至植树造林供不上烧柴。建议考虑在长江上游、黄河上中游重点生态工程、防沙治沙工程、天然林保护工程中追加改燃节柴、改灶节柴的投资,对改燃节柴、改灶节柴给予补贴,以起到事半功倍的作用。

一个林业发达国家的经验与启示[*]

加拿大是世界森林大国,森林面积 4.176 亿公顷,森林蓄积量 329.8 亿立方米,森林覆盖率 41.8%,林业用地利用率几乎百分之百,丰富的森林资源构成了优美的生态环境。加拿大又是世界上最大的林产品生产和出口大国,林业产业十分发达,在全球林产品贸易中所占份额高达 20%。研究加拿大的林业建设经验,对于我国加快林业和生态建设具有重要的借鉴作用。

2001 年 9 月 29 日至 10 月 11 日,应加拿大林务局局长哈代的邀请,我率中国林业代表团一行 7 人,围绕加拿大林业在社会经济中的地位与作用、林业可持续发展、森林公园和保护区建设、林产品加工贸易、公有林经营管理、私有林经营管理等 6 个重点内容进行了考察,对加拿大自然资源部林务局、劳伦天林业中心、大西洋林业中心、太平洋林业中心、国际示范林网络秘书处、方迪示范林办公室以及国家公园、省立公园、林业公司、私有林协会等不同层次的林业官员、职员、业主进行了访问。

一、把林业摆上社会经济发展的战略地位,
注重人与自然和谐发展,充分发挥林业
的生态效益、社会效益和经济效益

加拿大对林业的认识十分深刻,把森林提到了维护生态平衡的主体、经济社会可持续发展的基础、提高生活质量的必要条件和国家的象征的特殊

* 本文是作者写给国家林业局党组的考察报告,原文载于《林业经济》2002 年第 1 期。

地位,确立了生态立国的思想。加拿大政府和人民认为:加拿大的环境、经济、社会、文化来自森林,森林是生态、经济、文化和历史的统一体,是一个社会一个国家实现目标的基本要素,森林为加拿大提供了从精神到物质上的无价报酬;森林生态系统维持了土壤、空气和水平衡、气候稳定、氧气循环、降低污染、净化大气和水源,并且对流域保护、土壤形成、碳固定和野生动物栖息至关重要;森林的精神气质和内在美对人的身体健康、精神娱乐不可缺少,健康的森林生态系统对提高生活质量不可缺少;森林是国家的遗产,也是国家特征的一部分。加拿大国旗上鲜红的枫叶深深表达了加拿大人与森林的密切关系和对森林的热爱,并已成为国家的象征。在加拿大考察,我们看到,从联邦政府、地方政府到公司、国民都具有强烈的林业和生态意识,无论是制订法律、政策,还是具体的生产活动都体现了保护森林、保护生态的原则,到处都体现出人与自然和谐相处的景象和优美的生态对人生存的特殊价值。生活在多伦多市的市民告诉我们,森林在防止水土流失、涵养水源、减少自然灾害、净化水质等方面发挥了不可替代的作用,加拿大年降水量在 500~2700 毫米之间,很少听说发生水灾、旱灾。不仅如此,森林还是城镇、乡村居民美化生活环境不可缺少的重要部分,具有特色的房屋建筑与森林、树木相映成辉,构成了一幅幅优美的生态画卷。大地园林化、山川秀美以及人与自然和谐发展,在加拿大处处得以体现。正因为如此,从 1994年起加拿大连续 7 年被联合国评为最适合人类居住的地方。可以说,丰富的森林为加拿大人创造了十分优越的生存和生产条件。没有森林,就没有山川秀美的加拿大。

森林对加拿大的贡献,不仅体现在生态、社会和文化价值上,还突出体现在经济贡献上。加拿大林业在国家社会经济发展中占有十分重要的地位。林业为社会提供了 16.7% 的就业机会,全国林业就业人数约为 88 万人,大约有 337 个城镇的经济收入完全依赖林业;木材为加拿大提供了主要的建筑材料,全国 90% 的住房为木质建筑。在加拿大近 200 年的历史中,曾有很长一段时期林业在国民经济中占居首位,对加拿大完成原始积累过程作出了主要贡献。随着科学技术的发展,20 世纪 70 年代以后,加拿大经济加速发展,虽然林业在经济中的比重有所下降,但依然是加拿大最主要的经济产业之一。1961 年至 1994 年,造纸及其相关产业对国内生产总值的贡献率上升了 66%,木材工业上升了 233%。同时,森林旅游业对国家经济的贡献也越来越大,1993 年国家公园接待游客 2800 万人次,森林旅游创造产值达 260 亿加元。近年来,林产工业生产总值一直占加拿大工业生产总值的 15% 左右。2000 年,加拿大林产品销售额为 680 亿加元,其中对 GDP 的贡献为 208 亿加元,贡献率为 2.5%;对加拿大贸易平衡的贡献为 375 亿加元,远大于农业、渔业、矿产和能源部门对贸易平衡作出的贡献总额;出口额为 474 亿加元,占加拿大商品出口总额的 16%,占世界林产品贸易量的 20%。加拿大是世界第一大林产品出口国,林业则是加拿大第一创汇产业。

我国生态条件恶劣,农村经济仍未摆脱落后的状况,把林业放在经济社会发展重要的战略地位,对坚持人与自然和谐发展的文明道路,充分发挥林业的巨大的生态、社会和经济效益,具有特殊意义。第一,要把发展林业作为基本国策。从加拿大和我国的生态现状可以清楚地看到,森林是山川秀美的主要标志,也是人与自然和谐发展的主要标志,只有充足的森林资源,才可能有生态安全和优美的生态环境,人们才可能在优美的生态环境中工作和生活。必须坚定不移地把林业作为生态建设的主体、经济社会可持续发展的基础、现代化建设的重要组成部分和新世纪的宏伟工程,坚持不懈地抓下去,以缩短我国林业与发达国家的差距。第二,要充分发挥林业在经济建设中的巨大经济潜力。加拿大是一个经济发达国家,却仍然把林业的经济效益放在十分重要的地位,值得深思。与加拿大相比,虽然我国森林资源偏少,西北地区自然条件较差,但加拿大大部分地区属寒带、温带地区,我国大部分地区自然条件并不差,树木生长期、单位面积生长量和生物多样性甚至比加拿大更长、更高、更多。从总体上看,林业是劳动密集型产业,是最适合我国发展的基础产业。特别是我国发展林业还具有四大亟待开发的潜力。一是土地资源的潜力。我国山地占国土面积的 68%,在全国 40 亿亩林业用地中,利用率仅为 50% 多,发展林业潜力巨大。二是劳动力资源的潜力。我国农村约有 1 亿个剩余劳动力和 1/2 的剩余劳动时间,利用潜力巨大。三是树种资源的潜力。我国有 1000 多种经济价值较高的树种,许多树种都可以形成新的产业。四是林产品的市场潜力。多年来,国家要花大量外汇进口木材和林产品,并呈逐年上升趋势。据海关统计,1999 年我国进口木浆、木浆纸、原木、锯材、胶合板,用汇约 134 亿美元。可见,如果能把土地资源、农村剩余劳动力资源、树种资源和林产品市场四大潜力充分发掘利用起来,将会创造巨大的财富。立足国内发展林业,不仅可以解决我国几亿农民的收入问题,还可解决我国木材紧缺问题,甚至有可能变木材进口大国为出口国。因此,从我国国情出发,不仅要把林业作为生态建设的主体,还要作为富国富民的大产业。

二、注重调整和完善林业发展战略,不断深化和推进林业可持续发展

加拿大不仅是森林资源大国,也是林业可持续发展的主要倡导国。加拿大林业可持续经营经历了漫长的发展历程,总体上可分为两个阶段。

第一个阶段是木材永续利用阶段。由于加拿大的经济是以森林工业为中心逐步发展起来的,历史上加拿大的森林资源也经历了大规模的开采阶段,许多森林工业部门所属企业附近的森林资源日益减少。为了确保森工企业不增加成本、获得丰厚的利润,并实现木材永续利用,20 世纪中叶以后,加拿大采取了三项战略措施:一是实行"允许采伐量制度"。各省林业部门、承租公司和生产单位采伐森林不得突破国家规定的允许采伐量,多年来,加拿大每年采伐森林面积约为 100 万公顷,采伐量约为 1.7 亿立方米,仅为全国森林面积的 0.24%,森林蓄积量的 0.51%,约为全国商品林面积的 0.4%。二是森林采伐必须保护幼树、保留优势木,为采伐迹地天然更新提供充足的种源和条件。三是加强人工造林更新。人工造林从 1900 至 1960 年全国年均 5600 公顷,扩大到 1960 年的 2.4 万公顷和 1971 年的 13.2 万公顷,从 20 世纪 80 年代年均达到 20 万公顷,90 年代年均约 40 万公顷。由于加拿大森林资源丰富,加之长期实施木材永续利用战略,这一阶段

的目标已基本实现。

第二个阶段是森林生态系统的可持续经营阶段。随着公众对生态环境的日益关注,加拿大十分重视从战略上避免失误,不断调整完善林业发展战略,使林业发展不断向森林生态系统的可持续经营阶段推进。最近二十多年来,已召开了四次国家林业大会和咨询会议,大约5年召开一次全国性林业会议,及时对林业发展战略进行调整。一是在1977年国家林业大会的基础上于1981年制订了"加拿大林业发展战略",明确提出森林经营要"在保持良好森林环境的同时,保持林产品在国际市场的竞争力",这一发展战略体现了森林生态效益和经济效益并重的思想。二是1986年加拿大再次召开国家林业大会,对林业的地位和前途进行了重新评估,并于1987年制订了"国家林业部门战略",进一步强化了森林的生态地位。三是随着国内国际社会对生物多样性、气候变化的关注,1992年加拿大又召开国家林业大会,制订了"国家林业战略—可持续的森林:加拿大的承诺"。这标志着可持续发展的原则在加拿大林业经营活动开始全面推行。这一战略提出了加拿大推行林业可持续发展的96项承诺。主要内容包括:改善森林生态系统以及维护森林的生产力与恢复力的能力;保证公众的观念在森林经营中有所反映;加拿大森林工业产品的多样化和增加来自森林的价值;确保加拿大发展应用知识和技术,以达到森林的可持续经营和改善基础森林工业竞争性的要求;使劳动力能完全地把自己的一切奉献给森林的可持续经营和提高经济效益;加强土著人林地经营管理;增加私有林的环境、社会和文化效益;维护森林对健康地球所起的作用。四是通过召开国家林业咨询会议又制订了1998~2003年"国家林业战略—持续林业:加拿大人的承诺"。这个新的国家林业战略,把维护和提高森林生态系统的长期健康,使全国和全球受益,同时为现在和将来人们提供环境、经济、社会和文化利益作为持续林业的目标,并制订了9个方面的战略指导原则、行动框架和121项具体承诺,使林业可持续发展的目标体系进一步完善和细化。

在调整完善林业发展战略的同时,加拿大采取了一系列实际措施,不断深化和推进林业的可持续发展。一是建立相关组织。组成了由联邦、省和地方政府以及涉及环境、经济、工业、学术、私人林业经营者协会、土著居民和其他非政府组织参与的国家林业圆桌组织,作为推进林业可持续经营的独特的合作伙伴,并签署了第一个"加拿大林业协议"。二是建立林业可持续经营的国家认证体系。1995年加拿大制订了确定林业可持续经营的标准和指标的方法,1997年10月又发布了加拿大林业持续经营的标准和指标,明确提出了6项标准和83个指标。6项标准的内容为:保护生物多样性、生态系统状况和生产力、水土保持、全球生态环境、多种利益和社会责任。三是推进林产品的认证。目前在加拿大除了国际标准组织的认证外,还有林业工作协会、加拿大标准委员会、可持续森林动议委员会等三个单位可以作为森林认证的机构。截至今年4月,加拿大已有4400万公顷的森林通过了ISO认证。四是加强林业可持续经营的研究和示范。从1992年起,加拿大林务局每年投资800万加元,在全国不同类型地带实施了12个示范林项目,总面积超过900万公顷,每个示范林项目实施面积从11.3万公顷到275万公顷不等,并建立了相应的行政管理结构和形式,由一个独立的非盈利公司经营。示范林项目每5年为一个阶段,第一阶段从1992年至1997年,主要任务是发展合作伙伴关系、研制工具(如地理信息系统)、收集信息,第二阶段从1997年至2002年,主要任务是交流传授经验,进行示范和网络联系。实施示范林项目计划的目的是:鼓励发展能将可持续森林管理的观念付诸实施的森林管理系统;鼓励将各种不同的森林价值观念,融入每个示范林的开发管理工作;鼓励示范林计划的参与者和有关组织开展网络合作;在地方、全国范围内,大力推广和传授示范林计划所取得的成果和知识;制订可持续森林管理工作的各项适当指标,包括用来衡量评估示范林各项指标实施情况的衡量和监控系统,以及各种报告方式。我们访问的位于新布伦斯威克省的方迪示范林,从1992年开始建立,面积为42万公顷,其中国有林占15%、欧文林业公司占17%、私有林主占63%、国家公园占5%。各业主均以合作伙伴的身份自愿参与示范林项目。经过9年的推行,各业主可持续经营的意识明显增强,并在生产实践中对保护生物多样性和维护森林生态系统采取了一系列具体措施。五是推进林业可持续经营的国际合作。加拿大国际发展研究中心专门成立了国际示范林网络秘书处,将示范林建设计划拓展到国际领域。目前,墨西哥、俄罗斯、美国、日本、智利等国都建立了示范林,我国和阿根廷、哥斯达黎加、马来西亚、澳大利亚、南非、英国、印度尼西亚、越南等国正着手建立示范林。这一系列措施的推行,使林业可持续发展由指导思想逐步变成为现实,并不断向高水平、高层次发展。

林业可持续发展是社会经济可持续发展的基础,是世界林业发展的大趋势,代表了林业先进生产力的发展要求和林业前进的方向。要使林业既发挥巨大的生态、社会、文化价值,又发挥巨大的经济价值,唯一的选择就是实现林业可持续发展。加拿大通过近十年的努力,在林业发展的理论和实践上探索了许多有益的经验,值得我们学习和借鉴。

我国一方面是森林大国,一方面又是少林国家,林业还处在社会主义初级阶段的较低层次,是国家发展战略全局中的一个薄弱环节。我们的国情林情是,林业正处在由传统林业向现代林业的转折时期。新世纪,中央对加快我国林业发展高度重视,做出了实施重点林业工程的重大决策,保护和发展森林资源,遏制生态整体恶化趋势,改善生态环境的任务极其艰巨。在林业建设的转折时期,在大力推进重点林业工程的历史进程中,要十分重视按照先进林业生产力发展的要求,提高林业生产力和森林质量,并致力于缩短实现林业可持续发展的历史进程。借鉴加拿大林业可持续发展的经验,需要重视以下几个方面:一是适时召开全国林业工作会议或大会。对重大林业方针政策、林业发展战略进行认真研究,5~7年左右,就需要召开一次全国林业工作会议,以确保林业方针政策、林业发展战略得到及时调整完善,做到与时俱进,适应新形势新情况的变化。二是研究制订我国林业可持续发展的指导思想、原则、目标和具体任务。这项工作需要早着手,使我国林业朝着可持续发展的目标前进。三是研究制订林业可持续经营的国家标准和指标体系。为林业重点工程建设和各地林业建设提供明确的林业可持续经营的操作规程,也为我国的林产品认证作好充分准备。四是大力推行封山育林和人工促进天然林更新。林业可持续经营最明显的特征是要在获得林业经济效益的同时,保持森林生态功能的稳定性、完整性、有效性和生物多样性,确保森林的各种价值得到永续不断的利用。封山育林和人工促进天然更新是建立稳定、完整、有效的森林生态系统,确保生物多样性的最佳途径。近40年来,加拿大人工造林面积虽然有了大幅度增加,但近10年天然更新又重新受到重视,60%的采伐迹地靠天然更新,40%为人工更新。我国培育和扩大森林资源、提高森林生产力的任务十分繁重,减少水灾、旱灾、沙灾特别需要发挥森林的生态效益,生物多样性又是林业可持续发展的主要指标,因此,更加需要重视封山育林和人工促进天然更新。五是进行林业可持续经营的试点。可考虑在林业重点工程区和不同类型地带划定林业可持续经营的示范区,不断总结经验,推动林业向可持续经营的方向发展。六是加强林业可持续经营的国际合作。吸取国际林业可持续发展的先进经验。

三、大力发展森林公园和保护区,永久保护国家的自然遗产和特征

加拿大的森林公园建设在世界生态工程中是著名的。在加拿大,森林公园属于保护区范畴。保护区是加拿大最宝贵的自然遗产,也是过去、现在、将来国家的重要特征之一,更是加拿大人引以自豪的重要方面。在确保森林作为一种国家遗产和国家特征传给千秋万代的思想指导下,加拿大的保护区事业获得了大发展,并且带动了全国森林资源的保护和整个林业建设的大发展。

加拿大的保护区共有五种类型:一是森林公园,包括国家公园和省立公园;二是野生状态保护区;三是科学试验保护区;四是天然纪念林保护区;五是野生动物保护区。这五类保护区分别按权属由联邦政府和省政府划定并直接管理。五类保护区其目的和侧重点有所不同,但都共同具有以保护为主的性质。如国家公园一般划分为特别保护区、荒野区、自然环境区、户外游乐区和公园管理区,保护自然景观和生物多样性是其根本目的。

　　加拿大保护区事业的发展具有五个明显特点:一是起始时间较早,已有116 年历史。1885 年,联邦政府在落基山脉划定了第一个保护区,同时建立了第一个国家公园,1893 年建立了第一个省立公园。此后较长一段时间,国家公园和省立公园逐步发展,主要偏重其旅游价值。二是规划完善,目标明确,保护范围大。20 世纪 70 年代初加拿大对国家公园的建设进行了系统规划,1992 年国家林业发展战略确定要在 2000 年前,建成一个具有代表性的保护区网络,把国土的 12% 留作永久保留地。目前,已建成国家公园39 个,在建 12 个,总面积约为 5000 万公顷,约占国土面积的 5%;已建成省立公园 1800 多个,面积约为 2500 万公顷,约占国土面积的 2.5%;全国受法律保护禁伐的保护区面积已由 20 世纪 60 年代的 2210 万公顷,增加到8300 万公顷,约占国土面积的 8.3%。现在,加拿大各类保护区的面积已达1.58 亿公顷,约占国土面积的 15.8%,占其森林面积的 37.8%,实现了规划目标。三是法制完善,执法队伍素质高,执法严明。1930 年,联邦政府制订了《国家公园法案》,后又进行了修改完善,并制订了实施细则,各省也制订了《省立公园法案》以及保护森林及野生动物的法律。与此同时,还建立了高素质的执法队伍,只有获得大学学士学位并经过警察专业培训、具有法律和警察专业知识、技能的人员,才能参与季节性警察职位的竞争,经过 2至 3 年实践考察后,才能被正式录用。对破坏受法律保护的森林和野生动物的违法行为处罚十分严厉,重者受到 25 万加元的罚款。四是注重保护原始状态,尽量避免人为干扰。我们所到的国家公园和保护区,多数都是树木参天,完整地保存其原始状态,即使是公路边和城市里的森林公园也如此。BC 省的麦克米兰省立公园,地处高速公路边,占地 45 公顷,园内 900 年树龄的参天大树随处可见。1998 年的一场罕见飓风刮倒了价值 1200 万加元的树木,尽管完全可以在不破坏现有林木的情况下用直升机将风倒木清除,但省政府决定不进行清理,完全保护其原始状态,使具有顽强生命力的参天大树与倒在林间的巨树构成了一幅十分迷人的原始景观。为了尽量减少人为的干扰,受保护的地区一般都要进行生态移民,方迪国家公园建立后已迁出居民 120 户约 300 人,迁出的居民均由政府提供新的房屋和土地。五是政府投资力度大。森林一旦被划为保护区,主要是发挥生态、社会、文化价值,政府给予大量投入。如 1996～1997 年全国国家公园的直接收入为5550 万加元,而 1997～1998 年全国国家公园的投入达 3.23 亿加元,政府投入主要是用于完善保护设施和基础设施,以及支付管理人员的费用。

加拿大的保护区一般都注重发挥其五种功能:一是保存自然遗产、自然景观的功能。二是保护生物多样性的功能。三是科学研究的功能。特别是生物和生态学家往往把保护区作为重要的科研基地。四是旅游功能。向人们提供鉴赏和享用自然价值、美学价值和文化价值的机会。特别是国家公园和省立公园的旅游价值受到高度重视。五是传播生态知识的功能。各保护区特别是森林公园,都成为向公众进行生态知识教育的重要基地。公园独特的自然风貌和完整的生物多样性本身就是一个天然生态博物馆,为了向公众传授生态知识,许多场所都向公众免费提供宣传品,许多公园均设有博物馆、展览室,配备了图片、幻灯、录像、光盘、标本,并在不同地段设置了精美自然的宣传标牌,使广大公众受到潜移默化的生态知识教育。

森林公园和保护区的建立和发展,保存了一份独特的自然遗产,使人们逐渐认识到森林对人类的独特价值,也大大推动了林业和生态建设的发展。目前,在加拿大全民参与森林经营管理的意识已经形成,许多重大森林经营措施必须尊重公众的意见;林业企业保护森林资源、可持续经营森林的意识日益增强;全国受保护的森林面积日益扩大,保护措施日益加强;森林的多元价值受到充分重视和日益发挥,并为世界林业和生态建设事业提供了重要经验。

我国自然保护区和森林公园发展也十分迅速,取得了重大成就。目前,国家又将野生动植物保护和自然保护区建设作为林业重点工程之一纳入了国民经济发展计划,并且作出了实施天然林保护工程的重大决策。我们研究加拿大森林公园和保护区建设的经验,有以下几点值得重视。一是要高度重视自然保护区和森林公园的遗产价值、文化价值。将自然保护区和森林公园作为保存自然遗产、弘扬生态文化的重要措施来抓,通过大力发展自然保护区和森林公园,使我国众多的珍贵自然遗产及其文化价值得以永久保留并流传下去。二是重视开发自然保护区和森林公园的旅游价值。生态旅游是旅游业发展的大趋势,无论是国内市场还是国际市场都具有很大潜力。据资料反映,近年来,全球生态旅游的年增长率高达30%;到2020年来我国旅游的入境人数将达1.45亿人次,为发展林区经济提供了良好机遇。当前,应做好两个方面的工作,一方面要建设一批森林旅游的精品工程,增强森林公园的吸引力和知名度。另一方面,要积极开发自然保护区的旅游价值。我国自然保护区经济状态并不理想,应当将保护功能与旅游功能结合起来,在确保核心区受到严格保护的前提下,将一定的区域用于旅游开发,形成保护与利用的良性循环。三是鼓励发展自然保护区和森林公园,继续增加数量。实践证明,建立自然保护区和森林公园是保护森林,保持生物多样性,发挥森林多种功能十分有效的途径。对处于重要生态地位和生物多样性地位的森林,不管其山水风光是否独特,都应重点保护起来。放宽思路来研究这个问题,可以设想将部分天然林保护工程区的重点公益林逐步转划为自然保护区或森林公园,这样不仅可使天然林得到有效保护,还可分流部分人员,逐步发展生态旅游,形成良性循环。四是加强对自然保护区、森林公园基础设施的投入,为发挥其多种功能创造条件。五是及早进行生态移民。逐步将自然保护区核心区的居民迁移出来,这既是避免自然保护区核心区因人口增加遭到破坏的根本措施,也是解决核心区居民生计的根本措施。六是重视发挥自然保护区和森林公园宣传教育的功能。逐步形成各具特色的有一定规模的森林生态知识普及网络,让人们在游憩中获得森林生态知识,增强森林生态意识。七是逐步理顺管理体制。朝着国家级的由国家管理,省级的由省管理,市、县的由市县管理的方向推进,逐步解决谁所有、谁管理、谁投入、谁受益的问题,不能都靠国家投入。

四、注重创新,开拓市场,鼓励创汇,不断增强林业产业的活力与竞争力

加拿大的林业产业大体经历了四个发展阶段。18世纪为原木利用阶

段,主要生产船桅杆、特大方;19世纪初进入粗加工阶段,主要生产锯材和成板方;20世纪初进入深加工阶段,主要生产新闻纸、纸板、木浆和人造板;20世纪80年代以后,进入了森林综合利用阶段,其主要特征是除了木材综合利用外,非木材产品的利用、森林旅游业、生物技术产品兴起。加拿大林业产业发展特别注重技术创新、开拓市场和鼓励出口创汇。

技术创新是林业产业发展的根本,企业则是技术创新的主体。企业根据需要设置研究机构,如从事采运研究的森林工程研究所、从事林产品研究的富林特克林产品研究所、从事制浆造纸的纸浆和纸研究所,都是由企业组建的,其中纸浆和纸研究所完全由企业自办,经费全部由企业自筹;森林工程研究所和林产品研究所一半的经费由企业承担,另一半由联邦政府补贴。除自行进行技术研究外,企业特别重视先进技术设备的引进。目前,加拿大林产工业企业引进的先进机器设备已达到50%以上。技术创新大大提高了木材综合利用率和生产效率,使加拿大的林产品在国际市场上保持了很强的竞争力。定向刨花板生产通过技术创新,近十年来发展十分迅速,总产量已达700万立方米,生产总值从1990年起年均增长高达24%,远远高出了整个制造业产值年均增长5%的水平。中密度纤维板生产因为运用了许多最先进的加工技术和环境技术,已成为加拿大新兴的加工产业。生产厂家已由1986年的一家增加到1998年的7家,生产能力达到126万立方米。制浆造纸企业由于运用了污水处理技术,解决了制浆造纸企业污染严重的难题,从而使加拿大成为制浆造纸的先进生产国并保持了产品的竞争力。锯材工厂企业不仅实现了全程自动化,还采用了计算机精密制材技术,实现了高技术化,使原木达到了最佳制材效果。正是由于技术创新,使加拿大木材加工处于世界先进水平,获得了木材加工产品的竞争力。

拓展市场是林业产业发展的关键。拓展市场,一方面靠企业自身生产适销产品、加强营销以及与消费者保持密切的联系,巩固已占有的市场。另一方面,政府为开拓市场创造了有利的条件。为此,加拿大联邦政府林务局主要加强了两方面的工作。一是把国际关系、国际贸易作为一项十分重要的职能,十分重视贸易政策的制订、市场情报的分析研究。如在"1998~

2003 国家林业发展战略"中,专门提出了使"森林工业保持全球竞争性的战略指导原则和行动框架"。我们在与加拿大林务局的工作会谈中,原计划是由一名司长介绍加拿大林业情况,因为向某国木材出口发生了问题,不得不改由别人介绍情况,而他则前往处理贸易问题,由此可见政府对林产品贸易的重视程度。二是推行森林认证。森林认证既是提高可持续森林管理水平的标志,也是当今形势下提高林产品竞争力的重要手段。据联合国粮农组织估计,目前全球有近 1 亿公顷森林通过了认证,其中加拿大占 40%。

出口创汇是加拿大林业产业发展的主要目的。加拿大生产的林产品80% 用于出口,锯材、木浆及纸和纸板的出口量均占世界首位,人造板出口量居世界第二位,其中锯材占世界出口量的 43.2%,木浆占 31.3%,纸和纸板占 16.6%,人造板占 15.9%。为了鼓励出口,加拿大制订了一系列政策,如对林产品减免消费税。消费税是加拿大的三大税种之一,分别由联邦和省征收。联邦消费税针对所有的商品和服务课税,税率为 7%,税源包括:商业经营活动的投入、非商业活动消费的物资产品。对出口产品不征消费税,而进口产品全额纳税。省级消费税,税率一般为 6% ~ 12%。免税产品主要包括:出口产品、原材料等。林产品中的新闻纸、书籍纸、食品包装纸板、原木、锯材、家具板材、纸浆材等予以免税。

我国林业产业发展严重滞后,经济潜力远未发挥出来,不仅制约了林业自身的发展,也不利于农村经济和整个国民经济的发展。没有效益的林业是没有希望的林业。发展林业产业是提高林业经济效益的根本,是发掘林业经济潜力的根本,也是拉动林业生产基地建设的龙头,更是我国林业的奋斗目标之一。我国林业产业发展潜力巨大,可加工的各种林产品多达 1000多种,非木材产品资源十分丰富,不仅国内市场需求量大,国际市场潜力也很大。发展林业产业不仅可以提高资源利用率,还可大大提高山区、林区、沙区人民收入和财政收入。根据我们的实际,需要重视以下几个方面:一是要十分重视林业重点工程建设中的林产品加工业建设。我们推进林业重点工程,必须从社会经济全局的角度去分析研究问题。在今后一个时期,农村问题、农民问题、农业问题是国家面临的重大战略问题,要通过林业重点工程,促进"三农"问题的有效解决。特别是退耕还林工程,要长远坚持和发展下去,必须稳定地解决农民收入问题。实践证明,凡是有加工企业连接农民和市场的地方,农民的切身利益就能与工程建设紧密结合起来,农民增收就有希望,工程建设才有生命力。二是允许各种所有制的企业发展林产品加工业。完全按市场规则运行,在政策上一视同仁,并应有相应的林产工业协会,承担社会化的服务职能。三是对工业原料林适当放活采伐限制。通过加工增值带动工业原料林基地发展。江苏等过去无林少林地区林业的迅速发展也证明了这一点。四是在税收、信贷等方面采取鼓励扶持政策。山区、沙区、林区经济发展了,国家即使少了一些税收,但市场的有效需求扩大了,对宏观经济贡献更大。五是鼓励技术创新。重视引进林产品加工先进设备,尤其要重视引进无污染的制浆造纸技术,合理布局,改造建设几个大型骨干造纸企业,带动桉树、杨树、南洋楹、竹林等速生丰产工业原料林的迅速发展。六是高度重视非木材产品的开发利用,培育新兴的林区支柱产业。七是商品林基地建设必须贯彻生态效益优先的原则,不能只追求经济效益。要加强对工业原料林、用材林基地建设模式的研究,在保证经济效益的同时,对地块选择、生态防护措施、树种树龄的混交、景观效益等都给予高度重视,防止造成水土流失、土壤退化、景观破坏及病虫害。八是加强对国际林产品贸易政策研究、市场信息的分析预测,为林业产业发展提供政策引导和指南。特别要加快制订加入WTO后林业的应对措施,对不同的产品制订不同的产业政策,鼓励发展有比较优势的产品。同时,加快森林认证工作的步伐。

五、产权明晰,管理分级,经营分类,使用有偿,确保公有林的生态功能和经济效益有效发挥

加拿大林业所有制是比较独特的,全国森林94%为公有林,过去、现在和今后都是这样。公有林分为联邦林和省有林,其中联邦林占全国森林面积的23%,约为9600万公顷;省有林占71%,约为2.96亿公顷。加拿大对

公有林管得住,管得好,关键在于机制好。它的经营管理可以用四句话来概括,即:产权明晰,管理分级,经营分类,使用有偿。

产权明晰:就是加拿大公有林的所有权划分十分明确清晰。联邦林直接为联邦政府所有;省有林为省政府所有,联邦政府仅对省有林享有法律上的所有权。

管理分级:就是联邦林直接由联邦政府管理,地方政府不参与管理;按照加拿大宪法和联邦森林法,省有林由省政府根据各省自己的有关森林法律法规管理,联邦政府不能直接进行管理,只能进行间接管理,一般通过由各省组成的林业委员会制订国家林业战略,来指导规范各省的林业经营管理,即使是联邦森林法也只适用于联邦林的有关经营活动。

经营分类:就是按不同的经营目的,把森林分成两大类,分别实施不同的经营政策。一类是非生产林。全国非生产林面积为 1.69 亿公顷,占全国森林面积的 40.4%。9600 万公顷联邦林全部为非生产林,占全国非生产林面积的约 56.8%。非生产林不进行采伐,主要是发挥生态、社会和文化效益,其投资纳入政府财政预算,分别由联邦政府和各省政府负责。另一类是生产林。全国生产林面积为 2.345 亿公顷,占全国森林面积的 56.1%,其中 89.4% 为公有林,10.6% 为私有林。在生产林面积中,有 2750 万公顷为禁伐林,约有 9000 万公顷未通道路尚不能进入,因而实际的生产林面积只有 1.19 亿公顷,占全国森林面积的 28%。生产林主要是进行木材生产,但必须在可持续经营、保持生物多样性的基础上进行。其资金来源是由企业向银行贷款和发行股票,省政府只对林道建设实行补贴,补贴额占林道建设资金的 80%,其余 20% 由公司承担。

使用有偿:就是在生产林这一块实行"公有森林,私人经营,有偿使用"。公有生产林一般由公司承包经营管理。首先,由各省林业部门根据每片森林的特点确定其主要利用目标,比如是为了增加收入还是为了提供就业机会,根据利用目标和省级法规制定采伐、加工、更新等计划,然后,将计划公布于众,向社会公开招标。承包的时间在 10～25 年不等。中标企业对每一片森林都要制定年度计划和 5 年计划,时间长的要制定 25 年计划,并由省级政府审批。在承包合同中要规定采伐的时间、采伐面积、采伐蓄积、更新方式和更新时间、需要缴纳的费用等内容。对承包的森林,承包者必须按合同要求在获得采伐许可证后才能进行采伐,采伐后必须按规定更新。省政府每5年进行一次检查,根据检查结果确定是继续执行还是中止合同。各省林业部门按照不同的树种、不同的立地条件、木材品质规定收费的价目表,并在合同中明确作出规定。费用必须在领取许可证前缴齐。若在采伐后仍未缴足,承包者对木材就没有所有权,政府对其拥有抵押权。收取的费用交省级财政,省财政再通过预算拨给省林业主管部门,用于森林防火、病虫害防治、苗木培育、林业科研等森林管理项目的开支。

我国的公有林与加拿大的公有林有很大区别。加拿大公有林的管理体制与其联邦制的国家体制有着紧密联系,并且,加拿大森林的成过熟林多,我国森林的成过熟林很少。加拿大公有林经营管理的目的和权责利的主体十分明确,做到了各有其权,各负其责,各得其利,既确保了公有林在维护生态安全中的主体地位,又发挥了公有林的经济效益,虽然不完全适合我国国情,但其基本经验是有借鉴作用的。由于我国国情林情不同,各地林业发展水平及实际情况千差万别,因此,一些想法只作参考。一是进一步理清国有林管理体制改革的思路。从加拿大的情况看,国有林面积不在大小,关键是要有好的体制和机制。现在,我国国有林主要包括国有林区和国有林场,实行的是"国家所有,地方管理,企业和林场经营"的体制,存在的主要问题是:所有权不清晰,权责利主体不明确;政企不分,社会负担沉重;公益林、商品林不分,经营目标不明确;地方分担的责任不够,国家投入的负担重;企业无偿经营国家森林资源,森林资源浪费严重。因此,针对这些问题,国有林区及林场管理体制改革从总体上讲应朝着产权清晰、分级所有、谁有谁管、政企分开、分类经营、有偿使用方向推进。二是以分类经营改革为切入点,分级界定所有权。从长远看,需要研究将国家级森林自然保护区、国家级森林公园逐步界定为国有林,将生态地位特别重要的天然林保护工程地区的禁伐区及国有生态型林场逐步转化为国家级自然保护区和国家级森林公园并界定为国有林,实行垂直管理,经费由中央财政承担。其余国有林分别按照现行管理权限,确定为省有林、市有林、县有林,实行谁有谁管。地方各级政府划定的自然保护区、森林公园由地方各级政府垂直管理,经费由各级财政承担。确定为商品林的实行有偿使用,承包经营。当然,各地情况不同,可能要有一个过渡期。三是在分类经营、谁有谁管的基础上,实行政企分开。各森工企业的地方党政职能与企业职能、政府资源管理职能与企业职能都应分离。政企分开后,党政职能交由上级党委、政府直接管理,经费纳入财政,政府还应设立相应的机构管理资源,企业实行承包经营。根据我国国有林区的实际和森林林分质量,森工企业的改革要抓紧进行,分步实施,逐步到位;企业对公益林的管护经营,政府还应给予补贴,对商品林的经营,应给予优惠扶持政策。四是进一步搞活集体林。乡镇集体林场按原有体制也属于公有林,也存在产权不清、权责利不明等问题。实际上这部分公有林是在集体荒山上由群众投工投劳发展起来的。近十几年,集体林作为一种所有制形式还存在,但一部分已变成非公有制林业,许多集体林已采用个体承包、股份制、联产承包、残次林租赁等形式来激活经营机制。集体林中的这部分非公有制林业,尽管组成形式多种多样,核心的问题是林木所有权、使用权已不再由集体支配,这是区分集体林和非公有制林业的分界线。就整体而言,对集体林改革应有一个指导性政策,进一步明晰产权关系,调动林农积极性,不管什么所有制,只要能保护和发展森林资源,就应一视同仁地享受国家政策。尤其对个人和联产承包的荒山造林,要给予政策扶持。

六、放活经营权,制订优惠政策,健全服务组织,引导私有林迅速地健康地发展

加拿大私有林所占比重不大,仅占全国森林面积的6%,但经营的绝对面积不小,达2500万公顷。其中,三分之二大约由42.5万个私有林主所有,三分之一为企业所有。私有林主要分布在魁北克、安大略、哥伦比亚、艾伯塔和马尼托巴各省。私有林虽然仅占全国森林面积的6%,但却提供了全国21%的工业原木、79%的薪炭材、77%的大槭糖产品及全国几乎所有

的圣诞树,对林产工业及国家经济做出了巨大贡献。

加拿大私有林经营的目的,各有不同,多数是获取经济收入,有的是长期投资,有的是财产贮备而作为退休贮备金的来源,有的则是为了休憩娱乐。一般来说,这些目的均兼而有之。私有林拥有者来自社会的不同阶层,有城镇、乡村居民,有政府官员,有企业职员,等等。私有林完全由经营者独自经营,但政府采取了一系列政策措施,来推动、鼓励和引导私有林发展。一是对私有林采伐完全放开。不加限制,由私有林主根据市场需求和各自的经营目标来决定。二是减免税收。如生产原木免收消费税;经营保护性森林减免财产税,等等。三是成立私有林协会等中介组织。为保证私有林主和林业企业的利益,加强互相之间的协调,获得各种信息,提高对外竞争能力,国家、省、地方都成立了不同层次的中介组织。如林产品理事会、林产工业协会、私有林协会等。这些中介组织主要任务是代表企业和私有林主与政府进行协调,与其他行业协调,向企业和私有林主提供各种信息,私有林协会还负责帮助私有林主提供技术和产品销售等各种服务。四是建立合作伙伴联系,引导私有林主参与可持续经营。如方迪示范林有150位私有林主参与示范林经营。通过为私有林主制订示范林经营方案,与私有林共同研讨,向私有林传授技术、生态知识,使多数私有林主积极参与可持续经营,并增强了生态意识。在方迪示范林区我们访问了一个私有林主,其经营面积为2000公顷,经过示范林办公室的指导,私有林主完全接受了森林实行可持续经营的思想,开始采取保护森林生态功能和生物多样性的措施,对森林实行间伐和小面积采伐,开展了森林景观经营并提供狩猎、钓鱼等休憩娱乐服务,确保获得稳定的收入。目前,联邦政府正在采取新的措施,解决私有林经营面临的问题,包括:完善私有林地持续发展综合战略;调查私有林地资源和利用情况;区域景观经营和规划;调整"联邦收入法"和省、市的税收,使对私有林地持续发展的投入有合理的资金;实施和资助私有林主教育项目;联邦为私有林建立一个咨询委员会等。

我国荒山荒沙荒地面积大,造林绿化任务十分繁重,林业投资不足,农村就业的压力也很大,更应当采取有效政策,鼓励扶持包括私有林在内的非公有制林业发展。非公有制林业不同于国有、集体林业,核心问题是除土地外的资产处置权不为国家和集体所有。私有林业是非公有林业的重要组成部分,包括在非公有制林业中。鼓励扶持非公有制林业发展当前要重点解决好以下几个关键问题。一是荒山荒沙荒地造林绿化应向一切有志造林者开放。谁造林,林木归谁所有,允许继承、转让、拍卖。造林地归造林者无偿或低偿使用,只要是用于造林,使用期限可以长期延续。二是向造林者提供资金扶持。应建立相应的机制,使任何造林者都可根据造林实绩获得相应的补助。三是减免税费。对木材产品实行6%左右的低税率。四是适当放开采伐限制。对利用贷款或自筹资金营造的商品用材林,除限制采伐方式、采伐后必须及时更新外,可按照森林经营方案进行采伐并报林业部门备案。五是抓紧研究,及早建立非公有制林业协会等中介组织。向林业经营者提供经营咨询、技术指导、信息销售等方面的优质服务,是非公有制林得以健康发展的重要条件,目前的基层林业工作站人手少、任务重,很难提供周到服务,可考虑将服务职能推向市场,由业主自愿联合成立协会等中介组织,承担服务职能,按市场规则运作。六是全方位发展非公有制林业。森林资源培育、商品林、科研、技术开发推广、社会中介组织,特别是各类林木、非林木产品加工等等,都是非公有制林业重要组成部分,都需要加快发展。七是及早注重处理非公有制林业与可持续经营的关系。非公有制林业主要目的是获取经济利益,与可持续经营要求的生态经济协调发展的目的不尽一致,从现在起就应进行非公有制林业可持续经营试点,为非公有制林业大发展提供可持续经营的示范和政策引导。

英国的可持续林业发展战略*

英国自 1919 年成立国家林业委员会以来,特别是近 30 年来,林业保持了持续健康的发展。英国国土面积为 24.2 万平方公里,森林面积 279 万公顷,森林覆盖率由 1920 年的 4.2% 增加到 2001 年的 11.5%。其中苏格兰森林覆盖率为 16.9%,威尔士为 13.9%,英格兰为 8.4%。英国林业之所以持续健康发展,与其林业发展战略随着经济社会需求的变化而及时进行调整,较早地确立从以木材生产的产业为主转变到以生态建设的公益事业为主有着重大而密切的关系。我国林业正在经历并加速推进由以木材生产为主向以生态建设为主的历史性转变,尽管我国国情林情与英国不同,但英国的经验值得我们重视研究和借鉴。

一、由以木材生产为主向以生态建设为主转变,是林业持续、健康发展的基本特征,是林业发展的大趋势

第一次世界大战期间,由于战争需要大量木材,英国的森林被大量砍伐,战后可采资源屈指可数,政府出于为以后战争储备木材的考虑,于 1919 年成立英国皇家林业委员会。此后,林业发展经历了四个阶段:

第一阶段:1920 年至 1960 年,林业的主要任务是生产木材,保证战争、采矿对木材的需要,为农村提供就业机会,解决外汇储备不足的问题。

第二阶段:1960 年至 1980 年,随着英国经济快速发展,居民生活水平

---

* 本文是作者写给国家林业局党组的考察报告,原文载于国家林业局《林情调研》2002 年第 9 期。

稳步提高,森林旅游成为人们休闲的主要选择之一,除继续重视木材生产外,社区森林游憩功能开始受到重视。特别是70年代以来,人们开始认识到森林的巨大生态价值,发展林业,改善生态逐步成为这个工业化国家的战略选择之一。

第三阶段:1980年至2000年,林业可持续发展提上重要日程,森林在改善生态、公众游憩和保持生物多样性等方面的生态功能进一步受到重视,林业建设稳步推进,全社会也越来越关注林业的发展和森林生态效益的发挥。

第四阶段:2000年以后,明确提出了林业建设的四个目的:保护自然、公众游憩、服务乡村、木材生产,把森林的生态效益、社会效益摆上了第一位,并把林业发展作为履行国际公约,推进可持续发展的重要内容。

从英国林业发展的历程可以看出,英国林业经历了一个以木材生产为中心的指导思想逐步弱化和以生态建设为中心的指导思想逐渐强化的过程。这既是人们对林业重要地位与作用的认识不断深化的结果,也是经济社会发展不断推动的结果。英国林业全面进入以生态建设为主的新阶段主要体现在以下六个方面:

一是确立以生态建设为主的林业可持续发展战略。政府在1998年制定了林业可持续发展战略——《英国林业标准——政府可持续林业发展途径》。首相托尼·布莱尔亲自为该书作序。英国政府特殊重要的职责是高标准地经营管理国内森林,并帮助其他国家保护森林,改善生态。英国林业发展战略的重点内容是:保护森林资源,增加森林面积,防止有林地流失;培育半天然林,提高森林生态系统的质量和稳定性,保护和改善生物多样性;提高森林的景观效益和文化内涵,满足公众对森林的精神娱乐需求;促进森林旅游和林区游憩;鼓励公众参与林业建设,增强保护森林的意识。在国家林业可持续发展战略的指引下,英格兰、苏格兰、威尔士和北爱尔兰都分别制定了林业可持续发展战略,并立法为森林可持续发展提供保障。英格兰制定的林业发展战略提出,经过30年至40年的努力,把英格兰的森林覆盖率提高到30%左右。苏格兰2000年制定的《林业发展战略》提出,要力争在本世纪中叶森林覆盖率达到 25%。威尔士制定了《全民森林行动计划》、《森林可持续发展计划》《生物多样性保护和生态保护计划》《生态旅游和游憩计划》和《林产工业计划》，并提出经过几十年的努力，把森林覆盖率提高到 50%。这一发展战略，集中体现了以生态建设为主这个中心，突出了增加森林资源、发挥森林生态效益这个重点。

二是实行持续覆盖的森林计划。英国现有森林是允许采伐的，但采伐有明确的前提条件，就是以森林可持续发展为中心，变过去传统的皆伐模式为保持森林持续覆盖的采伐模式，确保原有的森林面积不减少，原有的森林覆盖率不下降，原有的森林生态系统质量不降低。在确保原有森林持续覆盖的同时，积极推行退耕、退牧还林，大力培育半天然林，努力提高森林覆盖率和森林质量。

三是林分改造以促进森林生物多样性为目标。英国本土树种很少，只有一些苏格兰松、无梗花栎树子遗下来。纯林过多严重影响了森林的质量和森林生态效益的发挥。随着林业由木材生产为主向生态建设为主的转变，英国开始注意增强森林的生态功能。国家鼓励发展阔叶林，使针叶林种植面积逐渐减少。1979 年，针叶林种植面积 3.2 万公顷，阔叶林种植面积 2100 公顷，而到 2000 年，针叶林种植面积减少到 1.74 万公顷，阔叶林种植面积增加到 1.66 万公顷。目前，全国针叶林面积占森林面积的比重已下降为 61%，阔叶林上升到 39%。为促进林分改造，积极引进外来适生树种。据统计，英国从北美、欧洲大陆共引进树种 1700 多种。通过发展阔叶林，保持树种的多样性，使林地形成功能较好的森林生态系统，更好地保护生物多样性和动物栖息地。在进行林分改造时，特别重视林中空地、森林边缘、水域周围这些野生动物和昆虫喜欢光顾的地方。

四是大力发展森林游憩业。政府认为，森林具有不可替代的景观价值，是居民旅游和游憩的重要场所。林业部门十分重视利用森林的景观价值，把发展森林游憩业作为林业生态建设的主要目的之一，并采取一系列措施，使公众尽可能多地享受到森林的生态效益。包括：在公路两侧及游览区种植阔叶林，有计划地将针叶林更新为阔叶林；林缘森林要尽可能天然化、景观化、多样化；国有林全部向公众开放；私有林逐步在政府的倡导下向公众开放；加强对林区道路、旅游指示牌、宿营基地等森林旅游基础设施建设，各林区与自行车协会、骑马协会等机构开展多方面合作，共同建设游憩、比赛设施。英国人口多而密集，在5880万人口中，80%的人居住在城镇，为满足纳税人增加城镇周围绿色空间的要求，政府自1989年开始在城镇周围建设社区森林，以方便人们就近休闲、游憩。

五是积极推行森林认证。英国是世界上开展森林认证较早的国家之一。国家林业委员会认为，森林认证是提高国有林质量，改善国有林管理的有效方式，并专门设置负责森林认证的官员，主要工作职责是协调政府各部门制定森林认证战略，为森林采伐、林产品生产、木材进出口提供政策咨询。在全国279万公顷森林（国有林86.1万公顷，私有林192.9万公顷）中，目前，已有110万公顷森林完成了认证，占全国森林的39.4%，其中国有林于3年前已全部完成森林认证，私有林在政府引导下正在逐步推进。

六是重视森林生态效益研究。在国家林业委员会专门设立了研究管理司，下设两个研究所。研究所的主要任务是为政府提供决策服务，为林产工业及林主提供咨询服务。随着林业发展战略的转移，自20世纪70年代初，林业研究开始从专门研究森林的经济效益转向重点研究森林的生态效益和社会效益，研究经费80%由财政提供。目前，英国在森林效益（特别是生态效益和社会效益）、社会林业、生物多样性、森林与健康、森林与气候变化、森林与碳循环等方面都取得了重要研究成果。

英国实施由以木材生产为主向以生态建设为主转变的进程，使林业发展步伐不断加快，取得了明显的生态效益、社会效益和经济效益。

一是森林覆盖率增长加快。1920年至1960年的40年间，森林覆盖率由4.2%上升到6.8%，仅增加2.6个百分点，年均增加0.065个百分点；1980年至2001年的21年间，森林覆盖率由9%上升到11.5%，增加2.5个百分点，年均增加0.119个百分点，为战略转变前年均增长速度的近两倍。

二是森林基本保证了维护国家生态安全的需要。英国属于海洋性气候，气候温和，降雨充足且时空分布均匀，森林覆盖率虽然只有11.5%，但布局比较合理,基本保证了保持水土、减轻风害、遏制水灾等方面的需要。

三是森林生物多样性得到有效保护。各种森林经营管理措施都充分考虑了生物多样性保护问题,本土物种得到较好的保护与发展,为动物提供了良好的栖息条件。新造乡土树种面积增长较快,1989 年新造乡土松树 31 公顷,而 1997 年则增加到 4735 公顷。

四是促进了旅游和社区经济发展。英国人非常喜欢在节假日去森林中游乐,享受林区清新的空气和幽静的环境。1998 年森林旅游人数已达到 3.55 亿人次(包括外国游客),是全国人口的 6.04 倍,其中英格兰森林旅游人数为 3.21 亿,苏格兰为 2200 万,威尔士为 1100 万。

英国林业从以木材生产为主向以生态建设为主转变的进程已推进了 30 多年,取得了明显成效,但仍在加大力度向前推进。英国林业的经验值得重视,结合我国正在进行的这一历史性转变,思考了几个问题:

第一,林业由以木材生产为主向以生态建设为主的转变,是林业可持续发展的大趋势,必须坚定不移,长期推进。一是进入新世纪,我国明确提出,林业实行由以木材生产为主向以生态建设为主的历史转变,顺应了世界林业发展的大趋势,是我国经济社会发展到今天的必然要求,是林业自身升级换代的内在需求,方向正确,适合国情林情,必须坚定不移地推进。二是这一转变是一个历史过程。过程论,是事物发展的基本规律。伴随着国情林情的实际变化,在上个世纪,我国林业已经对此进行了艰辛的探索,并奠定了宝贵的基础,没有过去的经验和基础,也就不能吹响今天的号角。现在明确提出这一历史性转变的历史任务,是在各方面条件兼备的条件下,开始迈开更高、更深、更新、更宽、更大的历史脚步。这是一个历史过程,必须长期坚持。三是这一转变不仅是一面旗帜,是一个战略口号,更重要的,它是林业发展方向、指导思想、主要任务的转变,是一个总的转变。在这个总转变下,必然要求林业性质、定位、思想观念、战略重点、管理体制、管理机构、政策机制、科学研究、经营模式及产业结构等与之相适应,也就是说,要根据新情况新要求,深入研究并实际推进一系列与之相适应的试验、改革、调整与宣传,使之在实践中逐步形成一个完整体系和长效机制,保证这一转变富有成效地扎实前进。特别要强调思想观念的转变。意识形态是上层建筑的重要组成部分,在林业生产力布局、科学技术、生产方式、经营模式、产业结构对转变产生决定性作用的同时,意识形态的反作用尤为重要。不能再用旧思维、旧习惯、旧方法来对待新事物、新变化、新要求。在推进以木材生产为主向以生态建设为主转变的过程中,必须树立新的思想观念,特别要及早树立五种观念:即生态优先观念,考虑一切问题的前提,贯穿一切过程的主线,都要体现生态建设、生态安全、生态文明的战略指导思想;效益观念,要像过去经营生产木材那样来追求生态效益产出;质量观念,要用高质量的森林资源来发挥森林生态系统的多种功能;科教兴林观念,要尊重自然规律,弘扬科学精神,推广科学技术,采用科学方法,防止盲目蛮干;系统观念,要发挥林业在生态建设中的主体作用,重视多部门、多学科、多领域合作与协调,共同抓好生态建设这个系统工程。

第二,着力增强森林的抗灾作用,努力实现人与自然和谐共处。森林具有涵养水源、调节径流、维持雪线、防风固沙、改良土壤、净化水质和空气、调节温室效应、防止山体滑坡、控制水土流失和维持生物多样性等诸多功能,这是科学和共识。一个国家发展林业,首先要重视森林在抗灾方面能发挥多大作用,以实现人与自然和谐相处。各国情况不同,英国的自然条件是山区分布于北部和西部,多西北风,降雨分布均匀,因此其森林多分布于北部苏格兰和西南部威尔士,全国11.5%的森林覆盖率可初步满足要求。我国水土流失、沙漠化扩展严重,旱灾、洪灾、沙灾频繁,是中华民族的心腹之患。在新世纪,党中央、国务院英明决策,以坚定的决心和巨大投入来推进林业重点工程。治理"心腹之患",是综合的、系统的工程,必须着眼于最大限度地减缓或遏制自然灾害,来科学地、有重点地发展林业,尽早使全国和各地区分别在整体上基本遏制住"心腹之患"的危害。有三点很重要:一是在实施林业重点工程中,坚决贯彻生态优先的原则。生态改善,才能促进地区经济的发展。南方有的省区森林覆盖率已经达到50%～60%,但年年抗洪任务艰巨,有的省区干旱也很严重;北方松花江、嫩江处在重点林区环抱中,但仍是特大水灾多发流域,这种现象值得深入研究。必须科学处理长远和近期、发展经济和改善生态、森林数量的扩展与质量的提高、面上整体推进和突出重点地区建设等重要关系,使投入巨大的生态工程,成正比地产生应有的生态效益,从整体上遏制住生态恶化的趋势。二是生态环境改善要有量化指标。林业是生态建设的主体,处于首要地位,林业的发展,要切切实实体现在生态环境的改善上。在林业重点工程中,已经明确了退耕还林、天然林保护、治理沙化、封山育林、自然保护等治理任务和要求,并对控制水土流失面积、治理沙化面积有规定的指标,这是最基础的指标。这里所讲的量化指标,是指遏制灾害、改善生态更直接更具体的解决"心腹之患"的指标。一个是水土流失方面,要明确减少江河输沙量的指标,并逐级分解到有关地区,定期公布。采用生物措施来减少水土流失,实践证明是正确的,有的地区经过治理已经出现了比较明显的变化。如黄河每年输沙量为 16 亿吨,陕西省延安市国土面积为 370.37 万公顷,3 年退耕还林 22.73 万公顷,对黄河输沙量由原来的 2.58 亿吨已减为 2.2 亿吨;又如长江每年输沙量为 6 亿吨,四川省实施天保工程和退耕还林工程,1999 年以来累计减少向长江输沙量 5.6 亿吨。另一个是遏制沙化面积方面,对沙漠化仍在扩张和没有扩张的地区,要分别明确减少已有沙化面积的指标。明确治理的量化指标很有必要,有利于促进林业工程合理布局,突出重点,有利于防止只追求绿不讲增强生态效益的倾向,有利于用事实讲清楚林业在改善生态中所发挥的主体作用。三是在布局上突出重点,抓要害,抓关键。林业重点工程从全国范围已经统筹兼顾、整体布局、突出重点,在具体实施中,要防止"撒胡椒面"。在同样投入的情况下,要通过对要害部位的治理,提高整体治理成效。在解决水土流失和防洪方面,要坚决在大江大河及其重要支流流域的山区及湖库周围加大天保、退耕还林、荒山造林、封山育林的力度。比如,秦岭山区今年洪灾严重,这一山区的森林植被,对汉水、丹江水库及南水北调中线方案关系重大,属于重点治理地区,要加大力度。在这些地区发展经济林,要选生态与经济兼用树种,或采取生态林与经济林、乔灌草复合经营模式,使经济林同样发挥出良好的生态功能。在解决沙漠化扩展方面,在综合治理中要高度重视在山口、风口地带因地制宜地恢复发展植被,构筑"防御要点"，削弱低空风速，从源头上减轻土地风蚀和起沙风。可考虑组织对西北、华北地区一些主要山口、风口情况进行深入调查，摸清情况，研究治理对策。在解决干旱缺水方面，要着眼长远，重视雪山地带森林植被的保护与发展，以加强生物措施来维持雪线和冰舌不后退，保证江河源头径流不减少。在西部雪山中，祁连山森林植被建设具有特殊的重要性。祁连山山脉发源的石羊河、黑河、疏勒河、大通河4大主要水系，上游径流较50、60年代已大大减少，这关系到河西走廊、内蒙古西部、新疆东南部、青海湖及黄河上游的水源供给，事关重大，事关长远，是一个战略性问题，需要及早采取措施。

第三，要及早重视提高森林质量。英国现在和今后的发展重点，是在大幅度提高森林覆盖率的同时，通过林分改造，增加森林景观效应和生物多样性，提升森林生态、经济和社会效益的质量层次。我国特有的自然条件是山区多，沙区多，北方干旱，南方多雨，南北方降雨多集中于7~9月份，时空分布不均，许多地区无雨则旱，有雨则涝，风沙旱涝问题突出。我国森林的结构性（林龄、林种、分布）问题也很突出。生态环境整体恶化的趋势说明，森林的生态功能还远不能满足国土生态平衡的需求。必须高度重视林业建设的长远性、科学性。一是坚持提高质量的原则。从总体上看，北方特别是西北地区森林数量的扩张是艰巨的任务；南方也有石漠化、荒山治理任务，仍需要继续增加森林覆盖率，但大部分地区在"灭荒"和绿化达标后改造林分、"第二次创业"的任务艰巨。因此，无论北方还是南方，在大力保护培育和发展森林资源的过程中，不能只讲数量不讲质量，只讲眼前不讲长远。特别是对已经"绿化达标"的地区，应适当加大支持力度，使一部分地区先进入林业可持续发展阶段。二是坚持因地制宜地建设森林生态系统。有林地和森林生态系统是不同的概念，只有形成适合当地自然条件的森林生态系统，才能发挥好森林的多种功能。一些地方盲目追求绿得快，消灭荒山全靠草，整流域搞单一树种，这绝非善策。不能只追求树活了就行，山绿了就行，也不能搞先绿起来再去搞绿得好，应该从一开始就致力于建设森林生态系统，不仅要绿起来，更重要的是绿得好。三是坚持多样性。无论多么特殊的自然条件，都不可能只有一种适生树种。没有森林多样性就没有生物多样性,林种单一化贻害无穷。一定要尊重自然规律,宜乔则乔、宜灌则灌、宜草则草,宜封则封、宜飞则飞、宜造则造,使乔灌草、封飞造科学结合,坚决防止"一刀切"。在有条件的地区,要大力封山(沙)育林或人工促进封山(沙)育林。要大力发展混交林和阔叶林,并重视培育本地珍贵树种。

第四,加快发展森林旅游。我国人口多,城市多,古迹多,森林旅游是潜力巨大的生态产业。林业由以木材生产为主转变为以生态建设为主后,发展森林旅游,是林业发挥新的、更好的生态效益、经济效益、社会效益的重要途径,也是林区转变生产方式、生活方式的希望之路。英国伦敦南部的新林区(New Forest)国有林面积只有1.3万公顷,不仅每年接纳游客多达2000万人次,对当地经济的贡献达6000万至1亿英镑,而且是一个森林知识的教育基地。我国森林面积1.59亿公顷,其中森林公园1271个,总面积1138.35万公顷,2001年森林旅游总人数8564万人。南部张家界国家森林公园面积4810公顷,2001年接待游客104万人;北部塞上名珠——塞罕坝国家森林公园面积9.4万公顷,2001年接待游客12万人;中部西安市郊区楼观台国家森林公园面积2.75万公顷,2001年接待游客25万人。可见我国森林公园旅游开发的潜力还远未释放出来,需要加大工作力度,早抓,持续抓,抓在手上不放。一是纳入国家旅游点建设总体规划。森林、自然保护区、湿地是最好的景观,是最丰富的旅游资源,不少独特的自然景观和历史古迹都以森林为依托,因此,森林旅游应该在全国旅游点建设特别是重点建设布局中占有较大的比例。要积极争取,主动协调,建设一批布局合理的重点森林旅游网络。随着交通条件的逐步改善,要重视建设靠近城市、游憩功能好的林区。二是加强森林旅游区基础设施建设。如人行车行马行道、供水供电排污、旅游线观光交通设施、住宿及森林知识普及教育等配套设施建设。三是加强管理。森林旅游是为了使森林生态系统为人类的健康、休闲等需求服务,旅游开发如破坏了森林生态系统,不仅不会持久,还会带来生态灾难。绝不能轻视只顾开发不顾保护的倾向。当前,一方面,森林旅游亟待开发,另一方面,破坏森林资源、破坏生物多样性的问题仍很严重。因此,要抓紧制定和完善森林旅游开发、管理的办法,健全森林旅游管理机构和队伍,切实加强对森林资源的保护。四是采用灵活机制,联合开发森林旅游资源。在切实保护森林资源的前提下,以林业部门为主体,采用股份制等多种形式联合开发,以吸引社会投资,加大投入。

第五,抓紧对森林巨大价值的研究。英国等林业发达国家,除重视林业基础理论和实用技术研究外,十分重视对林业发展战略、经营模式、机制、政策的研究,特别是随着可持续发展战略的确立,高度重视研究森林巨大的生态、经济、社会价值。中国可持续发展林业战略的核心是生态建设、生态安全、生态文明,加之以林业重点工程为主的林业投资巨大,因此,尽快揭示我国森林资源所产生的巨大价值是一项紧迫的重要工作。需要制定一个完整的计划,组织队伍,参考国外研究成果,早上马抓紧落实。一是研究森林的经济价值,对林木、林地特别是非林木产品以及林业发展带动的其他产业所产生的经济贡献进行系统研究,并建立新的林业经济产业项目和指标体系。二是研究森林的生态价值。日本从1972年起就以政府林业白皮书形式公布其森林生态价值,2001年9月公布的数字是,全国2513.33万公顷森林的生态价值为74.99万亿日元(包括水源涵养、防止水土流失、防止土沙崩塌、保健、野生动物保护、大气保全6个方面的效益),约合5.23万亿元人民币(按当时汇价),平均每公顷20.8万元。北京市森林面积1999年为60.9万公顷,对涵养水源、保育土壤、固碳制氧、净化环境、防护林的环境效益、景观游憩、生物多样性7项内容进行计算,生态价值为2119.88亿元,平均每公顷为34.8万元,是其林木林地价值的13.3倍。我国现有森林1.59亿公顷,其生态价值应及早揭示出来。另外,对森林在碳循环中的作用、森林在水循环中的作用(特别是降雨分布和变化与森林分布和变化的关系)、重点江河流域和湖泊水库周围森林质量与防洪能力以及固沙能力的指标等问题也需要进行研究。三是研究森林社会效益。这项研究还是一个前沿领域。四是对林业重点工程所分别产生的经济、社会、生态效益进行计量研究。

二、以采伐人工林为主,既满足社会对森林的生态需求,又满足社会对木材的需求

19世纪,英国天然林资源还比较多。1920年前,木材生产主要是采伐天然林;1920年至1960年,由于人工林没有达到采伐年限和材质要求,仍以采伐天然林为主;1960年以后,天然林资源已经很少留存,采伐对象逐步转向人工林。如,苏格兰森林覆盖率为16.9%,只有2%是半天然林。英国林业生产对象的变化说明,对森林资源短缺并且长期采伐的国家来说,由采伐天然林为主向采伐人工林为主转变,是最基本的选择,舍此别无出路。

英国是木材和林产品消费及进口大国。在林业发展进程中,林业工作者和公众逐渐深刻认识到,天然林具有保持生物多样性、保护土壤、涵养水源、美化风景、维护生态稳定等很多人工林难有的功能,天然林必须保护起来,不能再"砍"了。《国家林业委员会2000—2001年年度统计报告》显示,年木材进口量4860万立方米,国内消费木材4850万立方米;国内生产750万立方米,出口木材760万立方米。为了同时满足社会对生态和木材的需求,实施了两大战略措施:大力保护和培育半天然林;积极发展人工用材林。

英国的半天然林资源主要从人工林和封山育林逐步培育形成。对半天然林的保护,一方面专门划定区域严格管理,严禁采伐,采取各种措施防止鹿的破坏;另一方面,借鉴德国"近自然林业理论",有目的地培育近自然、近原始的森林。目前,英国已培育半天然林55万公顷,占全国森林面积的19.7%。如英格兰新林区还在欧盟和英国政府的资助下,专门划出一片人工欧洲赤松林(百年人工林,并不大)来恢复天然林生态系统的原始面貌,并为此制定了百年育林计划,先用25年时间,移走区域内的欧洲赤松,逐步恢复几百年前阔叶林地为主、乔灌草结合的原始森林生态系统面貌。

英国对用材林资源的培育十分重视,认为"保持一定规模的商品林对于保证国家木材供应、避免过分依赖进口是一项深谋远虑的政策。"英国气候适宜树木生长,针叶林生长量高,树木轮伐期一般在30～40年。在英格兰,

每公顷针叶林一般年生长量达 12 立方米,一些地方高达 20 立方米。为了培育速生丰产用材林,林业遗传育种专家与国有林区、私有林场密切合作,选育生长快、抗风、材质好的优良树种,进一步提高森林生长量,提高产材量。《英国林业统计(2001)》显示,近 20 年来英国每年造林面积一直稳定在 3 万多公顷。近几年来,英国政府倾向于鼓励私有林主发展用材林,1991 年国有林区新造林 3500 公顷,而私有林区新造林 1.56 万公顷;2001 年国有林区新造林 200 公顷,私有林区新造林 1.78 万公顷。由此看出,其向采伐人工林为主的转变,也就是创造条件逐渐转向发展私有林。国家林业委员会统计部门估计,国内木材供应量到 2012 年将增加到 1545 万立方米(带皮材积),到 2017 年将达到 1648 万立方米(带皮材积)。

无论是国有林区经理还是私有林场经理对坚持生态优先的原则都十分明确,但也都很重视木材生产,并把木材生产作为经济收入的一个重要来源。从全国看,英国要求本国的木材产量最高达到木材总需求量的 18%,然后就不再增加。同时,实行严格的采伐制度。除极为特殊的情况外,采伐森林必须经林业部门批准;对未经批准的采伐活动,严肃查处,追究违法者的责任。无论是国有林还是私有林的采伐,都要向林业部门提出申请,经国家林业委员会批准并发给采伐许可证后才能执行,并要求符合经国家林业委员会批准的《长期森林经营方案》,在不破坏生态的原则下进行。给人印象最深的是,国有林、私有林的经营方案非常详细,执行也很严格,林业设计和管理人员虽然不多,但工作十分精细。

大力推进由以采伐天然林为主向以采伐人工林为主的转变,是森林利用结构的战略性调整。英国和许多国家都是这样做的,这是世界林业可持续发展的趋势之一,我国也正在经历并加快推进这一战略性转变。研究英国的经验,结合我国实际,总的讲,要多条腿走路。

第一,木材进口应在今后一个时期继续保持并加大力度。一是我国是木材进口大国,据联合国粮农组织统计,中国 2000 年木材(包括原木、木片、胶合板、刨花板、纤维板、单板、木浆、纸与纸浆)总进口值为 150 亿美元,超过日本仅次于美国,居世界第二,这说明国内木材需求量很大。二是林龄结构不合理,天然林分幼中龄林面积占天然林分总面积的67.23%,需要较长的生长期。三是实施速生丰产林基地建设工程,计划用15年时间建设1333.33万公顷生产基地,这是一个加强自供的建设过程,特别是大径级材,需要较长生长期,在这个过程中,丝毫不能放松木材进口。

第二,森林特别是人工林要科学经营管理。我国现有人工林4666.67万公顷;现在的天然林由于采伐过度大部分是次生林;在林业重点工程推进中,将大大加快人工造林的步伐,使人工林快速增加。因此,在推进速生丰产用材林基地建设工程之外,要特别重视其他人工林建设,使这一大块人工林也成为重要的木材来源。一是在已有人工生态公益林中,许多是纯林,密度大,生长慢,水土保持能力差,需要通过林分改造和抚育提高其生长量,增强生态功能。对这部分人工林要研究措施逐步改变现状。二是对由个人投入的非公有制林业营造的人工林,应考虑帮助其制定森林经营方案,进一步放宽放活采伐政策,以调动其造林积极性。三是从长远讲,对次生天然林也应进行科学经营,进行必要的抚育采伐,解决好"一统就死,一放就乱"的矛盾。

第三,速生丰产用材林工程建设也要贯彻生态安全原则。英国对培育生长速度快的用材林也强调生态安全,前提是不破坏地力,不影响当地物种的栖息,这一点值得借鉴。我国大规模发展速生丰产用材林,主要是解决我国木材供需矛盾问题,由于投入主要靠贷款,因此,以经济效益为核心是必需的,并且应该切实落实好。同时,从一开始就要注意,林业发展战略的核心思想"生态建设、生态安全、生态文明"同样适用于指导速生丰产用材林建设,也就是说,速生丰产用材林建设同样要贯彻生态优先的原则。而区别则在于它同时还要实现经济效益最大化。遵循两个原则就要研究相应的措施。比如,要尽量选择破坏地力小的树种,纸浆生产项目要与这样的树种相配套;规划速生丰产用材林建设基地,要采用与生态林复合经营模式,防止只搞用材林(智利、新西兰生态林与用材林带状混交比例约占5%~10%),以增强防火、防虫、防水土流失能力;要注意景观效益,主要交通干线视野内不要大规模搞纯林;要错开和延长轮伐期;特别要防止先毁林再造林的倾向;用材林基地要选在不会造成水土流失的地区。

三、长期坚持退耕还林,是增加森林面积, 改变农村生产、生活方式的有效途径

英国和许多国家一样,同样经历了毁林开荒、毁林兴牧的历史。随着人们对生态的日益重视,为了增加森林面积,国家长期鼓励退耕还林,并采取了有力的政策措施。

一是国家收购耕地、牧场,实行退耕、退牧还林。1919 年后,国家林业委员会开始代表国家收购土地,并在收购的土地上退耕、退牧,大面积种植人工林,组建国有林区。其现有的 30 个国有林区的森林,绝大多数是采取国家收购土地后实行退耕、退牧还林而建成的。

二是建立林业基金,鼓励农民退耕。1919 年英国设立了林业基金,稳定地提供各种造林补助金。基金主要来源是国有林产品收入、林地租金、国家划拨的资金、社会捐助金等。1960 年前,国有林基金占林业基金的 93%,1960 年后,逐步加大了私有林基金的比例,鼓励更多的农用地退耕。1988 年,英国又建立了农用林地基金(1994 年更名为农场林地奖励基金),补偿农民在农地退耕造林。农民或农场主在耕地或牧地造林,一旦通过林业部门的检查验收,就可申请获得补助(奖励)。1 公顷退耕还林补贴为每年1500 英镑,按年发放补贴,最多补助 20 年。

三是执行欧盟的退耕、休牧政策。1995 年,欧盟为促进土地的永续利用和发展森林资源,经协商决定实行退耕、休牧政策,英国完成了相应的退耕、休牧计划。

由于长期坚持退耕还林和退牧还林,英国的森林面积不断增加,森林覆盖率大幅度提高。现有森林大约有 1/3 是通过退耕还林和退牧还林方式增加的。目前,英国仍然在鼓励退耕、退牧还林。比如,英格兰林业部长伊莉奥特·莫蕾在 2001 年 11 月的年度论坛报告中指出,英格兰还有 17.5 万公顷的土地需转变为林地。20 世纪 90 年代以来,英国为继续推动林业发展,

扩大森林面积,在退耕、退牧还林的政策上又作了调整。政策措施主要有:阻止林地挪用,控制林木采伐;积极扩展半天然林;鼓励在人口密集地建立新林地(区);允许 200 公顷以上的农牧场土地用于造林。另外,进一步完善林业补助政策,对一般土地造林提高补助标准。例如,新造针叶林每公顷补助 700 英镑,新造阔叶林每公顷补助 1050~1350 英镑;更新造林和人工促进天然更新,每公顷针叶林、阔叶林分别补助 325 英镑、525 英镑;同时,还制定了优等地补助(600 英镑/公顷)、年度经营补助(从造林开始计算,每年 35 英镑/公顷)、造林地区差补助(面积 25 公顷以内,600 英镑/公顷)、林地改良补助(补助额为协议造林成本的一半,不超过 5000 英镑)、牧业损失补助(每年 80 英镑/公顷,补 10 年)等政策。

我国地形复杂,山地多,陡坡耕地多,是造成水土流失的主要根源。大力推进退耕还林,是控制水土流失、治理水旱灾害之本,是增加森林面积和转变农村生产方式的有效途径。我国退耕还林比英国的退耕还林规模更大,任务更复杂,涉及面更广,更要坚定不移地长期推进。有几个问题需要重视研究。

第一,退耕还林要有长期打算。从英国的情况看,其退耕还林不是五年十年的事,是一项长期的事业。我国利用粮食充裕的宝贵机遇,大规模快速推进退耕还林,但由于 25 度以下坡耕地很多,林业生产周期长,农村产业结构调整需要一个历史进程,因此,需要从长计议,研究长期坚持退耕还林的一些前瞻性问题。

第二,退耕还林与退牧还林还草两手抓。实行退牧还草,也要像退耕还林中包含还草一样,在有条件的退化草场上适度还林,形成草原森林生态系统。河北坝上红山军马场是典型的牧区,面积共 1.87 万公顷,现有 2000 公顷湿地,4666.67 公顷森林,1.2 万公顷草场,还计划再发展 2000 公顷森林,这就是一个很好的例子。

第三,在退耕还林中推进农民生产方式、生活方式转变。我国大规模地推进退耕还林,势必对小农经济生产方式带来冲击。森林需要一定规模的经营,又不像农作物那样需要不间断地耕作,因此,在林地确权的基础上,退耕户的生产方式发生变化是必然趋势,由此也将带来其生活方式的转变。退耕还林是一项泽及子孙的伟大事业,要做到长治久安,必须促进农民生产方式和生活方式转变,这需要积极进行探索。

第四,退耕还林的政策要根据进展情况适时进行调整。退耕还林是一个发展着的事物。英国最初退耕还林的目的是发展用材林,近些年改变为防风保土、拓展森林游憩区域。我国退耕还林的基本目的是改善生态。随着时间的延长和规模的扩大,长时间完全由国家财政负担是难于持久的。应积极落实地方配套补助政策,在发达省区,要加大地方补助比例,不能一刀切。随着工程进展,要逐渐加强政策引导,对生态效益好的树种和经营模式(如英国鼓励发展阔叶林),可补助得多些;对已经产生较好生态效益的林地,根据分类经营的要求,将主要公益林纳入森林生态效益补助范畴。

第五,通过退耕还林大力推进非公有制林业发展。20 世纪 90 年代以来,英国退耕还林政策逐步倾斜于鼓励私有林的发展。我国退耕还林后形成的有林地,产权归退耕户所有,经营主体是广大农民,应确权到户,长期不变。应该看到,这是我国非公有制林业发展最新最大的主战场。因此,鼓励非公有制林业发展的优惠政策,首先应适用于退耕还林户。要通过退耕还林工程的实施,形成非公有制林业的管理机制和利益机制。

四、有偿使用森林生态效益,实现 生态公益林的可持续经营

英国有偿使用森林生态效益,是其林业发展的又一重大变革。森林生态效益的有偿使用,主要通过财政手段、税收杠杆进行配置。

一是国有林区实行"收支两条线"政策。国有林区所有产业的收入全部上交财政,财政核拨年度经费,用于人员开支和森林保护、培育、发展。国民议会之所以批准林业的年度经费申请,主要原因是国有林区免费向公众开放,政府实际上是在统一为公众支付森林生态效益费用。

二是对私有林场实行财政补贴。政府鼓励私有林免费向公众开放,然

后按标准给私人林场主补贴,也就是政府通过财政手段为纳税人购买了私有林场的森林生态效益。政府设立了标准森林管理补助、专项森林管理补助和年度森林管理补助,其中森林年度管理补助项目,每年每公顷补35英镑。申请获得森林年度管理补助的条件是保证森林生态效益功能的发挥,并免费向公众开放。一旦发现林场主用补助金修建商业性设施,补助就立即停止。例如,苏格兰波斯地区的一个私有林主,管理6000公顷林地,每年免费接纳10万人次到森林中游憩,财政每年补助5万英镑(含造林费)。波斯地区大约11万公顷的森林得到财政生态效益补贴共250万英镑。

三是减免税收。政府鼓励企业、公司投资造林,造林所需的费用,可以等额冲抵应该上交的税收。这实际上是政府通过税收杠杆提前为后代缴纳了森林生态效益补偿费用。

推进森林生态效益有偿使用,是建立林业良性运转机制的基础。我国已实行森林生态效益补助试点,但还有很多工作要做。

第一,要进一步增加森林生态效益补助资金。目前,我国森林生态效益的补助标准偏低,不能满足公益林经营管理的需要。可考虑对经济发达地区和江河下游地区,采取国家和地区共同补助的办法。对不同类型的公益林实行有差别补助,使生态效益重要而显著的得到较高的补助,以引导经营者培育高质量的公益林。

第二,对私人、公司、部队经营公益林一视同仁,享受同等的补偿政策。

第三,综合运用多种政策进行森林生态效益补偿。对营造公益林给予造林补贴、优惠贷款;对公益林经营者生产的相关林产品实行低税或免税。

第四,加强对公益林类型、作用、建设模式、补助标准的分类研究。对禁止采伐的公益林、延长采伐期的公益林、天然更新的公益林、人工营造的公益林、发挥不同作用的公益林进行研究比较,为不断完善有偿使用森林生态效益的政策提供依据。

五、坚持全社会办林业,创新林业发展机制,拓展林业发展空间

英国森林的 35% 是国有林,由国家林业委员会直接经营管理;55% 是私有林,为农场主和私人所有;10% 归教会、慈善等社会公共机构所有。对于私有林的管理,主要是通过社会各级私有林主协会进行管理,国家林业委员会通过制定政策和发放补贴来引导、促进私有林的健康发展。20 世纪 90 年代以来,可持续发展理论逐步深入人心,森林服务功能的多样化越来越引起社会的关注,社会办林业的特点越来越突出。

一是加强部门间的林业合作。森林多方面的功能和作用已越来越引起英国政府各部门的关注,许多部门积极与林业部门进行合作。农业部门十分重视森林在保护农场和牧场方面的作用,积极鼓励在农场、牧场进行网格化造林,在英伦三岛,随处可见农场或牧场被网格化树林或片林隔开;旅游部门已将森林旅游作为一个重要内容,积极与林业部门合作,参与森林的建设与管理,发展森林旅游和林区游憩事业,收入由旅游部门与林业部门分享;贸易工业部门把加快林产工业和木材进出口贸易的发展作为工作重点之一,加强与林业部门的合作;环境保护部门积极参与林业可持续发展计划的制定。

二是推进社区关注和参与林业建设。英国从 1989 年开始强化社区林业建设,鼓励公众积极参与,引导公众密切关注。政府专门设置了社区林地补助,引导在城镇周围开发建立新林区,并鼓励更多的城镇居民走进林区,参与林区的建设与管理。这些新的林区一般要求建在离城镇不远的地方。英国林业管理机构在经营森林时,十分重视社区利益,无论是制定政策还是进行采伐,都要广泛征求社区居民的意见。比如,制定林区的中长期计划,先由林区管理机构起草,然后发到社区征求意见。林区经理和职员还要深入社区公众,广泛征求意见,最后根据社区的意见进行修改完善。同时,居民也把社区周围的森林作为享受生活的重要部分,积极参与管理和提出建

议。据了解,英国很多林区都建立了社区发展论坛。

三是鼓励公司、社会团体参与林业建设。在林业经营管理中,积极引进专业化公司进行生产,伦敦南部的新林区每年约生产木材 6 万立方米,雇佣生产或承包生产就有 4 万立方米,占 66.7%。大部分私有林主都把自己的森林承包给专业公司经营,经营者按林主的意愿和林业部门的要求进行经营管理。一些生态、环保团体自愿参与林业建设,如"伦敦树"组织是一个群众团体,资金主要来源于社会捐助,该组织主要是致力于伦敦市及市郊植树,组织更多的志愿者参与林业各类活动。

四是不断加强对私有林的服务。英国推进社会办林业的重要途径是发展私有林,为私有林积极提供各种服务和政策支持。在服务方面,林业部门积极帮助私有林主做好森林经营规划,尽量满足生态需求和社区居民游憩、休闲需要;积极引导私有林主充分利用闲置的森林,或者介绍专业公司承包管理;林业部门技术员帮助私有林主或林区经理做好病虫害防治工作。

五是重视对公众进行宣传教育。英伦三岛共在林区建立 34 个游客服务中心,其主要职责之一是提供林业宣传资料,直接面向公众进行宣传;在全国 30 个国有林区都建立了森林课堂,配备专门的教员;定点在林区布设森林和物种标牌,放置各类林业宣传的小册子,介绍如何保护珍贵物种及其栖息地;林区巡护员还兼任宣传员,并招募志愿者任宣传员;社区居民可以随时向林区经理和职员了解森林生态知识;全国国有林区和部分私有林场免费向公众开放,中小学校可以组织学生到大森林中接受教育,认识大自然;国家植物园、自然博物馆及伦敦草药园经常组织有关林木、森林植物的知识讲座和标本识别活动。

英国林业面向社会,依靠社会,接受社会监督的氛围处处可以感受到,从中我们也受到一些启发。

第一,进一步加强部门合作。农业、水利、旅游、气象等部门与林业建设关系越来越密切,要充分发挥各部门的优势和作用,共同推进林业和生态建设。如与农业部门合作,积极推进农村产业结构调整,促进农村经济发展、农民增收,搞好生态移民和农村能源建设,减少薪柴对森林资源的消耗;与旅游部门合作,加强森林旅游资源的开发利用;与文艺工作部门合作,加强森林文化的宣传;与宗教、文物、民族工作部门合作,加强对森林中寺庙、古迹和民族聚居地的管理。

第二,制定林业政策、林业规划、森林经营方案要重视广泛征求社会和公众的意见。这样做的过程,既是向社会和公众宣传林业的好形式,又是修改完善政策、规划、方案的好办法,还为执行规划、政策、方案奠定了社会基础。国家和地方各级林业部门都坚持这样做,林业的社会基础就会更加广泛和坚实。比如,对全国性的政策、规划可采取听证会或在媒体上公布的形式,广泛吸收公众意见;对林区的森林经营方案,可在当地广泛征求社区和公众的意见。

第三,加强社区林业建设。在新的历史时期,我国林业生产力总体布局是,以林业重点工程为主体,加上全民义务植树和发展社区林业。因此,加强社区林业建设是推动林业生产力发展的基本组成部分,要摆上日程,加大工作力度。要加强对社区林业的科学研究,积极探索发展社区林业的机制、模式;要主动扶持社区林业的发展项目;要及时总结、大力推广社区林业的新经验。

六、稳定林业机构,理顺管理体制

英国的林业管理机构、管理体制有五个特点:

一是林业机构长期稳定。国家林业委员会1919年成立,83年来一直保持稳定未被削弱。其职能不断加强,负责管理除北爱尔兰以外的林业事务,不仅经营国有林,还管理私有林、公有林。国家林业委员会属政府职能机构,设1名主席和10名委员,任期3年,其所属行政机构共有公务员3200人。

二是机构层次少。英国林业机构共设三级:第一级是国家林业委员会;第二级是按行政区划在全国设立4个大区,其中苏格兰2个,英格兰1个,威尔士1个,大区设管理局局长(事务长官),负责管理下属各林区的经费预算和监督政策执行情况;第三级是 30 个林区,设林区经理。林区经理负责组织制定本林区的近期、中期、长期森林经营方案,经过当地政府、社会评议并经国家林业委员会批准后组织实施。

二是垂直管理,人员精干。国有林从上到下由国家林业委员会林业事业司垂直管理,从业人员为公务员,约 2200 人,约占全国林业公务员的三分之二。全国林区巡护员总计 624 人。各林区每年向国家林业委员会提出国有林经营管理报告。

四是林业行政机构中的政策研究制定和执行并列为两大块。政策的制定由办公厅、政策研究司负责;政策执行由林业事业司负责。政策的制定和执行相对独立,相互影响。政策制定的原则是:保证林业管理与农牧业、土地管理相结合;保证森林的经营管理能促进当地的生态建设和经济发展;保证社区居民能理解、支持新的林业政策;促进森林持续有效发挥多种功能和服务作用。政策的执行非常严格,执行部门及时向政策制定部门反馈信息,提出意见和建议。

五是国有林没有采用相同的管理体制。威尔士和英格兰的国有林,森林管理监督由林区负责,而采伐利用是市场化机制。森林最多的苏格兰却"政企不分",但与威尔士、英格兰一样执行"收支两条线"。苏格兰的这种管理体制没有改变的打算。他们认为,这两种管理体制都很适合当地的情况,没有发现弊端。

林业机构和管理体制问题,是需要进一步加强和解决的大事。一是林业部门已由过去的经济产业部门转变为执法监管、公共服务、宏观调控、综合协调的社会公益事业部门,这就客观要求建立与之相适应的林业行政机构。二是国有林区管理体制改革面临新的环境和条件。在以木材生产为主转向以生态建设为主和实施天保工程的新条件下,在推进国有林管理体制改革中,要全面考虑政企分开、精简机构、稳步推进、因情而异等多个要点,处理好近期与长远、国家与企业、保护与发展的关系,积极又稳妥地推进这项改革。

对美国林业几个问题的研究与思考*

　　美国幅员辽阔,总面积 9.37 亿公顷,人口 2.81 亿。自然条件较好,濒海、多山、多平原、多河流:西临太平洋,东濒大西洋,南接墨西哥湾;西部喀斯喀特山脉、内华达山脉与落基山脉之间形成大盆地,西部诸山脉与东部阿巴拉契亚山脉、阿拉斯加的阿拉斯加山脉等主要山脉均为南北纵向;落基山脉以东有大平原、中央低地、密西西比平原、东南滨海平原,阿巴拉契亚山脉以东及东南有大西洋沿岸平原;主要河流西部有哥伦比亚河、科罗拉多河、格兰德河、密苏里河、阿肯色河,东部有密西西比河、俄亥俄河、哈得孙河,阿拉斯加有育空河。气候差异较大,以温带、亚热带气候为主,佛罗里达半岛南部属热带气候。降水差异亦大,沿海地区年均降水 1000 毫米以上,而落基山脉以西年均降水 500 毫米以下,西部大盆地不足 250 毫米。

　　美国森林资源丰富,居全球第四。美国林务局《2000 年"可再生资源计划条例"评估报告》指出:美国森林面积 3.02 亿公顷,森林覆盖率33%,占世界森林面积的 7%。据联合国粮农组织《2000 年世界森林资源评估摘要报告》的数字,美国森林每公顷蓄积量平均为 136 立方米,比世界森林每公顷平均蓄积量多 36 立方米。

一、坚持可持续发展战略,稳步推进林业经营思想的转变

　　美国森林的变化与发展,始于欧洲移民对"新大陆"的开发建设,与美

---

　　* 本文是作者写给国家林业局党组的考察报告,原文载于《中国林业》2003 年 11A 期。

国经济和社会的发展紧密相连。过去,丰富的森林资源为经济和社会的发展奠定了坚实的基础;现在,广袤的森林不仅继续为经济和社会的发展作出重大贡献,而且在保护生物多样性、维护生态安全、促进生态文明方面发挥着不可替代的作用。自1630年欧洲移民北美洲开始,美国林业的变化与发展从总体上似可分为五个阶段:

第一阶段:19世纪中期以前,为森林初期利用阶段。人类文明最初都是从向森林索取开始的,欧洲前往"新大陆"的移民更是如此。历史上,美国森林资源丰富,美国林务局专家估计1600年森林资源有4.26亿公顷。1630年欧洲开始移民,当时森林面积大约有4.23亿公顷,占土地总面积的46%。移民在原始森林中采伐木材来建设家园,修筑房舍,制造生产生活用具。由于当时以农业初级生产为主,木材采伐量比较少,200年间森林面积下降幅度尚不大,1850年美国森林面积估计为3.9亿公顷,森林覆盖率为42.5%。

第二阶段:19世纪中期至20世纪20年代初,为森林破坏阶段。工业文明往往以牺牲森林资源而兴起。随着美国工业迅速发展,大量的木材被用来造轮船、修铁路以及制造各种送回欧洲的木制品,森林面积随着经济和社会的发展而锐减,到1907年,60年间美国森林面积降为3.02亿公顷,比1850年减少了0.88亿公顷,森林覆盖率为33%,下降了9个百分点。东部地区经济发展最快,森林面积减少幅度最大。无论是东部的城市建设还是西部的铁路建设,木材都被作为最重要的原料,林地转变为农耕地或住宅地。与工业文明进程相融并存的结果是,水土流失严重,水旱灾害频繁发生。在自然灾害面前,正处在工业文明辉煌的人们开始觉醒了,比较早地认识到保护森林资源、爱护大自然的重要性,开始理性地采伐与利用森林资源。

第三阶段:20世纪20年代至60年代,为森林保护和建设阶段。1920年后,虽然大规模毁林开荒、弃林耕农活动被终止,一些农业用地通过退耕还林转变为林业用地,但是,林业用地在城镇化建设进程中转变为城市用地或住宅用地的也不少。这一时期,森林面积总体上仍处于下降趋势,特别是西部地区森林面积因经济建设的需要而持续下降,森林质量也不高,自然灾害经常发生。在此背景下,时任美国总统罗斯福在 20 世纪 30 年代推进了著名的大草原林业工程(1934 年宣布,1935 年实施)。为保证森林工业公司原料的稳定供给,美国国会于 1944 年通过了"可持续生产林业管理条例",确定了"森林可持续生产"思想。

第四阶段:20 世纪 60 年代至 80 年代,为森林多种利用阶段。人与自然和谐相处是经济社会可持续发展的必然要求,生态文明是人类文明发展的方向。随着经济的高速发展和人均可支配收入的不断增长,人们对户外游憩、森林旅游以及生态享受的要求越来越多,对森林的关注程度不断提高,美国国会、政府也积极回应社会需求,十分重视森林的经营与管理,于 1960 年通过了"多目标利用永续生产条例",确定了"森林可持续经营多种利用"思想。在继续重视木材生产的同时,开始强调利用森林生产木材以外的功能,包括森林游憩、狩猎、野生动植物和水资源保护等。由此,森林资源状况从总体上开始得到改善,1963 年起扭转了森林面积的下降趋势,1987年起森林面积开始增长。

第五阶段:20 世纪 90 年代以来,进入了以生态利用为主兼顾产业利用的阶段。近十几年来,美国森林面积持续小幅度增长,从 1987 年的 2.99 亿公顷增加到 1997 年的 3.02 亿公顷。美国林务局局长博司沃斯介绍,2002年美国森林面积已达到 3.07 亿公顷。美国政府对林业的管理更加科学、更具时代特色,于 1992 年确定了"森林生态系统经营"思想,强调不仅要把森林本身的可持续经营放在首要地位,而且要促进经济、社会及生态的可持续发展。

美国林业的发展历程表明,林业经历了一个森林资源被大量采伐的阶段,这是当时经济社会发展的客观需要和人类片面地认识与大自然关系交互作用的结果。随着经济社会的发展和人们认识水平的提高,在森林资源还没有出现枯竭时,就及时将林业经营思想转到以生态效益为中心并兼顾经济、社会效益上来。"森林生态系统经营"思想,就是在全国大范围、长时期、大框架内以满足经济社会各种需求为导向,对森林资源进行综合规划与

多种经营。"森林生态系统经营"思想有四个特点:

及时调整以木材生产为主的传统经营思想,突出以生态效益为主的整体目标,强调生态经营的完整性、系统性。木材的永续利用,仅是森林生态系统经营的一环,而不是全部。森林提供的一系列产品和服务,比如户外娱乐、狩猎、木材、水、野生动物和鱼是同等重要的。"森林生态系统经营"思想还指出,森林是不同等级、功能复杂并和非生物成分紧密相连的生物体系统。森林生态系统经营就是要维持整个系统的完整状态、健康功能和全部价值,必须立足于公共价值和公众参与。最终目标是维持经济和社会的长期发展并满足人类对森林的各种需求。

强调森林经营要遵循自然规律,重视森林生态系统的质量。对森林进行经营是有必要的,而不是任其自生自灭,但经营活动必须遵循客观规律,以保持生态系统的良好状态为目标。高质量的森林生态系统才能维护生态安全,实现生态价值最大化。要把森林状态、森林环境、生物多样性、水质、空气、森林健康放在第一位,而不是仅仅着眼于森林的面积、储量和产量。在森林生态系统经营过程中特别重视科学研究的应用,从 20 世纪 90 年代开始,森林生态系统的结构和功能、人与自然的关系、森林资源多种利用、经营活动对森林的影响等都被作为科学研究和成果运用的重点。

突出城市森林生态系统的经营。美国是一个高度城市化的国家。1950年至 1990 年,美国城市(含郊区)面积从占国土面积的 8.5% 跃升到23.8%,城市扩展的面积相当于美国亚利桑那州面积的 4 倍;1950 年至1996 年,城市(含郊区)人口比重持续增长,从占美国总人口的 61.5% 发展到 80%;城市(含郊区)林木覆盖率不断增长,2000 年已达到平均 33.4%。因此,美国绝大多数人直接或间接地接受着城市森林的福荫或影响着城市森林。城市森林日益被作为一个生态系统进行管理,人们认为,各地块植被的连接、城乡植被的互动,都会影响野生动物、昆虫和疾病的迁移或传播。国有林对城市产生的影响越来越大,一些国有林甚至位于城市中间或者周围人口密度比较大的地区,28% 的国有森林位于中心城市人口超过 2 万人的县。美国目前已把城市森林作为 21 世纪最具影响力的森林,认为城市林业有可能成为 21 世纪林业的重点。

重视森林与水的关系。美国绝大多数州超过三分之二的人口把地表水作为市政水源。人们越来越认识到林业对于保护地表水资源的重要性,将水作为森林的重要产品之一。美国林务局估计,国有森林涵盖着 3400 个集水区域,为 6000 万人口、3000 个非社区性设施(如宿营地)保证饮用水。因此,饮用水源管理已越来越被各级林业部门所重视,保证水源的安全被明确为林业部门的重要职责。国会、政策制定部门和科学研究部门也越来越认识到森林在提供清洁饮用水方面的重要作用,十分重视水源区域森林的管理。1990 年前,水处理仅作为水利工程对待,强调采用机械和化学方法来除去杂质,但现在越来越重视森林净化水质的功能。1997 年,美国纽约市为保证饮用水供给,决定执行一个"森林管理计划",投资 15 亿美元用于该市饮用水集水区森林的经营和管理,以取代原准备投资 80 亿美元建设一个城市水处理工程的方案。

我国林业发展的战略思想十分明晰,就是推进林业朝可持续发展方向前进,并通过林业的可持续经营促进整个经济社会的可持续发展。

第一,在全社会确立以"生态建设、生态安全、生态文明"为核心的林业战略思想。在我国林业建设与发展的几十年间,一方面,通过木材生产为社会主义建设提供了不可替代的物质基础;另一方面,通过植树造林为我国林业建设奠定了良好的发展基础。从总体上讲,过去国家对林业的主导需求长期以来集中在林木产品,植树造林的主要目的是防风防沙防洪及建设用材林,为农业发挥屏障作用。现在情况不同了,林业已成为我国生态建设的主体、经济和社会可持续发展的基础、西部大开发的根本和切入点。林业定位、性质的新变化,要求林业乃至整个经济社会发展都要贯彻"生态建设、生态安全、生态文明"战略思想,用新观念来研究解决一系列重大问题:一是要进一步明确建设森林生态系统的观念。我国地域辽阔,各地自然条件不同,如何从我国的国情林情出发,最大限度地把森林经营成为功能最多、效用最好的生态系统,是全国和各地区林业建设都要高度重视的问题。比如,森林面积、蓄积的增加是林业发展的基础性目标,十分重要,这是无可置疑的,但是必须考虑在扩展同样面积、增加同样蓄积条件下森林功能的完备和森林生态系统的形成。又比如,我国重点国有林区森林资源匮乏,后备森林资源不足,需要休养生息,但在一定时期的休养生息中必须考虑森林生态系统的恢复与健全,即讲求生态系统多样性、物种多样性、遗传多样性的增加。二是要把森林经营成为具有最佳抗风、抗洪、抗旱、抗沙化的功能。在我国林业投入巨大、森林数量快速增长的情况下,要致力于提高森林"四抗"功能,使林业在抵御自然风险中发挥主体作用。要实现这个目标,就要紧紧围绕"四抗"提出的新要求去采取新的举措。三是要从总体上、从源头上、从根本上进一步科学地研究我国森林覆盖率达到28%时的最优布局。全国森林的科学布局,是保证我国在特定自然条件下发挥最优森林生态功能的基础,也是先进林业生产力发展的要求。不同的地理区域,对生态功能的主导需求不一样,森林的主导生态功能也应不一样。例如,在江河流域、湖库周围建设水土保持林,在沙漠前沿地带、荒漠化地区建设防风固沙林,在城市集水区建设水源涵养林。四是要从法规上、从体制上、从政策上保证"生态建设、生态安全、生态文明"战略思想的贯彻实施。"三生态"是新时期林业建设新的战略思想,要紧紧围绕这一战略思想,该修订的法规要修订,该改革的体制要改革,该调整的政策要调整,该采取的措施要采取。

第二,高度重视森林的质量建设。在国家各方面持续加大投入的情况下,我国森林覆盖率有可能提前实现预定目标,即森林覆盖率达到并稳定在26%以上,但26%~28%的森林覆盖率也达不到世界平均水平,与林业发达国家相比差距仍然是很大的。我国山区遍布(占国土面积69%),沙区辽阔(沙化土地占国土面积18.2%),降水分布极不均匀,要以不足世界平均水平的森林覆盖率来保证一个现代化大国的生态安全,实现生态供需基本平衡,客观上要求森林必须是高质量的。首先,对现有的森林和新增加的森林,要有针对性地分别采取措施,提高森林的质量。一方面,现有的森林要提高质量。现有森林还存在着一些防护林(如防风林、固沙林、水土保持林)老化、天然林采伐过度、人工林功能单一等问题。无论我国森林面积增加多少,现有的1.59亿公顷森林仍然是几十年后中国森林的主要组成部分,仍将占有约三分之二的比重,因此,要采取积极的经营措施,加强培育,尽快提高这块主体森林的质量;另一方面,新增加的森林从一开始就要做到数量与质量并行、质量优先。要着眼于长远,从基础性工作抓起,避免以后再进行大范围、长时间的质量改造。其次,森林的质量建设要符合当地经济、社会和自然环境对森林主导功能的需求。应该看到,地理区域不同,自然条件不同,森林的作用也不同。提高森林的质量,要着眼于更多地发挥森林在当地特定条件下的主导作用。比如,南方与北方,山区与沙区,江河流域中上游和下游森林的主导功能不一样,相应的质量建设标准也应不一样。

第三,把建设水源涵养林摆上突出位置。缺水特别是北方地区的缺水问题,是我国可持续发展的一个重大问题。森林是大引水器、大蓄水库和大天然水质净化器,在全球气候趋暖的大环境中,加强水源涵养林建设,是关系民族生存与发展的一个战略性问题。例如,石羊河、黑河、疏勒河上游来水量急剧减少,直接关系到甘肃的河西走廊、内蒙古西部、新疆东南部的水源问题。水源涵养林建设是一个系统性概念,包括增加江河源头径流的森林、维持冰川雪线的森林、拦蓄山区降水的森林、保持河流及湖库水土的森林、保证城镇水源供应及水质净化的森林、提高湿地功能的森林,等等。当前特别需要引起重视的有以下三个方面:一是雪山地带森林。加强对雪山地带森林经营,极力维持雪线不上移、冰舌不后退,这个问题事关重大,事关长远,涉及方方面面,重点是要加强雪山地带的林业机构建设和营林、保护工作。二是大江大河、大湖大库流域及其周围地带森林(简称江河地带森林)。在退耕还林和防护林体系建设中,江河地带森林质量的建设要摆在优先位置。通过加快江河地带森林建设,保证我国江河湖库安澜、水利设施稳定发挥作用,有效地减少洪灾。三是城镇特别是大城市集水地带森林(简称城市集水地带森林),城市集水地带森林是保证城市水源和水质的基础,城市林业建设不仅要重视绿化美化林、防风固沙林,而且要重视集水区的水源涵养林建设。

二、长期保持国有林管理体制和政策的稳定,充分 发挥国有林在国家生态安全体系中的骨干作用

美国林地面积的 36.7% 为公有林地,为政府所有并直接管理。公有林地分为三大块:一是由美国林务局管理的,称之为国有林地,面积 0.77 亿公顷,占公有林地的 53.5%;二是由联邦政府多个部门分别管理的,占公有林地的 21%,这些部门是内政部土地管理局、鱼和野生动物局、公园管理局,国防部及能源部等;三是由各级地方政府(州、县及县以下政府)管理的林地,占公有林地的 25.5%。美国林务局经营的 0.59 亿公顷国有森林,占全国森林面积的 19.54%,占 1.28 亿公顷公有林面积的 46.1%。美国联邦政府有关部门和州、县政府所拥有并直接管理的公有林,在所有权、经营权、资金投入上是一致的,即谁所有、谁管理、谁投入。现仅从美国林务局管理的国有林来分析其经营管理特点:

联邦政府垂直管理国有林,机构精干。国有林分四级进行垂直管理。第一级管理机构是联邦政府林业主管部门——美国林务局,内设国有林管理司,负责全国国有林经营管理规划、年度计划、预算管理和经费划拨、森林资源管理及政策制定等工作。第二级管理机构是按区域设置 8 个国有林大区(林务局),每个大区下辖若干林区(如第 6 大区下辖 19 个林区),主要职责是监督和指导下属的国有林区,协调分配财政预算以及政策制定。第三级管理机构是基本按生态系统类型设置 155 个国有林区(林务局),负责分配财政预算,为营林区提供技术指导和服务,协助开展政策制定工作。第四级管理机构是国有林管理的基层单位,即遍布全国的 600 个营林区,负责日常的森林管护、野生动物保护和森林防火工作。

国有林四级管理人员共有 3.5 万余人。联邦林务局约有 800 人,8 个大区约有 1800 人,155 个林区约有 7400 人,600 个营林区约有 2.5 万人。最基层的营林区一般有管理人员 10 至 100 人,管理森林 2 万至 40 万公顷。如设在密西西比州的三角地国有森林营林区经营面积 2.4 万公顷,仅有 13

人从事各项管理工作,人均管理 1846 公顷。

国有林坚持可持续发展经营战略,重视生态保护。国有林经营管理注重保持森林的健康稳定,保证森林生态系统的高质量。经营重点是保证森林功能的持续有效发挥,高度重视恢复受破坏流域森林的整体生态功能,充分发挥森林对水旱等灾害的调控作用。联邦和州政府制定了多种法律、法规和政策来保护宝贵的国有森林,大幅度减少国有森林的采伐,部分用材林逐步被划为保护林或国家公园。据统计,20 世纪 90 年代以来,国有森林的木材采伐和销售量大幅度减少,减幅超过了 80%。1996 年,森林面积占全国森林总面积 19.54% 的国有林,立木蓄积却占到全国森林总蓄积的 30% 以上,但提供的木材仅占 5%。国有林的抚育工作,主要从生态角度来考虑:抚育伐要事先进行试验;分布在河流、湖库周围的水源涵养林严禁商业性采伐,即使是抚育间伐也要保证不造成水土流失和水质污染;采伐后,林业部门必须根据采伐前进行的环境影响分析,及时恢复森林健康,改善野生动物栖息环境和森林游憩条件。

社会各界积极参与国有林的经营管理。美国国有林与私有林纵横交错,许多与城镇、社区相伴。随着人们生态意识的日益提高,国有林的经营管理普遍受到社会各界的关注。推进一项国有林管理制度的改革或在国有林区实施一项工程,必须广泛征求公众的意见,得到公众认可、专家评定和上级批准。例如,1999 年至 2002 年,克林顿政府准备实施一项国有原始森林保护条例,在全美举行了 600 次听证会,收集了约 160 万份公众来信;后来,布什政府对该条例提出异议,在再次评议过程中又听取了 200 万人的意见。很多公民到林区从事志愿服务,如管理国有林的游憩设施、提供咨询服务、保护野生动物等。据统计,1991 年共有 98271 个志愿者提供各种服务,价值相当于 3490 万美元。

国有林财政管理实行"收支两条线"政策。在税收上,美国法律规定对国有林实行免税政策。为经营管理好国有林,国会每年都要通过国有林预算,保证国有林管理的经费。对处理森林火灾、病虫害等突发性灾害,林务局可先申请专项拨款,然后转入第二年的预算。当前,美国林务局仍然把木材生产作为国有林经营的组成部分,允许采伐的国有林地面积划定0.19亿公顷,占全国0.77亿公顷国有林地总面积的24.7%,采伐方式主要是抚育伐和间伐,采伐收入全部上交财政。国有林采伐收入上交财政的数额远不够国家对林业的财政拨款,部分国有林区长期实行的是亏损性采伐。密西西比河下游的三角地国有林营林区,2002年木材收入为20~30万美元,而国家下拨的经费预算是100万美元。

美国国有林管理体制历经近100年,长期保持稳定。我国林业发展的一个深层次问题是推进国有重点林区改革。我国国有林区管理体制是计划经济和以木材生产为主历史条件下的产物,解决这个突出问题,需要根据党的十六大确定的国有资产管理体制改革的方针和原则,进行深入研究、积极探索,在实践中寻求答案。

第一,权利、义务、责任相统一问题。党的十六大报告明确提出:国家要制定法律法规,建立中央政府和地方政府分别代表国家履行出资人职责,享有所有者权益,权利、义务和责任相统一,管资产和管人、管事相结合的国有资产管理体制;关系国民经济命脉和国家安全的大型国有企业、基础设施和重要自然资源等,由中央政府代表国家履行出资人职责;中央政府和省、市(地)两级地方政府设立国有资产管理机构。这些国有资产管理体制改革的基本方针和原则,为国有林区(森林资源)管理体制改革指明了方向,提供了难得的历史机遇。我国国有森林资源管理体制的现状是:国家所有,委托地方管理;资金主要依靠国家投入;国有森工企业政企不分。按照党的十六大精神,对这样的管理体制进行改革势在必行,问题是怎样结合国情林情来推进改革。森林资源是关系国家生态安全、经济命脉和重要自然资源的国有资产,原则上对国有森林资源应由中央政府代表国家实行管资源与管人、管事相结合的体制;国家和省、市(地)要分别建立责、权、利相统一的国有森林资源管理机构并明确职责。需要深入研究中央政府管哪些区域、管多少,地方政府管哪些区域、管多少;中央和地方政府分别管理的森林资源,怎样实行管资源与管人、管事相结合的管理体制,如何设立管理机构和解决经费投入问题。

第二,政企分开问题。国有森林资源管理实行政企分开,是大势所趋、改革所向。对于国有重点林区管理体制的改革,许多方面都认为以下思路可行:即建立国有森林资源管理机构,履行监督管理职责;实行政企分开;对国有森林的营林、采伐、基本建设等,实行政府投入、市场招标、企业承包经营。面临的实际情况是:国有林区在长期政企合一的体制下,积累了许多复杂的矛盾和问题;国家在国有林区实施了天然林保护工程,资金投入巨大,政策需要保持相对稳定;国有森林资源匮乏,成过熟林少,需要长期休养生息。现在的国有森工企业实行政企分开后,森林资源管理机构必须精干高效,重组的企业必须自主经营、自负盈亏。在这种情况下,一是企业以何种组织形式存在,分几级进行管理,经营什么,这些问题都需要有明确的思路。二是国家投入国有重点林区的资金主要是天然林保护工程资金,实行政企分开,资源管理机构经费怎么解决,企业重组及日常管理经费怎么解决,精干的资源管理机构和市场化企业以外的富余人员谁来管,经费怎么解决,天保工程的政策怎样保持连续性,也需要有明确的思路;三是政企分开后,国有森林资源管理机构怎样执行国家预算政策和"收支两条线"政策,在改革之初也需进行深入的研究。

第三,国有森林资源管理的机构设立、职能配置问题。一是管理机构设立。国有森工企业实行政企分开,建立专门的国有森林资源管理机构,代表中央政府履行出资人职责,这是改革的重点领域。关系这一改革的核心问题是管理体制问题。要把管资产与管人、管事相结合,责、权、利相统一,需要实行垂直管理。二是职能配置。主要应考虑:国有森林资源的经营、管理(包括规划、预算、基础设施建设以及水资源、土地、野生动植物和森林旅游管理等)和执法监督;对地方林和非公有制林进行指导(如森林防火、森林健康、森林经营方向等);政策的制定与实施以及科技的研究与推广。三是人员精干。人员编制需要在充分利用科学技术的前提下,实行精干高效。美国0.59亿公顷国有森林,各方面人员共计3.5万人,平均每人管理1685.7公顷。基层有600个营林区,第一线的管理人员共2.5万,平均每人管理2360公顷。我国国有林区的管理人员精减工作,要从实际出发,分步骤、稳步地实行过渡性精减,在管理机构的层级划分、数量设置、人员编制几个主要方面都要考虑大幅度精减。

综合看,研究国有林区管理体制改革这个复杂问题,要通盘考虑稳步推进政企分开、垂直管理、职能转变、机构精减、资金投入等原则性问题。

三、完善政策,健全机制,大力推进私有林发展

美国私有林地占全国林地总面积的 63.3%,私有森林(1.74 亿公顷)占全国森林面积的 57.6%。美国私有林具有四个特点:一是营造林的主体。2001 年全国共造林 107.8 万公顷,政府系统造林 9.7 万公顷,仅占 9%;私有林主造林 98.1 万公顷,占 91%,其中非工业私有林主造林 51.7 万公顷,接近全国造林面积的一半。二是木材生产的主力。私有林的木材生产占全国木材生产的 95%。三是主要分布在东部地区。东部地区平原多、河流多、降水多,自然条件较西部好,私有林面积达 1.28 亿公顷,占全国私有林面积的 74.0%,占东部地区森林面积的 82.1%。四是非工业私有林主众多。全国私有林主有 990~1000 万个,在私有林中,不经营林产工业的非工业私有林主拥有森林 1.47 亿公顷,占 84.5%;经营林产工业的私有林主拥有森林 0.27 亿公顷,占 15.5%。

美国私有林主拥有林地的所有权,经营自主;私有林作为一种私有财产,受到法律保护。政府鼓励私有林发展的主要做法是:

依靠政策调控私有林的经营管理。政府通过税收、贷款、补贴等扶持政策来调动私有林主发展林业的积极性。在税收政策方面,国会和联邦政府自 1924 年起就充分认识到税收的重要影响,通过制定各种税制和保持税制的稳定来促进私有林的发展。私有林主纳税的税种名目繁多,有所得税、财产税、产品税、采伐税和遗产税,不同税种对林业发展的影响也不同。所得税会影响纳税人的林业投资计划,财产税会促进林木的开发利用,产品税会影响森林资源的保护和持续利用,采伐税会影响森林的经营水平,遗产税会影响私有林的合并经营。在金融政策方面,建立了针对小私有林主的专项

贷款,利率为 5% ~ 6.5% ,年限为 1 ~ 7 年;私有林主可以将林地作为抵押来申请贷款,这一点很重要。在财政补贴政策方面,联邦政府提出了"森林经营激励项目",通过补助非工业私有林主来促进私有林的发展;实行了"造林补助计划",每造一英亩林可得到 50% 的造林成本补助;设立了"造林奖励基金",实行统一的奖励政策。

引导私有林走可持续发展之路。推进林业可持续发展是一项国家战略,如何使私有林发展也能符合国家战略,一直是联邦政府优先考虑的问题。政府通过颁布法规、制定政策、提供服务等措施来引导和调控私有林的发展,使私有林主在保证经济利益的前提下为社会提供相应的公共产品,做到森林权属的私有化与生态效益的公益化不相矛盾。为提高林产品的市场竞争力,美国森林工业公司(私有)积极向社会作出承诺,保证坚持可持续发展林业目标。1994 年,美国森林工业界开始实行"可持续林业发展项目"(SFI 项目),强调要肩负改善生态和保护环境的职责,承担起更新采伐迹地、净化水质和空气、保护物种栖息地和生物多样性的义务。大多数私有林主积极支持和协助政府提出的可持续发展措施,其中实施时间最长的项目是"美国植树项目"。

健全私有林经营的法律法规。美国政府对私有林实施行政管理的主要手段是立法。私有林主按照国家法律法规对保护生物多样性、涵养水源、保持水土、净化水质等方面的要求履行法定义务。例如,"水清洁条例"要求森林采运业严格控制对水的污染;"森林多种用途及永续生产条例"要求森林经营兼顾森林游憩与放牧区域、集水区与动物栖息地的保护;"濒危物种条例"要求对濒危或受威胁物种所需要的生态系统提供保护。遵守法律法规会给私有林的经营带来一定的损失,因此,政府又根据有关规定对私有林主的经济损失给予补偿。例如,华盛顿州从 2000 年起实施了"湿地缓冲地带公共资源保护补偿项目"。

社会服务体系健全。美国私有林的经营以市场调节为主,通过各种协会来实现与政府和市场的衔接,协会在信息沟通、协调关系、贸易谈判、行业自律和生态保护方面发挥了非常重要的作用,政府只提供咨询、指导和制定政策,不直接进行干预。美国私有林主协会会员数量较多,如华盛顿州私有林主协会有 2500 名会员。政府一般通过协会来传达指导意见。美国还积极开展私有林咨询业务。自 1991 年实行"森林指导计划"以来,私有林经营者对森林业务的咨询需求猛增,1997 年林业咨询专家已达 1600 人,是 1990 年的 2.5 倍。另外,非工业私有林主积极将自己的私有林场作为大型森林工业公司(私有)的原料基地,从而免费获得大公司提供的咨询和经营指导。

概括地看,在美国林业所有制结构中,私有林所占的比重比较大;几乎承担了用材林建设的全部责任;私有林经营管理完全自主,林地所有权与林木所有权统一,林木经营权与财产处置权统一,私有林的经营、管理、营销特别是国际贸易与私有林主利益有着直接的紧密联系;私有林的经营与管理受法律保护,不可侵犯;私有林作为私有财产照常向国家纳税,政府通过金融和财政等手段来引导和促进私有林的发展,私有林因提供生态效益所造成的经济损失由国家和林主分担。美国林业近一个世纪以来长期保持稳定,森林覆盖率自 1907 年以来一直保持在 33% 左右,上下波动不大,分析其原因,可以得出一个结论:美国林业的稳定和私有林的稳定密切相关,根本原因是私有林在管理体制、运行机制以及法规政策等方面保持了长期的稳定,形成了一个促进和稳定私有林发展的完整社会保障体系。

我国森林资源数量的快速增长和质量的大幅度提高,都离不开非公有制林业的大发展。但目前的情况是:非公有制林业在我国林业所有制结构中所占比重较少,大约只占全国森林面积的 10% ~ 15%,而且主要还是集体林产权制度改革中逐步分离出来的那些部分;非公有制林业的发展还没有形成一个稳定的激励机制和保护体系。目前,国家加快发展非公有制林业的方针是明确的,问题在于怎样进一步深入推进其加快发展。总的讲要进一步调整和完善非公有制林业的管理体制和运行机制,进一步补充和修订非公有制林业的法律、法规和政策。有三个具体问题需要进一步引起重视。

第一,政府对非公有制林业的发展要加强组织、协调和指导。当前,对非公有制林业的发展,中央和各级地方政府没有内设专门的指导机构和研究机构,涉及非公有制林业的法律、法规和政策,也分散在不同的职能部门执行或制定。我国非公有制林业尚处于起步阶段,势必要大力发展,急需加强政府的组织、协调和指导;林业经营的风险性、长期性、复杂性也决定了非公有制林业的发展离不开政府部门的帮助、支持与引导。美国林务局的机构很精干,但专门设立了州有林和私有林管理司来组织、协调和指导地方林和私有林的发展。为促进非公有制林业的发展,林业部门应强化组织、协调和指导非公有制林业发展的职责,突出政策制定和服务职能,有必要考虑内设指导私有林发展的管理机构。另外,非公有制林业的科研、统计工作也要进一步加强;要进一步解放思想,加大开放力度,采取各种措施吸引社会资金向林业聚集。

第二,靠法规和政策使非公有制林业经营者自主决定和掌握命运。在市场经济条件下,投资的目的在于获得更多的利益。非公有制林业经营者通过投资和经营林业,应该真正获得实实在在的利益。在土地属于国家的前提下,要依靠法规和政策来毫不动摇地鼓励、支持、引导非公有制林业大踏步前进,特别在以下问题上要加大扶持力度:明确林地的长期承包经营权,在一定条件下可以流转;对私人投入的林木资源放活经营自主权和财产处置处;在退耕还林、防沙治沙、防护林体系建设、绿色通道、速生丰产林建设等林业重点工程中,对广大农民和民营企业造的林尽快确定林权;让民营林业企业进入国家重点林业工程,享受工程基本政策;在法律上保证经营者的土地承包权和林木处置权,允许林业经营管理方式的多样化;对发挥重要生态作用、采伐受限制的非公有制林地实行森林生态效益补偿;对林业实行轻税赋政策,建立合理的税基、税目和税率,让利于民,调动经营者植树造林的积极性;非公有制林业经营者(包括农民)、生产加工企业和科研机构应该具有获得贷款的优先权,允许林木资源作贷款抵押。通过采取一系列政策措施,真正落实谁投入、谁造林,谁所有、谁受益,而不是谁吃亏。

第三,加快催生非公有制林业的自我服务能力和社会服务体系。具有分散性的非公有制林业企业或林主如何与政府对话和与市场连接,这是促进非公有制林业长期稳定发展的机制问题。解决这个问题,关键是要建立非公有制林业与政府和市场衔接的中介社会化自我服务组织体系,包括规划、科研、咨询、信息、营销等各个方面。日本对民有林建立了森林组合体系,美国、加拿大、英国等国家对私有林主成立了各种协会。组合或协会都是民间组织,承担了民有或私有林业社会化服务的职责。分析日、美、加、英等国的组织形式,大体可以归为两种类型。一种是按某一生产领域设立的行业(专业)性组织,如美国林纸协会、美国阔叶木外销委员会。行业性组织打破地区界限,专业性强。一种是按管理层级设立的代表(区域)性组织,如美国私有林主协会和日本的森林组合,这种代表性组织层级明晰,分别由省(区、市)、地(市)、县的代表参与,并有相应的管理工作机构和人员。社会服务体系履行技术指导、政策咨询、营销协作、联系政府等职责,具有不可替代的重要作用。我国要大力发展非公有制林业,很需要尽快催生和完善非公有制林业社会服务体系,以提高经营者的自我服务能力,充分运用市场机制来发展壮大非公有制林业。

四、建立发达的林业产业体系,提高林业在经济建设中的地位和作用

美国林业产业十分发达,一直是全球最大的林产品生产和消费国、木材出口国和最主要的纸浆、纸张输出国。美国林业产业年产值大约是 2500 亿美元,为社会提供了 150 万个就业机会。美国林业产业包括锯材企业、造纸企业等森林工业公司和非林非木产业、森林旅游、游憩及狩猎。其林业产业结构比较合理,不同的产业具有不同的特色。

森林工业实力雄厚。森林工业是美国国民经济比较重要的产业部门,在林业经济中一直保持主导产业地位。据联合国粮农组织统计,1993 年美国林产工业产值达 931.89 亿美元,占国内生产总值的 2% 左右。20 世纪 90 年代中后期,美国有 7400 家制材厂、4.5 万套林产工业设施,为社会提供的工薪总额达 250 亿美元。美国森林工业公司规模一般比较大,自身具有

完善的市场销售和原料供应体系。

重视发展非林非木产业。森林是资源宝库。美国森林除提供锯材、纸浆材及大小径木外,还提供种类丰富的非林非木产品。主要分为四类:一是食用林产品。开发食用林产品是农村地区的传统副业,在转移农村劳动力方面发挥了重要作用,经济效益也可以。如1997年全国十大枫树糖浆生产州所产糖浆的价值在3000万美元以上。二是木质特色产品。利用树杈、曲木、嫩枝等材料,通过特殊的工艺手段做成工艺品、家具、乐器等,木质特色产品年产值约6亿美元。三是花卉及绿色装饰物。自1989年以来,花卉年销售额以5%的速率增长,每年全国花卉零售总额约160亿美元。地衣或苔藓也是森林的重要产品之一,仅1995年的出口额就达到1400万美元。四是药用及保健营养品。美国有25种乔木、29种灌木、65种草本被列为具有药用价值。例如,1997年美国草药销售额超过20亿美元,银杏类保健品销售额达9020万美元,贯叶金丝桃销售额达4700万美元。

大力开发森林旅游、游憩、狩猎产业。森林旅游与游憩是美国人现代生活的组成部分之一,每年森林旅游人数达20多亿人次,约相当于美国总人口的7倍。美国人均收入高,居民收入平均12.5%用于包括森林旅游在内的野外旅游上。联邦政府是最大的森林旅游经营者,公有林及国家公园、野生动物保护区年吸引游客达15亿人次。美国林务局管理的国有林是政府部门中最大的森林旅游接纳者,经营约4000个野营地(50%免费),年均吸纳游客8亿多人次。另外,森林狩猎业吸引了不少人,也带来了可观的收入。

美国在林业产业建设中还采取了一些重要措施来适应林业产业规模扩展和持续发展的需要。

一是重视用材林建设。用材林是美国重要的木材生产林,是森林工业的原料来源,是林业产业建设的基础。根据美国森林资源的状况,1997年全国用材林划定为2.04亿公顷,占全国森林面积的67.5%。其中71.6%分布在经济更为发达的东部(1.46亿公顷);私有用材林面积达1.45亿公顷,占全国用材林面积的71.1%。很明显,两个71%说明,用材林主要集中在自然条件较好的东部地区和私有林。用材林面积多年来一直保持稳定，1952年以来仅减少4%，原因是改变了用途，被划为禁止采伐的自然保护区。用材林近百年的稳定状况，说明其经营是永续利用的。用材林的采伐坚持生长量大于或持平采伐量的原则，立木蓄积量持续增长。如1952年以来，阔叶林生长量远远超过了砍伐量，阔叶林蓄积增加了82%。又如密西西比河下游安德森·塔利森林工业公司（私有）拥有14万公顷的用材林，成立了专门的营林公司（只有20人）进行经营，用材林年生长量与采伐量基本持平。

二是正确对待森林采伐。美国私有用材林面积占全国用材林面积的71.1%，但全国木材的95%来源于私有林。私有林主和森林工业公司作为市场主体，遵守有关法规自行决定采伐。如1991年采伐量为4.6亿立方米，比1986年高8.6%。近年来，随着人们生态意识的增强，美国私有林主对森林采伐有了更加科学的认识，认为采伐森林不等于无林化，不等于可以破坏生态。美国第二大私有土地主西诺·太平洋森林工业公司拥有61.51万公顷林地，计划将其大部分森林进行改造，主要原因是长期的择伐已将优良木伐掉。在保持木材采伐持续增长的情况下，美国也在积极开发木材的代用品。例如，开发利用农作物秸秆和木纤维与塑料混合材料，北美农作物纤维工业可能会占人造板工业的三分之二。

三是产业协会的作用突出。美国林产业的市场化体系是以各种协会作为骨架的，森林工业也是如此。林业产业协会既有地区性的，又有单项产品性的，规模较小的协会大约有50个，比较大的协会主要有美国林纸协会、阔叶木外销委员会、针叶木外销委员会、南部松木协会等。美国林纸协会是一个林业、纸和木材产品的贸易协会，共有250家森林工业公司成员，代表了美国80%以上的木材、纸和林产品制造公司。该协会成立于1993年1月，下设政府和国外部、法律事务部、森林事务部、木材生产部、经济分析服务部、纸浆纸张部、纤维回收与利用部、行政管理部，协会职员约有100人。各种林产业协会广泛活跃在政府机关、国会、政策制定部门和国内外市场上，提供各种统计资料和技术支持，传达和解释政府的有关政策。

四是坚持全球化经营战略。美国林产业通过各种产业协会拓展国际市场,做到国际国内市场一体化经营。如美国林纸协会在国外有 5 个办事处,设在一些区域性中心国家。大型森林工业公司也主动拓展国际市场,并比较看好中国市场。2001 年美国硬木五种增值产品(板材、薄片、装饰木具、地板、夹板)出口中国的货值超过 2.12 亿美元,较上年增加 9.3%。

我国大力推进由以木材生产为主向以生态建设为主的历史性转变,客观要求在"生态建设、生态优先、生态文明"的战略思想指导下,更加重视和加快林业产业体系的建设。在新时期新阶段推进林业产业体系建设,关键在于构建科学的林业产业布局,消除林业产业发展的障碍,制定催化产业发展的政策,提供林业产业发展的服务。

第一,大力发展林产工业。大力发展我国的林产工业,是带动速生丰产林基地发展,增强林业经济实力,提高林业经济效益,满足社会对林业加工产品需求的必由之路。我国人口多,对林业加工产品的需求量大,不能过多地依赖进口,要从长计议,立足国内大力发展加工业。林产工业的发展应完全进入市场,主要由市场进行调节,但要通过政策进行扶持和引导。对国有林产品加工企业可通过重组、改制、租赁等措施建立现代企业,使之真正成为市场的主体;新建的林产品加工企业也应按市场机制运行。

第二,大力发展非林非木产业。随着社会回归自然、崇尚绿色意识的增强,绿色产品的消费市场前景十分广阔。我国山区、沙区、平原和林区有十分丰富的非林非木资源,是山区、沙区、平原、林区经济发展的潜力和希望。当前,要进一步加强对非林非木产业资源开发利用的科学研究,为非林非木产业的发展提供科学依据;加大对非林非木产业的政策、资金扶持,发挥非林非木产业在山区、沙区、平原、林区的经济潜力和就业潜力;加强非林非木产品市场信息的研究和公布,为非林非木产业发展提供有效的服务和引导。

第三,大力发展森林旅游业。森林旅游是世界性潮流,是林业产业中的朝阳产业,发展潜力巨大。我国森林旅游资源十分丰富,发展森林旅游业,是进行公众生态意识、生态知识教育的有效手段,也是保护森林、保护生态的有效形式,更是发展山区、沙区、平原、林区经济,增加就业,提高林业经济效益的有效渠道。要把发展森林旅游业作为林业产业体系建设的一个重点抓在手上,从政策上给予重点扶持。要通过积极主动地工作,尽量多地将森林公园纳入国家旅游重点网络建设;要把处于重要生态区位、长期进行保护的天然林不断地建设成大型森林公园或自然保护区;要抓住国家实施"柏油路到乡"战略的机遇,将森林公园、自然保护区的道路建设纳入总体规划;要加强对森林公园、自然保护区基础设施、教育设施和服务设施建设,以优美的景观、优良的条件、优质的服务吸引旅游者。

第四,瞄准世界市场,加快推进"走出去"战略。在当今世界经济全球化进程不断加快的时代,我国林业产业也应以全球为坐标,积极融入全球林产业贸易体系。我们要建立比较发达的林业产业体系,必须加快推进林业"走出去"战略,加快林业产业体系建设跨越式发展的步伐。要高度重视引进、运用和吸收世界最新的林业科技成果和技术;高度重视世界林产品市场的研究与开发;加大林业国际合作的工作力度;加强林业对外贸易的支持和服务,以尽力促成两种资源在两个市场的优化配置。

值得重视的经验*

新西兰是一个位于太平洋西南部的岛国,由北岛、南岛和斯图尔特岛及附近一些小岛组成,国土面积26.9万平方公里(2690万公顷),人口406.1万人。除北岛北部属亚热带湿润气候外,绝大部分属温带海洋性气候,常年雨量丰沛,冬无严寒、夏无酷暑。新西兰境内山地、丘陵占总面积的3/4以上,地形起伏变化大。北岛山地少而低,海拔约1500米的鲁阿希岭山脉南北贯穿中部,湖泊镶嵌其中;南岛东部为平原,西部南北走向的南阿尔卑斯山脉多雪峰和冰川。

新西兰林业发展经过森林的原始利用阶段、木材过度利用阶段、森林恢复发展阶段、多功能利用阶段和可持续发展阶段。在1000多年的实践中,人们对林业的认识不断深化,选择了分类经营模式,如今,新西兰林业已进入了可持续发展阶段。根据新西兰农林部的最新资料,全国森林面积822.7万公顷,森林覆盖率为30.58%,其中天然林面积为640万公顷,占77.79%,人工林为182.7万公顷,占22.21%。新西兰对天然林和人工林分别采取不同的所有制和经营目标,全国天然林总量中的77%由国家所有并严格保护,人工林则由私有林主按照编制的可持续经营方案,按市场经济规律集约经营。

2005年1月28日至2月4日,应新西兰农林部的邀请,我率中国林业代表团一行5人赴新西兰参加了中新林业工作组第三次会议,并访问了新西兰农林部、新西兰林业研究公司(所)、林业公司和私有林主,考察了林业

---

* 本文是作者写给国家林业局党组的考察报告,原文载于《中国林业》2005年8A期。

科研试验基地、林场、辐射松种质资源采育场、木材和家具加工厂。在考察中，我感到新西兰林业有许多特点，其中最突出的是分类经营。对新西兰林业分类经营，以前从资料中多次看到过，虽然有一些了解，但这次实地考察，使我看到和想到了一些以前未曾认识到的宝贵东西。

一、将天然林当作一种自然遗产，采取严格 措施保护，充分发挥天然林的多种效益

天然林是新西兰森林资源的主体，总面积 640 万公顷，占全国森林面积的 77.79%，占国土面积的 23.79%。新西兰依托茂密的天然林构建了国土生态安全体系的骨架，基本满足了生物多样性的各项要求。

1. 新西兰天然林破坏与保护的历史过程

研究新西兰的天然林保护，首先应该了解其历史变化。公元 1000 年以前，新西兰南北两岛无人居住，除一些高山、沙丘和活跃的火山之外，遍布着原始天然林，总面积达 2000 多万公顷，那时全国森林覆盖率达 75%。森林以阔叶树种为主，比如北岛的新西兰琼楠、南岛的山毛榉，森林茂密且层级复杂，被称之为常绿温带"雨林"。

毛利人依靠森林生存发展的缓慢破坏阶段（公元 1000 年至 19 世纪中期）。广袤的森林不仅是毛利人所需木材、烧柴的采伐基地，而且是食物和药品的采集基地。起初，毛利人利用石器寻找所需物品，对森林的破坏作用不明显。随着社会的发展，毛利人利用森林趋向多样化，比如雕刻工艺品、制造航运木舟、捕鱼器材、狩猎武器和挖掘工具，对森林的影响逐步加大，毛利人放火焚烧森林，是造成原始天然林面积逐步减少的主要原因。到1850年欧洲移民到来时，天然林面积已减少为 1400 万公顷，覆盖率下降为52%，在 850 年内毛利人使森林资源减少了 25%。

欧洲移民开发森林的严重破坏阶段（19 世纪中期至 20 世纪 20 年代）。欧洲移民的到来加快了天然林的破坏速度。一是大量采伐利用木材。由于

北岛特有的贝壳松适合造船和建房,特别是制造桅杆和梁柱,所以欧洲移民最初主要是采伐贝壳松作为商品材,芮木泪柏树、桃柘罗汉松后来也逐步成为主要采伐树种。除满足国内移民的需要外,所生产的木材主要运往欧洲,1853 年一年出口欧洲的木材达 33600 立方米。对重点树种的无限制采伐,导致了天然林面积日趋减少,比如贝壳松目前仅主要分布在北岛最北部的怀波特林区。二是毁林耕作放牧。为鼓励欧洲人移民新西兰,许诺移民可以获得大面积的农牧场。因此,欧洲移民到达这个岛屿就把大片的森林转变为田园牧场。后来,天然林面积的急剧减少引起了人们对木材短缺的担心,政府采取了一些措施。比如,1874 年颁布实施了新西兰历史上第一部《森林法》,19 世纪末任命了新西兰历史上第一位森林资源管理者——林务官,但收效甚微。伴随着制材工业和农牧业的发展,一片又一片的天然林消失了,到 1920 年天然林覆盖率骤减为 25%,在短短的 70 年内原有森林资源又下降了 27 个百分点。

保护与破坏并存阶段(20 世纪 30 年代至 80 年代初)。随着天然林面积的锐减,人们不仅担心木材短缺问题,而且还担心生物多样性问题,政府开始采取措施加强对天然林资源采伐利用的监督管理。1919 年,中央政府单独设置了国家林务局,职责之一是管理天然林;根据 1921 年《森林法》的规定,国家林务局把部分天然林公报为临时国有林,严格限制皆伐;1923 年,全国森林资源清查报告关于"新西兰如果不停止采伐到 1960 年就会耗尽所有天然林"的预测结论,增强了人们保护天然林的紧迫感;20 世纪七八十年代,新西兰天然林行动委员会的成立及所发表的 Maruia 宣言,推动了广大民众积极参与天然林的保护。因此,到 20 世纪 70 年代,尽管仍有一些森林被过伐,但破坏天然林的速度明显放慢,采伐天然林获取的木材逐步减少,占全国木材总量的比例不到一半,天然林覆盖率自 50 年代起一直稳定在 24% 左右。这 50 年,森林资源没有再减少了。

严格保护阶段(20 世纪 80 年代中期至至今)。经过几百年的破坏,新西兰剩余的天然林仅占原始状态天然林的 30% 左右,主要分布在偏远山区以及南岛西海岸地区。随着经济社会的发展,天然林越来越被当作优美环境的关键组成部分、自然生态系统的支柱和人们休闲娱乐的重要场所。1987 年,中央政府专门成立保护部,管理原由国家林务局管理的国有天然林。国家对天然林实行严格保护政策,天然林面积保持稳定。从 80 年代中期开始,部分撂荒地逐步还林或自然恢复成灌丛,天然次生林面积明显扩大。

2.新西兰天然林保护的主要做法

新西兰政府将天然林当作一种自然遗产,以国家所有并垂直管理为主。国有天然林面积 492.8 万公顷,占全国天然林面积的 77% ,私有天然林面积 147.2 万公顷,占 23%(20.75% 完全私有、2.25% 属国家和私人共有)。

严格保护国有天然林。国家设立保护部,代表国家管理国有天然林,实行垂直管理、经费单列和禁止采伐。

一是垂直管理国有天然林。保护部内设天然林保护局,执行《森林法》、《保护法》等法律,负责全国国有天然林的监督和管理;保护部按大区设置派出机构—天然林保护办公室,负责当地国有天然林的监督和管理;根据需要划定国家森林公园和保护区,建立管理机构和巡护队,如 2002 年 4月,中央政府将原来由国有公司经营并计划采伐的 13 万公顷天然林划归保护部,并及时将这部分天然林设立为国家森林公园和保护区。

二是中央财政负责管护经费。保护部是国家遗产管理部门,所需经费完全由中央财政解决。财政部按市场价值核定天然林资产,并据此作出管护经费预算。中央财政在国有天然林保护方面舍得投入,比如为防止负鼠对天然林的危害,每年投入 5000 万新元进行防治。

三是禁止任何采伐。虽然很多新西兰人认为对天然林需要进行必要的经营,不仅可以促进天然林的生长和恢复,还可以弥补管理和保护经费的不足,但新西兰政府为保持天然林的自然完整性,禁止进行任何采伐的政策一直没有变,实行严格保护。同时,保护部允许人们到国家森林公园和保护区免费休闲和旅游,欢迎中小学生到国有天然林中探索自然、获取知识,并积极做好基础设施建设和社会服务工作。

　　加强监管私有天然林。国家农林部负责对私有天然林监督和管理。私有天然林允许在一定条件下进行采伐,生产的木材主要用于制造家具和其他特殊领域。

　　一是设立了管理协调机构。为加强对私有天然林的管理和协调,农林部设立了私有天然林办公室,办公地点位于南岛的基督城,并在重点地区下设分支机构,如罗特鲁阿市设立的私有天然林办公室。推动私有天然林可持续经营和管理是天然林办公室的主要任务,具体职责包括审批天然林可持续管理计划、年度采伐计划以及天然林木材的出口申请,负责天然林锯材厂的注册和监管。天然林办公室职责明确,人员精干,监管严格。

　　二是严格依法监管。政府部门严格执行《资源管理法》和《森林法》等法律,严格监管私有天然林的生产经营,确保既能可持续地提供林产品,又能永续地提供生态效益和休闲旅游场所。法律规定:保持天然林的自然价值,保证林地的持续生产能力;严格控制锯材厂加工天然林,禁止利用天然林生产木片或出口原木;采伐量少于生长量,保持天然林生物多样性,及时清除枯死木。

　　三是允许适量采伐。全国约有65万公顷的私有天然林能够通过采取可持续经营措施生产木材,被划定为生产林。并不是所有的生产林都用于生产木材,真正进行采伐的生产林大约只有14.7万公顷,不到全国私有天然林面积的10%。农林部要求对生产林制定可持续管理计划,已协助私有天然林主对约10万公顷的私有天然林制定了200个可持续经营管理计划。即使在生产林中采伐也要获得采伐许可证,并接受监督,特别是河流两岸等地段的私有天然林,要求必须采取生态恢复措施。私有天然林每年生产木材30万立方米,其价值占全国木材总价值的1%,产量占全国木材生产总量的0.3%。

　　四是鼓励保护私有天然林。目前新西兰有近80万公顷的私有天然林按地方政府要求或私有林主自愿划为保护区进行管理。地方政府对自愿保护和管理的私有天然林主提供适量补助。Roydon Downs 私人农林场总面积240公顷,其中森林面积150公顷,农林场主决定对小溪两岸的天然次生林进行保护，面积约20公顷，并向当地政府部门申请获得通过，政府每年补助其管护经费的50%。

二、集约经营人工林，既充分保证木材供给，又为天然林保护提供保障

新西兰人工林面积为182.7万公顷，占国土面积的6.79%，占全国森林面积的22.21%。培育人工林的主要目的是生产木材，2004年木材生产总量已达到2110万立方米，占全国木材生产总量的99.7%。人工林木材除满足国内需求外，大部分出口创汇，其中国内消耗650万立方米，占人工林木材生产总量的30.81%，出口1460万立方米，占人工林木材生产总量的69.19%。目前人工林发展的特点主要有：从地域分布看，以北岛为主，北岛占70%（127.89万公顷），南岛占30%（54.81万公顷），其中北岛中部大区的人工林分布最广，占全国人工林面积的31.7%（57.63万公顷）；从树种看，辐射松占89.2%（162.97万公顷），花旗松占6%（10.96万公顷），两者合计占95.2%；从所有制看，以私有林为主，私有人工林占全国人工林的92%（168.08万公顷），中央政府和地方政府各占3%（5.48万公顷），国有企业占2%（3.65万公顷）；从林龄结构看，以优质中幼林为主，61%的人工林不到15年，62%的人工林已采取打枝等抚育方式，这对平均采伐年龄为28年的辐射松来说，正处于生长迅速的中幼龄阶段。

1.新西兰人工林发展的历史阶段

新西兰人工林发展至今已有100多年历史，大体可分五个阶段。

起步发展阶段(19世纪末至20世纪10年代)。1896年，新西兰第一次全国木材大会作出了发展人工林的决定，并在当时的土地部内单设林业机构进行组织协调，还在南岛和北岛建立了苗圃。人工造林主要集中在不宜农业生产的国有土地上。早期人工造林十分注重进行树种试验性栽培，除栽植少数乡土树种外，大部分是从欧洲、北美洲和澳大利亚引进的树种。根

据 1909 年林业部门给议会的报告,当时已种植人工林 5090 公顷,树种约 67 个,其中乡土树种 4 个。值得一提的是,当时辐射松还未能作为首选树种,造林面积甚至未进入前 20 名,排在前六位的树种分别是落叶松、奥地利松、科西嘉松、桉树、梓树、栎树。

第一次快速发展阶段(20 世纪 10 年代至 30 年代)。1913 年,新西兰成立了对林业发展具有重要意义的皇家林业委员会,该委员会被赋予对天然林保护、木材需求和人工造林等进行评价和监督的权限,提出人工造林有必要进行试验性栽植,但有些树种的造林面积过大,比如,发展潜力有限的落叶松、栎树和梓树不应该大面积栽植,生长太慢的乡土树种不宜集约经营。通过对 19 世纪 70 年代在坎特伯雷地区所造的辐射松进行总结,辐射松被确定很有发展潜力的树种,造林面积开始增加,并逐步成为支配性造林树种。1923 年,全国森林资源清查报告的出台,加快了人工造林的步伐,形成了新西兰第一波造林高潮。1925 年,国家林务局提出了国有人工造林十年发展 14 万公顷的目标,到 1935 年不仅超额实现目标,还促进了私有人工林的快速发展。1936 年,全国人工林面积为 31.7 万公顷,其中 60% 为国有造林,40% 为私有造林。

缓慢发展阶段(20 世纪 40 年代至 50 年代)。20 世纪 40 年代,由于习惯于加工天然林木材的加工厂不愿采用已进入成熟期的人工林木材,使人工造林的速度开始减慢。主要原因:一是天然林与人工林的材性差异较大。由于天然林生长缓慢,其木材质量优良,很少有瑕疵;由于种苗未加改良、抚育经营措施跟不上等原因,人工林木材年轮宽,材质较差,材性不稳。二是天然林与人工林的价格差别不大。1936 年至 1965 年,为应对经济大萧条,新西兰政府采取价格控制政策,使市场需求不能对木材价格作出灵敏的反映。三是部分制材厂不顾全社会限制天然林采伐和利用的要求,过分追求经济利益和天然林原木。由于人工林木材需求不旺,人们投资造林的积极性不高,人工造林的速度明显减慢。经过几十年的努力,到 1960 年人工林锯材产量才超过天然林。

第二次快速发展阶段(20 世纪 60 年代至 90 年代)。60 年代初,新西兰两个大型纸浆厂和部分锯材厂开始满负荷运行,当时国内木材供不应求。从 1957 年起,出口日本原木的价格比较高,锯材、纸浆和人造板等开始扩大出口,1960 年木材及其制品出口收入达 1700 万新元。新西兰政府根据国际国内市场的利好信息,不仅大力组织营造国有人工林,而且积极引导营造私有林,形成了历史上第二波、第三波人工造林高潮。第二波造林高潮是在 70 年代和 80 年代初期,主要受木材出口价格大幅度上扬和国家实施造林补助项目的影响;第三波人工造林是 1992 年至 20 世纪末,主要受税收优惠政策再次实施和国际木材市场需求旺盛的影响。1960 年至 1990 年,人工林面积由 35.2 万公顷猛增到 124 万公顷,国有人工林和私有人工林大约各占一半。

随着人工造林的快速发展,适宜于造林的土地越来越少,人工造林的速度大幅度降低,主要集中在采伐迹地上进行第二次或第三次造林。2003 年新造人工林 1.49 万公顷,仅占 1992 年至 1998 年期间平均每年造林数量的 21.6%。人工林经过七八十年的发展,新西兰具备了丰富的后备资源,奠定了人工林永续经营和利用的基础,能在今后几十年甚至更长时间内保持稳步发展。新西兰农林部认为,今后 20 年将是人工林新的快速发展时期,到 2025 年计划人工林面积达到 350~400 万公顷,年采伐木材增加到 4000 多万立方米。

2. 新西兰发展人工林的主要做法

在 100 多年的时间内,新西兰人工林从无到有,并不断发展壮大,直至取得世人瞩目的成就。新西兰为加快人工林发展所采取的措施主要是:

一是重视营林基础工作。在树种选择方面,在人工造林初期就十分重视对造林树种进行对比研究,并专门成立皇家林业委员会作为咨询研究机构。选中辐射松之前,新西兰已从世界各地引进了 200 多个树种进行试种,然后又继续引进树种进行对比试验,总计引进约 400 个树种。在良种壮苗方面,坚持把最新的生物技术和遗传技术运用到良种壮苗工作中;造林主要采用扦插苗,严格按标准进行检验,确保每一株品质优良。在抚育经营方面,经过长期的探索和研究,已形成了一整套辐射松抚育经营方法:合理确定造林密度,一般每公顷600多株;当树龄6~8年或树高5~6米时开始打枝,以后隔年进行一次打枝,共3次;在第一次打枝前和最后一次打枝后各进行一次间伐,间伐后每公顷一般300株左右。通过采取这些基础性措施,使木材质量和生长量稳定,轮伐期基本保持不变,因此,新西兰人工林被称之为"长周期种植业"。一般到轮伐期的林木单株树高可达35米,材积约2.4立方米。被称为"清洁木"的根端第一段长约5米,材积0.6立方米,价值约占60%;第二段长约17米,材积约1.5立方米,价值约占38.5%;第三段长约8米,材积约0.3立方米,价值约占1.5%。每公顷木材产量高达720立方米,平均每公顷年生长量约为25.7立方米。

二是重视科学研究。从种苗准备、适地造林、经营管理到加工利用,新西兰都十分重视林业技术创新和科研成果转化工作。选种育苗研究包括树种选择、遗传改良等生物技术研究;抚育经营研究包括间伐打枝、防病虫害等操作技术研究;加工利用研究包括提高出材率、木材干燥等工程技术研究。林业科研主要由新西兰林业研究公司(所)承担,大型林产公司及大学也参与其中。新西兰林业研究公司(所)成立于1947年,现有职员340人,其中专职从事科研的266人,曾经是政府管理的研究型事业单位。后来,为使科研与市场需求紧密结合,林业研究所被改制成科研企业,但政府每年的投入仍占其总收入的一半。由于辐射松处于支配地位,林业研究主要集中于该树种,林业研究公司(所)已成为世界松树研究中心。

三是推进国有人工林私有化。1984年,新西兰政府决定推进国有人工林私有化改革,将林业部门直接管理的国有人工林出售给外国公司和国内企业。1990年,中央政府出售国有人工林25万公顷,约10亿新元;1992年,出售人工林10万公顷,合计为3.64亿新元;1996年8月,又出售新西兰国有人工林公司的股份,包括18.8万公顷的人工林。通过几次出售,政府直接管理的人工林下降为全国人工林的3%。国有人工林的私有化还营造了公平的人工林发展环境,提升了人工林的市场竞争力,而且吸引了各方面的投资、先进的管理技术和加工技术。由于人工林是"长周期种植业",

投入大,见效较慢,为了加快人工林发展,国家在人工林发展的前期直接投入并管理了许多人工林,待这些人工林成长起来以后,则出售给公司和个人,进行企业化经营管理。这种国家和私人共同营造人工林的格局,加快了人工林发展的步伐。

四是采取积极的税收财政政策。新西兰善于运用税收财政杠杆来调控人工林的发展。政策之一是取消农业补贴,鼓励农民退耕造林。1984年,为促进经济自由化,政府实施了取消农业补贴的政策,包括农产品生产和出口补贴的取消、农产品进口许可和限额的放宽、农产品进口高额关税的降低。由于农业生产的比较效益明显降低,开始由发展农业转向发展林业,成片的人工林营造在休耕地上。政策之二是恢复税收减免,引发造林高潮。当发现税收优惠政策的取消(1987年)使企业和农场主造林的积极性急剧下降后,新西兰政府于1992年又恢复了税收优惠政策,允许人工造林和经营管理费用可以冲抵企业当前收入,连续几年平均每年人工造林8万公顷。政策之三是单设林业鼓励贷款,加大财政信贷支持力度。20世纪70年代至80年代,新西兰设立了一笔总额达3400万新元的林业鼓励贷款,并在林业部门成立了管理机构。目前,新西兰大约55%的人工林利用了这项贷款,采伐之后需及时向政府归还贷款,并接受贷款管理办公室的监督检查。

五是认真落实林业产权。自1940年土著人首领与英国政府签订《怀唐伊条约》以来,毛利人一直保留对一些土地的所有权,政府通过向毛利人支付租金的方式获得土地使用权,租期70年。因此,新西兰林地所有权分国家所有和毛利人所有两种形式,管理权集中于中央政府。约一半的人工林林地是国家租用毛利人的土地。在人工林私有化过程中,国家把人工林按市值卖给企业,并颁发国有林许可证(即林权证),做到林权清晰、自由转让。获得国有林的公司只要通过政府向毛利人支付一定的使用费后,就可长期使用规定范围的林地,即使租期到了,也可再延长35年。因此,新西兰人工林产权可以保持近百年,甚至更长时间不变,这一政策使这种长周期的"种植林业"得以永续发展。

六是促进人工林可持续经营。新西兰《森林法》、《资源管理法》等法律法规都要求推进人工林可持续经营,还制定了《可持续发展行动计划》,这是人工林经营的一个突出特点。第一,重视林地改良。严格按森林经营方案进行带状或块状皆伐,确保不会造成水土流失;打枝和采伐后的枝叶都留在采伐迹地,及时补充肥料和喷洒农药,保持土壤地力。经过林地改良的更新造林,数轮之后仍然生长迅速。第二,确保人工林健康。虽然地理上的分离使一些病虫害难以进入新西兰,但该国仍十分重视防止外来有害生物和病虫害,特别是检疫部门执法十分严格。第三,推进生态脆弱地区人工公益林建设。为防止北岛东海岸地区的水土流失,中央政府于1992年划拨专项资金设立造林和经营费用补助项目——东海岸林业项目,由土地所有者通过投标获取政府提供的造林和经营资金。该项目计划造林6万公顷,目前已造2万公顷水土保持林,限制采伐。针对河流湍急的实际,严格限制河流两岸、湖库周围人工林的采伐,采伐必须经当地政府批准才能执行并接受监督。

三、坚持走林业产业化之路,鼓励龙头企业
发展壮大,实行产加销一体化规模经营

新西兰2004年林业产业收入达50亿新元,占全国GDP的4%,已为2.65万人提供就业机会,是国家支柱产业之一,在国民经济和社会发展中占据重要位置。今后20年仍然是新西兰林业产业的快速发展时期,预计到2025年,林业产业收入超过200亿新元,占到GDP的14%,为6万人提供就业机会。

1.新西兰林业产业发展历史

新西兰林业产业发展起源于欧洲移民到来之初。19世纪中期至20世纪20年代,林业产业发展主要是采伐天然林,并将采伐的木材装船运到欧洲进行销售,木材加工业处于起步阶段,主要是生产锯材。自1840年起,一些利用水流和蒸汽作为动力的机械锯材厂相继运行。30年代至60年代,

继续以采伐、加工、利用天然林为主,天然林木材加工和贸易快速发展,人工林木材加工和贸易发展缓慢。70年代至80年代,林业产业由以加工利用天然林为主转到以加工利用人工林为主,林业产业与市场结合紧密,人工林培育与木材加工贸易结合紧密。80年代以后,完全转变为加工利用人工林,木材加工业一直保持快速发展势头,于2001年成立了国家木材加工战略指导小组,林业产值不断增加,在国民经济中所占比重越来越高。

2. 新西兰林业产业发展的主要做法

新西兰人工林的快速发展,除成功推进林业分类经营外,还离不开林业产业的发展。推进林业产业发展的做法主要有以下方面:

一是促进木材加工业与人工林培育协调发展。为实现由利用天然林木材向利用人工林木材转变,新西兰早在20世纪30年代起就开始建立辐射松木材加工厂,后来一直坚持促进木材加工业与人工林培育协调发展,木材加工业的发展也反过来促进了人工林的培育。目前,新西兰人工林采伐后,约1/3直接以原木形式出口;约1/3送锯材厂和板材公司加工成标准木材或木材制品,主要由8个单板公司和350多个锯材厂承担;约1/3生产纸浆,主要由4个大型纸浆公司负责。新西兰不仅积极引导原有企业加大更新改造投资力度,还鼓励国内外企业投资建设新的木材加工厂。近年来投资建设新厂的力度明显加大,如2002年林业产业投资总计3.1亿新元,其中建设新厂的投资达到2.2亿新元。随着越来越多的人工林进入成熟期,为促进木材加工业与之配套,新西兰计划投资65亿新元,其中以吸引国外投资为主,再新建134个中型锯材厂、87个木材加工厂、20个单板厂和6个纸浆厂。

二是促进龙头企业发展壮大,实行规模经营。在政府长期引导和市场机制的培育下,新西兰林业产业形成了三种类型的龙头企业。第一类是产加销一体化经营的企业—林业公司。新西兰人工林主要归大型林业公司所有,22家林业公司拥有的人工林占全国人工林总面积的62.6%,其中前10家公司合计占46.6%,排名第一的 Carter Holt Harvey 公司占17.2%,这些大型林业公司不仅拥有大面积的人工林基地,而且投资建设制材、干燥及木材加工厂,还组织专门力量开拓国际国内市场,实行营林、采伐、加工、销售一条龙经营。第二类是毛利人以土地入股的合作制企业。塔波湖土著毛利人林业信托公司是其中的典型代表。该公司经营26万公顷人工林,林地归6000户、1万名毛利人所有。毛利人派代表参与公司董事会,公司负责人工林的经营、采伐与原木销售,每年所获利润的一部分按林地面积比例分红,平均每公顷林地约10新元。第三类是专门负责木材加工或纸浆生产的企业。大公司在人工林较集中的地区建立木材加工厂和纸浆厂,与当地小型林业公司、农林场主签订原木供销合同,并组织销售生产的木材制品。在北岛中部等人工林密集的地区,这类企业比较多。

三是积极拓展国际市场,保持林业产业持续发展的势头。新西兰生产的木材主要面向国际市场,并且以亚太地区为主。2003年新西兰出口澳大利亚、日本、韩国、美国、中国的木材收入分别占全国的28%、20%、14%、11%、10%,合计占83%。新西兰开拓国际贸易市场,不仅仅局限于派遣销售人员和设立代表处,而是积极研究目标市场对木材标准的要求,既参与部分标准的制定和修改,又要求国内企业按标准进行。例如,为开拓中国市场,新西兰正在参与中国建筑材料标准的制定。国际市场对新西兰木材需求旺盛,使新西兰林业产业一直保持良好发展势头。目前,木材及木材制品出口创汇32亿新元,为新西兰第三大出口产品,占全国出口总收入的11.4%,占亚太地区木材贸易量的8%。预计到2025年,木材及木材制品出口创汇将达到140亿新元,使林业成为新西兰第一大出口产业,成为全球第五大木材及其制品供应国。

四是加快基础设施建设,为林业产业发展提供能源和运输保证。新西兰一直把便利的运输条件和稳定的能源供应,当作促进林业产业持续快速发展的重要条件。首先是保证便利的运输条件。中央政府和地方政府加强合作,不断加大公路建设投资力度,建设乡村公路和偏远林区公路,满足原木运输的需要;政府直接管理港口,并加快港口建设,为促进木材出口提供了条件;减少公路、铁路和港口收费,保证木材运输成本低,如公路和铁路收费自 1984 年以来已减少一半。其次是保证能源供应。木材工业是新西兰的能源消耗大户，所耗能源约占全国的 12%，其中又以纸浆业为主，占木材工业耗能的 88%。为促进纸浆业等林产工业的发展，除大力发展水电外，还积极挖掘自供能源，包括利用剩余物及锯木粉作为木材干燥的能源。

四、需要重视研究的几个问题

新西兰是世界林业发达国家之一，特别是在林业分类经营方面积累和创造了许多经验。新西兰国情、林情与我国相差较大。新西兰人口少，社会生态意识强，森林资源面临人为破坏的压力较少；新西兰国有天然林不仅分布面积广，而且森林生态系统稳定，可以担负起维护国家生态安全的主体任务，只要保护好实际上被作为生态公益林的天然林，国土生态安全就有了保证；新西兰人工林发展已进入可持续经营时期，以经营、加工人工林为主的林业产业已具备现代化规模。而我国正在推进林业分类经营改革，现有的生态公益林还不足以承担起维护国土生态安全的主体任务，人工林经营管理水平还比较低。这些情况都与新西兰有着很大不同。尽管如此，新西兰林业发展的经验，对于我国林业仍然具有不少借鉴作用。通过考察新西兰林业，结合我国林业实际，我思考了以下几个供参考的问题。

1. 要把生态公益林切实管严管好

生态公益林是构建国家生态安全体系的主要森林生态系统，只有把生态公益林建设成稳定的森林生态系统，才能充分发挥其生态效益。新西兰的天然林实际上就是生态公益林，虽然分为权属性质不同的两部分，分别采取不同的管理方式，其目的和作用有一定差异，但共同发挥着维护生态平衡和国土生态安全的主体作用。全国天然林的 77% 为国家所有，被作为自然遗产进行严格保护。对中央政府所有的天然林，由保护部通过设立自然保护区或森林公园进行统一直接管理。全国天然林的 23% 为私人所有，政府根据私有林主的意愿采取不同的管理措施。对计划进行木材生产的私有天然林,政府协助私有林主制定可持续管理计划,并负责采伐计划审批和木材利用监督,这种生产性私有天然林面积仅占全国私有天然林总面积的10%,占全国天然林面积的2.3%;对自愿进行完全保护的私有天然林,由政府协助进行管理并提供管护经费补助。由于国有天然林权责明晰、管理严格,私有天然林政策到位、保护有效,再加上优越的自然地理和气候条件,新西兰天然林为国家生态安全提供了保障,发挥了主体作用。

根据第六次全国森林资源清查结果,我国现有的林业用地面积42.84亿亩,其中15.62亿亩被依法划定为国家重点公益林,重点公益林面积占全国林地面积的36.46%,占国土总面积的10.85%,再加上地方重点生态公益林,我国被划为重点公益林的森林面积占国土总面积、森林总面积的比例都不高,特别是分布不均匀。相比自然地理和气候条件比较好,公益林(天然林)面积占国土总面积23.79%、占森林总面积77.79%的新西兰,我国自然地理和气候条件比较差,山区、沙区面积分布比较广,山区占国土面积的69%,沙化土地面积占国土面积的18.12%,干旱、半干旱地区分布面积大,北方地区持续干旱问题严重,生态公益林总量仍显不足,少林无林地区占有很大的比例。要实现生态良好的目标,促进人与自然和谐,为构建社会主义和谐社会奠定基础,必须把大力发展生态公益林作为生态建设的一个战略重点,不仅要增加数量,调整布局,而且要提高质量。

进入新世纪以来,党中央、国务院高度重视林业建设,采取有力的政策和措施推进生态公益林的建设,使重点地区生态状况明显改善。为进一步推进生态公益林建设,加强管理,需要对以下几个问题给予重视:

一是天然林资源长期保护问题。我国天然林资源保护工程自1998年试点、2000年正式启动以来,取得了巨大成绩。天然林资源保护工程的实施期限只有10年,要使国家宝贵的天然林资源真正得到休养生息,真正发挥国土生态安全的主体性作用,必须长期保护,甚至永远保护。要长期保护天然林,一靠法律,二靠规划,三靠投入。目前正在争取制订《天然林保护条例》,这个条例不仅应成为国家投入上千亿资金的天然林资源保护工程的法规,更重要的是,要作为国家长期保护天然林的重要法规。另外,现有的

《天然林保护工程规划》的期限只有 10 年,工程实施期已经过半,需要抓紧制定天然林保护中长期规划,特别是提前研究 2010 年以后天然林保护的后续政策。

二是森林生态效益补偿基金进一步扩大范围和提高标准问题。2001年,中央财政建立森林生态效益补助资金,对 2 亿亩国家重点公益林进行补助试点;2004 年,森林生态效益补偿制度确立,天然林资源保护工程区以外的 4 亿亩国家重点生态公益林先期纳入中央财政补偿范围。森林生态效益补偿制度的建立,对我国公益林建设产生了极大的促进和保障作用。但是,已纳入补偿范围的 4 亿亩仅占国家重点公益林 15.62 亿亩的 25.61%,数量比较少;每亩公益林的补偿标准仅为 5 元,相对于其所发挥的巨大生态价值而言是微不足道的;地方公益林生态效益补偿基金尚未推开,除广东等省建立地方森林生态效益补偿基金外,绝大部分省还没有建立。据北京市1999 年计算,900 万亩森林的生态价值为 2119.9 亿元(含部分生物多样性价值),平均每亩林地发挥生态效益的价值为 2.35 万元,是重点生态公益林每亩补偿标准 5 元的 4700 倍,因此,提高补助标准不仅是必要的,而且是值得的。从长远看,要进一步扩大补偿范围,使更多数量的重点公益林得到国家的经费补助;要按生态区位重要程度尽快建立地方各级森林生态效益补偿基金,形成公益林生态效益补偿体系。另外,对获得国家补偿基金的集体所有或个人所有的重点公益林,要依法严格监督和管理。

三是国有重点林区的生态公益林要坚决管住。我国国有重点林区管理体制改革正在进行试点。国有林区管理体制改革情况复杂,系统性很强。在推进国有重点林区管理体制改革的过程中,情况再复杂,困难再多,有一点必须牢牢把住,这就是国家所有的权属不能改变,重点公益林由国家管理的体制必须确立。要坚决防止国有林地、国有林木资源在改革中变相流失;要坚决防止借产权制度改革之机改变国有林权属性质;要坚决防止生态区位重要地段的公益林被划为商品林遭到破坏,甚至流失为个人资产。权属为地方政府所有的重点公益林也要注意这些问题。

2. 对生态公益林进行科学经营

我国生态公益林数量少,质量低,其中人工林、纯林、残次林、低效林所占比例比较大,还没有形成比较稳定的森林生态系统。为促进我国生态公益林的正向演替,不断提高质量,需要对生态公益林进行科学经营。

一是在重点生态公益林区进行造林。我国目前划定的重点生态公益林是按区域、按林地划分的,疏林地、灌木林地、未成林造林地、宜林地、苗圃地还占一定的比例。在东北、内蒙古天然林保护工程区内未安排公益林建设的造林任务;天然林保护工程区之外的重点公益林林地面积为 8.3 亿亩,其中有林地面积(不包括未成林造林地和 0.2 郁闭度的林地)为 5.9 亿亩,占非天保区重点公益林林地面积的 71.1%,林地利用率亟待进一步提高。要积极争取政策和资金支持,加快国家重点生态公益林区和地方政府划定的地方生态公益林区内的造林步伐,特别是在宜林地进行造林,提高林地利用效率,进一步增加生态公益林的数量。

二是对天然林特别是天然次生生态公益林要进行科学营林。要通过对天然林特别是天然次生林进行科学经营,促进林分的生长,丰富生物多样性,提高天然林的质量。不仅要增加天然林的管护经费,而且要增加天然林的营林投入。

三是对人工重点生态公益林进行逐步改造。我国人工林分布较广,全国人工林面积 7.99 亿亩,占全国森林面积的 30.45%,在重点生态公益林中人工林所占比重也比较大。我国人工林大部分是纯林,特别是林龄较长的人工林大多树种单一,林分质量不高,有必要采取营林措施,进行人工林林分改造。大面积的人工纯林主要分布在众多的国有林场,但国有林场都比较贫困,无力承担人工林改造经费。要争取专项人工林营林投入,优先对依法划定的重点生态公益林进行林分改造,使其朝着近自然林的方向发展。

3. 用材林基地建设要坚持生态效益与经济效益相统一

新西兰 182.7 万公顷(约合 2740 万亩)的人工林,年生产木材 2110 万立方米。除满足国内木材需要外,年出口木材1460万立方米,占全国木材生产总量的69.2%,是世界木材出口大国之一。需要特别指出的是,新西兰的人工用材林遵循可持续经营的理念,在森林可持续经营方案的指导下森林采伐量适度,并与木材加工相互配套,使人工用材林在提供巨大经济效益的同时,同样发挥着良好的生态效益,同样在国土生态安全体系中发挥着重要作用。新世纪以来,我国正在推进由以木材生产为主向以生态建设为主的历史性转变,确立了以生态建设为主的林业发展战略。这个战略是我国林业发展指导思想的核心,不仅是天然林保护工程、退耕还林工程、"三北"等防护林体系建设工程、自然保护区建设工程、防沙治沙工程及治理水土流失的指导思想,而且对人工用材林建设同样具有指导作用。发展经济要讲经济效益和生态效益相统一;发展林产业和各种用材林同样要讲经济效益和生态效益相统一。工业原料林、纸浆林、大径级用材林基地的建设和经营都要把这个林业发展战略作为指导思想。用材林建设单纯追求经济效益,把经济效益最大化作为唯一目标的倾向需要及早注意克服。按照市场经济规律来建设用材林,应该突出考虑经济利益,但不能只讲经济效益,追求利润最大化。以生态建设为主的林业发展战略指导人工用材林建设,就是要实现用材林的经济效益与生态效益双优化。

一是制定用材林可持续经营方案,合理确定生态指标。尽管新西兰发展人工林主要是为了解决木材供给和出口问题,但一直注意倡导人工林可持续经营的思想,国家法律明确规定人工林要编制森林经营方案,私有林主也十分注意水土保持等生态指标的实现。尽管新西兰采伐人工林一般采取皆伐的方式,但具体去看,这种皆伐都是按照可持续经营方案,在大面积的用材林中进行小块状或小带状轮伐(开"天窗"),不仅不会对森林生态体系造成破坏,而且有利于森林的健康和促进林木生长。我国用材林建设已具备一定规模,从一开始就需要重视制定用材林可持续经营方案,确定用材林的生态指标。

二是合理确定轮伐期、年采伐量和年加工生产能力。新西兰北岛中北部的一家用材林公司(Kaingaroa Timberlands公司),经营林地面积18.9万公顷,其中辐射松面积 15.77 万公顷,轮伐期确定为 30 年,平均年生长量为每公顷 20 立方米,年生长总量为 315.4 万立方米,而年采伐量仅 200 万立方米,约占年生长量的 2/3,年采伐面积则占该公司森林总面积的几十分之一,森林越采越多、越采越好。根据这个采伐量,在采伐区附近合理布设了 7 个小型制材厂、1 个贮木场,木材产量的 30% 通过附近的海港出口,大部分直接供应附近的 1 个纸浆厂。这个实例是新西兰用材林经营利用的一个缩影。说明虽然用材林靠木材产出来获取经济效益,但必须坚持可持续经营,而要做到可持续经营,则应该做到轮伐期、采伐量及加工生产能力适度并相配套。我国用材林一般都考虑短周期,更加需要重视年采伐量与加工生产能力的合理确定。木材短缺是我国木材市场长期面临的战略问题,解决这个问题主要靠自己是毫无疑问的,而我们自己在用材林建设中必须有战略眼光,关键则在于坚持用材林的可持续经营。

三是注意防止病虫害。新西兰出口国际市场的木材经过森林认证。目前,新西兰 33% 的森林获得了国际 FSC 森林认证,其中主要是人工林。新西兰人工林基本上是发展以辐射松为主的纯林,但在其特殊的海岛地理气候条件下,这种纯林没有严重的或难以防治的病虫害。而我国森林病虫害相对比较严重。在用材林建设中,发展混交林是防止病虫害的措施之一。我国用材林的轮伐期相对较短,在速生丰产用材林基地建设中,要适当考虑按科学比例将生态林与用材林混合配置,采用混合经营模式,防止病虫害和水土流失,从而使用材林经济效益和生态效益都得到保证。

4. 用材林发展要多样化

我国木材市场需求是长期的、巨大的、多样化的,用材林基地建设的主要任务是满足国内市场需求。我国气候差异大,区域经济发展和改善生态的任务并重。大力发展人工用材林,不仅是满足国内市场多样化需求的客观要求,也是改善生态、促进区域经济发展的长期需要。当前在速生丰产用材林建设中,各地重视纸浆乔木原料林、人造板原料林的发展,比较单一。要认真研究用材林建设的多样化问题,以利于科学布局、一举多得。

一是重视灌木、竹木纸浆原料林。速生丰产林基地建设工程区,主要分布在降雨较丰富地区。而用材林建设,在干旱、半干旱地区也是可以搞的。在广大沙区发展灌木林,可以治理沙地,带动饲养业及其制品业,同时,灌木也可作为纸浆林。例如,内蒙古东达·蒙古王集团自2001年起计划利用沙柳纸浆造纸,分十年投资近3亿元在库布其沙漠中建成300万亩沙柳基地,投入约20亿元建设年产50万吨的沙柳纸板项目,现已通过采取企业带农户的办法建立起30万亩沙柳基地,首期10万吨纸浆生产线已试产成功,主要生产优质箱板纸。在南方发展纸浆竹子原料林,同时可以带动农民增收,治理荒山和石漠化。对这样的纸浆原料林,要重视技术攻关、政策扶持。

二是重视珍贵和大径级用材林建设。我国木材市场对珍贵木材和原木、锯材需求很大,长期依赖进口是靠不住的;珍贵材和大径级材生长周期长,依靠社会投资也很难。这是一个矛盾。要研究解决这个矛盾的思路,及早考虑国家后备用材林资源,保证"木材安全"。

有山皆绿 *

应韩国政府山林厅的邀请,我率中国林业代表团于 2005 年 10 月 12 日至 19 日出席了中韩林业第五次工作组会议并考察了韩国林业。韩国森林覆盖率达 65%,实现了有山皆绿,并进入到提高营林水平、全面提高森林质量阶段。

一、韩国林业的发展

韩国全称"大韩民国",位于朝鲜半岛南部,隔"三八"线与朝鲜民主主义人民共和国相邻,面积 9.93 万平方公里,人口 4838.7 万。南北长约 500 公里,东西宽约 250 公里。属温带东亚季风气候。年平均降雨量 1500 毫米,由南向北逐步减少。六月到九月的降雨量为全年的 70%。是一个多山国家,丘陵和山区约占国土面积的 70%,东部以山地丘陵为主,平原分布在西部和沿海地区,主要河流有汉江、洛东江、锦江和蟾津江,全部流向西部和南部入海。

1910 ~ 1945 年韩国被日本占领,由于战火和过度砍伐导致森林面积急剧减少,森林质量严重退化。1952 年森林覆盖率降到 32%,平均每公顷森林蓄积量下降到不足 10 立方米。战后,在总统朴正熙倡导下,迅速开展全民绿化运动。1953 ~ 1972 年是韩国山林的恢复期。政府在此期间制定并执行了许多单项的林业计划,如 1953 年和 1957 年治理山地侵蚀计划,1956

---

* 本文是作者写给国家林业局党组的考察报告,原文载于《中国林业》2006 年 3A 期。

年和 1969 年的民有林造林计划,1959 年和 1965 年的薪炭林造林计划,1968 年的特种用途树种发展计划。1960 年利用世行贷款营造了大面积速生薪炭林,以槐树为主。槐树林现已发展为蜜源林,为韩国提供了 70% 的蜂蜜。尤其是 1962～1972 年韩国政府开始组织大规模人工造林,开展了"国土绿化,培育资源"运动,到 1972 年共造人工林 164.9 万公顷,是历史上人工造林面积最大的 10 年。

在此基础上,为进一步加快国土绿化步伐,韩国政府于 1972 年正式制定了林业阶段性发展规划,确立了四个"十年林业发展计划"。前三个计划都是以扩大森林资源为主要目标,均已提前实现,后一个计划以加大营林工作力度为主。

第一个林业发展计划(1973 年至 1978 年)

发展目标是:计划人工造林 100 万公顷,为国土绿化和生态状况的改善奠定基础,工作重点是荒山绿化、薪炭林营造和林业宣传教育。

这一时期,由于用于造林的土地属不同所有者,其中有中央政府、省政府、工业企业(公司)以及私人所有土地,因此森林发展计划主要由几个项目组成。第一个项目是对残留的森林进行严格的保护,特别是山区的残留森林;第二个项目是确定一系列适当的地区进行有效的森林开发,这些地区实施的造林活动以增加保护效果和增加社区的经济收入为目的,并特别强调要确保社区能够获得充足的薪柴等资源以满足生活的必需;第三个项目是种植速生树种以确保能够尽早产生效益。最后,就是中央政府设法使当地社区作为一个整体广泛地参与和介入项目活动,并提供财政支持予以鼓励。由于政府决心大,政策符合民意,调动了社会绿化国土的积极性,仅用6 年就完成了规划确定的全部任务。

第二个林业发展计划(1979 年至 1987 年)

发展目标是:基本完成国土绿化,生态状况得到改善,为林业的长期发展奠定基础。

这一时期,除保留了第一个计划中对残留森林的保护活动外,重点采取了荒山绿化、次生林改造和资源保护并举的方针,营造大面积用材林,以解决对木材资源的长期需求问题,并注意利用林地发展新经济区,把培育养护土地与提高群众造林和林业生产的收入相结合。提前完成了96.6万公顷的造林任务和786公里的林道建设,建立了80个规模较大的用材林基地。基本完成了国土绿化任务。这一时期是韩国林业发展的一个重要转折点。

第三个林业发展计划(1988年至1997年)

发展目标是:提高林分质量,为国家林业产业的发展奠定基础,发挥森林的经济效益和社会效益。

这一时期,把工作重点由国土绿化转移到资源培育、山区开发和公益林发展上。又新造林32.1万公顷,开设林道111335公里,并在城市近郊营造了环境保护林。

韩国从1952年至1961年,已完成造林保存面积约82万公顷,使森林面积达到400万公顷。1961年至1995年35年间,有林地面积从400万公顷扩大到630万公顷。至此,全国共增加有林地面积312万公顷。每公顷林地蓄积量也从不足10立方米增加到了50多立方米,实现了有山皆绿。

第四个林业发展计划(1998年至2007年)

发展目标是:构筑生态保护林管理体系;加强山林资源的培育和管理;促进林业产业化,活跃地区林业;健全城市林业管理体系,扩大城市林地;综合开发山区资源,振兴山村经济;合理保护和使用山地资源;扩充休养设施,丰富林业文化;加强国际合作和扩大对外出口;开发高新技术,高效利用森林资源;增强林业整体活力,提高林业产业市场竞争力;加快森林文化建设。

目前,韩国林业正处于第四个森林发展计划的关键时期。为实现《林业发展规划》提出的扩大森林资源和提高森林质量的目标,致力于发挥森林的多功能,一方面政府实施了造林补助金制度,对长周期树种造林补助35%~87%,速生树种造林补助32%~43%,并给予贷款支持。另一方面将林业重点由大规模造林转移到不断提高林分质量,改善林种结构,合理利用和开发森林资源上。

二、森林资源分布

韩国现有森林面积 646 万公顷,森林覆盖率 65%,其中,针叶林 285 万公顷,阔叶林 168 万公顷,针阔混交林 173 万公顷,其他 20 万公顷。森林总蓄积 3.63 亿立方米,平均每公顷蓄积量 56.2 立方米。

(一)地域分布

韩国森林按地域分布可分为暖带林、温带林和寒带林 3 种类型。

1.暖带林

分布在北纬 35°以南、年均气温 14℃以上的地区,如南海岸及附近岛屿和济州岛。传统的优势树种是常绿阔叶树,但如今,由于过度采伐和森林火灾使大部分天然林遭到破坏,已被阔叶林、混交林及松林所替代。现在的优势树种为栎和山茶花等。

2.温带林

分布在北纬 35°~38°、年均温度 6~13℃的地区。可划分为北部温带林、中部温带林和南部温带林。最早的优势树种原为阔叶树,以后逐渐被松树所取代。现在的主要树种有:栎、桦、槐、白蜡、赤松、红松和黑松等。

3.寒带林

主要分布在年均气温 5℃以下的北部高山地带。由于乱砍滥伐,森林的优势树种由以前的针叶树逐渐被混交林所取代。优势树种为杉松、长白鱼鳞云杉、栎和白桦等。

(二)所有制形式

森林资源按所有制形式划分为国有林、公有林和私有林。

1.国有林

国有林由中央政府山林厅直接管辖的 5 个地方森林管理厅和 24 个国有林管理所直接管理。全国国有林总面积为 139 万公顷,占森林总面积的 21%;森林蓄积量为 11616 万立方米,占森林总蓄积量的 32%。平均每公顷森林蓄积为 83 立方米,远高于全国平均水平。

2.公有林

公有林是指地方政府或团体经营的森林。面积为 49 万公顷,占森林总面积的 8%;森林蓄积量为 2541 万立方米,占森林总蓄积量的 7%。平均每公顷森林蓄积为 52 立方米,略低于全国平均水平。

3.私有林

私有林是指由家庭、个体或合作社经营的森林。面积为 458 万公顷,占森林总面积的 71%;森林蓄积量为 22143 万立方米,占森林总蓄积量的 61%。平均每公顷森林蓄积只有 48 立方米,低于全国平均水平和国有林、公有林水平。私有林占了韩国森林面积的大部分,分属于 200 多万个私有林主,其中近半数私有林林主拥有的森林面积不足 0.5 公顷,96% 的私有林主森林面积不足 10 公顷,这些小私有林主拥有的森林,占全国森林面积的 52.5%。

(三)有林地分类

韩国政府将全国森林分为保护林和可处置林,保护林占森林总面积的 80%,其经营目标是国土保全、森林经营、科学研究、林业技术开发、历史遗迹及有形文化遗产保护和其他公益机能。另外的 20% 作为可处置林。

(四)林龄结构

韩国现有森林大多为近 30 年新造林,龄级小于 30 年的森林达 436 万公顷,占森林总面积的 67.5%;大于 30 年的森林只有 210 万公顷,占森林总面积的 32.5%,其中 40 年到 50 年生的森林只有 65 万公顷,占森林总面积 10%,50 年以上的森林不足 0.7%。

三、韩国林业的管理

(一)机构设置

1. 中央林业管理机构

韩国政府山林厅(1973 年至 1986 年山林厅由内务部管理,所属工作人员均为警察编制)为主管全国林业的政府机构,负责制定和实施林业政策、贯彻森林法规、从事各种林业活动和行政管理、科研教育,对国有林实行垂直管理。山林厅的主要职责是:经营森林资源和促进资源增长,保护森林和发展林业,保护野生动物和防治病虫害,开发和利用林产品,保障木材供应,林业研究和培训,林业合作和技术推广等。其具体机构设置及主要职能为:

规划管理官——负责规划预算、行政管理和法律事务;

林业政策局——负责林政、林产品流通、国际协作;

森林资源局——负责资源营造、山林环境、土木及技术支持;

森林经营局——负责山林经营、管理、山地计划;

地方管理厅——负责国有林的经营;

林业研究院——负责山林环境、林产工业、山林生物和山林经营的研究;

林木育种研究所——专门负责林木育种研究;

林业研修所——负责全国林业培训工作。

以上人员均为国家公务员。

2. 地方林业管理机构

地方各市、道、郡政府均设森林管理科,为地方政府职能部门,负责公有林行政管理工作。

3.民间林业管理机构

全国约有30个民间林业团体,如林业合作社中央会,林政研究会等。每个道、郡都有一个私有林主的民间协会组织—森林组合,负责指导管理和经营全国大多数私有林,包括对私有林的采伐和出售。政府负责森林组合管理人员经费,其中90%由中央政府负责,10%由地方政府负责。

(二)林业立法

1961年韩国政府颁布了《森林法》,旨在使森林资源得到更好的保护和增值,引导林业走上可持续发展道路。同时,为使山林成为经济、环境和文化资源,在财政、金融、税制、技术上对森林经营者给予扶持。1962年颁布了保护林地和实施防治水土流失的《水土流失防治法》。1967年颁布了《野生动物管理和狩猎法》,对野生动物的保护和狩猎活动作出明确规定。1994年颁布了《林业合作社组织法》,目的是通过林主的合作组织——林业合作社中央会及其下属机构进行自主经营,使林业经营者的收入不断提高,生活不断改善,与国民经济的发展保持均衡和同步。此外,韩国还把每年3月21日至4月20日确定为法定造林月,4月5日为法定植树节,11月为法定森林抚育月。

(三)林业科研与教育

韩国政府十分重视林业科研和教育。进入20世纪90年代后,把林业研究和林业教育作为提高林业生产力、提高林业收入及林业国际竞争力的有效途径。特别是1992年联合国环境与发展大会之后,韩国政府进一步加强了对地球环境和森林可持续经营问题的研究。这些研究任务主要由韩国林业研究院和林木育种研究所承担。同时,各地方政府设有山林环境研究所,主要研究地域性林业问题。

全国有9所大学设有林学系或山林资源系,有2所综合大学设有林学院。大部分林学系设有 4 年制学士课程、2 年制硕士课程和 3 年制博士课程。全国有 4 个林业专科学校,另外,在职业高校中,有 29 个学校设有林业专业。

山林厅的林业研修院,主要负责林业公务员的轮训。另外,林业合作社中央会下设 1 个林业机械培训中心,负责林业机械化作业的培训工作。

(四)木材产业

1979 年以前,韩国林业经历了大进大出谋利的时期。当时年进口木材 500～600 万立方米,其中大量原木经制材、胶合板制造后再出口,赚取了大笔外汇,创造了大量就业机会,又依靠国外森林资源,满足了国内对木材的需求。韩国的木材工业曾是扬名世界的外销产业,与我国台湾的木材加工业齐名。直到 1978 年,韩国胶合板出口在国际市场上一直居领先地位。每年仅胶合板出口一项,可抵消 2/3 以上原木进口的外汇开支。如 1975 年进口 518 万立方米原木,花外汇 2.7 亿美元;同年出口胶合板 125.8 万立方米,收入外汇 2.3 亿美元,抵消了原木进口 85% 的外汇支出。70 年代末 80 年代初,森林资源丰富的国家开始限制、禁止原木出口,于是韩国即转入高附加值木材加工业如钢琴、吉他、家具等生产。这一时期,韩国林业的特点是大进大出,并获取了较好的经济利益。

但近几年来,随着韩国家具和乐器外销额的急剧减少,韩国对进口木材的依赖程度越来越高。单就森林覆盖率而言,韩国属于较高的国家之一。由于人口密度大,人均森林面积 0.2 公顷,仅为世界平均的 1/5,森林质量差,生产能力低;加之韩国森林面积约 30% 被指定为城市计划用地、军事保留地、文化资源保护地等特殊用地,70% 作为普通林进行经营;同时,国内木材劳动成本普遍偏高也是进口木材居高不下的原因,因此,韩国目前国内木材消耗 94% 依赖于进口。

为解决这一矛盾,韩国政府一方面加强对人工造林,特别是速生丰产林的政策、资金扶持力度,提高森林质量,以不断提高国内木材供给率,计划由目前的 12% 提高到 2030 年的 51%,2080 年达到 60%。另一方面积极致力于海外森林资源的开发。私营企业遍布马来西亚、巴布亚新几内亚、美国、所罗门群岛、斐济、圭亚那和俄罗斯等国,主要生产原木和胶合板,以满足国内市场对木材的需求。

(五)森林的整体效能

韩国的森林政策与计划,均强调把森林的有形(经济)和无形(生态)价值整合到一起考虑。据韩国国家林科院估算,全国646万公顷森林生态效益价值估算(不包括各种林产品)约59亿韩元,折合成人民币为4600亿。其中涵养水源约1100亿人民币、提供清洁空气约1033亿人民币、防止水土流失约856亿人民币、提供休憩空间约867亿人民币、提供清净水约383亿人民币、防止滑坡约314亿人民币、保护野生动物约47亿人民币。

四、对韩国林业的几点看法

从50年代初开始,韩国经过几十年的努力实现了有山皆绿、山川秀美,完成了国土绿化。并于90年代中期,及时转入以营林为主,提高森林质量,增加森林产出阶段。分析韩国的林业发展,有以下几个特点。

1.森林覆盖率高

韩国森林覆盖率达65%,这非常可贵,很不容易。在9.93万平方公里的国土面积中,有70%是山地,基本上是一个山地国家。韩国人口密度大,有4838万人口,平均每平方公里487人,远比我国人口密度大(约每平方公里135人)。战后韩国经济发展很快,现在人均GDP已经超过1.4万美元,这与有一个良好的生态环境是分不开的。这说明,韩国对林业在经济社会发展中的地位和作用的认识是超前的,是科学的。

美国世界观察研究所在报告中指出,在大多数第三世界国家,滥伐森林是一个极为严重的问题,是一个具有长期经济影响和生态影响的问题。值得注意的一个例外是韩国,它已经成功地在荒山上重新造林。

世界银行高级官员 H. R. 米什拉在题为"山地森林保护与人类可持续发展"的政策性报告中认为,既发展了经济,又能将森林覆盖率保持在 60% 以上,韩国在发展中国家中是唯一一个。

2. 锲而不舍地推进国土绿化

韩国对植树造林、国土绿化决心大,锲而不舍地抓。1961 年以前就制定了造林计划,完成造林保存面积 80 多万公顷。1962 至 1972 年是韩国造林速度最快,规模最大的 10 年,共新造林 164 万公顷。从 1973 年开始,连续实施四个 10 年林业发展计划,前 3 个计划分别提前 3 至 5 年就完成了造林任务。根据资料计算,从 1952 至 1995 年,新造林面积总计达到 550 多万公顷以上,约占现有保存林地 646 万公顷的 86%;几十年来,韩国新增加有林地面积 328 万公顷。这说明有 222 万公顷的森林为满足国内木材需求而被用掉。一方面很好地实现了国土绿化的目标,有效改善了生态状况,一方面又一定程度上保证了国内对薪材、木材的需求,促进了经济发展。韩国林业的发展实际上经历了 1952 至 1961、1962 至 1972 以及 1973 年以后的四个 10 年林业发展计划 6 个阶段,每个阶段都有计划,都提前完成,都见到了成效。这些计划目标明确,执行到位。

3. 及时把营林工作摆上重要日程,大力提高森林的质量和效益

20 世纪 90 年代中期,韩国在执行第三个林业发展计划时,有林地面积已达到 630 万公顷,国土绿化任务基本完成。这时,他们及时把林业工作的重点转到加强森林经营上,并有针对性地采取措施。第四个林业发展计划的重点就是加强森林资源经营,并相继制定了许多优惠政策和鼓励措施,重点围绕提高森林质量和效益加强引导和科技支持。虽然这一阶段才进行了 10 年左右,但林业发展重点的转移很及时,措施很有力,方向很明确,对有效提高森林的质量和效益起到了积极作用。

4. 产权明晰,管理科学

韩国林业产权明晰,谁所有谁管理。国有林由中央政府直接管理,所有

权、经营权、使用权、处置权属于中央政府;公有林由地方政府直接管理,所有权、经营权、使用权、处置权属于地方政府;私有林属于私有林主,所有权、经营权、使用权、处置权属于私有林主。森林组合和民间协会负责对私有林进行指导和服务,其管理人员经费由中央政府和地方政府共同承担。韩国林业的管理体制和机制一直很明确,没有大的变动,今后这种基本管理体制也不打算有大变化。值得注意的是,韩国政府现在和今后有一条明确的政策,就是不断收购私有林主的森林,最终使国有林比重由现在的21%上升到30%。

韩国在大力推进造林的同时,积极采取措施保护造林成果。在1986年以前,国家林业主管机构设在内务部,从上到下的工作人员均属于警察编制,在全国有林地面积达到630万公顷,国土绿化的目标接近实现,进入第二个林业发展规划时,山林厅才由内务部转出来。

5.林分质量较低

总体上看,韩国现有的森林基本上是重建的。虽然10年前就加强了营林工作,但是提高林分质量还是今后长期的任务。韩国植树造林经历了半个多世纪的努力,每公顷蓄积由原来不足10立方米上升到目前的50多立方米,成绩很大,但林分质量仍然是较低的。这既有历史的因素也有现实的因素。从历史看,一是韩国上世纪初被日本占领期间、40年代第二次世界大战时期以及50年代朝鲜战争期间大量的原始森林被毁,新造林普遍存在林龄较短问题。二是在战后经济发展的过程中,对于森林的抚育、森林火灾的预防、以及解决烧柴问题等,也难于作为重点来顾及。从现实因素看,对森林进行集约经营主要是在国有林和公有林中进行,而占有林地面积71%的私有林地零星分散,私有林主看重的是私有土地,不注重林木收益,对国家倡导的加强营林的措施不予配合,这成了一个难题。韩国的林业官员再三讲,不仅要大力造林,更要普遍重视营林。他们认为,再增加有林地很难了,像现在这样主要依靠木材进口也不行,今后长期努力的方向就是加强营林工作,提高森林质量和产出,以进一步提高森林的生态效益,满足国内对木材的需求。

森林资源最丰富的国家[*]

应巴西联邦共和国环境部的邀请,2007 年 8 月 27 日至 9 月 2 日,我率中国林业代表团一行 6 人赴巴西出席了中巴林业联合工作组第一次会议。期间,与巴西环境部及联邦林务局、生物多样性保护总署、可再生资源总署等部门进行了会谈,与亚马孙研究院、林务局木材实验室、生物多样性保护总署遥感监测中心等专家学者进行了交流,并实地考察了亚马孙洲的马瑙斯热带雨林。巴西是一个发展中大国,是世界上生物多样性和森林资源最丰富的国家之一,具有可持续发展的优越自然资源支撑条件。通过研究有关资料和实地考察,使我对巴西林业了解得更加具体了,从中也思考了一些问题。

一、巴西森林资源十分丰富

巴西位于南美洲东南部,国土面积 851.49 万平方公里,约占南美洲土地总面积的 50%。最北部边界地区是圭亚那高原南部,北部为广阔的亚马孙平原,中部为平均海拔 600 ~ 900 米的巴西高原,南部为坎普斯草原和巴塔哥尼亚高原。东濒大西洋,海岸线长达 7400 公里。全境地形总体上较为平缓,西部有帕雷西斯山脉,东部有伊亚帕巴山脉、伊尔芒斯山脉和埃斯皮尼亚苏山脉,东南部有曼蒂凯拉山脉和马尔山脉。全年分为雨季和旱季,年平均降水量大部分地区为 1000 ~ 2000mm,亚马孙平原可达 2000 ~

---

* 本文是作者写给国家林业局党组的考察报告,原文载于《中国林业》2008 年 4A 期。

3000mm。东北部平均气温 28 摄氏度,南部高原最低为 16 摄氏度。全境
62.5% 属于高原,37.5% 是平原和低山,土地十分肥沃。水资源极其丰富,
占全世界淡水资源总量的 18% 以上,人均 2.9 万立方米,亚马孙河注入大
西洋水量占世界河流注入海洋总量的 10%。巴西人口 1.7 亿,划分为 26
个州和联邦区,州辖市,全国有 5500 个城市,城市人口占总人数的 79.5%,
是拉美第一经济大国,2006 年国内生产总值 5000 亿美元。

森林资源极其丰富。联合国粮农组织发布的《2007 年世界森林状况》
数据显示:巴西森林面积为 4.777 亿公顷,占世界森林总面积的 14.5%,森
林覆盖率 57.2%,人均森林面积 2.75 公顷,为全球人均森林面积的 4.5
倍,森林蓄积达到 810 亿立方米。巴西联邦林务局局长阿泽维多讲,我们没
有进行全国森林资源清查,据我掌握的情况和计算,森林面积为 5 亿公顷,
总蓄积为 800 亿立方米。

(一)天然林

巴西全国有天然林面积约 4 亿公顷,占全国森林面积的 80%;蓄积约
790 亿立方米,占全国森林总蓄积的 97.5%。主要分布在亚马孙森林、大西
洋森林、热带高原森林、沼泽林、海岸红树林等。其中,亚马孙天然林面积达
到 3.4 亿公顷,占全国天然林面积的 85%,占世界热带雨林总面积的 36%。
已知亚马孙热带雨林有乔木树种 2100 多种,400 多种具有商业价值,采伐
量大的有 24 种,如大叶桃花心木、绿心木、红木等。

(二)人工林

巴西人工造林历史近 30 年,现已初具规模,并发展迅速。目前,巴西已
有人工林面积约 700 万公顷,为世界第四位。其中桉树占 52%,松树占
30%,南洋衫占 1%,棕榈占 12%,其他树种占 5%。巴西人工林面积虽然
只占全国森林面积的 1.4% 左右,但地位十分重要。全国每年 1.5 亿立方
米商业性木材采伐量中有 1.1 亿立方米来自人工林。人工林包括工业原料
林、能源林和果林。其中占主导地位的是工业原料林,有 530 万公顷,占人

工林总面积的 75%。为适应不同用途的需要,全国划分为北部、东北部、中西部、南部和东南部 5 个人工林培育区。工业原料林树种主要是桉树和松树,主要集中在南部地区。

巴西尽管天然林资源十分丰富,但仍然十分重视人工林建设,人工林发展很快。2002 年全国人工造林面积 32 万公顷,2006 年达 62.7 万公顷,平均每年人工造林面积 47.9 万公顷,2007 年预计可达 71 万公顷,计划以后每年人工造林面积达到 100 万公顷以上。巴西人工林全部为私有林,主要由公司拥有,但重视鼓励中小私有林主造林,促使中小私有林主造林占有比例不断增加,从 2002 年的 7.8% 增加到 2006 年的 25%,预计 2007 年达到 30%。巴西政府希望由中小林主完成每年新造林计划的 1/3。人工林年生长量平均每公顷达 50 立方米,最高达到 100 立方米。

(三)生物多样性

巴西、特别是亚马孙流域的生物多样性举世闻名,虽然有大部分的物种还没有正式命名,但已知的物种就已多于世界许多国家。据估计,巴西全国有 5500 种被子植物;428 种线虫;1622 种鸟;516 种两栖动物。由于近 30 年来,亚马孙热带雨林遭到破坏,使一些物种濒于灭绝,其中濒危动物 219 种,濒危植物 106 种。

巴西热带雨林破坏是十分严重的。100 年前,巴西森林覆盖全国,近 20 年来,亚马孙原始森林就被破坏了 15% 左右,毁林已从林区边沿向核心区发展,给生物多样性带来很大威胁。

二、对情况的研究与思考

巴西是一个林业大国。森林面积居世界第二,森林蓄积居世界第一(与俄罗斯相差无几)。巴西林业为国民提供了 600 万个就业机会,对全国 GDP 的贡献率为 3.5%,林产品出口占总出口额的 8.5%。巴西是一个发展中国家,力求建立森林保护和利用之间的平衡,实现森林的可持续发展,为巴西经济社会发展服务,其资源状况和所采取的一些措施值得我们认真研究。

(一)森林资源监测与执法联系紧密而直接

巴西对林地、森林资源变化主要靠不间断的监测。掌握情况及时,传递信息及时,执法跟进及时。生物多样性保护总署的遥感监测中心利用2003年中巴联合发射的环境资源卫星,每15天对全国范围内的森林资源、湿地、野生动物栖息地完成监测一遍,还包括对水资源和大气监测,并将监测到的信息发到可再生资源总署及各地执法监管派出机构。林业执法部门通过对地理信息图片的分析,判断林地、森林资源遭到破坏的地点和程度,执法人员及时到达执法地点,对盗伐滥伐森林资源的行为进行纠正和处罚。巴西非法采伐森林是一个严重问题,每年约占全国采伐量的15%,其中,对天然林合法采伐的不到40%。巴西采取这项管用措施,使森林资源遭受破坏的现象逐年得到扭转,2002~2003年度遭受破坏的森林面积是248.7万公顷,2003~2004年度是273.4万公顷,2004~2005年度是187.9万公顷,2005~2006年度是140.3万公顷,2006~2007年度巴西政府力求使遭受破坏的森林资源控制在100万公顷以下。

我国森林面积1.75亿公顷,居世界第五位,但只占世界森林面积的4.52%。人均森林面积0.132公顷,不到世界平均水平的1/4,居世界第134位。森林资源总量严重不足,但林地流失十分严重。1998~2003年间,全国林地被改变用途或被征占转变为非林业用地面积1000万公顷(合1.5亿亩),平均每年达200万公顷(合3000万亩,其中有林地消失1000万亩),比1993~1998年间平均数增加了24%。据统计,2006年违法占用林地案件造成林地损失又比以往增加2.88万公顷(合43.2万亩)。特别是国家对耕地实行严格保护政策后,一些地方将目光瞄准了林地、湿地,不按规定办理征占用林地手续,未批先占、少批多占、违法采伐,林地减少大幅增长。

我国森林资源消长变化情况的掌握,主要靠5年一个周期的全国森林资源清查。森林资源监测数据主要服务清查,尚没有做到经常、及时、有效服务于执法部门。日常发现破坏森林资源行为,大多靠群众举报和新闻媒体曝光,常常几个月甚至几年后才能发现,法人侵占林地更难发现,造成执法滞后,难度加大。及时获得卫星资料,通过卫星监测分析林地、森林资源的变化,及时把破坏林地、森林资源的数据发给当地林业执法部门前往调查处理,是一条管用的监管措施。这是利用高科技手段,使执法监管方式先进化,效率大大提高的好经验。

(二)对森林资源实行全面保护和可持续利用分类经营管理

巴西是世界上生物多样性最为丰富的国家。热带植物占地球种类的28%;木本植物占地球种类的22%;草本植物占地球种类的17%;哺乳动物占地球种类的10%;并拥有地球最大的淡水蓄积。巴西是个发展中国家,自然资源又如此丰富,但却十分重视科学地、系统地保护资源。2000年7月18日,国会批准了全国自然保护区方案,2002年8月22日,经总统批准,颁布修改方案,方案对保护区做了细致划分和规划。综合考虑保护区生物多样性、资源状况、一个地区经济社会发展等各种因素,将资源的保护和利用划分为两种形式。一种形式是实行全面保护,包括国家公园62个、保护地29个、野生动物栖息地32个,这一部分不可以开发。另一种形式是实行可持续利用。这部分包括:一是可开发保护区,原住居民可小面积从事农业、养殖业,但土地和资源所有权是联邦政府的。管理权由当地政府、各部门代表、原住地居民代表组成理事会,经理事会批准才可以采伐利用。二是可持续发展保护区,原住居民可拥有私有土地,有必要时,政府可收回土地。三是国家森林。属于政府土地,对原有的私有林主,必须把土地所有权让给国家搬走,对原住居民,可以继续使用,优势树种可以进行科研和小量采伐。四是环境保护区,可以有私有土地,也可以有政府土地,但都必须在国家规定内进行利用。比如近海不许商业性捕捞。此外,还划有生态意义保护区、自然遗产保护区等,也属于可持续利用这部分。

巴西对森林资源为主的自然资源,一部分实行全面保护,不许开发利用,目的在于保护生物多样性,发挥其生态效益。一部分实行可持续利用,允许有条件的开发,目的也在于保护生物多样性。所不同的是,允许可持续利用的这部分资源,要在坚持发挥生态效益为主、坚持可持续发展的前提之下,才可以进行适度开发利用。这种开发利用是小规模的,是既有利于经济增长,又有利于资源增长的。这是总的思想和指导原则。比如,对广袤的天然林(4亿公顷)就有扩大利用的计划。亚马孙森林占全国天然林的85%(约3.4亿公顷),这部分森林年均生长量约为0.8~1立方米/公顷,都属于成过熟林。2002年以来,巴西每年开发利用天然林30万公顷,2006年已经扩大利用到300万公顷,今后计划逐步扩大到每年利用1500万公顷。如果达到每年利用1500万公顷,只占全国天然林总面积的1/26.7,并且,每公顷只允许采伐20立方米以下。天然林单位蓄积大约160立方米/公顷,单位面积的采伐利用强度只有1/8。据此计算,如果把全国天然林采伐利用一遍,需要213年。天然林总蓄积790亿立方米,如果每年采伐1500万公顷,每公顷采伐20立方米,则每年采天然林蓄积可达3亿立方米,占全国天然林总蓄积的1/263。这对于一个降雨充沛的森林国家来说,是坚持了可持续利用的原则,在这个前提下,显然也提高了林业对经济的贡献率。

我国林情与巴西有着极大不同。一是需求大。根据全国第六次森林资源清查结果,清查期间国内年消耗森林资源3.65亿立方米,进口量不断加大,2005年进口木质林产品折合原木1.6亿立方米,相当于消耗森林蓄积2.67亿立方米,两项合计,每年国内用材需求和加工出口的木材折合成森林蓄积已达6.32亿立方米,预计到2010年可能需要7亿立方米,需求量呈刚性增长。二是资源少。我国天然林总面积1.15亿公顷,单位蓄积91立方米/公顷,由于长期过量采伐,现有的天然林大部分是次生中幼林,并主要分布在东北、内蒙古东部及大江大河源头的高山高寒地区,生长很慢,生态区位十分重要,生态功能十分宝贵。我国要正确处理森林保护与利用的关系,把增强森林的生态功能与经济功能协调推进,必须走一条符合本国国情林情的路子。

1.严格保护天然林

我国的天然林应该继续加大保护力度,逐步实行全面保护,不能再靠采伐天然林来解决林区困难、向社会提供木材了。尽管实施了天然林保护工程,但有的重点林区资源总量仍在下降,这种局面必须采取更有力的措施及早改观。要尽快出台天然林保护条例,重视天然林林区营造林,实行天然林禁伐封育保护,下决心把宝贵的天然林资源全面长期保护起来。当然,不排除北方有的地区天然林资源还有一些成过熟林,南方的天然林除自然保护区核心区外,也需要进行经营,对这样的林区,要制定科学的可持续经营方案,严格控制采伐强度,大力提高森林健康水平。

2. 大力发展人工林

目前,我国共有人工林保存面积约 5330 万公顷。人工林面积虽大,但林地生产力很低、质量不高,单位蓄积只有 46.59 立方米/公顷,应该在严格保护天然林的同时,加大人工林建设力度,充分发挥人工林的经济功能,特别是提高木材供给能力。一是对人工林进行分类经营。对处于重要生态区位的重点公益林,要加强营林,加强保护,提高这部分人工林的生态效益。这一部分人工林与巴西人工林有着很大不同。对不属于重点公益林的人工林,应选择自然条件好的地区,明确地划分出来,进行集约经营,加强改造和抚育措施,把这部分人工林真正建设成用材林的骨干基地。二是加快速生用材林基地建设步伐。2001 年,我国启动了速生丰产用材林基地建设工程,至 2006 年底,共造林 500 万公顷,平均每年造林约 84 万公顷(巴西现在每年新造人工林 71 万公顷),按照规划,至 2015 年应建成 1333 万公顷速生林基地,成为我国另一块用材林骨干基地。三是把农田防护林建成生态与经济、兴林与富民兼用型防护林。农田防护林首先要为农田提供防风固沙、调节气候、涵养水源、增加降雨等生态保障。同时,经过合理轮伐、及时更新,还能提供大量的木材资源,是扩大木材供给的一个重要渠道。内蒙古通辽市的农田防护林种植杨树 3 排,路、渠、水、林统筹,按合理轮伐期每年采伐收入与农田经济作物收入大约相当,等于农民收入增加一倍。吉林省现有农田防护林 13.7 万公顷,总蓄积 1876.3 万立方米,其中成过熟林面积 8.13 万公顷,蓄积 1535.4 万立方米,分别占农田防护林的 59.3% 和

81.8%。按照可持续经营方案,如 20 年对全省农田防护林完成一遍更新采伐,平均每年可产材 90 万立方米。我国现有农田防护林 812 万公顷,与农业、农民关系紧密。可考虑积极探索、积极推进生态经济兼用型农田防护林模式,使我国的农田防护林既发挥生态屏障作用,保护农业稳产、高产,又成为用材林的又一个骨干基地。统筹这三块用材林骨干基地,如果能达到 3000 万公顷以上,每公顷蓄积达 100 立方米以上,则用材林蓄积可达 30 亿立方米以上,这对于解决我国木材安全问题关系重大。

3. 高度重视森林防火

巴西是森林大国,高度重视森林防火工作。一是加强组织协调能力建设。对森林防火工作实行联邦、州、市三级政府负责制。根据总统指示,1989 年 4 月 10 日在可再生资源总署成立森林防火监测中心,2001 年总统颁布命令将其加强为国家防火中心,负责协调全国森林火灾监测、预防和扑救工作。一旦发生火灾,国家防火中心可代表联邦政府协调指挥各个部门和地方各州。国家防火中心有编制 60 人,下设计划处、宣传处、预防处和控制处,在每一个州还派驻一位协调员,2001~2006 年国家雇佣专职扑火队员 5936 人。二是注重监测工作。除卫星监测外,在全国还建有 288 个地面火情监测站。三是重视灾后评估。国家防火中心聘用了 28 名火灾调查员,负责每次火灾后灾害损失评估,直至追究责任人刑事责任。四是十分重视宣传教育。在国家防火中心专门设置宣传处,通过各种渠道和手段向公众进行防火教育,印制各种防火宣传知识手册、防火帽子、纪念章等发放给公众。

我国平均每年森林火灾达 7500 多起,森林防火工作越来越重要,任务越来越艰巨,亟待加强。现在,国家森林防火指挥部组织机构设置与承担的任务还不相适应,防火宣传教育和灾后评估、责任追究还比较弱,这些问题都应该尽快解决。

4. 拓宽国际市场,保证木材需求

我国木材安全是一个大问题。进一步拓展国际市场,走向世界,是保障

我国木材供应、保护森林的战略举措。巴西是资源大国、木材生产大国,潜力巨大。但我国与巴西林业合作互惠的潜力远远没有挖掘出来。解决我国木材安全问题,立足于国内是完全正确的,但扩大开放,走向世界仍然十分重要。进一步开拓国际市场的思路需要注意研究三个问题。一是对木材进口,既要考虑发挥周边国家的优势,也要立足长远,选准那些自然条件好、资源丰富、可持续经营水平高的国家,加大合作力度,使木材进口多元化、多样化,特别是多进口稀缺木材。二是随着一些国家对原木出口的限制,我们也要适应变化,既要考虑增加原木和板材进口,也要鼓励国内企业走出去,到国外投资建各种木质品加工厂。巴西这样多的资源,我国在巴西只有一个年产2万吨的加工厂,规模甚小,数量甚少。三是鼓励国内企业或个人到国外建人工林基地。巴西今后每年要新造林100万公顷,巴西林务局欢迎中国企业到巴西培育人工林,既有利于巴西,也可以将木材输回我国,还是扩大我国碳汇林的新渠道,是一个很值得重视的问题。

(三)森林的所有和管理以国有为主,公有制占主体地位

联合国粮农组织《2007年世界森林状况》公布巴西森林面积为4.78亿公顷。按此数据,国有林面积近2.58亿公顷(其中联邦政府所有由国家林务局直接管理1.93亿公顷,其余为州政府所有),占全国森林54%,国家林务局直接管理的森林占全国森林的40.49%;集体林(包括各种保留地)1.2亿公顷,集体林占全国森林25.1%,集体林加上国有林占全国森林的79%;私有林1亿公顷(大部分为天然林),占全国森林的20.9%。分析巴西这样的森林所有形式和管理体制,有以下几点:一是森林开发史只有100年,现在森林都是原来留下来的,不像许多国家破坏了以后又新造,谁造谁有;二是虽然是发展中国家,但巴西城市化水平高,79.5%的人生活在城市,不依靠森林生产生活;三是随着全球森林锐减、气候变暖,巴西森林特别是热带雨林对全球气候变化影响较大,加大森林保护为世界所关注;四是森林可持续经营已成为世界森林发展的共识和方向,而实施可持续经营的基础条件是统一性和规模化。因此,巴西的森林管理体制是符合国情世情的。

从世界看,联合国粮农组织《2005 年全球森林资源评估报告》称,世界森林面积的 84% 为国有,市场经济比较发达的欧洲一些国家的国有林达到 90% 以上。在过去 20 多年间,一些区域的森林管理向社区赋权、决策权下放以及私营组织参与程度提高,然而世界上大部分森林仍属于公有。世界森林资源居前 5 位的国家是俄罗斯、巴西、加拿大、美国、中国,5 国森林资源占全球森林资源总量的 62%。加拿大森林面积 4.176 亿公顷,森林覆盖率 41.8%。全国森林 94% 为公有林(国有林),其中联邦林占全国森林 23%,由联邦政府直接管理,省有林占 71%,由省政府直接管理,今后没有改变这种格局的议论。美国森林面积 3.07 亿公顷,森林覆盖率 33%。全国林地面积 36.7% 为公有林地,森林的 42.4% 为公有森林,分别由联邦林务局(管理国有林)、联邦政府有关部门、地方政府管理。联邦林务局管理的国有林分四级实行垂直管理。俄罗斯森林面积 8.09 亿公顷,森林覆盖率为 47.9%。林木总蓄积 805 亿立方米。其森林面积、林木总蓄积均占全球总量的 22%。全国森林主要是国有林,属俄罗斯林务局管辖的森林,面积占全国森林总面积的 94%,蓄积占 91%。集体农庄和国有农场拥有的森林占总面积的 4%。这种状况和趋势,是森林作为一种公共产品的性质决定的。政府对涉及社会的公共产品有权力、也有义务加强管理和调控,加大公共财力的扶持力度。

各国国情林情不同,别国森林所有形式和管理体制只能作为参考。我国森林分为国有林、集体林、私有林三部分。国有重点林区改革正在试点,国有林场改革已有方案待启动,集体林权制度改革经过试点正在全面推进。改革面临的情况是复杂的,在推进改革中,我们也需要注意研究国有森林所有制的实现形式。我国的国有林是国家所有,地方管理,权责利不统一。国有林是由国家垂直管理(中央政府林业主管部门具体行使管辖权),还是大部分由国家管理、一部分由地方政府管理,还是继续维持国家所有、地方管理的形式,国家加强对国有森林资源的监管措施,这是重点国有林区管理体制改革面临的一个根本问题。当然,政企分开、政事分开、精简机构和人员也是重要问题。我国有 4466 个国有林场,大都是国家投资建设,地方政府管理。国有林场在改善和保护生态安全方面发挥着骨干作用,地位非常重要。这些林场是国家所有,成为真正的国有林,还是地方政府所有,成为省有林、市有林,也是一个值得研究的问题。

（四）可持续发展的基础是资源支撑能力

经济社会的全面发展、协调发展,其目的是实现可持续发展。一个国家、一个地区的可持续发展,自然资源的承载能力、支撑能力是基础性、长远性、根本性的物质条件。自然条件是生产力的重要组成部分,不仅影响到发展,也影响生存。自然资源包括森林、海洋、沙漠、土地、淡水、矿山、油气等,其中森林、淡水、耕地是最重要的资源。

巴西拥有可持续发展极其优越的资源支撑条件。全国土地的可耕地为2.6亿公顷(合39亿亩),已耕地为0.445亿公顷(合6.83亿亩),已耕地只占可耕地的17.5%,有近5/6的后备耕地资源,其粮食生产潜力巨大。巴西淡水资源、森林资源分别占全球总量的18%、14.4%。

我国耕地总量不足,只有1.22亿公顷(合18.3亿亩)。由于长期风沙侵害、使用化肥、不得休耕,退化也很严重,并且耕地退化是耕地减少的一个不容忽视的因素。全国有0.43亿公顷(合6.45亿亩)耕地出现不同程度的水土流失,占耕地总面积的43%。被称为世界三大黑土地之一的东北黑土地区,开垦几十年的坡耕地,黑土层厚度一般由开垦初期的80~100厘米,减少到20~30厘米,平均每年减少1厘米,用不了多久,肥沃的黑土地就会变成土层瘠薄、植被稀少的荒漠化地带。全国水资源严重匮乏,目前,全国供水能力5000多亿立方米,供水缺口达400亿立方米。预计到2010年,全国总需水量达5825亿立方米,至2020年,总需水量达6179亿立方米,供水缺口甚大。而全国几大重要水系水资源利用率已经大大超过国际公认的水资源利用警戒线,水系水资源利用率警戒线为30%~40%,我国主要水系利用率在60%以上,甚至达到90%;地下水超采严重,超采地区遍布24个省区市,地下水降落漏斗已达15万平方公里,华北平原地下水降落漏斗超过7万平方公里,许多河流、湖泊干涸的原因都在于地下水超采;冰川融化幅度急剧增大,近40年来,我国冰山冰面平均降低6.5米,冰储量减少率为7%,冰川消融的最终结果是大江大河上游来水量减少,甚至导致河流枯竭。

森林与耕地、水资源关系密切,不能孤立的就地言地、就水言水、就林言林。森林可以保护和改善土壤结构,阻挡风沙侵害,调节气候,是防止耕地因退化而减少的重要措施。赤峰市一些地区耕地沙化后,通过营造宽林带,6~8年后又恢复成了耕地。更重要的是,森林是耕地的后备资源,耕地来源于林地、草地、湿地。《简明中国通史》记载,1949年全国耕地总面积为0.94亿公顷(合14.1亿亩),以后经不断开垦曾达到1.33亿公顷(合20亿亩),由于开发和退化减少到现在的1.22亿公顷(合18.27亿亩)。随着人口的增长,粮食需求还会大幅度增加,耕地资源少将是一个长期的难题。森林可以促进降雨增加,缓解旱象,可以涵养水分,是绿色水库,可以调节径流,减少洪灾,可以维持雪线,缓解冰川融化,对于增加降水、提高水的利用率具有诸多巨大的不可替代的重要作用。

我国森林总量严重不足,远不够一个森林国家标准。全球森林覆盖率为30%,尚发生了气候变暖、土地沙化等一系列生态危机。我国森林覆盖率只有18.21%,在世界排134位,土地沙化、风沙水旱灾害频繁,水资源匮乏等问题十分严重。今年又遭受了罕见的冻雨灾害,受灾林木面积达0.193亿公顷(合2.9亿亩),相当于全国森林面积的1/10,损失惨重。并且森林质量低,大部分为中幼林。经过50年的艰苦奋斗,至1999年,我国森林覆盖率达到16.55%,增加了8个百分点,平均每年增加0.159个百分点。要使我国森林覆盖率达到26%以上,需要在现在18.21%的基础上再增加8个百分点,并且,提高森林质量的任务也十分艰巨。林业问题,既是当前问题,又是长远问题。在与现代化国家的比较中,最大的差距是生态差距。一个国家的生态状况、森林状况,是国家综合实力的重要组成部分。在实现全面建设小康社会的各项目标中,实现成为生态环境良好国家的目标难度最大。只有以历史的、科学的、战略的眼光,以对国家和民族高度负责的精神,把林业摆在经济社会发展全局更加突出的位置,下更大的决心,采取更加有力的措施,才能真正实现全面协调可持续发展。

一个标准的森林国家[*]

芬兰是世界林业发达国家之一,地处高纬度地区,气候寒冷,降雨量不大,但到处是森林,到处是湖泊;芬兰森林总量并不多,但木材产量很大,以木材利用为主的林业产业很发达。这是为什么。2008 年 8 月 19 日至 24 日,我率中国林业代表团访问芬兰,出席在芬兰首都赫尔辛基召开的中芬林业工作组第十五次会议,考察了芬兰国家森林公园、私有林场、树木园、能源材中转站和燃烧工厂等,有了亲身感受。更主要的是,认真研究了有关芬兰林业的一些资料,从而形成了一些认识和思考。

一、适合森林生长的自然条件并不优越,但森林资源却很丰富

芬兰位于欧洲北部,陆接瑞典、挪威和俄罗斯三国。西濒波的亚湾,西南临波罗的海,南部是芬兰湾,国土大约在北纬 60 度至 70 度之间,其最南端的纬度也高于我国最北部的漠河约 7 个纬度,25% 的面积处在北极圈以内。国土总面积 33.8 万平方公里,人口 528 万,城市人口占 2/3。地势北高南低,基本上是海拔 200 米以下的低地,低地上有起伏的冰碛丘陵。海岸线长 1100 公里。

芬兰处于高纬度地区,跨越北极圈,属寒温带气候,冬季漫长。全国年降雨量平均 600 毫米,南部稍多,约 600 至 700 毫米,北方较少,约 400 至

* 本文是作者写给国家林业局党组的考察报告,原文载于《中国林业》2008 年 11 A 期。

500 毫米。南部年平均温度为 5 度,北部为 - 1 度,生长期分别为 170 天和 120 天,年有效积温分别为 1200 度和 600 度。南部地面积雪 5 个月,北部积雪 7 个月。

芬兰森林面积 2300 万公顷,森林覆盖率 69%(扣除陆上水域面积的森林覆盖率为 76%),人均森林面积 3.9 公顷,是欧洲人均林地面积最多的国家。森林是芬兰最重要的自然资源,总蓄积为 21.89 亿立方米。树种比较单一,按照蓄积量计算,欧洲赤松占 46%、挪威云杉占 37%、桦木占 14%,其他阔叶树种只占 3%。森林多,湖泊也多,全国大小湖泊 18 万个,周长超过 200 公里的大湖有 60 个,湖泊占国土总面积的 1/10,被誉为"千湖之国"。

二、依据林情,森林采育结合,越采越多

芬兰森林资源总量并不大;森林年生长期短,生长周期长,北方约 150 年,南方也要 100 年;全国年降雨量仅 600 毫米左右,而且适生主要树种仅有赤松、云杉和桦木三种。在这样的自然条件下,芬兰却是世界上少数林业高度发达国家之一,2006 年,森林工业总产值约 210 亿欧元,占世界的 5%,是世界第 2 大纸(印刷纸出口占全球的 20%)和纸板出口国、第 4 大纸浆出口国。芬兰森林年均采伐量为 6000 万立方米,计划增加到 7000 ~ 7500 万立方米,而这并没有造成过伐,相反森林资源越采越多。林木年生长量 2004 年达到 8000 万立方米,2007 年达到 9800 万立方米,森林覆盖率稳定在 70% 左右,森林质量不断提高,林龄结构合理,森林涵养的湖泊众多,是一个标准的森林国家。

在森林资源 2300 万公顷、总蓄积 21.98 亿立方米、森林年生长量 9800 万立方米的情况下,年采伐量高达 6000 万立方米,并且还要增加,这能够实现对森林的可持续利用吗? 答案是肯定的,并且可以说明清楚。芬兰的森林资源,按照林龄分类,其中幼龄林 400 万公顷,中龄林 500 万公顷,共占总面积的 39.1%;近熟林 600 万公顷,占总面积的 26.08%;成熟林 500 万公

顷,过熟林300万公顷,共占总面积的34.78%。目前,芬兰每年采伐6000万立方米,其中3000万立方米采伐的是成过熟林,另外3000万立方米来自对中幼林和近熟林的抚育间伐。从采伐成过熟林分析,每年采伐的面积是16万公顷,占成过熟林面积的1/50,也就是以芬兰现有800万公顷成过熟林计算,轮伐期是50年。从抚育间伐分析,抚育间伐平均每公顷可提供50立方米的木材,因此每年间伐的面积涉及约60万公顷,占芬兰现有中幼林、近熟林面积的1/25。由于在树木的生长周期内要进行2~3次抚育间伐,因此,现有中幼林和近熟林面积同样至少可以抚育间伐50年。

林木的生长是一个动态变化过程,各个林龄阶段的森林资源状况和森林资源总量也是在不断变化的。在几十年间,近熟林成为了成过熟林,中龄林成为了近熟林,幼龄林成为了中龄林,并且,每年采伐的16万公顷成过熟林必须及时造上(每年新造林16万公顷),50年可新造林800万公顷,又成为新的中幼林,在这种良性循环过程中,成过熟林的面积可以稳定在800~900万公顷左右。因此,可以清楚地看出,芬兰森林采伐利用的强度,是根据本国林情而定的,是可持续的经营利用,是越采越好、越采越多的永续利用。

我国森林资源总量严重不足,林龄结构不好,木材需求量大,天然林需要长期休养生息。芬兰森林采育结合的经验告诉我们,各国国情林情不同,森林的经营和利用,一定要贯彻可持续发展战略,资源底数一定要很清楚,能不能采、采什么、采多少、采哪里、什么方式采,要根据森林资源的实际情况具体而定,都要有利于森林资源越采越多、越采越好目标的实现,怎么有利于这个目标的实现就怎么经营。

从芬兰的森林经营还使我们认识到,坚持生长量大于采伐量的森林经营利用原则,一定要从资源状况的实际出发,具体情况具体分析对待。根据芬兰的林龄结构,主要根据成过熟林资源状况和抚育需要来决定其采伐量。在年总生长量为8000万立方米时,其年采伐量控制在6000万立方米,采伐量是生长量的3/4;在其年总生长量达到9800万立方米时,其年采伐量就打算扩到7000~7500万立方米,采伐量仍控制在生长量的3/4。采伐量总是根据成过熟林资源状况和森林生长量的情况而定的,也就是说,尊重林木生长的自然规律是其采伐量的决定性因素,而其他因素都服从于这一因素。

三、高度重视森林的培育和保护

芬兰森林覆盖率高,森林质量也高。高质量的森林是发挥生态功能、经济功能、社会功能、文化功能的物质基础。主要经验是加强森林的培育和保护。

在森林培育方面:十分重视种苗管理。尽管芬兰地处北欧,适生树种单一,但100年来,树种不仅没有退化,质量反而不断提高,这与坚持不懈的树种改良密不可分。目前,林木种苗已经实现了"四化",即种子生产基地化、森林种植良种化、育苗生产容器化和容器苗生产工厂化,既减轻了劳动强度,又提高了种植效益。十分重视对森林抚育。一是对森林实行施肥管理。20世纪60年代,芬兰每年森林施肥面积5万公顷。进入70年代,施肥面积迅速扩大,例如,1975年施肥面积到达24万公顷。1967年颁布的《森林改造法》规定,国家对林地施肥给予财政补贴。此后,芬兰对森林施肥的面积逐年扩大,目前,已达到200万公顷。二是科学实施对森林的抚育间伐。在幼龄林阶段进行抚育间伐并加以除草等作业,主要目的是促使其形成混交林;在树龄30年和45年的时候再分别进行一次抚育间伐,目的是促进林木生长。同时,对间伐次数、时间、数量和环境保护等都有详尽的规程和要求。

在森林保护方面:对生态区位重要的森林进行严格保护,主要措施是划定保护区。芬兰的自然保护区分为8类,共1603个,面积267.92万公顷,占国土面积的8%。其中包括19个绝对保护区,面积14.89万公顷;33个国家森林公园,面积67.43万公顷;12个荒野保护区,面积137.78万公顷;173个泥炭保护区,面积40.3万公顷;37个特种保护区,面积4.15万公顷;1187个私有保护区,面积2.35万公顷。另外,还划定了原始林保护区92个,草本植物保护区53个。芬兰法律规定,河边、湖边、路边以及私有林中被认定具有特殊保护价值的森林严禁采伐利用。

林业的基本特点是生产周期长。用什么种,栽什么苗,决定着以后几十年、上百年森林的产出功能。芬兰森林的林分质量和经营效益高,与他们长期以来重视林木种苗管理,优选良种壮苗密不可分。当然,芬兰的自然条件决定其适生树种较单一,种苗管理的情况不是很复杂。我国情况则大不一样,气候多样,地理复杂,区域性自然条件各具特色。芬兰森林经营的经验启示我们,一是要把种苗管理摆在森林可持续经营的战略位置,高度重视;二是要长期坚持树种改良试验,培育适应本地自然条件的最优树种;三是优良种苗的科研、试验推广要与森林经营、利用切实挂起钩,成为提高森林质量的基础工程、第一道工序;四是要着力构建林木种苗改良、推广的有效体系,实现造林良种化、良种基地化、种苗管理法制化。

提高森林可持续经营水平有四个关键环节,即培育适生良种壮苗;科学造林;森林抚育;合理利用。在这四个环节中,对森林进行抚育是一个十分重要的环节。芬兰森林生长量不断增长、木材产量不断增加都得益于森林抚育。我国森林抚育是一个薄弱环节,而由森林的结构所决定又是最需要加强的环节。我国林分平均每公顷蓄积量为84.73立方米,为世界平均水平的68%。其中天然林为95.87立方米/公顷,人工林只有46.6立方米/公顷,幼中龄林面积所占比重较大,占林分总面积的67.85%,蓄积只占林分蓄积的38.94%,因此,加强对我国森林抚育特别是幼中龄林的抚育间伐,对于缓解我国木材紧张压力,提高林地生产力和林木生长量是一项十分紧迫而重要的任务。

四、实行私有林可持续经营

芬兰私有林有1400万公顷,占森林总面积的61%。约20%的家庭拥有森林,私有林主40万个,平均每个私有林主拥有森林35公顷(合525亩)。私有林主主要由4种人组成,其比例为农民占42%,工薪阶层占24%,企业主占5%,退休人员占29%。在目前芬兰每年采伐的6000万立方米森林资源中,其中有3500~4500万立方米来源于私有林(这个数量还将进一步增加），占年采伐总量的 58.3% ~ 75%。芬兰私有林还在林副产品提供、森林服务和生态环境保护方面发挥了重要作用。

芬兰对私有林的管理主要有以下几个特点：

一是依法加强对私有林的管理。芬兰《森林法》规定，私有林采伐必须经过批准，并且采伐后必须及时更新。此外，还专门出台了《私有林法》，对私有林的采伐、更新、抚育、保护都作出了严格规定，把私有林经营活动纳入了法制化轨道。

二是引导规模化经营。芬兰针对私有林主多、单位经营面积小且分散的特点，正在研究和探索提高森林规模化经营的措施。目前，拥有 50 公顷以下林地的林主占 79.4%，芬兰政府计划将私有林主平均拥有森林面积提高到 50 公顷（合 750 亩）。同时，政府鼓励和提倡私有林主采取联合经营的方式，扩大经营规模。

三是充分发挥私有林协会的服务功能。芬兰于上世纪 20 年代就成立了面向私有林主的森林经营协会。到目前，全国共有这样的协会 136 个，有工作人员 1000 多人，承担着向 28 万个私有林主提供从林木培育到木材销售的信息、经营计划等各种服务任务，是政府管理职能的有效补充。协会完成全国 80% 的营林工作量、制定 80% 的木材销售计划。森林经营协会是私有林主依法管理森林的组织，在一个或几个市区发挥作用，维持森林效益和管理私有林户。

四是重视编制森林经营方案。芬兰 90% 的森林是经过认证的，约 70% 的私有林主编制了森林经营方案，并严格按照方案执行，为森林的可持续经营提供了保证。森林经营方案每 10 年编制一次，其中包括森林蓄积的年增长量计划和年度采伐计划，对森林的评估、采伐、更新及今后经营的具体措施。同时，芬兰议会还制定了以私有林为主要内容的《1999 年至 2010 年林业发展规划》，内容涵盖了原木生产、营林投资、林木采伐、森林收益、森林工业出口值、生物多样性和国际林业政策等各个方面。为了促进这个《规划》的顺利实施，成立了由农林部部长领导，私有林主、政府工作人员、林业工人等 22 人组成的森林工业理事会，负责每年对计划执行情况进行评估，针对存在的问题采取相应对策。

森林可持续经营是现代林业发展的战略和方向。我国正在加快城镇化进程，全面推进集体林权制度改革。占全国森林面积60.7%、森林蓄积32%的森林经营分散了，规模趋小了，这是集体林权制度改革面临的新情况。芬兰对私有林实行依法管理、引导规模化经营、发挥社会服务组织作用、制定森林经营方案的经验，对我们全面实现林改目标具有借鉴意义。

五、切实提高木材利用率

芬兰是世界上对木材利用率最高的国家之一，利用率几乎达到100%。树木采伐后，较粗的部分运往工厂，生产锯材和胶合板；较细的部分和树梢、枝桠等运往造纸厂制浆造纸或作为能源材送到燃烧工厂为当地居民供暖；树根也用机械挖出来进行利用。制浆后的树皮、浆渣还可燃烧，大约有95%用于造纸的能源；木材加工及胶合板生产的废料木屑则作为浆厂的原料。最大限度地利用木材，不但提高了企业的经济效益，而且最大程度地减少了森林资源的消耗。

我们考察了一个位于阿斯科拉市的能源中转站。该站已运转8年，是3个木质原料燃烧厂的能源中转中心。每年消耗约7000立方米的枝桠材（包括树根），可以为约600户居民提供冬季供暖和其他季节的热水（水循环温度为80~100度），不但减轻了对石油和天然气的依赖，成本也比用油减少40%~50%。这个中心所连接的其中一个木质原料燃烧站，年燃烧枝桠材2500立方米，生产能力4500兆瓦/时，每年可替代柴油24万升（约合227吨）。

我国是一个少林国家，森林资源匮乏。人均年木材消费量仅为0.2立方米，而世界人均消费木材为0.65立方米，其中发展中国家为0.46立方米，发达国家为1立方米以上。随着我国经济社会的发展，我国木材供需矛盾会越来越突出。我国的木材综合利用率仅为60%左右，因此，转变传统的木材利用观念，提高木材利用率，扶持和发展木质能源，也是缓解木材供需和能源供需矛盾,促进森林可持续经营的重要措施。

六、完善生态文化教育基础设施

芬兰林业已经进入森林多功能利用阶段。与国家森林公园、自然保护区形成了科学的布局一样,森林和生态教育基地也形成了完整布局。在全国建立了20个功能完备的自然中心,用于对公众进行森林和生态知识普及,提高公众特别是儿童和青少年的生态保护意识。自然中心免费向游人开放,有展览馆,并修建了供游人步行的便道、宿营地以及野餐设施等。自然中心属于公益性质,经费由国家和地方政府承担。芬兰政府准备通过向私有林主购买林地的方式,进一步增加自然中心的数量、面积和规模,更好地向公众开展森林和生态知识普及活动。

从芬兰的经验看,森林保护不仅要靠法律的强制力,还要靠开展宣传教育,提高公众的生态保护意识。芬兰所有的国家森林公园向游人开放,自然中心布局完整,向公众宣传森林的重要性,开展科普活动,这些,对于我们构建繁荣的生态文化体系有些启发。

专题研究

退耕还林还草有关的几个问题[*]

2001年3月21日至26日,我带局机关有关同志到云南省鹤庆县,论证局领导退耕还林还草鹤庆试验点科技建设方案,举行挂牌仪式,召开由省厅、大理州、鹤庆县、中国林科院资昆所参加的鹤庆县退耕还林还草科技试验点工作会议,检查了鹤庆县退耕还林还草、荒山宜林地造林、苗圃、林业工作站、县国有林管理所(鹤庆县退耕还林还草的考察报告,另报党组),还调研了西双版纳州的热带雨林资源。在工作过程中思考了四个问题,感到有进一步研究的必要,现报告如下:

一、注意研究解决有效推进退耕还林还草进程中的新问题

全国188个退耕还林还草试点县工作热情高,群众发动好,进展较为顺利,但突出的问题是经济林比重高,一些原有植被受到破坏,这不是个小问题。由此,有三个问题要提上议事日程:

第一,稳得住,能致富,长期不反弹是今后工作的关键。在退耕还林还草的总体工作中,"还二还三还四"甚至是"还五"是在荒山宜林地造林,这并不是矛盾的焦点。主要矛盾表现在"退一还一"。由于"还一"多数是在口粮田上还经济林,与工程要实现的生态主导功能不尽一致,并且经济林今后的市场也难以预测,所以若干年后,能不能长期稳得住,不反弹是一个令人担忧的问题。从明年开始,退耕还林还草工程在两年试点的基础上,有可

---

* 本文是2001年4月5日作者写给国家林业局党组的调研报告。

能逐步在全国展开,因此,如何使农民群众的长远利益和近期经济利益统一起来,既改善生态状况,遏止水土流失,又解决好各地情况不同的群众生计问题,就成为今年和以后需要突出解决好的问题。能否保证长期稳得住,不反弹,涉及到中央关于西部大开发和退耕还林还草的战略决策能否实现,不仅是生态建设问题,也是农村经济发展问题,还是一个带有政治意义的问题。

第二,解决好生态与经济的结合问题。退耕还林还草是为了遏止水土流失,但又涉及广大农民群众的直接利益,要使生态与经济结合好,关键是解决好三个问题:一是树种、草种的选择上,解决好生态经济兼用型;二是在造林模式上,解决好生态林草与经济林草的科学配置;三是在整地方式上,采取生态措施,严禁破坏现有植被。这样,既允许农民群众种一些经济林草,又能从整体上达到生态主导功能的指标。当然,有一些地块还的是纯生态林,但从总体上看,生态经济兼用(容)型可能是统一改善生态与解决生计比较普遍的出路。这样,就要求对生态经济兼用型的树种、草种和造林配置方式进行必要的规范,否则,验收起来就难于统一标准。去年12月,局里下发了退耕还林还草生态林与经济林的认定标准,但还是没有解决兼用型和兼容模式的认定问题,这个问题涉及验收是否合格和钱粮兑现,涉及多个部门的认同,是一个需要及早重视研究解决的问题。

第三,注意研究经济林的市场。在退耕还林还草中,各地都种了大量的经济林,群众一方面要国家粮食和补贴,一方面又要增收,几年后,经济林果的市场问题就会显现出来,没有市场就难保证经济收入,种经济林也就带有盲目性。因此,各地要重视研究市场,包括加工、收购环节。特别是试点县还将逐步扩大,还林能否稳得住,就看农民是否有收入,而农民是否有收入,就看有没有市场。所以,还林还草已不单纯是造林绿化问题,还涉及到市场问题,对此,也应拓宽视野,放长眼光,及早研究应对措施。

二、西双版纳热带雨林的保护

西双版纳热带雨林已列入天然林保护工程。存在的问题是,该州还有

320 万亩的轮歇地(82 年、83 年依法划给山区群众),涉及到 34 个山区乡镇的 25 万少数民族群众,每人平均 12 亩多,群众在部分耕地种粮,几年后又到新的林地毁林开垦,祖祖辈辈如此,不断地破坏热带雨林,造成水土流失,云南省和西双版纳州都希望解决这个问题。一是西双版纳的热带雨林是我国宝贵的热带雨林资源的重要组成部分;二是少数民族落后的轮耕方式是长期不能脱贫致富的重要原因;三是这些轮歇地分布在澜沧江等江河流域,对国际河流的水土流失有直接影响。特别是这 25 万人中,包括我国人数最少的少数民族基诺族(2 万人),江总书记在十年前就说过,要使基诺族人民尽早摆脱贫困。因此,对这些轮歇地热带雨林的保护,需要给予重视。

如何解决这个问题,放到天保工程中不合适,放到退耕还林还草工程中也不好操作,因为这些轮歇地和"退一还一还二"的情况还不一样。我们与该州做了初步研究,可考虑作为一个单独的问题建议国家特殊对待。具体设想是:每人固定耕地 2 亩,划给经济林地 3 亩,共需划出 120 至 150 万亩左右作为群众固定耕作的农田或经济林,其他 170 万亩至 200 万亩山林保护起来,不再轮耕。对固定的耕地,国家给予每亩 300 元的基本建设投入,需 1.5 亿元;对于农民固定的经济林地,给予每亩 50 元至 100 元的种苗扶持,分 3~5 年逐步推进,总投入约需 2~2.5 亿元,平均每年投入 4000~5000 万元,用五年时间就可以将这部分热带雨林更好地保护起来,并改变基诺族等少数民族的传统耕作方式,解决他们的生计问题。这个问题,我们与云南省领导同志初步交换了意见。建议局机关有关部门注意研究解决这个问题的可行办法。

三、局领导科技试验(示范)点生态功能变化的观测问题

根据我国不同的地区类型,局领导分别在干旱、半干旱、干热河谷地区建立了退耕还林还草科技试验点,这些点代表了不同类型的造林困难地区,又是示范点中的试验点,起着带动全省、辐射全国的典型作用。有些点,还有天保任务。在工程实施中,林业生态功能发生了什么变化,最好能够掌握

科学的依据,这是具有多方面意义的问题。建议在局领导科技试验(示范)点范围内选择具有典型意义的点,进行森林生态功能、控制水土流失、区域气候变化、生物多样性变化的观测,以掌握科学数据。具体在哪个点建立观测设施,重点观测什么,请有关部门进行研究。

关于防沙治沙需要重视的几个问题[*]

2001年6月9日至12日，我对内蒙古自治区达拉特旗树林召乡五股地村治沙造林、库布齐沙漠锁边防护林、白泥乡柴登村沙柳基地、禁牧育草及舍饲山羊试点、恩格贝生态示范区、杭锦旗"穿沙公路"(穿越库布其沙漠)两侧人工植被及旗人武部万亩治沙林基地等进行了实地考察，与自治区林业厅、盟、市、旗、乡有关领导及林业部门同志交谈和座谈，我感到有些问题与内蒙古全区林业建设及黄河上中游天保工程、退耕还林还草工程都有密切关系，需要予以重视。

一、治沙力量问题

"三北"防护林体系建设工程和环北京地区防沙治沙工程主要由国家投入，按照规划由各级政府组织实施。现在，还要特别注意调动和发挥另外四种力量，并通过给予支持，发挥它们实实在在的治沙作用。

第一支力量是民营大企业。企业治沙规模大，是一支潜力很大的治沙力量。如内蒙古东达·蒙古王集团计划发展300万亩沙柳基地，不仅可以促进沙区生态建设，而且可以解决该集团纸浆厂原料(生产电器挂面箱板)，带动牧民舍饲圈养，促进牧区产业结构调整。东达蒙古王集团的这个项目，如按政府工程造林每亩200元算，需6亿元，按封沙育林每亩70元算，需2.1亿元。这种机制，国家不用投入，群众积极性很高，种植沙柳可以

---

* 本文是作者写给国家林业局党组的报告，原文载于国家林业局《林情调研》2001年第6期。

卖给纸浆厂,嫩枝梢可以喂羊,发展饲养业。内蒙古象这样有实力的民营企业现在有 5~6 家,如果每家仅搞 100 万亩,5~10 年内就可以治沙 500 万亩,如果每家搞 200 万亩,则可以治沙上千万亩。

对这样的民营造林治沙企业,我们应主动扶持,这是落实"放手发展非公有制林业"的实际抓手。一是加大宣传,提高其知名度,积极鼓励民营林业企业发展。二是积极给予鼓励和引导。比如表彰民营林业企业家,召开研讨会,主动给予指导等,把他们纳入国家指导、支持的视野和体系。三是在贷款上提供方便。这类企业一般都有较强的经济实力,有抵押和还贷能力。东达蒙古王集团每年上缴利税两三千万元,几年来共上缴税款 1.2 亿元。四是减少税收。对民营林业企业减税问题,特别是对植树造林治沙的民营企业减税问题,需要抓紧调研,本着既有利于加强林木生产和加工市场的管理,又有利于鼓励社会资金投向林业的原则,提出相关的扶持政策,报国务院审批。

第二支力量是军队(人武部)。内蒙古自治区杭锦旗人武部 23 人,白手起家连续苦战 7 年,采用容器植苗法,在库布其沙漠腹地造林一万亩。万亩林基地内沙柳、杨树连片,郁郁葱葱,还有野生鸟类,已经产生了明显的生态效益。他们新的雄心是,把治沙造林与民兵训练结合起来,每年可动用 300 人,春秋两季大干 50 天,5 年造林治沙 30 万亩。他们已造的万亩林,先后投入约 50 万元,每亩只有 50 元。这是投入少、战斗力强、成效实在的管用力量。

全军绿委已于 4 月底在杭锦旗召开现场会推广其经验,要求学习杭锦旗人武部坚持不懈治沙造林的精神,在营区外开展造林。内蒙古自治区军区高度重视,拟于 6 月 23 日召开各旗县人武部会议,要求全区 100 个人武部"十五"期间都完成造林治沙 5 万亩。如果此项工作能落实,将是内蒙古从东到西加快造林治沙的又一支生力军。在新形势、新任务面前,贯彻全社会办林业、全民搞绿化的方针,必须重视发展新的造林力量。军队造林是实实在在的,一步一个脚印,建议考虑以内蒙古军区人武部系统造林治沙作为试验区,把军队造林纳入国家林业工程体系,给予必要的扶持。军队支持林业,林业应支持军队,要抓住机遇,创造条件,发挥军队在治沙中的攻坚作用。

第三支力量是个体承包造林治沙。我在包头市考察了两个个体承包荒山造林大户,一个是该市九原区的陈建中,承包荒山5万亩,现已投入300万元打机井4眼,完成樟子松大苗造林5000亩,每亩投入近3000元,总投入已近2000万元。另一个是乔龙,在新城乡承包荒山4万亩,目前已用樟子松大苗造林2700亩,已投入230万元,成活率达90%以上,做到一次成林。包头市仅九原区就有20多个承包造林大户,每户承包造林一万亩左右,最多的达5万亩,现在共承包约20多万亩。政府给他们的政策是50年不变,承包荒山中70%造生态林,30%可用于多种经营。包头市每年完成造林任务15万亩,基本上是依靠这股力量,以承包方式搞的。这只是一个县,如果内蒙古各旗县都这么搞,一百个旗县就是一股很大的力量。包头市哈达副市长讲,每年造林任务只要落实到这些造林大户中,心里就踏实,市里组织义务植树去支持他们,人家都不要,怕造林质量不能保证。对这些个体承包造林大户,应研究扶持措施,不要使这些人走负债干林业的老路。

第四支力量是部门和行业。现在各部门、各行业都在关注并投身于西部开发中的生态建设。"三八妇女林"、"中国记者林"、"保护母亲河行动"等相继出现,都具有全国性意义。"中国工会林"正在酝酿之中。内蒙古达拉特旗的"中国税务林"建设项目,总投资7500万元,规划38.1万亩,建成后可控制水土流失48万亩,减少入黄河泥沙286万吨。部门和行业造林治沙,形式和机制多种多样,不同于一般的纪念林,有实际作用,需要将这股力量及时纳入视野,推动这支力量发展壮大。比如召开总结表彰大会,给予必要的扶持,组织联合行动等等。应该看到,这方面潜力很大,除铁路、交通、海洋等部门外,金融、企业、工商、公安等等都还没有介入西部林业建设,从长远看,只是时间先后问题,应该及时研究提出这方面的思路及办法。

今后十年乃至三十年,我国林业建设任务非常艰巨。在中央高度重视林业的情况下,需要及时解决好"千军万马"的问题,想方设法、创造条件把社会投资需求引导到林业建设领域。在新形势新任务面前,寻找贯彻落实全社会办林业方针的新途径、新机制、新办法，是一个现实而紧迫的问题。从战略上看，以上四支力量的出现，是带有趋势性、方向性的问题。他们在把资金、命运投入到西部林业建设的过程中，承担着风险，承受着不少约束，实在不易。要敏锐地抓住新趋势，采取有效措施，推波助澜，使之形成一个新的生力军集群。

二、黄河中上游天保工程的造林问题

黄河中上游天保工程有公益林建设任务，主要采用飞播和封育，不允许搞人工造林。内蒙古进入黄河中上游工程的有 29 个旗县，黄河在内蒙的流经长度共 830 公里。这一地区既有黄河冲积平原，又有以库布齐沙漠和毛乌素沙地为主的风沙区，南部是鄂尔多斯高原与黄土高原的过渡带，自然条件差异很大，要有效减少水土流失，就要做到宜乔则乔、宜灌则灌、宜草则草。这些地区中有相当一部分不适宜飞播和封育，而适于人工造林，但工程实施中公益林建设只准飞播和封育，资金不能用于造林。内蒙古自治区林业厅提出，他们不要求增加投入，只希望能够允许把不适合飞、封地区的公益林建设资金用于人工造林。比如沙漠锁边林（杨树）都已 20~30 年，需要接续；农田（牧场）防护林由于病虫害原因所剩很少，需要建设；河流护岸林也要搞等。

黄河上中游地区降雨量少，沙化和水土流失严重，内蒙古自治区天保工程遇到的这个问题是否带有普遍性，需要调研，并制定切合实际的政策措施，以保证黄河上中游天保工程公益林建设取得更好的成效。

三、沙区乔灌问题

乔木。从内蒙古听到一些反映，包括领导同志的意见，认为内蒙古治沙应以灌草为主，不能搞乔木，特别是杨树，像个"抽水机"，而且虫害严重。这种观点有一定影响，不能忽视。科学地看，种植乔木要因地制宜，不能一概而论。在考察的沿途看到,一些平川地区的大片农田,防护林很少。内蒙古是干旱和沙漠化大省,如果不实行宜乔则乔、宜灌则灌、宜草则草,那么,若干年后将是什么结果,不堪设想。

灌木。有两个问题需要重视和研究。一是人造灌木林也要注意防病虫害。灌木在治沙中发挥着主体作用,人造灌木林也会越来越多,要注意研究主要灌木林种防病虫害问题;注意大面积人造灌木林的混交问题。如人造沙柳基地,现在纯林多,并已发现有虫害。要防止人造灌木林发生过去杨树毁灭性病虫害问题。二是北方沙区速生丰产林搞什么。沙区搞乔木速生丰产林不是不能搞,但要慎重。一说起速生丰产林,通常认为是乔木。而灌木,比如沙柳可以作为纸浆原料,生长快,投入少,3~5年需要平一次茬,越平茬越旺,每年每亩产沙柳条片140公斤,如能纳入速生丰产用材林,国家在贷款和税收方面给予支持,就可以促进治沙并带动沙产业发展。

河南"75.8"大水灾剖析[*]

1975年8月,河南中部因暴雨造成山洪暴发,水库漫堤垮坝,河流决堤改道,这就是震惊全国的"75.8"大水灾。据资料记载:板桥、石漫滩2座大型水库及2座中型水库、58座小型水库相继垮坝;南北宽100公里、东西长200公里的地带一片汪洋,积水面积达1.2万平方公里;京广铁路运输中断18天,影响运输48天,40多公里的钢轨被掀翻扭曲成麻花状,60吨重的油罐车被冲到20公里之外;驻马店、许昌、周口、南阳4个地(市)、26个县(市)、1100万人受灾,2.6万人死亡,经济损失约26.2亿元(按当时不变价计算)。

洪灾,特别是局部地区连降暴雨造成的洪灾,至今一直是中华民族的心腹之患。解决这个心腹之患,一靠加强水利建设,二靠加强林业建设。"75.8"大水灾已过去近30年,之所以今天再来研究,就是为了科学地认识森林植被在抵御洪灾中的地位与作用,坚定不移地大力发展林业,加快提高抵御自然风险的能力。

一

河南"75.8"暴雨的影响范围达4万多平方公里,总的特点是短时间内强度大、面积广、连续集中。降雨历时5天,暴雨主要集中在8月5、6、7日三天,平均降雨量达800~1000毫米;3处暴雨中心均在山丘区,三天降雨

* 本文原载于《林业经济》2003年12期。

量最大的暴雨中心达 1631.1 毫米;这次特大暴雨共产生径流 157.4 亿立方米。

暴雨区域位于河南省中部和中南部地区:地势西高东低,海拔 1000 米以下,为山丘区向平原的过渡区,处在伏牛山脉东部余脉中,其东部是豫东平原,地势坦阔,海拔 50～200 米,南部有南阳盆地;河流较多,暴雨集中在唐河和白河、沙河和颍河、洪河和汝河流域;该区域水利设施较齐全,暴雨范围内有 10 座大型水库,其中 8 座(昭平台、白龟山、孤石滩、石漫滩、板桥、宿鸭湖、宋家场、薄山)水库的水位超过设计水位。

舞阳市至泌阳县一带是强降雨区域,这一线由北向东南纵向排列着石漫滩、板桥、宋家场、薄山 4 座大型水库。连续三天强降雨顺地势汇集形成强地表径流,致使山洪暴发,水势迅猛,大大超过河道排洪和水库防洪调蓄能力。板桥、石漫滩水库溃坝失事,洪水咆哮而出,将大树连根拔起,村庄夷为平地。板桥水库 6 小时倾泻了 7 亿多立方米水量,以每秒 7.8 万立方米的垮坝流量、十来米高的水头、每秒六七米的流速,沿汝河两岸滩地铺天盖地奔腾东去,部分窜入洪河、黑河及宿鸭湖水库;石漫滩水库 5 小时倾泻了 1.67 亿立方米水量,最大垮坝流量达每秒 3 万立方米,致使下游田岗中型水库随之溃决,洪河左右河堤漫决 5 公里,决口 53 处,平地水深 3 米左右。

板桥、石漫滩水库溃坝,而宋家场、薄山水库却没有失事,原因是多方面的,包括降雨强度大、水库年久失修、泄洪不及时等因素。在惨重的损失、惨痛的教训面前,这些因素都得到了认真的分析,采取了有力的措施,但我们绝不能忽略一个重要事实,就是溃坝的两水库控制流域森林植被差,而没有溃坝的两水库控制流域森林植被好,这说明森林植被状况与洪水和成灾状况有着密切关系。

二

森林植被对减少水灾的影响是多功能的、综合性的,主要体现在拦蓄降水、控制水土流失、调节径流、保护农田等方面。这些防灾减灾功能相融并存,一有俱有,一失俱失。两个溃坝水库控制流域和两个没有溃坝水库控制流域的森林植被状况截然不同,灾情也截然不同。灾情是暴雨致使江河漫溢、山洪暴发、水库溃坝造成的严重后果,而森林植被由于具有控制水土流失、拦蓄降水、调节径流的功能,因此对灾情具有不可替代的调控作用。但这绝不是说,森林植被拦蓄降水、调节径流的功能是无限的,更不是说水库是否安然取决于一个或几个孤立的因素。

一是涵蓄降水。板桥水库位于泌阳县境内,其控制流域 762 平方公里面积内,主要森林植被是松树、栎树及灌木、杂草等,森林覆盖率为 17%,主要为分布在南部的国有林(覆盖率 21%),其余大部为集体荒山秃岭,灌草植被很少。库水长年南部清澈,北部浑浊。三天暴雨中,板桥水库控制流域平均降雨量 1028.5 毫米,即降雨总计为 7.84 亿立方米,其中水库控制流域拦蓄降水 0.87 亿立方米。这就是说,总降雨量的 11.1% 被水库上游及四周的森林植被和尚未被冲毁的小塘、堰、坝(共 284 处,被洪水冲毁 129 处,占 45.5%)拦蓄在山上。

薄山水库位于确山县境内,其控制流域 575 平方公里面积内,主要森林植被是松树、栎树及灌木、杂草等,森林覆盖率为 40%,植被覆盖率达 80%以上,水库周围全部是国有林,库水长年清澈。薄山水库控制流域三天平均降雨量 860.1 毫米,即总降雨量为 4.95 亿立方米,其中水库控制流域拦蓄降水 1.16 亿立方米。这就是说,总降雨量的 23.4% 被水库上游的森林植被及小塘、堰、坝拦在山上。由此可明显看出,薄山水库控制流域森林植被好,山上拦蓄降水的能力就强,这是该水库安然度险的一个重要因素。

二是控制水土流失。森林植被状况不同,控制水土流失的效果就大不一样。板桥、石漫滩水库控制流域森林植被覆盖率低,大多数山地为荒山秃岭,群众开荒、铲草、放牧频繁,水土流失严重。每年暴雨,山洪与泥沙俱下,造成河道和水库淤积,库水长年浑浊,年均淤积量达 13 ~ 20 厘米,1972 年雨水偏大,一年淤积竟达 35 厘米。板桥水库建成于 1952 年,23 年间,水库库容年年减少,这就好比碗变成了盘子。这次特大暴雨后,据板桥水库附近的象河、春水公社(在水库上游)多处观测,一般土壤流失厚度为 1 ~ 1.8 厘米,严重处达25厘米。如按1.5厘米计算,每平方公里土壤流失1.8万吨,板桥水库控制流域水土流失面积当时为467平方公里,那么这一次暴雨流失的土壤就有850万吨,合550万立方米。

薄山、宋家场水库的情况则不同。这两个水库控制流域面积内国有林广布,集体山灌草较多,林灌草覆盖率达80%以上,蓄水保土能力强,入库泥沙少,水库长年清澈,年淤积量仅为1.5厘米左右,大约为板桥、石漫滩水库年淤积量的十分之一。这有力地证明,林草植被是控制水土流失最有效、最根本的措施。

三是调节径流。林草植被拦蓄降水、延滞产流汇流时间的作用是十分明显的。据当时石漫滩林场对本场两个面积、海拔、降雨量基本相同的林区实地观测,森林植被状况不同,暴雨产生的径流差别很大。岗上林区森林覆盖率为80%,灌木杂草又为20%,腐殖质层厚25厘米,8月5日降雨320毫米,山沟流水略涨,水清而不浑,土壤不流失,河沟仍可踏石过人;8月6日又降雨350毫米,山沟水为灰黄色,山坡径流明显;8月7日再降雨650毫米,山洪开始暴发,泥沙碎石下流;雨停半天,沟水即转清,尔后连续三个月不断流。这说明,岗上林区降雨320毫米,水土不流失,又降雨350毫米,才开始土壤流失,形成明显径流。而关平院林区植被稀疏,系荒山或新造一、二年生油松林,在8月5日第一天降雨时就山洪暴发,河水猛涨;第二天降雨,河水漫溢,冲坏村庄,刮走良田土壤;雨停之后,沟水浑浊,七天后即断流。

四是保护农田。森林植被通过减低风速、固坡护岸、挡沙阻石、调节径流,可以有效地保护农田耕地。在泌阳县板桥水库上游,有两个公社都邻近暴雨中心,降雨强度极大,但农田受灾的情况却迥然不同,主要原因是荒山绿化的情况不同。大路庄公社29万亩荒山绿化24万亩,荒山绿化度达82.8%,林木长势良好,这个公社3.92万亩耕地在暴雨中被毁650亩,报废率仅为1.7%,说明山洪造成的损失小;春水公社有8万亩荒山没有造林,8.2万亩耕地报废1.48万亩,报废率为18%,是荒山绿化好的大路庄公社的10倍。暴雨过后,春水公社一位党委书记说:"大水冲坏了房屋、耕地,也冲掉了自己的错误思想。"公社党委即决定组织500人的治山造林专业队,计划三年全部绿化荒山。在那"以粮为纲"的年代,基层领导干部能得出这样的认识,下定这样的决心,的确是在惨痛教训面前得出的沉痛反思。

三

前事不忘,后事之师。我国林业建设和水利建设都得到了很大的加强,抵御自然风险的能力不断提高。但是,水土流失严重、洪灾频发这一心腹之患尚未从根本上得到遏制,年年还要大战洪魔,水灾仍然严重影响着经济社会的发展。我国林业建设已进入由以木材生产为主向以生态建设为主的历史转变时期,林业在现代化建设全局中的定位发生了鲜明的变化。林业在贯彻可持续发展战略中被赋予以重要地位,在生态建设中被赋予以首要地位,在西部大开发中被赋予以基础地位。在全社会关注森林意识普遍增强的新形势下,通过对河南"75.8"大水灾的反思,对于科学认识森林植被的水文效应,深刻认识林业在提高抵御自然风险能力中的地位和作用,不断增强森林植被满足社会经济多种需求的功能,在全社会深入贯彻"生态建设、生态安全、生态文明"的战略思想,仍然具有警示作用。

第一,科学认识森林与水的关系。森林与水的关系十分密切,二者都是我国宝贵的战略资源。周恩来总理1964年就指出,"中国最缺的资源是森林","中国森林的面积,远不够一个森林国家的标准"。一方面,大力培养和发展森林资源离不开水,森林生长消耗一部分水资源,却能发挥出不可替代的众多功能,来满足经济社会可持续发展对森林的多种需求;另一方面,森林植被所具有的促进降雨、维持雪线、拦蓄降水、调节径流、净化水质、保持水土等特殊功能,对于抵御水旱灾害、提高水资源利用效率、保护水利工程设施的安全具有不可替代的重要作用。林水水乳交融、相辅相成,共同担负着促进人与自然和谐的历史使命。

第二,抵御洪灾工程措施与生物措施缺一不可。洪灾的发生,是气候变化、森林与湿地减少、围湖造田、毁林开垦、水土流失等因素综合作用的结果。最重要的原因是水土流失。周恩来总理在 1951 年 8 月第 98 次政务会议上讲:"在未经过大搞造林、大搞水利等项工作之前,水、旱等灾害是难以避免的。"同年 9 月他在政务院第 101 次政务会议上说:"把树都砍光了,水灾就来了","不能孤立地靠修水库来解决防洪问题,必须联系、配合各方面的工作,特别是首先要以水土保持为基础。"对如何搞好水土保持工作,他在 1956 年 8 月接见外宾时说:"除一般水利工程外,还需要注意到植树造林,我们的祖先把许多山上的树木砍伐过多,以致形成严重的水土流失。因此,我们要注意植树造林以做好水土保持工作。"他在 1952 年 12 月署名发布的政务院指示中指出:"由于过去山林长期遭受破坏和无计划地在陡坡开荒,使很多山区失去涵蓄雨水能力,这种现象不但是河道淤塞和洪水为灾的主要原因,而且由于严重的土壤冲刷,及沟壑增加,使山陵高原地带土壤日益瘠薄,耕地日益减少,生产日益衰退。"他在 1964 年底对江西省委负责人十分明确地讲,"解决兴国淤沙,一要挖沙筑坝,二要从根本上解决问题,严禁乱砍滥伐上游森林,大力植树造林,搞好水土保持,固住泥沙不下流。"江泽民同志 1999 年 4 月指出:"我们要大力开展植树造林,通过植树造林解决两大心腹之患。一是解决长江、黄河上游植被稀少,泥沙俱下,给我们国家带来的巨大水患。……"河南"75.8"大水灾的事实有力地证明了这些论断的正确性。这些科学论断揭示的规律是:抵御水灾,农、林、水要相互配合;河道、湖库淤塞和洪水为灾的主要原因是森林植被的破坏;从根本上解决问题的办法是大力植树造林,搞好水土保持。河南"75.8"大水灾后,当地群众流传了一句朴实却很深刻的话:"水是一条龙,先从山上行,修堰不造林,全是白费工。"

第三,重视森林植被对水利工程设施的保护作用。水利工程具有蓄水、发电、调水、拦洪、灌溉等巨大作用,国家一直十分重视,持续加大投入,以不断完善水利工程体系。要保证水利工程长治久安,能够长期发挥效能,除工程建设质量之外,关键问题是防止水土流失造成的泥沙淤积、库底抬高、库容减少。现在,全国水土流失面积有 356 万平方公里,每年流失土壤 50 亿吨,水库总库容的三分之一被泥沙淤积,这种严重的状况必须改变,根本的办法是对江河、湖库流域长期进行森林植被建设，"固住泥沙不下流"。"98"长江洪灾后，国家实施天然林资源保护、退耕还林等林业重点工程，就是下决心解决这个严重的心腹之患。

通过对河南"75.8"大水灾的分析，使我们进一步加深了对森林植被的削洪、调节径流作用的认识。这一作用，在特大暴雨情况下对水库安然度险是不可或缺、不可替代的。为了加深对这个问题的认识，我们不妨分别对薄山水库、板桥水库作个假设分析：薄山水库控制流域如果森林植被不好，也是有可能溃坝的；板桥水库控制流域如果森林植被好，加之提前泄洪，也是有可能不溃坝的。薄山水库控制流域森林植被覆盖率如果和板桥水库控制流域的森林覆盖率相同，即 17% 左右，则该流域山上可能只能拦蓄三天总降雨量 4.95 亿立方米的 11.1%，即 0.55 亿立方米（实际拦蓄了 1.16 亿立方米）。那样的话，意味着还有 0.61 亿立方米洪水要入库，而薄山水库当时只剩余库容 0.09 亿立方米（当时水已至防浪墙 60 厘米），该水库建成于 1954 年，也是老水库，超出库容的 0.52 亿立方米洪水势必漫顶，就可能于 8 月 8 日 3 时前造成溃坝，如果这样，该水库倾泻的洪水与板桥水库的溃坝洪水将相继到达下游的宿鸭湖水库（建于 1958 年，设计总库容 10.42 亿立方米），这对当时洪水已超过最大库容（达到 12.28 亿立方米，库水距坝顶仅 34 厘米）的宿鸭湖水库来说将是致命的，后果不堪设想。板桥水库之所以溃坝，是 8 月 8 日 1 时 30 分时，入库洪水总量达 6.97 亿立方米，再加上原存水 1.49 亿立方米，减去此时已泄洪出去的 0.9 亿立方米水量，还多出当时水位漫平防浪墙顶时库容约 1.61 亿立方米。如果板桥水库控制流域森林植被覆盖率能在 80% 以上，则其控制流域山上可能拦蓄三天总降雨量 7.84 亿立方米的 23.4%，即 1.83 亿立方米（实际拦蓄 0.87 亿立方米）。那样的话，板桥水库控制流域山上还能多拦蓄 0.96 亿立方米降水，如果再提前 9 个小时开启副溢洪道，多泄洪 0.65 亿立方米，这样，8 月 8 日 1 时 30 分该水库总水量则会小于水位漫平防浪墙顶时库水 5.95 亿立方米这个极限值，则板桥水库就有可能不会溃坝，后果就大不相同。这样分析问题，并不是用假设看历史，而是防止孤立地、片面地、绝对地看问题，真正把教训分析得更全面、更深刻一些,真正认清森林植被对抵御洪灾、保护水利工程设施的重要作用。

第四,森林植被建设要重视提高抗灾功能。生态安全,就是风沙水旱等灾害的危害小,人与自然比较和谐。因此,在以生态建设为主的指导思想下大力发展林业,要进一步深入研究如何提高森林植被抵御风沙水旱等自然灾害的能力问题。

从提高抵御水灾的能力这个问题看,一是要研究和把握各地区降雨规律。局部地区连降暴雨是造成水灾的气候原因,这是长期面临的问题。去年,陕西佛坪县突遭暴雨,损失惨重;今年5月16日至17日,广东梅州市出现强降雨,部分县降雨量达200毫米,造成6个县89个乡镇40.6万人受灾;湖南洞庭湖水系5月12日至18日平均降雨99毫米,就形成了湖南10年一遇的大洪水,湘江干流全线超警戒水位。可见,研究林业要注意联系降雨等气候因素。二是要科学布局我国森林资源培育和发展的重点区域。对江河流域、湖库控制流域,林业建设要突出重点、统筹安排、科学规划,这在整体上是十分明确的,但还需要不断深化、细化。比如湖南的"一湖四水",湘江流域的森林植被就远远赶不上沅江流域,因此灾情多,需要重视并予以加强。三是要切实贯彻生态、经济、社会效益相兼顾,生态优先的原则。北方如此,南方也如此。在重视经济发展、农民致富的同时,首先要保证生态效益,要深刻认识到,大大减少自然灾害造成的损失,是根本的、长远的、最大的经济效益。四是要因地制宜建设高质量的森林生态系统,增强森林的生态功能,使之发挥最佳的抗灾作用。不同地区森林质量建设需要根据自然条件,研究抗灾减灾的量化指标,明确建设什么样的森林植被,使之具有什么样的控制水土流失、什么样的拦蓄降水、什么样的调节径流能力。五是要注意及时总结经验教训、积累资料。发生10年、50年、100年甚至几百年一遇洪水的流域和地区,灾后林业考察要动起来,跟上去,及时分析当时当地的灾情,森林植被的分布、质量和所发挥的作用以及今后的对策等,这是一项十分重要的工作。

咸海灾难的深刻教训[*]

进行经济开发,必须在坚持生态优先的原则下,进行科学合理的开发。这是我们今天切身体验到的真理。然而这个认识,却是由于人类的经济行为破坏了生态系统,在大自然屡屡对人类进行报复的无情事实面前,以苦果换来的清醒。自然生态系统是一个十分复杂的系统,而人类对这个复杂系统的认识,则是一个更为复杂的问题。为了获取巨大的经济效益而以牺牲生态为代价,而生态遭到巨大破坏,又带来了巨大的经济损失,造成难以控制的灾难,这样的例子太多了。但是,在本世纪所有这类惨痛的教训中,莫过于前苏联咸海生态灾难的发生。

位于中亚的咸海,曾是世界第四大内陆湖泊。由发源于天山山脉的锡尔河和发源于帕米尔高原的阿姆河输水。1911 年至 1960 年,咸海入流量平均每年 560 亿立方米,平均水位保持在 53.3 米绝对高程,水面面积 6.6 万平方公里,水体总量 1 万亿立方米。前苏联国土辽阔,但大部分处于寒冷的高纬度地区。为开发新垦区种植棉花、稻谷、蔬菜等,早在沙俄时期,就梦想在中亚地区开垦荒地、扩大水浇地种植棉花,以解决棉花依赖进口的问题。对锡尔河的利用,1937 年,前苏联兴建了全长 220 公里的大费加拉运河,用来浇灌棉花田。对阿姆河的利用,1906 年就有人曾提出用阿姆河水开发卡拉库姆沙漠东南部的设想,但限于当时条件,该设想未能实施。1925 年,为发展中亚经济,修建卡拉库姆调水工程动议又被提出,经大批专家实地考察、调研、论证,调水工程于 1954 年正式开工。工程目标是将阿姆河和

---

* 本文原载于《学习时报》2004 年 6 月 28 日第 4 版。

锡尔河天然水道改道,引入土库曼斯坦东部和乌兹别克斯坦中部,以扩大水浇地面积。特别是修建了卡拉库姆列宁运河,该运河东从阿姆河(凯尔基市开始),把阿姆河的水从上游截出,经过土库曼斯坦首都阿什哈巴德向西延伸,总长达 1400 公里。这是一个世纪性的工程,前苏联几代科学家、几代人都在为此而努力。

两条新运河建成后,在 20 世纪 60 年代,成千上万的移民来到阿姆河、锡尔河及新运河流域,开垦和灌溉了 660 万公顷的水田和棉田,使该流域成为新的粮棉生产基地。卡拉库姆列宁运河是最主要的调水工程,可灌溉 350 万公顷的荒漠草场和 100 万公顷的新垦农区,改善 700 万公顷草场的供水条件。以新建运河为代表的调水工程建成后,该地区棉花丰收,水稻高产,农业出现连年跃进局面,农作物年产量比调水工程兴建之前提高 4 倍。至 1980 年,前苏联棉花年产量达 996 万吨,占世界总产量的 20%,其中 95% 产于该地区。当时,全苏联 40% 的稻谷,25% 的蔬菜、瓜果,32% 的葡萄也产于该地区。农业生产的丰收促进了该地区经济的发展,人口也迅速增长,已由二十年代前 700 万人猛增到 3600 多万人。通过对大自然的改造,获得了难以想象的巨大收获,这真是世界上的一个奇迹。

然而,人们始料不及的是,农业生产丰收,地区经济繁荣并没有持续多久。咸海是一个内陆湖泊,当锡尔河、阿姆河的入湖水量急剧下降的时候,咸海的水位也急剧下降。据实际观测,1971 年至 1975 年,锡尔河、阿姆河入湖水量分别降为每年 53 亿立方米、212 亿立方米,而 1976 年至 1980 年,分别下降至每年 10 亿立方米、110 亿立方米。1981 年至 1990 年,锡尔河、阿姆河的入湖水量总计仅为每年 70 亿立方米。当 1987 年水浇地发展到 730 万公顷时,阿姆河和锡尔河已基本不能再为咸海输水,咸海水面下降 15 米,水域面积从 6.6 万平方公里缩小到 3.7 万平方公里,海岸线后退 150 公里。现在,咸海水面面积只剩下 2.52 万平方公里。由于远距离引水,大规模开垦,不适当灌溉,过度使用化肥、农药等,使这一地区的生态环境遭到严重的破坏,带来了令人难以想象的巨大的生态灾难。

一是"白风暴"和盐沙暴频繁。咸海的大面积干涸,一方面引起湖水含盐浓度增加,从 1960 年的 11 克/升增加到 2001 年的 68 克/升;另一方面导致湖底盐碱裸露,在风力作用下,大量盐碱撒向周围地区,使咸海周围地区的沙质平湖平原逐渐沙漠化,流沙迅速发展,形成"白风暴"(含盐的风暴)和盐沙暴,每年要发生几十起盐沙暴。二是农田盐碱化加剧。咸海地区每年约有 4000 万吨至 1.5 亿吨的咸沙有毒混合物从盐床(湖底、河滩)上刮起,从北向南吹去,吹向中亚草原,吹向农田和城镇,覆盖了阿姆河河谷丰腴的农田,加剧了中亚地区农田的盐碱化,土库曼斯坦共和国百分之八十的耕地出现高度盐碱化。随沙尘和雨落向地面的盐,因区域不同而异,大约每年平均 1 公顷达 450~600 公斤。三是河流污染严重。大面积的粮棉生产和移民生活,产生了大量的灌溉和生活废水,这些废水又重新流入阿姆河和锡尔河,地下水和饮用水受到了盐碱和农药的双重污染。四是疾病大量增加。盐量与有害物的增加威胁着当地居民的健康,白血病、肾病、伤寒、肝炎、支气管炎、痢疾、食道癌、发育不全和婴儿夭折的发生比例都很高。地处阿姆河下游的努库斯市(乌兹别克斯坦境内),当地居民贫血症不断增多,怀孕妇女无一不患贫血症;锡尔河下游的克孜勒奥尔达市(哈萨克斯坦境内),儿童患病率 1990 年每千人为 1485 人次,到 1994 年增加到每千人为 3134 人次。五是生物物种锐减。咸沙子使咸海周围的植被和野生动物越来越稀少。原来位于河流三角洲内大面积的森林沼泽已经干涸,大量树木及灌木被彻底破坏,当地出没的数百种动物已经消失殆尽。60 年代以来,咸海有各种鱼类 600 多种,到 1991 年则只剩下了 70 余种,到今年更是所剩不多;在锡尔河三角洲筑巢的鸟类曾有 173 种,目前已减少到 38 种。

阿姆河、锡尔河、新运河流域的经济辉煌是前苏联梦寐以求的,是举世瞩目的;由此造成的咸海生态灾难,是前苏联做梦也想不到的,是震惊世界的。联合国环境规划署是这样评价的:"除了切尔诺贝利核电站灾难外,地球上恐怕再也找不出像咸海流域这样生态灾害覆盖面如此之广、涉及的人数如此之多的地区"。美国《选萃》杂志认为"咸海危机"是"大自然对人类的报复"。应该明确地指出,十几年来咸海流域生态灾难所造成的损失,已经远远超过前苏联在该流域几十年间经济上的收益,大自然的报复将无休止地进行下去,决不歇手。多少年来,人们纷纷责难那个时代政府和专家的决策,但是,在那个时代,人们怎么能够认识到人与自然互动的后果呢?现在的政府和人们的确是饱尝了苦头,开始了拯救咸海的行动,但需要多么巨大的投入,多么长的时间,又是一个难以认清的问题。有一点可以明确地讲,要恢复咸海生态系统的原样,大自然是不给这种可能性的。

这样的教训我国也不少,塔里木河下游断流、台特马湖干涸(80年代前湖面面积1000平方公里,20年前消失)、罗布泊消失(历史上最大湖面面积5350平方公里,1958年湖面面积2570平方公里,1972年消失)、居延海消失(50年前,东西居延海分别有湖面35平方公里和287平方公里,1961年西居延海消失,1992年东居延海彻底干涸),等等。与咸海相比,所幸之处在于这些湖不是咸水湖,没有产生"白风暴"。亡羊补牢,犹为晚矣。在我国推进西部大开发战略中,一定要把林业和生态建设摆在根本地位,坚持生态优先,坚决避免破坏生态为代价换取一时的经济发展,大力保护和改善生态环境,再现居延海,再现罗布泊,应该敢想敢做,去努力实现。

我国非公有制林业发展问题[*]

以公有制为主体、多种所有制共同发展,是我国社会主义市场经济体制的基本经济制度。长期以来,我国公有制林业长足发展,而非公有制林业发展滞后。深入研究非公有制林业发展问题,调整完善非公有制林业发展的政策,引导非公有制林业健康发展,是社会主义初级阶段我国林业发展面临的重大现实问题。

一、林业建设的艰巨任务要求
非公有制林业有一个大发展

植树造林、绿化祖国、改善生态是中央三代领导集体的共同心愿。以江泽民同志为核心的中央第三代领导集体提出了"全党动员、全民动手、植树造林、绿化祖国"的林业建设方针,1997 年江泽民总书记又发出了"再造秀美山川"的号召,有力地推动了我国林业的发展进程。50 年来,全国森林覆盖率由 8.6% 提高到 16.55%,造林绿化取得了举世瞩目的巨大成就。

但是,我国是一个少林国家的基本状况并没有得到根本改观,荒山荒地荒沙面积很大,生态环境整体上仍在继续恶化,林业面临的任务极其艰巨。

一是造林绿化的任务极其艰巨。过去 50 年,全国人工造林保存面积为 7 亿多亩,年均人工造林保存面积为 0.1429 亿亩。按照我国林业重点工程规划,今后十年,规划造林任务超过 9 亿亩,年均达到 0.9 亿亩,其中规划人

* 本文原载于《〈中共中央国务院关于加快林业发展的决定〉有关重大问题调研报告》,中国林业出版社 2003 年版。

工造林 5.61 亿亩，年均 0.561 亿亩，即使按 80% 的保存率计算，也是过去造林速度的 3 倍多，而且造林绿化的立地条件比过去更差，难度更大。

二是保护、增加森林资源的任务极其艰巨。据历次全国森林资源清查，过去 50 年，我国森林资源消耗量总计达到 100 亿立方米。随着人口增加、经济发展和人民生活水平提高，森林资源的消耗量将继续增加，仅按现在年均消耗森林资源 3.7 亿立方米计，今后 50 年，我国森林资源消耗量至少需要 185 亿立方米，相当于我国现有森林蓄积总量 112.7 亿立方米的 164%，将比过去 50 年多消耗森林资源 85 亿立方米。如果仅计算多消耗森林资源的一半需要更新造林，按现在人工林蓄积每公顷 34.76 立方米计算，则需新造林 18.34 亿亩，才有可能弥补消耗，这是一笔账。过去 50 年，全国森林覆盖率由 8.6% 增加到 16.55%，年均增加 0.159 个百分点，年均增加森林面积 0.228 亿亩。按照党中央、国务院确定的生态建设目标，今后 50 年，我国森林覆盖率要从现在的 16.55% 增加到 26% 以上，需净增加森林面积 13.6 亿亩，这又是一笔账。两笔账相加，新成林面积至少需要达到 31.54 亿亩。按照原有的速度，完成这一任务需要 140 年。

三是提高森林质量的任务极其艰巨。森林质量主要表现在林分结构、森林单位蓄积量和森林生态效益高低等方面。从森林蓄积量看，我国森林质量处于较低水平。据调查，全国林分平均每公顷蓄积量为 78.06 立方米，为世界平均水平的 68.5%。其中用材林为 72.5 立方米，人工林只有 34.76 立方米。从林分结构看，天然林分幼中龄林面积占天然林分总面积的 67.23%，而天然林成过熟林资源占全国成过熟林资源蓄积量的 97.34%，要实现从以采伐天然林为主向以采伐人工林为主的战略转移，并非指日可待。从森林生态效益看，我国现有森林相当一部分郁闭度在 0.4 以下，生态服务功能不高。林业发展的战略目标是实现我国森林可持续发展，并以此为基础，促进社会、经济和生态环境的协调发展。经过艰苦创业，我国将以 26% 的森林覆盖率承担起山川秀美、人与自然协调、促进社会经济可持续发展的使命，而那时的森林必须是高质量的，否则将难当重任！

四是解决木材供需矛盾的任务极其艰巨。据第五次全国森林资源清查,1994 年至 1998 年全国用材林成过熟林蓄积量减少 1.6 亿立方米。目前,全国可采资源面积为 1266.62 万公顷,仅占全国林分面积的 9.8%;可采资源蓄积量为 22.86 亿立方米,仅占全国森林蓄积量的 22.67%,可采资源严重不足。为了满足需求,一方面许多地方不得不采伐中幼龄林。1994 年至 1998 年全国采伐中幼龄林的面积占森林总采伐面积的 78.5%,采伐蓄积占总蓄积的 57.7%。另一方面,国家不得不花大量外汇进口木材。据海关统计,1999 年我国进口木浆 939.9 万吨,木浆纸 580 万吨,用汇 104 亿美元(2000 年 7 月 18 日中国经济时报公布);进口原木 1013 万立方米,锯材 276 万立方米,加上胶合板、单板等,用汇约 30 亿美元(2000 年国家林业局公布)。随着经济增长,木材及其制品消费量还会大大增加。如果我国今后自己不能解决好木材供给,而是按目前的进口量持续下去,今后 50 年,将要花费 6700 亿美元进口木材。特别是我国现阶段木材消费仍处于很低水平,全国人均木材消费量仅为 0.2 立方米,而世界人均消费木材为 0.65 立方米,其中发展中国家为 0.46 立方米,发达国家为 1 立方米。我国要达到世界人均消费木材的水平,每年还需要增加木材产量 5.85 亿立方米。我们不能不清醒地看到,木材的巨大需求,对我国森林资源的保护、增长和提高质量都是一个严重的影响因素,因此,解决木材供需矛盾的任务也异常艰巨。

长期以来,我国林业发展主要依靠国家和集体的力量,形成了以公有制林业占绝对优势的比较单一的所有制形式。公有林由国有林和集体林组成。应当充分肯定,国有林业和集体林业在我国林业发展中发挥了巨大作用,作出了历史性贡献。随着社会主义市场经济体制的建立和不断完善,近十几年来,我国非公有制林业也开始得到发展。据国家林业局森林资源管理司 2001 年对 14 个省区和 3 个国有森工集团调查统计,民营林占有林地总面积 23.5%(含经济林),占林分总面积 16.11%(含经济林),占活立木蓄积 11.48%,占林分蓄积 9.76%。并分析,这 17 个省区和单位的调查数据可能会接近以后查清的全国性数据,具有重要参考价值。由此看出,我国非公有制林业的发展潜力和能量远远没有释放出来。当前我国林业生产力水平处在社会主义初级阶段的较低层次,面临着极其艰巨的任务,在社会主义市场经济条件下,比较单一的所有制形式已不能适应林业发展的要求。特别是,林业是一项公益性、社会性、群众性很强的事业,单纯依靠国有林业和集体林业发展,难以实现党中央、国务院提出的林业发展战略目标,难以贯彻落实好全民动手、全社会办林业的方针,而充分发挥公有制林业和非公有制林业这两大力量、两大潜力,已成为我国林业发展进程中需要解决的突出问题。在继续发展国有林业和集体林业的同时,大力发展非公有制林业,是社会主义初级阶段林业跨越式发展进程中必然经历的历史阶段,是社会主义市场经济条件下林业发展的必然要求。

二、非公有制林业的含义、形式、特点和作用

非公有制林业是相对公有制林业而言的民营林业和外资林业。除国有林业、集体林业之外的一切投入林业建设领域的非公有经济成分都属于非公有制林业的范畴。非公有制林业是一个大系统,包括林业科技、造林营林、防沙治沙、林产品加工和沙产业、森林旅游、销售、林业社会服务等诸方面。

随着社会主义市场经济的发展,特别是20世纪90年代以后,林业产权制度改革已成为广大林农的迫切要求,在林业改革不断深入和市场经济的牵引下,一批个体工商业者、私营企业主、农村能人以及海外投资者等开始进入林业领域,非公有制林业开始在我国发展。当前,我国非公有制林业主要有以下五种形式:一是自留山。主要以家庭经营为主。这是全国较为普遍的形式。二是股份合作。这种形式包括两种做法。一种为农户之间或者农户和村组合作开发经营。由农户自愿组合,以林地、劳力、资金入股,联合开发荒山,按比例分红。这种类型多集中在浙江、广东、福建沿海地区及云南、四川、河北、河南等省的山区县。另一种为农户与乡镇、国有林场、营林公司、木材公司合作开发经营。一些国有林业企事业单位以资金、技术入股,乡镇以管理入股,农户以林地、管护入股,收益按股分红。这种形式主要

分布于湖南、广西等南方集体林区。三是宜林荒山荒沙荒滩荒地拍卖。按照"谁造谁有，谁投资谁受益"的原则，将"四荒"地使用权面向社会拍卖，转给由农户、个体户、民营企业主经营，形成私营的林木资产。四是外资企业租赁造林。主要是以木材为原料的企业建立原材料林基地，这种形式主要分布于广东、广西等沿海开放地区。五是民营企业直接经营。投资兴办苗圃、科研推广、加工企业、中介组织等。

非公制林业有五个显著特点。一是产权关系相对清晰。产权关系明晰是社会主义市场经济条件下林业发展的基本要求。在林地所有权属于国家或集体的前提下，非公制林业的经营者可以依法享有合同期内的林地使用权、收益权和支配权，这就从产权关系角度明确了经营者的责权利关系，使经营主体真正落实到位。二是机制灵活。非公有制林业由于产权清晰，决策机制、用人机制、分配机制、激励机制都比较灵活，应变能力较强，能够进行自主经营、自我发展、自负盈亏。三是利益直接，内驱动力强。在产权关系明晰的前提下，林业经营者与经营对象形成了直接的利益关系，林地生产力的高低、林木及林产品质量的优劣直接影响到经营者的切身利益，从而使利益驱动机制在非公有制林业领域产生出巨大的推动力。四是与市场联系紧密。非公有制林业经营者首先追求的是经济利益，技术开发和产品创新是他们的着力点，其产业结构和产品结构，都能较好地随着市场变化和自身的适应能力而进行及时调整。五是成本观念和投入产出观念强。注重遏制不计成本、不讲效益、铺张浪费的现象。

改革开放以来，非公有制林业已显示出顽强的生命力和对林业发展全局的重大意义。

一是有利于调动造林绿化的积极性，加快国土绿化。"年年造林不见林"的现象在非公有制林业经营领域比较少见。湖南省从1984年开始，通过划分自留山、股份合作、拍卖荒山等形式，造林4800万亩，占新增森林面积的94%。全省森林覆盖率从36.5%提高到52.44%，净增16个百分点，为全国平均增幅的5倍；森林蓄积量由1.8亿立方米增加到2.95亿立方米，净增三分之一。地处库布齐沙漠的内蒙古伊克昭盟，采取拍卖、股份合作等形式将荒沙地落实到户,大大激发了群众造林治沙的热情,在自然条件极其恶劣的条件下,营造起片片绿洲,全盟森林覆盖率已由过去的 0.6% 提高到 12.23% 。

二是有利于增加农民收入,促进地方经济发展。农民增收、扩大农村市场有效需求关系国民经济发展的大局。实践证明,通过发展林业来解决农民收入问题,容易推广,覆盖面广,稳定可靠,潜力巨大,前景广阔,应当成为鼓励发展的重点。特别是加入 WTO 以后,林产品是国际市场最有希望的商品,及时将林业作为农村经济的发展重点,对促进农村经济发展具有重要意义。湖南省 34 个重点林区县的林业已经成为农民收入、财政收入的主要来源,农民收入的 70% 来自林业。近几年来,浙江省临安市大力发展竹产业,1999 年竹业产值达 7.5 亿元,仅竹笋收入一项就有十个乡超千万元,87 个村超百万元,6500 个农户超万元,全市农民人均收入 4568 元。宁波市 2000 年林业特色经济总产值达到 20 亿元(不含加工增值),山区和平原林业特色经济主产区农民收入的 50% 以上来源于林业。安吉县 2000 年竹业产值达 41 亿元,占全县工农业总产值的五分之一,占县财政收入的五分之一,农民来自竹业的收入人均 1000 多元。该县孝丰镇竹业产值达 9.2 亿元,天荒坪镇霞泉村竹业产值 1.3 亿元,孝丰镇北村农民王惠祥靠加工竹凉席年收入达 1200 万元。目前,全国不少农民通过植树造林调整农村产业结构,成了百万富翁,成为勤劳致富的典型。

三是有利于消化农村剩余劳动力,维护社会稳定。我国城乡差别较大,随着城市经济的发展,大量农村剩余劳动力涌入城市,即使如此,我国农村仍有 1.2 亿个剩余劳动力和二分之一的剩余劳动时间,这既是一种很大的浪费,又是不稳定因素,如何安置农村剩余劳动力是我国面临的一个重大问题。大力发展非公有制林业,把大量剩余劳动力吸引到造林绿化上来,是解决农村剩余劳动力的一条十分有效的途径。据不完全统计,目前全国个体造林户数已达 1160 万户,造林 1.8 亿亩,吸收了大量农村劳动力,仅宁波市从事林特产业生产经营活动的农民已达 100 万人以上,潜力仍然还很大。我国有 40 亿亩林业用地,林地利用率约为 57%。1999 年,我国森林资源开发利用对就业人数的贡献达到 4217.6 万人。据专家预测,如果将我国的林地利用率提高到 80% ,可新增就业 3000 万人。加上 8 亿亩可治理沙地和 2.2 亿亩陡坡耕地退耕还林以及森林旅游、林果业、花卉业、中药材业、野生动物驯养繁殖业等,对就业的贡献还会大大增加,可为农村和社会稳定发挥重要作用。

四是有利于森林资源合理开发利用,提高林业生产力水平。非公制林业经营者注重对林业经营的投入,采用新技术,改进生产手段,对林地实行集约经营,林地产出能力明显提高。吉林省通化市、白山市林业个体经营者在抚育好林木的同时大搞林下种药、栽参、养蛙、养鸡等,实行立体开发、综合经营,林地经济效益成倍提高。白山市调查结果表明,利用林地进行综合开发,人均收入 2035 元,占农民收入的 75% 。湖南省靖州县芳团村有 12 户农家,1997 年以山林自愿入股建立起 4800 亩的股份林场,5 年来造林 500 亩,抚育森林 1400 亩,单位面积林木生长量增长一倍,他们还办起一座小型木材加工厂,加工间伐木材,现有固定资产 25 万元,现金存款 50 万元,每户年平均收入 3.3 万元,过去外出打工的农民也被吸引回来了。

五是有利于加速林地、林木资本化和市场化进程,促进林业生产要素的合理配置。非公有制林业的发展,促进了林木、林地使用权合理流转,按照市场机制优化配置,带动了资金、技术、人才、劳动力向林业领域的流动,形成了新一轮的林业产业分化和社会分工,出现了外部投资增加,科技水平提高,生产手段和生产条件改善,经营水平提高,并打破了单纯依赖国家和集体投资的局面,汇聚八方财源,广开投资渠道,在很大程度上解决了林业发展投入不足的问题。“九五”期间湖南省非公有林业经营者投入 9.5 亿元,其中个人投入占 55% 。广东省化州市近几年非公有制林业经营者投入林果生产的资金达 3 亿多元。

三、当前影响非公有制林业发展的关键问题

非公有制林业是我国林业发展历史进程中的一支主要力量。但由于思

想、体制和机制、政策等方面的原因,目前我国非公有制林业发展尚存在着许多问题亟待解决。

1. 非公有制林业受冷落的问题严重存在

一些地方的政府部门和领导者由于受思想观念的束缚,尚未将非公有制林业纳入服务范围,客观表现是政策歧视。一些私营企业想投资林业,却苦于找不到主管立项部门,项目贷款不能一视同仁。有的地方非公有制林业经济发展势头很好,但相应的中介服务组织建设严重滞后,林业技术指导服务和森林、林地的托管服务体系尚未建立起来,特别是具有自我保护、互助组织性质的非公有制林业协会的建立工作,在很多地方仍属空白,使非公有制林业经营者的合法权益得不到有效保障。有一个民营林业科研公司,由长期从事林业技术工作的人和部队转业军官组成,他们向有关部门咨询工作,被当成个体户不予理睬。

2. 林业产权制度改革尚处于起步阶段,产权不明晰的问题依然突出

20 世纪 80 年代,各地普遍划分了自留山,稳定了山权、林权,并落实了林业生产责任制。但是,由于工作做得不细致不深入,不少地方的林地、林木权属并没有落实,地证不符、"四至"边界不清的现象还很严重,不少林权证还没有发到农户手中;林权变动后未能及时办理变更登记手续,造成持证人同林木、林地所有者不一致,等等。这些问题不仅是造成乱砍滥伐林木事件屡禁不止的重要原因,还严重影响了林权证的法律效力,给林地管理和森林资源流转带来了很大困难。

3. 林业税费负担长期过重,极大地影响了经营者发展林业的积极性

目前,国家政策规定收取的林业税费就达近 10 种甚至更多。如 1994 年税制改革后,湖南省对木竹经营及其加工产品征收的税费有 4 税 5 费,总额占到销价的 50% 左右。江西崇义县境内 1999 年松原木交易价为 420 元,需上交税 3 种,占销价 20.84%,上交费 17 种,占销价 57.19%,共计税

费 313.33 元,占销价 78.03%。不仅如此,许多地方的木材收购部门肆意压低收购价,加上随意扩大计税的税基、搭车收费现象的普遍存在,使农民经营无利可图,竟然出现造林越多越贫困的现象,严重挫伤了造林者的积极性,使人"望林兴叹"。

4. 缺乏行之有效的制度保障,非公有制林业经营者的经营权益得不到保证

当前,农村活立木买卖、荒山拍卖、林地转让等经济活动日益活跃,但由于农村林业市场的基础工作没有及时跟上,致使在各种林业交易活动过程中引发出许多矛盾和纠纷。特别是在林木资源价值的评估上,由于没有资产评估中介机构,林木所有权和林地使用权的转让、拍卖等工作仍带有封闭性、局限性和随意性。

当前我国在政策上、体制上、机制上尚未形成一个有利于非公有制林业发展的空间。以大力发展非公有制林业为突破口,为促进整个林业发展创造更为宽松更为有利的政策机制和社会环境,必将促成我国林业生产力发展史上出现一次新的飞跃。

四、为非公有制林业发展创造有利条件

要促进非公有制林业的发展,需要有宽松的发展环境,有充分的发展空间。总结实践,当务之急,要解决好以下几个关键问题。

1. 解放思想,转变观念,给非公有制林业应有的政治地位

进一步明确非公有制林业的政治地位,是大力发展非公有制林业的前提。坚持公有制为主体,发展非公有制经济,是邓小平理论的重要内容。特别是十五大以来,"非公有制经济是我国社会主义市场经济的重要组成部分"已经写入党的决议,载入宪法。江泽民总书记在"七一"讲话中指出:"广大非公有制经济人士在党的路线方针政策指引下,通过诚实劳动、合法

经营,为发展社会主义社会的生产力和其他事业做出了积极的贡献,他们和工人、农民、知识分子等社会阶层一样,也是中国特色社会主义事业的建设者。"这些重要论断,为正确认识和对待非公有制林业提供了科学依据。放手发展非公有制林业,已成为林业解放思想、与时俱进的一个重要内容。必须彻底打破制约林业发展的旧观念,从思想上来一次大解放,确立非公制林业是社会主义林业建设重要组成部分,非公有制林业经营者是社会主义林业建设者的观念。这个观念的确立,甚至比采取几项扶持政策更加重要。真正确立这个观念,就是要做到对非公有制林业放手发展,不仅不加限制,而且要加大比例,扩大规模,增多形式,加快速度。各级政府和林业部门应将发展非公有制林业纳入重要日程,积极主动地创造条件给予扶持和帮助,让他们经济上有实惠,社会上有地位,政治上有荣誉,在表彰奖励、经验推广、职称评定和宣传上一视同仁。

2. 放活荒山荒沙荒地使用权,进一步确立非公有林业的产权

明晰产权,明确经营主体,是加快林业发展的关键所在。所谓产权,包括所有权、使用权、受益权、支配权。我国荒山荒沙荒地的所有权属于国家和集体,这是不能动摇的,但其使用权和所造林木的所有权、受益权、支配权应当根据不同情况,充分授予经营者,并真正明晰产权关系。对于国家和集体无力顾及的荒山荒沙荒地的使用权应充分放活。无论什么人、什么企业、什么经济成分,只要有志于造林绿化,经双方商协后,都可以提供给造林者使用;只要不改变林地用途,不降低有林地生态功能,可以长期使用;在荒山荒沙荒地上,谁造林,林木归谁所有,允许继承,允许转让,允许拍卖,允许赠与。对国家、集体无力经营、效益不好的林业加工企业,实行承包、租赁、拍卖经营政策,引入民营成份和机制。国家对非公有制林业的政策目前还很不完善,有的还是空白,应当尽早出台相应的政策,条件成熟时可以考虑制订相应的条例,使非公有制林业的权益得到法律保障。

3. 切实减轻林业税费负担,使林业经营者真正有利可图

林业经营者既是林业责任的主体,更是经营林业的利益主体。把林业经营者特别是广大林农作为利益主体来对待,是加快林业发展的根本动力,是林业改革过程中必须正视的一项重要工作。从目前情况看,在中央的重视下,林业税费问题有了一定的缓解,特别是国有重点林区改善面较大,但从总体上看,林业税费负担过重的局面并没有得到根本性扭转。必须进一步下决心减免林业税费。荒山荒沙荒地不造林绿化而使之继续荒芜,国家不但收不了一分一厘的税费,还会带来生态灾害,造成严重的经济损失。1998年特大洪水国家直接经济损失达2500亿元。全国每年因干旱造成的经济损失达2500亿元。对林业特别是对非公有制林业减税免税,看起来少收了一点税费,但只要使这些地方尽早造上林,不仅可以提高国土使用价值,增加财富,增加农民收入,还可以获得显著的生态效益,减少灾害给国家经济带来的经常性的、巨大的损失。应当积极研究,今后在荒山荒沙荒地上非政府投入新造林,在保证生态效益的前提下,其林产品的销售在一定时期内原则上免除税费。如果与国际通行的做法一样,实行低税免税政策,民间投资林业经营领域的经济政策障碍就基本被解除,林业大发展的局面必将出现。

4. 加大政府资金扶持力度,为我国非公有制林业的发展提供有力的资金保障

国家对私有林实施补贴政策是国际的通行做法。如欧盟对私人造林的补助款占造林费用的70%,日本占50%,美国也达到40%。根据我国国情,可将对非公有制林业的扶持纳入林业重点工程的范畴。国家林业重点工程,既是国家工程、德政工程,也是社会工程、群众工程,既要解决国土绿化、生态安全问题,又要解决经济发展、群众增收问题,这样才有生命力,才能成为可持续发展的工程,才能见长效、见大效,才能在今后20年、30年、50年后显示出历史性的作用。考虑到非公有制林业追求经济利益的特性,应抓准重点,有区别地对待,形成全方位整体推进的局面。首先,要高度重视对非公有制林业商品林建设的贷款扶持,并对产生生态效益的商品林实行部分无息贷款补助办法,既解决造林启动资金不足的问题,又给经营者一定的还款压力,激励造林者培育好林木。其次,要大力扶持非公有制林业加工业、科研、种苗、中介服务等经济成分,非此不能将造林者与市场连结起来,不能使之将产品变成经济收益。第三,对非公有制林业参与生态林建设,国家更应给予扶持。除了对造林绿化实行无偿补助外,对已经发挥生态效益的生态林应纳入森林生态效益补偿范围,同时对经营生态林产生的经济效益,如森林旅游收入和按照森林经营方案进行的抚育伐、间伐收入等等,应当实行优惠政策。

5. 改革采伐限额管理办法,赋予非公有经营者以自主权

木材采伐限额制度作为我国森林资源保护管理的一项基本制度,在历史上发挥了重要作用,今后也必须坚持。但在市场经济条件下,由于对这项制度的具体执行办法没有及时进行必要的调整,使广大林农还没有真正获得自主经营森林和实现劳动价值的权利。当前被社会所广泛关注的一些造林大户拥有巨大的森林资产却负债累累的现象必须尽快采取有效对策加以解决,这不仅可以帮助这些非公有制林业的先行者群体实现林业可持续经营,也可以借其向全社会表明国家发展非公有制林业的态度和决心。今后执行森林限额采伐制度,可以考虑对不同林种、不同地区有所区别。对于公益林,每划定一块,在采伐上要管严一块。对于商品用材林,可考虑以省为单位,在保证消耗量小于生长量一定比例的前提下,按照可持续经营方案,实行全省采伐指标五年总控、年度间可以调剂的办法。对于利用国家贷款或自筹资金营造的工业原料林采伐,以及中幼林的抚育伐,在遵循国家制定的采伐方式,采伐后不改变林地用途,并于次年更新的前提下,允许在有监督的情况下按照森林经营方案进行采伐,采伐指标单列,使森林经营者真正拥有林业经营的自主权。

6. 搞活木材流通

木材流通领域中所采用的严格控制政策,作为特殊时期的特殊政策措施曾发挥过较好的作用。但在市场经济不断完善的今天,管严管好不等于

管死。管死了,成为林业生产力特别是非公有制林业生产力快速发展的制约因素,也为一些部门收取不合理的林业税费提供了土壤,本可以拉动木材及林产品的生产,却仍然发生了市场短缺,加之沉重的税费负担,使广大林农的造林积极性受到严重伤害,制约着我国林业的快速发展。要允许产销直接见面,通过有效竞争降低流通成本,使木材生产者获得合理的利益。目前,福建龙岩地区正在进行木材自由流通的试点工作,广大林农的经营积极性迅速上涨。要抓紧这一有利时机,尽快取得经验并推广。

7. 加强林区基础设施建设,为非公有制林业发展提供基础条件

非公有制林业一般资本较小,往往无力承担林区基础设施建设。政府要履行对非公有制林业生产基地的公共基础设施建设的责任,并采取必要的扶持政策,以降低非公有制林业经营的生产成本,促使其与公有制林业的平等竞争,同时也为招商引资、吸收外资和民间资本发展林业创造良好的环境。要把非公有制林业基地基础设施建设纳入地方政府基础设施建设的统一规划,力求通过财政投资由政府帮助和扶持通路、通电和通水、防火等条件,保障非公有制林业企业正常生产,以动员民间资本等社会力量积极参与林业建设,解决社会公共产品的供给。

8. 重视建立非公有制林业社会服务机构或组织体系,增强林业经营者自我协作和服务功能

从总体上看,非公有制林业经营者的整体素质仍然较低,管理思想、管理手段较落后,缺乏技术,信息不灵,经营规模小,粗放式经营,林产品技术含量低,附加值低。国外民有林、私有林、民营承包经营国有林的企业都较为普遍地建立了自己的服务体系,体现了政企、政事分开。我国要大力发展非公有制林业,也必须及时建立相应的服务体系。如建立非公有制林业协会或林业专业户协会等,不仅可以作为政府与非公有制林业经营者之间的联络渠道,使政府对其的扶持或宏观指导更具有可操作性,并且可以为开展技术培训活动、相互研究技术措施、解决各类纠纷和保障个体经营者的权益提供便利,还可以通过林农形成加工、销售联合体,创造群体优势,拓宽销售渠道,降低销售成本,提高林业经营效益。这个问题十分重要,在我国尚属空白,应给予重视,及早采取措施解决。

五、发展非公有制林业应注意的几个战略性问题

非公有制林业应该也必须有一个大发展。但是,由于非公有制林业本质上是以追求经济利益最大化为主要目标的,而且多数经营分散,规模较小,又是以农户家庭经营为主,因此,非公有制林业也是有其历史局限性的。从世界一些林业发达国家的林业发展历史进程来看,本世纪特别是"二战"以后,都经历了民有林业大发展的阶段,也都是出于增加植被和增加农民收入两个目的,通过重点发展民营(私有)林业,大大加快了重建植被及富民的发展速度,这与我国今后一个时期面临的情况相类似。他们经过 20 至 30 年或更长一段时间的努力,在这两个目标实现以后,却出现了新的难以解决的矛盾,主要是民营(私有)林业经营过于分散,没有规模优势,经营积极性难于持久;忽视生态效益,难以自觉地实施森林可持续经营的措施;私有林业在国家林业所占比例过大,由于私有财产受法律保护,不容易进行结构性调整,不易进行集约经营等。我国在放手发展非公有制林业的开始阶段,就应该认真研究国际国内非公有制林业发展的经验及教训,统筹当前和长远,从战略上趋利避害,引导非公有制林业健康发展,防止出现今天的成绩成为明天的难题,做到在战略上持续地把握住主动权。

1. 引导非公有制林业以发展生态与经济兼用型和经济效益型为主

非公有制林业是以获取经济利益为目的的,而改善生态,增加就业机会,解决广大农民的收入,则是政府重点关注的社会问题。实现非公有制林业的经济利益是非公有制林业经营者和政府的共同目标之一。因而从产业选择上和政策引导上应当以鼓励非公有制林业参与生态与经济兼用型和经济效益型为主。鼓励非公有制林业参与生态与经济兼用型和经济效益型的

林业经营领域,有利于对非公有制林业实施较宽松的管理政策,有利于非公有制林业实现其经济利益,有利于增加就业,解决广大农民的收入问题,有利于形成林产品市场竞争的格局,有利于减轻国家对森林生态效益补偿的负担。但是,必须从法律、政策诸方面对非公有制林业做出明确的规定,要求其以不破坏生态环境为前提,要求其采用混合型经营模式,保持经营区域同时产生良好的生态效益。

2.引导非公有制林业实施可持续经营措施

林业可持续发展是社会经济可持续发展的基础,是世界林业发展的大趋势,也是我国林业发展的主要目标,代表了林业先进生产力的发展要求和林业前进的方向。从一开始就应该注意引导非公有制林业走可持续发展之路。这也是世界上实现山川秀美后的林业发达国家想方设法并耐心地想解决的难题。这个问题具有战略性、前瞻性,必须高度重视,不要给后代留下难题。比如,对发展商品林业的要鼓励其采取生态措施,延长采伐期,经营近自然林,营造混交林,发展阔叶树种;着手在林业重点工程区和不同类型地带划定林业可持续经营特别是非公有制林业可持续经营试点示范区,将非公有制林业纳入试点范围,及时总结经验;重视引导分散的小非公有制林业经营者走联合、合作发展之路;积极扶持承包大户、有较强实力的民营林业企业实施规模化经营等。

3.将非公有制林业纳入林业长远规划

非公有制林业是我国林业的重要组成部分,其发展方向、布局和结构问题都应给予宏观调控和引导,将其纳入林业的长远规划中。在产业规划上,应当把发展非公有制林业与建设大型林业加工企业的原料基地结合起来,引导非公有制林业经营者发展市场畅销的原料林,使其尽快实现增收。在产业政策上,应当鼓励非公有制林业参与竞争性强的大型林业加工企业,发展长远能获利的珍贵优质树木,具有市场前景的深加工项目。由于林木生产周期较长,短期的市场预测与长远的市场变化存在较大差距,因此,非公有制林业要持续健康发展,必须注意解决当前与长远的关系问题。例如,日本在过去较长时期内一直鼓励发展日本柳杉,但树木成材后市场却发生了很大变化,由于柳杉的材性和用途不如进口材,消耗量大幅度下降,加上生产成本剧增,私有林主难以从木材生产中获得利益,导致许多林主放弃了经营。这一教训,应当引起我们的重视。从现在起,不仅要引导非公有制林业采用壮苗,提高造林质量,还要注意因地制宜地引导他们发展珍贵、稀有、优质、未来市场畅销的树种,以确保非公有制林业经营者特别是广大农民在未来市场中占据优势地位,持续地获得经济利益。

4. 在鼓励发展非公有制林业的同时,应当巩固提高公有林在木材生产和生态建设中的主体地位

鼓励发展非公有制林业,是要在巩固提高公有林的同时,充分发挥我国土地资源、劳动力资源、树种资源和林产品市场的潜力,充分利用土地,扩大就业,扩大森林规模,提高森林质量,更好地满足社会的生态需求和林产品需求,使我国的生态由恶性循环变为良性循环,由木材进口大国变成木材出口国。世界林业发展的一般规律是,国有林要比集体林质量高,集体林又比民有林质量高,并且生态建设属于社会公共工程建设范畴,其责任主体主要由政府来承担。国有林业和集体林业在我国林业处于主体地位,从生态上看,是我国生态环境最重要最基本的保障;从木材生产上看,是我国重要的战略物资,必须加以巩固提高。主要应朝着产权明晰、分级所有、谁有谁管、政企分开、分类经营、有偿使用、减员增效、科学管理的方向,深化改革,使公有林不断发展壮大,充分发挥公有制林业和非公有制林业"两大力量、两大潜力"的作用。

对林业分类指导的思考与建议[*]

　　以《中共中央国务院关于加快林业发展的决定》的颁布、全国林业工作会议的召开为标志,林业进入了新的发展阶段。

　　前50年,我国林业发展成就显著、举世瞩目,但不可否认,由于种种原因,全国生态状况处于整体恶化的趋势之中。今后50年,林业建设不仅要取得更大的成就,而且要实现山川秀美、生态状况整体得到改善、人与自然和谐的目标。本世纪头10年,是我国林业发展的关键时期,按照《决定》的要求,必须实现三个目标:一是使我国森林覆盖率达到19%以上;二是使大江大河流域的水土流失和主要风沙区的沙漠化有所缓解;三是使全国生态状况整体恶化的趋势得到遏制。总之,林业建设任重而道远,以下是我近来的一些思考,仅供参考。

一、风沙区风口地带森林植被建设

　　至2010年,沙漠化扩张的趋势必须得到遏制。有利条件是:防沙治沙工程的规模和投入不断加大;西部不少地区已推行舍饲圈养、轮牧、半禁牧、禁牧等生产方式;防沙治沙的法律法规逐步健全;全社会防沙治沙的意识逐步增强。不利条件是:全球处于气候变暖的趋势之中;经济快速发展和西部大开发、东北老工业基地振兴战略的实施,使原本脆弱的生态面临较大的压力;人口逐步增加。要从根本上遏制沙化扩张乃至逆转沙化扩展的局面,加

＊ 本文是2003年10月24日作者写给国家林业局党组的专题报告。

强风沙区风口地带森林植被建设,是一个源头性、根本性问题。

我国"三北"地区高大山系较多,山谷、风口也较多,西风和西北风经过山谷地带,由于"狭管效应"的作用,低空风增速前进,形成强风。形成沙化扩张的主要因素是风蚀;风口周围地带又是沙化最快、最直接的地区(全国沙漠化土地面积174万平方公里,其中风口地带沙漠化土地面积77.92万平方公里,约占45%);起沙动力主要在于低空风的大小。因此,减弱低空风速的关键就在于加强风口(山口)地带的森林植被建设。

据国家林业局防沙治沙办公室和西北林业调查规划设计院初步调查,我国风沙区主要风口约有34个,分布在北方的新疆、甘肃、青海、陕西、内蒙古、山西等沙化重点省区。在防沙治沙的整体部署中加强风口地带的治理,就是抓影响全局的"咽喉"、"要害",好比在防御战役中控制住战役要点,就能以点制面。1993年4月中旬,我国西北部连续出现沙尘暴,尤其是5月4日至6日的强沙尘暴造成了巨大损失。当时,林业部根据国务院领导的指示,组织17名专家深入一线考察,提出了"加强对风口地带治理,削弱'狭管效应',减弱低空风,减少风蚀沙化"的建议。这个科学建议至今已有十年了。实践证明,风口地带是能够治理的,通过加强风口森林植被建设,可以有效地减缓低空风的影响。例如,新疆塔城地区西部的老风口,是一个南北宽30公里、东西长100多公里的狭长谷地,平均风速达每秒9米,最大风速达每秒40米,每年八级以上大风多达50余次。塔城人民自1992年开始对老风口进行治理,完成治理面积12.6万亩,建成了一条长28公里的绿色屏障,现在林区的风速较以前降低了30%至40%。

建议将风沙区风口地带森林植被建设提上议事日程。一是摸清情况。组织专门队伍尽快调查"三北"地区所有重要风口的基本情况。例如,不同风口在全局中的地位和作用;哪些风口能治、容易治,哪些风口不易治;哪些风口已得到治理,效果如何,哪些没有治理;不同的风口,该采取什么样的治理模式;风口地带及周围地区水资源情况和气候条件;根据各风口影响的大小,哪些由国家组织治,哪些由地方组织治,哪些先治,哪些后治。二是制定规划。在科学考察和调查研究的基础上,制定风口地带森林植被建设规划,能争取新项目和投入的积极去争取,能在现有工程布局中调整的则予以倾斜,突出重点。三是抓紧实施。根据当地的自然条件,选择危害大、容易见效的重点风口地带先行实验;加强对风口地带森林植被建设的生态监测,及时掌握变化和成效,总结经验。

二、雪山地带森林植被建设

缺水是全球 21 世纪面临的重要问题,是事关我国特别是北方地区经济社会可持续发展的长远性战略问题。南水北调工程的实施,可在一定程度上缓解北方地区生产、生活、生态用水的危机,但跨区域调水毕竟是有限度的,且工程建设期较长,这只是一手。与经济社会发展相伴随的生产规模扩大和人口增加,使缺水问题将越来越突出。另一手是根本办法,雪山是大江大河的源头,大江大河是中华民族的"动脉",雪山就是中华民族的"血库"。在全球气候变暖的大环境中,维持雪线不上移、冰舌不后退、雪库容量不减少,事关中华民族的长远生存与发展。

山区人民说:林缘后退一米,雪线上移一米。加强雪山地带森林植被建设,是人类影响雪线不上移、冰舌不后退的最重要的途径。目前我国一些雪山的冰川开始消融,雪线不断上移的趋势值得重视。例如,祁连山严重地区雪线年均后退 12.5 ~ 16.5 米,一般地区雪线年均后退 2 ~ 6.5 米。冰舌后退、雪线上移造成的直接后果是河流上游径流量减少。

恢复和培育雪山地带的森林植被,需要几十年、甚至更长时间。从民族长远生存和发展考虑,应将雪山地带森林植被建设摆上议事日程,建议将其作为高海拔地区林业建设的重点内容。一是开展调查研究,明确重点。对雪山地带的森林植被进行科学考察和调查研究,分析现状和问题;搞清不同雪山在全国和区域经济社会发展和生态建设中的地位和作用,明确建设重点。二是保护优先,积极发展。对重点雪山地带的森林植被,要加大保护力度,该封的封,该纳入重点工程的纳入重点工程(如祁连山一部分灌木林未纳入天保工程),该生态移民的移民;根据自然条件,封飞造相结合,乔灌草相搭配,加大人工促进封山育林的力度。三是加强组织领导。加强雪山地带森林植被建设,需要考虑强化林业行政管理机构,协调跨省区山脉的森林植被建设。水利按大江大河流域建立统一的管理机构,我们也可考虑对大江大河的源头——雪山地带,有选择地设立统一的山脉森林管理机构。比如,祁连山跨甘肃、青海两省,甘肃境内有森林植被869万亩,设了一个自然保护区管理机构,青海境内有560万亩,只有2个林场管理了一部分。

三、都市饮用水集水区森林植被建设

城市化是我国社会主义现代化推进的重要方向和必然结果。都市林业是城市化建设的重要内容,发挥着绿化、美化、防风、净化空气等重要作用。除此之外,都市林业还应发挥净化水质、保证城市供水特别是高质量饮用水的作用。解决都市用水特别是饮用水问题,应作为都市林业建设的一个重要问题。

都市饮用水集水区与流经都市的河流紧密相关,而河流上中游往往在一百甚至几百公里之外。这些都市的命脉发源于山,为山区森林植被所涵养。河流上中游山区有林则有水,森林多则水多,森林质量高则水的质量高,且水在枯水期源源不断,在丰水期缓缓下山,林茂水丰。奥地利维也纳市的饮用水来自150公里以外的阿尔卑斯山林区,茂密、高质量的森林为这个音乐之都提供了充足、高质量的水源。1997年,美国纽约市为保证饮用水供给,决定执行一个"森林管理计划",投资15亿美元用于该市饮用水集水区森林的经营和管理,以取代原准备投资80亿美元建设一个城市水处理工程的方案。北京市主要靠"两盆水","一盆水"是密云水库,源流是潮河和白河。白河发源于河北张家口地区,经密云水库流入怀柔水库;潮河发源于河北承德地区。水库上游密云县境内仅占全流域面积的10%,径流量只占全流域来水量的12%,其他部分都在河北省北部山区。加强潮白河流域上中游森林植被建设,关系密山水库、怀柔水库水质、来水量和防洪能力。北京市的另"一盆水"是官厅水库,主要靠桑干河注入。桑干河发源于太行山与恒山之间,从山西流经河北进入北京。发源于太行山北部的滹沱河,流经北京南部进入天津,关系北京和天津两市的水源。

都市饮用水集水区森林植被建设,是一个长远的、具有多种效益(防洪、防风、防沙化)的重要问题,需要摆上议事日程。一是明确集水区森林植被建设的位置。要跳出都市林业抓都市林业,用联系的、系统的观点来研究这个问题,将其作为都市林业建设的重要内容,跨地区统盘谋划;将其纳入全国水源涵养林建设的整体布局,重点保护,积极建设。二是进行科学考察和调查研究。选择一批既缺水严重、又具备必要条件的都市,制定专题计划,加强集水区森林植被建设,为都市的长远发展奠定水源保证条件。三是适当倾斜,重点扶持。在现有林业重点工程中,统筹考虑,适当倾斜,积极保护和发展都市饮用水集水区的森林植被。比如,为保证北京市官厅水库的主要源流——桑干河的水源,可在太行山绿化工程中加大太行山北部绿化的力度,重点扶持山西、河北境内桑干河流域的森林植被建设项目。四是争取新项目。都市饮用水集水区森林植被建设事关长远,影响深远,如果能争取到国家的新项目或纳入该大都市地方财政则更好。五是开展宣传。对都市饮用水集水区森林植被建设,要结合森林的多种功能开展宣传,进一步拓展林业的宣传领域。

四、提高森林的防洪作用

我国林业建设和水利建设成就举世瞩目,无可置疑。但是,洪灾仍年年有,大洪灾经常有,所造成的损失巨大。水患是影响人与自然相和谐、经济社会可持续发展的一个突出的生态问题。林业是生态建设的主体,肩负着维护国家生态安全的重要使命。如何更好地发挥森林在防洪中的作用,需要在林业重点工程总的布局中,针对这个问题进一步深化、细化具体布局,提高森林质量。

湖南森林覆盖率位居全国第六,林业建设的成绩很大,但洞庭湖年年防洪形势严峻。今年5月12日~18日,洞庭湖水系平均降雨99毫米,湘江干流全线即达超警戒水位,说明湘江流域森林植被建设还较薄弱。陕西森林覆盖率位居全国第十二,但渭河流域今年遭遇大洪灾。由于我国特殊的自然条件,局部地区出现强降雨是经常发生的事情。1975 年 8 月 5 ~ 7 日,河南中部连降暴雨 800 ~ 1000 毫米,强降雨地区三天降雨 1300 毫米,致使山洪暴发,水库漫堤垮坝,形成震惊全国的"75.8"大水灾。森林植被对洪水的调控作用主要体现在:一是控制水土流失,固住泥沙不下流,保证河床、湖床、库床不抬高,避免河流和水库、湖泊容量减少,使人工水利设施发挥正常功能。二是拦蓄部分降水,在强降雨期间发挥调节地表径流的作用,使洪水少下山、缓下山,减轻江河湖库的压力。

天然林保护工程、退耕还林工程、长江中上游等防护林工程,都是以解决水患问题为主要目的的。现在的问题是要进一步采取措施,确保在同样投入情况下取得更快、更大的成效。一是在地区布局上突出抓薄弱环节。要通过分析区域降雨规律,有针对性地完善地区性林业建设的重点。比如,湖南的湘江流域森林植被差,需要加强。二是明确江河流域森林植被建设的质量标准。要搞清建设什么质量的森林,能在本地区控制多少水土流失,具有多大的降雨拦蓄能力。三是有针对性地采取措施。在搞清本区域江河流域森林植被控制水土流失和拦蓄降水能力建设标准的基础上,有针对性地采取措施。比如,加大封山育林力度,合理配置树种。四是加强监测,及时掌握变化。重点掌握控制水土流失、拦蓄降雨能力的变化。五是明确指标,层层分解。最好建立大江大河全流域的水土流失控制指标,并层层分解到相关各省区、各市县。比如,黄河总输沙量是 16 亿吨,要研究通过多长时间的森林植被建设,能将黄河的输沙量减少到什么程度。延安市国土面积共 5555 万亩,1999 年以前每年向黄河输沙 2.58 亿吨,通过退耕还林等林业工程的建设,2002 年已减少为 2.28 亿吨,今后其最终指标确定为多少。

温家宝总理在全国林业工作会议上强调,"既要讲速度,更要讲质量"。"检验一个地方林业建设的成效,既要看任务完成情况,更要看山是不是真绿了,水是不是真清了,生态面貌是不是改善了"。我们很需要站在改善生态面貌、保证生态安全、实现人与自然和谐的高度,进一步转变观念,拓展思维,去研究新情况,解决新问题。

森林具有巨大的生态、经济和社会功能,这些功能需要进一步的挖掘和拓展,这对于巩固林业地位,争取新的支持条件很重要。但是,森林也不是万能的,其生态功能也是有极限的,不可能包医生态百病,也要用科学的态度去认识、去宣传。这两个侧面,都值得重视。相比之下,目前的主要问题是森林的许多功能还远远没有挖掘好、宣传好、发挥好。

把发展木本粮油作为方针性问题摆上日程*

刘少奇同志曾于 1961 年 1 月在木本粮食座谈会上指出,"解决我国粮食问题的办法,应当在不能耕种的荒山上发展木本粮食,从这方面找出路";"在山上发展木本粮食生产要当成一个方向和方针性的问题提出来";"今后更要重视的是过去没有被人注意而又很有发展前途的一些木本粮食"。刘少奇同志这一重要思想至今仍具有很强的指导性、针对性。

一、粮食安全是我国长期的战略问题

粮食安全是我国长期面临的战略问题,不断满足经济社会对粮食日益增长的需求是我国粮食问题的基本规律。而且,我国与其他国家最大的不同是人口众多,粮食问题只能立足于自己解决。

一是人口数量不断增加、生活水平不断提高与耕地资源不断减少、后备耕地资源不足的矛盾。随着我国人口的增加和生活水平的提高,粮食消费需求持续增长。据农业部的研究报告预测:2005 年粮食总消费量为 5040 亿公斤,2010 年 5580 亿公斤,2030 年为 6400 亿公斤。但是,耕地数量不断减少,优质耕地少,耕地后备资源不足,使粮食播种面积增加受限。2003 年全国耕地为 18.51 亿亩,比 1996 年净减 1 亿亩,其中 1300 万亩为优质良田;全国中低产田占耕地总面积的 69%,全国粮食平均单产比发达国家少100 公斤左右;我国耕地后备资源潜力为 2 亿亩,其中 60% 以上分布在水源

---

* 原文载于《三农研究参考》2004 年第 23 期。

不足和水土流失、沙化、盐碱化严重的地区。

二是耕地生产力下降与粮食综合生产能力必须提高的矛盾。我国以占世界9%的耕地养育占世界22%的人口,耕地负荷甚重。耕地地力是耕地生产力和粮食综合生产能力的基础。由于长期以来耕地得不到休养生息,过量施用化肥,水土流失加剧,土地沙化、石漠化和耕地污染严重等原因,已经并继续导致土壤结构变化、营养失调、肥力不足、地力下降,最终结果是一些耕地的土壤生产力下降甚至退化成荒沙荒地而不宜耕作。

三是水资源严重短缺与农业用水不断增加的矛盾。无论是从全球还是从我国的水资源分配情况看,农业都是用水大户,其中粮食生产用水又占农业用水的绝对比重。我国水资源严重短缺,因干旱导致的粮食减产较大。全国人均水资源占有量约为世界人均占有量的1/4,耕地年均受旱面积4.1亿亩,成灾面积2.1亿亩;农业每年缺水在300亿立方米左右,造成粮食减产在200亿公斤左右;水资源分布不均,耕地较多的地区缺水更严重,长江流域以南地区水资源占全国的80%以上,耕地面积只占全国总数的1/3;过量开采地下水灌溉农田,近20年来,全国地下水开采量每年平均以25亿立方米的速度递增,已形成区域性地下水降落漏斗100多个,面积达15万平方公里;江河径流量减少甚至断流,湖库蓄水量减少甚至干涸,严重威胁着粮食生产。我国有4条主要江河断流,有400多座小型水库干涸,长江流域的湖泊已从50年代的1066个减少到90年代初的182个,全国水库8万多座,泥沙淤积已达200亿吨以上。

四是全球气候变暖与保持粮食持续生产能力的矛盾。全球气候变暖趋势是不争的事实。据专家估计,近100年来全球平均气温上升了0.6摄氏度,未来100年全球气温可能上升1.4到5.8摄氏度。气候是粮食生产的基本自然条件。全球气候变暖,不仅加大了干旱、半干旱地区的土地水分蒸发量,使粮食播种面积受到冲击,而且加快了耕地的微生物分解、昆虫繁殖、杂草生长的速度,使粮食生产成本增加,还影响整个水循环的过程,增加降水极端异常事件的发生,使水旱灾害对粮食生产的危害加剧。

五是国际粮食市场供求紧张与我国粮食增加进口的矛盾。我国年粮食总产量和总消费量均占世界年总产量和总消费量的 25%。国际粮食市场一年的贸易量基本保持在 2200～2300 亿公斤,还不足我国年总需求量的一半。由于世界粮食总产量增加的潜力很小,可持续生产能力不断下降,世界粮食需求十分旺盛等原因,世界粮食市场供求关系越来越紧张。据联合国粮食计划署 2003 年 1 月披露,从 1997 年到 2002 年,全球饥饿人口猛增 3 亿,已达到 11 亿,相当于世界总人口的 20%。

二、发展木本粮油是实现粮食问题长治久安的新途径

木本粮油是木本粮食和木本油料的通称,没有明确的定义,一般指的是树的某一部分(果、叶、皮或种子等)含淀粉、糖类较多或含油量较高,可以替代粮食或经加工可提取油料。早在远古时代,木本粮油是人类最基本的食物来源。后来随着农业的发展,小麦、玉米、稻谷等耕地生产的草本农作物逐渐成为人类的主要食物来源。

1. 发展木本粮油的特有意义

一是不占用宝贵而有限的耕地资源,却可以极大地扩大粮食生产。我国人多地少,平均每人耕地仅 1.43 亩。木本粮油树多栽种在山区、沙区,受土壤、水源、气候等自然条件素制约相对较少,但收益周期和贮藏时间相对较长,在山区占国土面积 69%、沙区占国土面积 18.2% 的我国可以大面积种植。根据专家测算,经过改造,木本粮食平均亩产可达 125 公斤,我国适宜栽植木本粮食树种的土地还有约 2 亿亩,如果全部开发出来,每年可增加木本粮食产量 250 亿公斤。还可以利用山地、沙地资源发展木本饲料,替代饲料粮而节约粮食。中国林科院研究员黄鹤羽认为,我国约有木本饲料资源 5000 亿公斤。中国农科院王文玺主持的课题研究指出,我国每年一方面粮食进口,另一方面用 500 多亿公斤作饲料粮。如用木本饲料资源的 2% 就有 100 亿公斤。因此,大力发展木本粮油,在很大程度上缓解了农业生产和耕地的压力,为满足经济社会日益增长的粮食需求提供了一条潜力巨大

的新途径。

二是生态、经济、社会效益结合紧密。木本粮油树种既有经济效益，又有生态效益，还有社会效益，是生态与经济、林业与粮食协调发展的结合点。在生态效益方面，具有涵养水源、防风固沙、防止水土流失等作用，配合生态林和农田防护林改善了农业生态状况和生产条件。比如，枸杞、仁用杏和核桃树都是很好的防护林树种；晋南地区栽植的枣树在生长期内，既不与小麦争水争光，又可防止干热风对小麦的危害。在经济效益方面，增加山区、沙区和林区农民的收入，促进农村产业结构调整和农村经济发展。木本粮油树种经济附加值高，只要经营得好，每亩产值达几百元或上千元以上，是穷乡僻壤或老少边穷地区农民的重要收入来源。在社会效益方面，可以拓宽农民的就业门路，大量转移农村剩余劳动力，扩大农副产品的综合供给能力；容易形成产业，是贫困山区吸纳各方投资的重要渠道，是保证退耕还林等林业重点工程稳得住、不反弹、长治久安的重要措施。

三是污染少，一树多用，营养丰富。讲粮食安全，一是数量要够，二是有助于健康，木本粮油兼而有之。木本粮油树充分利用山地、丘陵地的自然地力，一般不需施用化肥、农药、除草剂等，污染少，是经济价值高的绿色食品。可以一树多用，如沙区灌木梭梭，三年须平茬，越砍越旺，八年不砍就死，是治沙的好树种，是牛羊的好饲料，是纸浆的好原料，还可寄生号称沙漠人参的中药大芸。木本粮油食品营养比较丰富，易被人体吸收，有利于改善膳食结构和强身健体。比如，油茶油含丰富的不饱和脂肪酸，营养价值比花生油和豆油高；油橄榄果肉含油率高达35％，橄榄油是高级食用油，几乎不含胆固醇，人体吸收消化率高达95％；刺槐叶中的赖氨酸比玉米、高粱多12倍，比米糠多5倍；柠条种子的营养价值等同于黑豆；板栗、枣、柿子含大量的淀粉、蛋白质、各种氨基酸，既具有人体新陈代谢必需的营养成分，又对某些疾病有预防和治疗功能。

2.发展木本粮油的潜力很大

我国地跨温带、亚热带、热带，气候多样，大部分地区都适宜栽植木本粮油树种,部分树种从南到北都能适生,发展木本粮油具有土地资源、劳力资源、树种资源三大潜力。

一是土地资源潜力。我国有40亿亩林业用地,利用率仅为57%,另外还有8亿亩可治理沙地,两者合计相当耕地面积2.4倍。专家认为,通过利用全国林业用地中立地条件较好的荒山荒地、"三北"和长江中上游等防护林工程区、改造低产低效林和在旱作耕地实行农林间作等,可以挖掘约8亿亩土地资源来发展包括木本粮油在内的经济林,这还不包括沙区的土地潜力。

二是劳动力资源潜力。我国有9亿农村人口、3.5亿农村劳动力,约有1.2亿个剩余劳动力和二分之一的剩余劳动时间。专家预测,如果将我国的林地利用率提高到80%,可新增就业3000万人;退耕还林工程的实施,可以提供近4000万个劳动就业机会。

三是树种资源潜力。我国树种资源丰富,有1000多种经济价值较高的树种。其中木本粮食类有100多种,如板栗、核桃、枣、果用银杏、仁用杏、柿子、橡子等;木本油料类有200多种,其中含油量较高的树有50多种,食用油料树种有10多种,如油茶、油橄榄、文冠果等。

3. 发展木本粮油的前景广阔

投入成本和市场需求情况是决定产品发展前景的关键性因素。木本粮油树种适生性强,投入成本相对较低,国内外市场对木本粮油食品的需求日益增长,一些产品供不应求。

一是投入成本低。木本粮油树种单位面积投入成本比较低,投工投劳时间短。据统计,一般木本粮油林的投入成本,亩均500~1000元左右,仅为一般水果林成本的1/3至1/5,而综合效益不比水果林差。木本粮油树种不仅经济效益高,而且收益周期长。比如,红枣树、银杏树长达数百年,且初级产品比水果类更易贮藏运输。

二是国内市场需求量大。目前我国木本粮油人均年占有量仅4公斤左右,不到水果的1/10,国内市场缺口很大。近几年,油茶油、橄榄油市场需求旺盛,供不应求,如油茶油作为高档健康的食用油,至2008年仅国内市场的容量将达到80亿元;文冠果、椰子、棕榈油国内供应不足,需要大量进口,1999年进口棕榈油及其分离品达1.19亿公斤,用外汇5.9亿美元。

三是出口创汇形势很好。国际市场对我国许多木本粮油产品有比较旺盛的需求,部分特有品种已成为世界紧俏产品,在国际贸易市场占有重要位置。比如,香榧、山核桃、榛子等产品供不应求,板栗、红枣、核桃仁、银杏果、苦杏仁、桐油等产品出口量稳步增加,其中桐油产量和出口量分别占世界总产量的90%、总贸易量的70%。中美合资湖南永州优仕油茶开发有限公司加工生产的高档茶油全部出口美国,每公斤价格6~7美元。

三、大力发展木本粮油的建议

据国家林业局2002年的统计数字,全国主要木本粮油树种栽植面积1.43亿亩,每年总产量约53亿公斤。其中木本粮食的栽植面积约0.83亿亩,每年总产量为38.6亿公斤,总产值约115亿元;木本油料的栽植面积约0.6亿亩,每年总产量约14.4亿公斤,总产值约50亿元。但是,木本粮油还没有被特别注意,存在不少未解决的问题。一是数量少。全国现有木本粮油林栽植面积不到全国林业用地总面积的4%,每年的总产量和总产值都比较低。二是质量不高。据统计,全国名特优新品种不到总面积的30%,低产、低质和低效林面积占木本粮油林总面积的50%以上,如全国板栗平均亩产为25公斤,仅为美国、伊朗的1/8,核桃平均亩产20公斤,仅为日本、法国的1/7,油茶油平均亩产只有3公斤。三是产业化程度低。投入严重不足,精深加工能力差,一般是一家一户分散经营,缺少龙头企业。目前,木本粮油产品加工能力不到总产量的10%,而美国等发达国家加工量已达到总产量的50%。四是产品国际竞争力差。长期广种薄收,投工投劳少,优良品种选育进程缓慢。

要不断提高粮食持续生产能力,解决我国粮食长治久安的问题,新的希望在山,新的潜力在林,应该把大力发展木本粮油"当成一个方向和方针性的问题"摆上重要位置。这既是改善生态状况和增加粮食产量的双赢之举，又是满足国内外市场需求和调整农村产业结构的现实选择。因此，需要从战略上采取措施推进木本粮油的发展。

1.组织全国木本粮油可持续发展战略研究，制定发展规划

要组织有关部门和专家开展全国木本粮油可持续发展战略研究，进一步搞清当前木本粮油发展所面临的重大问题，特别是摸清全国木本粮油的底数，分析当前现状、存在问题和发展前景，提出木本粮油发展的战略重点和发展目标，为国家决策提供参考。组织制定全国木本粮油发展规划，明确木本粮油发展的指导思想、基本原则、总体布局、建设目标和进度以及政策措施。分为2010年、2020年两个阶段进行建设，为我国人口可能达到16亿人早做准备。重点发展木本口粮、木本饲料粮和木本油料，节省出基本农田多搞口粮，木本口粮力争占口粮总消费量的1/12，木本饲料力争占饲料粮的1/3甚至1/2，木本油料应尽可量多地替代草本食用、工业用油。

2.尽快实施全国木本粮油基地建设工程，建设好重点木本粮油基地

根据全国木本粮油发展规划，以国家粮食需求情况和国内外市场为导向，立足区域资源优势，突出地方特色，尽快实施全国木本粮油基地建设工程，建设一批名特优新木本粮油生产基地。要象抓粮食丰产科技工程、速生丰产用材林基地建设工程那样抓木本粮油基地建设工程，包括木本粮油林建设、科技支撑、加工和贮藏等基础设施建设。要根据我国各地不同的自然、经济条件以及木本粮油的分布状况、经营历史和经营现状，对板栗、核桃、油茶等主栽木本粮油树种进行重点生产布局，形成具有一定规模和市场辐射效应的产业带。

3.加大政策扶持力度，提高林农生产木本粮油的积极性

大力发展木本粮油，靠广大山区、沙区、林区的农民和职工群众，关键在有好政策。要在国家扶持粮食发展、林业发展政策的基础上，进一步深入研

究扶持木本粮油发展的政策和措施,用政策来调动广大农民和林区职工生产木本粮食的积极性。

4.要重视木本粮油的科研工作

发展木本粮油,要靠投入、靠政策、靠机制,更要靠科技。当前,木本粮油建设基础弱、周期长、难度大,亟待研究和解决一些重大技术难题。既要改良现有品种,又要引进新品种;既要培育优良品种,不断提高木本粮油的品质和产量,又要突破部分木本粮油品种加工、贮藏方面的难题。要加大科研投入,组织经济林、造林、育种、遗传和食品保鲜、贮藏、加工方面的专家进行科研攻关,加大木本粮油科技示范工作的力度。

5.各级林业部门主管木本粮油生产,引导木本粮油的产业化发展

明确林业部门负责组织木本粮油的战略研究、发展规划、工程建设、制定政策、科研攻关等,并设立专门工作机构,像抓林业重点工程那样抓木本粮油建设工程。林业主管部门要根据人们食品结构调整的方向,促进木本粮油朝精深加工方向发展,促进工业用粮和饲料用粮由传统粮食向木本粮食、木本饲料转变,节约以谷物为主的粮食。要重点加强木本粮油贮藏的基础设施建设,搞好储备;重视木本粮油种植业、加工业和流通业的协调发展;建立木本粮油的社会服务体系,促进中介机构建设。

试论林业与粮食安全 *

粮食安全不仅是农业和粮食生产流通消费本身的问题,不仅是眼前急需解决的紧迫问题,还是我国经济社会发展的一个长期战略问题,并且可能会越来越突出。贯彻落实科学发展观,必须研究我国粮食如何全面、协调、可持续发展问题。林业作为一个事关根本、影响长远的重要事业,对粮食安全这个长期的战略问题关系重大,具有不可替代的作用。

一、粮食安全是我国长期的战略问题

粮食安全一直是党中央、国务院高度关注的重大问题,也是我国长期以来对世界所作出的重大贡献之一。我国曾于九十年代中后期出现粮食供大于需的局面,但近几年又出现需大于供的问题。我国与其他国家最大的不同是人口众多,粮食问题只能立足于自己解决。用系统的、长远的、发展的观点看,不断满足经济社会对粮食日益增长的需求是我国粮食问题的基本规律。之所以讲粮食安全是我国长期面临的战略问题,由以下五个长期性矛盾所决定。

1. 人口数量不断增加、生活水平不断提高与耕地资源不断减少、低产地分布广的矛盾

一是人口增加和生活水平的提高,粮食消费需求持续增长。粮食包括

---

* 本文原载于《中国林业》2004 年 8B 期。

口粮、饲料、种子和工业用粮。除种子用粮年度变化不大外,口粮、饲料粮和工业用粮将会持续增加。2003 年,全国粮食总消费量为 4850 亿公斤,人口12.9 亿,人均 376 公斤。国务院发展研究中心研究员谢扬认为,按 2003 年以前连续 22 年人均粮食占有量分析,凡是超过人均占有量 385 公斤的年份,粮食生产都是过剩的[1]。因此,如按人均占有量 376 公斤为基数进行预测,至 2005 年人口达到 13.3 亿时,粮食总需求为 5000.8 亿公斤;2010 年人口达到 14 亿时,粮食总需求为 5264 亿公斤;2030 年人口达到 16 亿时,粮食总需求为 6016 亿公斤。2003 年,全国粮食总产量只有 4306.5 亿公斤。国家通过采取一系列的措施,粮食总产量会有所提高。农业部提出,经过一定阶段的努力,使播种面积逐步恢复到 16 亿亩时,粮食产量恢复到4750 亿公斤[2]。这比 2005 年的总需求还少 250.8 亿公斤,比 2010 年的总需求还少 514 亿公斤。应当指出,按人均占有量 376 公斤为基数测算,是比较低的标准,农业部的研究报告预测:2005 年粮食总消费量为 5040 亿公斤,2010 年 5580 亿公斤[3],2030 年为 6400 亿公斤[4]。

二是耕地数量难有大的增加,并有可能减少,使粮食播种面积增加受限。根据《2003 年中国国土资源公报》,我国耕地规划至 2010 年的保存量应为 19.2 亿亩。而实际情况是:1996 年全国耕地为 19.51 亿亩,2003 年为18.51 亿亩,净减 1 亿亩,其中 1300 万亩为优质良田。尽管国家采取严格措施保护耕地,但城镇化推进、基础设施建设、经济开发等还会占用一些耕地。应当指出,现有耕地中有不少是用湿地、林地换来的,比如,东北“三江”平原自 50 年代垦荒以来,虽然为缓解我国粮食供应做出了巨大贡献,但已有 60% 即 4500 万亩湿地变为农田[5]。这一湿地的消失,代价是很大的,将来是不能再走以牺牲生态为代价换取耕地的老路了。

三是优质耕地少,耕地后备资源不足。我国是世界上干旱半干旱地区

① 《国务院发展研究中心调查研究报告》,国务院发展研究中心谢扬,2004 年 5 月。
② 《当前农业和农村经济发展的重大问题》,《农业部杜青林》2003 年 12 月。
③ 《国家粮食安全及粮食主产区建设调研报告》,农业部种植业管理司,2003 年 10 月。
④ 《关于保护和提高我国粮食综合生产能力的阶段性研究》,农业部陈晓华,2003 年 10 月。
⑤ 《国家生态安全研究报告》,中央农村工作领导小组办公室王韩民,2000 年 10 月。

面积较大的国家,旱地面积占全国耕地面积的一半以上,主要分布在我国东北、华北和西北的 15 个省(区、市),农业生产条件不稳定。全国中低产田占耕地总面积的 69%。2003 年全国粮食平均单产 289 公斤,比发达国家少 100 公斤左右;2003 年全国粮食播种面积只有 14.91 亿亩,除种种原因外,耕地退化也是一个重要原因。我国耕地后备资源潜力为 2 亿亩,其中 60% 以上分布在水源不足和水土流失、沙化、盐碱化严重的地区。

2. 耕地生产力下降与粮食综合生产能力必须提高的矛盾

中国以占世界 9% 的耕地养育占世界 22% 的人口,耕地负荷甚重。过去长期如此,今后还要长期如此。保持并提高耕地地力是提高耕地生产力的核心,而地力下降、土地退化的状况则令人担忧。

一是耕地得不到休养生息。新中国成立以来,全国耕地面积一直在 15 亿亩至 19.5 亿亩之间波动,农作物总播种面积一直在 21 亿亩至 24 亿亩之间波动,粮食总播种面积一直在 15 亿亩至 19.5 亿亩之间波动。比如,2000 年至 2003 年的耕地面积分别为 19.3 亿亩、19.1 亿亩、18.89 亿亩、18.51 亿亩,而粮食播种面积在这四年分别为 16.28 亿亩、15.92 亿亩、15.59 亿亩、14.91 亿亩。这说明几十年来我国耕地的利用程度高,得不到休养生息。而且,对耕地重复利用被作为提高产出的重要措施予以推广,每年大约有 20% 的耕地被重复使用。过去与今后对耕地的长期利用,已经并继续导致土壤结构变化、肥力不足,最终结果是一些耕地的土壤生产力下降甚至退化成荒沙荒地而不宜耕作。

二是长期过量施用化肥。耕地的长期产出,主要靠施用化肥提高产量。长期施用化肥,使一些耕地营养失调、土壤板结、地力下降甚至退化;使生物多样性锐减,生物链中断,农作物病虫害增加;并且化肥对提高产量也已难有再多的潜力可挖。

三是水土流失造成土壤肥力下降。水土流失是我国最严重的生态问题,主要分布在长江上游的云、贵、川、渝、鄂和黄河中游地区的晋、陕、甘、蒙、宁等省区市,总体上由东向西递增。据 2002 年全国第二次水土流失遥感调查结果,我国现有水土流失面积356万平方公里,占国土总面积的37%,其中水蚀面积165万平方公里,风蚀面积191万平方公里。水土流失导致土壤自然肥力丧失,生产力下降,这已成为粮食持续增产的严重障碍。近50年来,全国因水土流失毁掉的耕地达4000多万亩,每年流失的土壤总量达50亿吨,流失的有机物相当于4000万吨标准化肥。土壤含碳储量每年以1%的速度递减,东北黑土地更是以每年3%的速度递减。

四是土地沙化、石漠化和耕地污染严重。土地沙化呈不断扩展之势,已由五六十年代每年扩展1560平方公里增加到90年代末期的3436平方公里。干旱、半干旱地区的耕地是土地沙化的重点,一旦沙化就难以复耕。目前全国沙化土地面积174.3万平方公里,约有2亿亩农田受风沙危害。主要分布在广西、云南、贵州三省(区)的石漠化也非常严重,涉及429个县、1.29亿农民,每年流失表土1.95亿吨。全国约有9000万亩耕地受工业"三废"污染,大量耕地受酸雨危害。酸雨和工业"三废"不仅严重影响粮食的品质,而且造成粮食减产。据统计,我国江苏、浙江等7省因酸雨而造成减产的农田面积约1.5亿亩。

3. 水资源严重短缺与农业用水不断增加的矛盾

无论是从全球还是从我国的水资源分配情况看,农业都是用水大户,其中粮食生产用水又占农业用水的绝对比重。

一是水资源总量严重短缺,因干旱导致的粮食减产较大。我国是世界上水资源严重短缺的国家之一,人均占有量约为世界人均占有量的1/4,被列为世界13个贫水国之一;若扣除难以利用的洪水径流和散布在偏远地区的地下水资源,现实可利用的淡水资源量更少,仅为11000亿立方米左右,人均可利用水资源量不足900立方米。进入九十年代以来,全国耕地每年减少灌溉面积700~800万亩,年均受旱面积4.1亿亩,成灾面积2.1亿亩。农业每年缺水在300亿立方米左右,造成粮食减产在200亿公斤左右。如粮食主产省河北省每年因干旱缺水粮食产量减产30多亿公斤。2000年是严重干旱年,全国粮食减产总量为450亿公斤。

二是水资源分布不均,耕地较多的地区缺水更严重。长江流域以南地区水资源占全国的80%以上,耕地面积只占全国总数的1/3;淮河秦岭以北的耕地面积占全国耕地总面积的63.7%,而水资源量只占全国的12.7%,重要商品粮基地华北平原亩均水量枯水年份仅130多立方米;半干旱地区的耕地面积约有3亿亩,灌溉面积仅占20%左右。2004年6月中旬,辽宁、吉林、黑龙江西部、内蒙古东部受旱耕地9750万亩,比去年增加5210万亩,其中农作物受旱8210万亩,不能播种1390万亩。

三是过量超采地下水灌溉农田。开采地下水是我国许多地区开源抗旱的重要措施。全国地下淡水资源多年平均为8837亿立方米,约占国内水资源总量的1/3。北方地下自然淡水资源仅占全国的31%,其中占全国总面积35%的西北地区地下自然淡水资源仅占全国的13%。近20年来,全国地下水开采量每年平均以25亿立方米的速度递增,到1995年初,地下水开采量已占可开采量的53%左右。深层地下水是不可再生资源,长期透支地下水,导致部分地区地下水位下降,最终形成地下水位降落漏斗。全国已形成区域性地下水降落漏斗100多个,面积达15万平方公里,其中粮食主产区华北平原超采地下水尤其严重,形成了跨冀、京、津、鲁的区域地下水降落漏斗,近7万平方公里区域的地下水位低于海平面。

四是农业用水与工业用水、生活用水、生态用水的矛盾突出。据《2002年中国水资源公报》,2002年全国总用水量为5497亿立方米,生活用水占11.2%,工业用水占20.8%,农业用水占68%。在农业用水中,农田灌溉用水占90.3%,林牧渔用水占9.7%。随着社会经济的发展和我国人口的增加,工业用水、生活用水、生态用水将持续增加。比如,2002年与2001年比较,我国生活用水增加19亿立方米,工业用水增加1亿立方米。

五是江河径流量减少甚至断流,湖库蓄水量减少甚至干涸。江河径流量的减少和湖泊、水库蓄水量的减少,严重威胁着粮食生产。我国七大流域天然年径流量整体呈减少趋势。据《中国青年报》2003年3月31日报道,我国19条主要江河有4条断流,1400多座小型水库中,已有400多座干涸。黄河自本世纪70年代以来径流量不断锐减,由70年代的313亿立方米减少到 90 年代中期的 187 亿立方米。黄河下游在 1972 ~ 1998 年的 27 年中，共断流 21 年，累计 1050 天。最严重的 1997 年，断流 13 次、226 天。更为严重的是，黄河源头的扎陵湖与鄂陵湖之间已经断流。同时，湖泊普遍萎缩和退化。如长江流域的湖泊已从 50 年代的 1066 个减少到 90 年代初的 182 个，其中洞庭湖的水面面积减少了 46%。水库也因泥沙淤积造成蓄水量大大减少，全国水库 8 万多座，泥沙淤积已达 200 亿吨以上。如吉林省因连续 4 年遭受严重干旱，2003 年全省 13 座大型水库总蓄水量比历年同期少 40 多亿立方米，85 座中型水库比历年同期少 3 亿多立方米。

4. 全球气候变暖与保持粮食持续生产能力的矛盾

全球气候变暖趋势是不争的事实。据专家估计，近 100 年来全球平均气温上升了 0.6 摄氏度，未来 100 年全球气温可能上升 1.4 到 5.8 摄氏度。气候是粮食生产的基本自然条件，气候变暖对粮食生产的影响不可轻视。

一是粮食播种面积将受到冲击。我国粮食主产区主要集中在中北部省（区）。全球气候变暖会不断加大土地水分的蒸发量，如果降水量不明显增加，将使我国农牧交错带南移，不宜耕作区域扩大，挤压粮食生产区。东北与内蒙古相接地区农牧交错带的界限可能南移 70 公里左右，华北北部农牧交错带的界限可能南移 150 公里左右，西北部农牧交错带界限可能南移 20 公里左右。

二是粮食生产成本增加而单产增加受限。气候变暖，土壤有机质中的微生物分解将加快，造成地力下降，需要施用更多的肥料；有利于昆虫繁殖、杂草生长，农药和除草剂的用量将增大，从而增加粮食生产成本。据中国农科院专家估计，到 2030 年，我国种植业产量在总体上因全球变暖可能会减少 5% ~ 10% 左右，其中小麦、水稻和玉米三大作物均以减产为主。

三是加剧水旱灾害对粮食生产的危害。全球气候变暖影响整个水循环的过程，使蒸发加大，改变区域降水量和降水分布格局，增加降水极端异常事件的发生，洪涝、干旱灾害频率和强度增加。由于全球气候变暖的影响，其中黄河及内陆河地区的蒸发量将增大 15% 左右，使华北、西北地区的缺水问题更加严峻。中国农科院农业与可持续发展中心林而达先生认为,近40年来,中国气候存在着变暖变干的趋势,特别是北方地区,除长江中下游和东北等部分地区外,东部农业区的降水持续减少。

5.国际粮食市场供求紧张与我国粮食增加进口的矛盾

中国是世界人口最多和粮食产量最多的国家,把保证粮食安全的希望寄托于国际市场是没有出路的。我国年粮食总产量和消费量均占世界年总产量和消费量的25%。国际粮食市场一年的贸易量基本保持在2200~2300亿公斤,还不足我国年总需求量的一半。1995年我国进口粮食超过200亿公斤,立即使国际市场粮价暴涨①。

一是世界粮食总产量增加的潜力很小。自1996~1997年度以来的5年里,世界谷物产量呈逐年略降态势。2002年世界粮食总产量2万亿公斤,比上年减少2.5%,其中小麦、稻谷已是连续五年减产,导致世界粮食总产量连续第三年小于总消费量。美国农业部预测2004~2005年度世界粮食总产量比上年度可能增加4.8%,但期末库存将下降11.4%。

二是世界粮食可持续生产能力下降。世界虽然只有11%的陆地面积用来播种粮食,但耕地的开发潜力不大。东亚、南亚和欧洲可耕地的潜力基本已到最大限度,西亚和北非因严重缺水而没有可耕地潜力,只有拉丁美洲和撒哈拉以南的非洲可以扩大耕地面积和增加粮食产量。近几十年来全球人均占有可耕地一直在减少,已从1970年的0.38公顷减少至2000年的0.23公顷,估计到2050年将减少至0.15公顷。全球可耕地潜力的缺乏和人均耕地的减少,使全球粮食综合生产能力的提高明显受到制约。

三是世界粮食需求十分旺盛。世界人口正在快速增加,已从1996年的57.7亿人增加到2001年的61.3亿人,但全球粮食总产量一直徘徊在1.8万亿公斤至2万亿公斤之间,世界人口增长速度明显快于粮食增产速度。同时,世界的人均食物消费量不断上升,从1970年到1999年,发展中国家

①《当前我国农村经济的形势、问题及对策》,中央财经领导小组办公室陈锡文,2004年6月。

的人均每天消费食物热量从 2100 卡路里上升到 2700 卡路里,而发达国家则从 3000 卡路里增加到 3400 卡路里。此外,世界处于饥饿状态的人口不断增加。据联合国粮食计划署 2003 年 1 月披露,从 1997 年到 2002 年,全球饥饿人口猛增 3 亿,已达到 11 亿,相当于世界总人口的 20% 。

二、林业对我国粮食安全具有不可替代的重要作用

我国粮食安全面临的上述五个基本矛盾具有直接性、潜在性、长期性,解决这些矛盾,林业大有可为,具有不可替代的作用。林业的作用不仅具有直接性,而且具有根本性、源头性。

1. 保持和提高耕地生产力

一是阻水挡土,防止坡耕地水土流失。我国山区、丘陵区 50% ~ 90% 的耕地在坡上,水土流失十分严重。比如,西北黄土高原区、北方土石山区和南方丘陵区、东北黑土漫岗区的坡耕地每年每亩流失土壤分别为 5 ~ 10 吨、4 ~ 6 吨、3 ~ 5 吨。以恢复森林植被为主的生物措施是有效防止水土流失的治本措施。林地只要有 1 厘米厚的枯枝落叶层,就可以使泥沙流失量减少 94% 。在年降水量 340 毫米情况下,每公顷林地的土壤冲刷量为 60 公斤,而裸地高达 6750 公斤,相差 110 倍。近几年由于国家实施天然林保护、退耕还林等林业重点工程,不少地区已初见效益。比如,四川省 4 年来共减少向长江输沙量 5.6 亿吨,每年减少 1.4 亿吨,占原来年输沙总量 6 亿吨的 23.3% ;截止 2002 年,陕西延安市三年新造林 340 万亩,在其 5555 万亩的国土面积上,向黄河输沙量由 2.58 亿吨减少为 2.28 亿吨,减少 0.3 亿吨。山区、丘陵区的陡坡耕地一般位于缓坡耕地、坝子地和川地的上方,在陡坡耕地退耕还林不仅有效控制了陡坡耕地的水土流失,而且大大减少水土对缓坡耕地、坝子地和川地的冲刷,降低这些耕地的地力损耗。

二是防风固沙,防止耕地退化、沙化。风蚀是旱作耕地沙化的主要因素。一方面,森林植被可以防风,减弱低温风和干热风对粮食作物的危害,

并且可以大大降低耕地起沙的动力,减轻沙尘暴的危害。风对粮食作物和耕地的危害主要是低空风,而森林植被正是防止这一危害的有效屏障。在林带迎风面 5 倍于林带高度的距离、在背风面 25 倍于林带高度距离,风速一般可减少 10% ~ 20%。试想,如果没有已建设 20 多年的"三北"防护林工程,我国"三北"地区的生态状况会恶化到何等程度,"三北"地区的耕地会锐减到什么程度。另一方面,森林植被可以固沙和改良沙地。乔木、灌木、草本、藤本等植物构成的庞大根系,不但可以牢牢地网住土壤,锁住沙丘,有效减少土壤流失,遏制沙化土地扩大,还可以将大量的枯枝落叶转化为有机物,有效改善沙土的结构,提高土壤肥力。比如,内蒙古赤峰市在沙化耕地建设宽林带,5 ~ 6 年后改良为可耕地。全国耕地后备资源的 60% 以上分布在水源不足和水土流失、沙化、盐碱化严重的地区,要使退化耕地转变为可耕地,必须通过恢复林草植被,在森林的养护下恢复地力。举世瞩目的"三北"防护林体系建设工程,有效地保护了 1.28 亿亩农田,粮食的增产率达 15% ~ 20%。

三是保湿改土,防止农田土壤盐碱化。陡坡森林和平原地区的农田防护林可以有效改善农业生产条件,提高农业综合生产能力。陡坡森林不仅能涵养水源,有效地增强缓坡耕地和平坝地的抗旱、防涝能力,而且具有蒸腾作用,减少缓坡耕地和平坝地粮食作物的蒸腾,保持一定的湿度,促进粮食生产。农田周围防护林的蒸腾作用也比粮食作物大得多,比如华北平原 1 平方米的阔叶林树叶在生长旺季 12 小时内平均蒸腾 4.4 升水分。通过树木的蒸腾作用,可以提高农田相对湿度,促进粮食增产。据测定,有林网保护的农田相对湿度提高 10% ~ 20%,农田蒸发量减少 8% ~ 12%,粮食增产 10% ~ 20%;而且可以调节地下水,抑制土壤返盐,有效防止土壤次生盐渍化,在林带树高 5 ~ 7 倍范围内地下水位可降低 20 ~ 30 厘米,防护林带对周围一定范围的盐碱化具有调控作用,林带内部、距林带 50 米处、距林带 500 米处的耕地含盐量分别为 0.16%、0.27%、0.37%。

四是吸尘纳污,改善粮食生产的大气质量。我国从 80 年代在西南部分地区出现酸雨,到 90 年代整个南方地区都出现酸雨,已占到国土面积的

30%。酸雨主要由燃煤排放的二氧化硫形成,我国每年排放量在 2000 万吨左右,是世界上排放最多的国家。酸雨对粮食产量和质量的影响很大,森林是化解这些影响的重要媒介。一方面,森林可以净化二氧化硫等有害气体,降低降雨的酸度,减少受酸雨污染的农田面积,如 1 公顷柳杉林每年能吸收二氧化硫 720 公斤,刺槐和女贞等树种能吸收氟化氢,银杏、柳杉、夹竹桃等树种能吸收氟;另一方面,森林对灰尘具有阻挡、过滤和吸附作用,降低大气中的粉尘,减少灰尘对粮食作物的粘附,促进粮食作物的光合作用,保证稳产高产。

2. 促进农民增收和就业

中央明确指出,"当前农业和农村发展中存在着许多矛盾和问题,突出的是农民增收困难。全国农民人均纯收入连续多年增长缓慢,粮食主产区农民收入增收幅度低于全国平均水平,许多纯农户的收入持续徘徊甚至下降,城乡居民收入差距仍在不断扩大"。粮食持续增产关键还在人,而解决农民增收和农村劳动力转移这两个突出问题,既要着眼于农业,还要着眼于林业;既要着眼于耕地,还要着眼于广阔的山地、沙地和林地。

一是林业对促进农民增收具有巨大潜力。林业具有土地资源、劳力资源和树种资源潜力。我国有 40 亿亩林业用地,利用率仅为 57%,另外还有 8 亿亩可治理沙地,两者合计相当耕地面积 2.4 倍;我国有 9 亿农村人口、3.5 亿农村劳动力,大力发展林业是解决农村剩余劳动力的有效途径,如果将我国的林地利用率提高到 80%,可新增就业 3000 万人;我国有 1000 多种经济价值较高的树种,许多树种都可以形成农村新的产业。

二是林业重点工程直接或间接带动农民增收。我国林业重点工程覆盖 97% 的县、几乎所有的农村,规划造林任务是 9 亿亩,国家投入巨大,直接带动了农民就业和增收。比如,退耕还林工程自 1999 年试点、2002 年全面实施以来,中央累计投入近 500 亿元,近 1 亿农村人口从中受益。天然林资源保护工程、京津风沙源治理工程、野生动植物保护和自然保护区建设工程、速生丰产用材林基地建设工程的实施,将成为吸收农村劳动力,发展生态旅游业,促进农民增收的有效载体和途径。

三是发展林产业是调整农村产业结构的重要途径。我国林业产业实力不断壮大,经济总量显著增长,2003 年林业产业总产值为 5860 亿元,比 2002 年增长 26.5%。林业产业已成为发展农村经济的支柱产业和农民增收的重要途径。当前林业产业可带动 4500 万农民就业;南方集体林区 158 个林业重点县,农民收入的 40% 来自林业产业;吉林省 2003 年林农人均收入的 65.8% 来自林业,达到 1970 元。林业产业主要有林木种苗、经济林、花卉、竹林等。我国林木种苗年产值 400 多亿元,年产苗木 200 多亿株,对农民增收直接而有效。经济林产品年产量已超过 6900 多万吨,年产值达 1300 多亿元,年出口创汇 48 亿美元,是很多地区农民经济收入的重要来源。我国是世界花卉种植面积第一大国,年产值达到 290 多亿元,发展前景广阔,已成为不少地区的支柱产业。我国是世界上竹资源最丰富的国家,竹业年产值达 400 多亿元,5 年间增长近 2 倍,是南方山区农民经济收入的重要来源。另外,木材加工、林药、林草、森林养殖、森林旅游等产业也是山区、沙区、林区农村产业结构调整的重要内容。

3. 改善水资源状况

粮食生产用水在全国总用水量中所占比重很大,改善水资源状况是保障粮食生产的基本前提。解决水的问题,一靠“西医”,兴修水利;二靠“中医”,植树种草。只有“西医”、“中医”结合,才能标本兼治。社会对节约用水和“南水北调”工程在缓解我国水资源短缺,特别是北方干旱、半干旱地区水资源严重短缺的作用是认同的,但是,人们还没能深刻认识到林业对改善水资源状况的根本性、长远性作用。

一是调节径流。总径流分为地表流、壤中流和地下流。森林植被能够有效延缓洪水形成时间,削减洪峰,减少水患的发生。森林植被还可以延长水资源在流域的滞留时间,从而大大提高水资源的利用效率。我国许多江河是出境或入海河流。2002 年全国总水量为 2.83 万亿立方米,其中入海水量 1.77 万亿立方米,出境水量 0.67 万亿立方米,两项共 2.44 万亿立方米,86.2%的水量是入海或出境的。如果这86.2%的水量能在国土延长滞留时间,充分加以利用,充分发挥蒸腾作用,那将对保障粮食生产发挥多么大的作用。

二是蓄水。森林是天然蓄水库,林茂水丰,林茂粮丰。根据我国森林生态定位监测结果,4种气候带、54种森林综合涵蓄降水能力值在40.93~165.84毫米,中间值为103.40毫米,即森林涵蓄降水能力值在100毫米左右[①]。以此来计算,1公顷森林涵蓄降水1000吨,10公顷森林即相当于一座1万立方米的小水库,10万公顷森林就是一座1亿立方米的天然水库。1990年长江中上游防护林工程在安徽省岳西、宿松等6个县实施后,所营造的长江防护林在1998年暴雨过程中拦蓄洪水2.5亿立方米,使长江流域安徽境内6.6万平方公里面积没有遭受洪水危害,充分显示了森林有效的蓄水防洪作用。

三是促进降水。水分循环是水在自然界的运动形式。水分大循环是指水从海洋以水汽形式随大气环流送到大陆上空,凝结成降水落到地面形成径流,沿地表和地下流入海洋的过程。水分小循环是指水从陆地蒸发到大气中,凝结成各种形态的降水(雨、雪、雾、露)又落到地面的过程。海洋、大气与陆地森林植被和湿地等,是一个水的大循环系统。人类是无法改变海洋和大气环流运动的,但可以通过保育森林植被和湿地,对水分大循环、小循环产生影响,促进降水。我国陆地降水,特别是东北、华北、西北地区降水,主要是太平洋和印度洋蒸发的水汽,随大气环流进入我国陆地上空进行水分大循环的结果。森林植被能够影响成云降雨,一方面,森林的蒸腾作用使大量水蒸气上升,并促进冷热空气垂直运动,使水蒸气在高空与冷空气相遇形成云滴;另一方面,森林植被能够释放出生物核(森林所特有的腐质微粒),凝结云滴变成雨滴。没有这种生物核,还是只见云,不下雨。

美国生态学家莱斯特·布朗指出,"滥伐森林在加速径流回归海洋的同时,也减少了空气中的水分进入内陆。世界森林实际上是向内陆输送水分

---

① 杨继平主编:《世纪之交关注森林——林业的地位和作用》,北京林业大学王礼先、张志强,2000年2月。

的通道和系统"①。从我国整体来看,印度洋暖湿气流从阿拉伯海、印度半岛、孟加拉湾三个方向经青藏高原向西北和华北地区推进;太平洋暖湿气流从南和东两个方向向北、向西推进。我国东部、南部、西南部森林植被好,气流在运行中就会得到水汽的加强,西北、华北地区降水的机会就多。反之,北部就会越来越干旱。而"三北"地区森林植被则影响水分小循环。这是自然规律,只有认识它,才能更好地利用它;只有认识它,才能真正认识到森林植被在水循环中的重大作用,从源头上找到解决干旱问题的根本办法。

实践中森林植被增加随之降雨增加的实证很多。如内蒙古赤峰市敖汉旗,几十年来植树造林 500 万亩,森林覆盖率达到 43.5% ,1957 ~ 1960 年平均降雨量 373 毫米,1991 ~ 1999 年平均降雨量为 487.7 毫米,增加降雨31% ;河北承德市塞罕坝林场,40 余年造林 110 万亩,森林覆盖率达 78% ,60 年代年平均降雨 417 毫米,90 年代年平均降雨 530 毫米,增加 113 毫米;青海海西蒙藏自治州都兰县南部香日德地区从 70 年代开始大搞造林,1990年降雨量为 147.6 毫米,1999 年增至 363 毫米,近 10 年降雨量竟增加一倍以上。

四是维持雪线。大江大河犹如民族的动脉,而雪山则是"血库"。高山地带森林,由于所处海拔多在 1500 米以上,其促进降雪的机会更多。雪山地带的森林是维持雪线不上移、冰舌不后退的保护神,作用巨大,影响深远,关系民族的生存和发展。

4. 减轻自然灾害对粮食生产的威胁

自然灾害所造成的粮食减产或绝种、绝收,等于耕地的流失。其中,水灾、旱灾对我国农业造成的影响在各类灾害(水旱风沙雹霜)中占有绝对比重,占所有灾害造成影响的 80% 以上,而其中又以旱灾危害最大。建国以来,因水旱灾害造成的粮食损失呈现逐渐增大的趋势,1952 ~ 1959 年平均每年因水旱灾害造成的粮食减产量为 37.95 亿公斤,而 1980 ~ 1989 年则上

---

① 《生态经济》,美国世界观察研究所莱斯特·布朗,2001 年 8 月。

升至年均 159.51 亿公斤。

对于森林在减轻水灾、旱灾等自然灾害方面的特殊作用,孙中山、毛泽东、周恩来和江泽民同志都作过科学论述。孙中山先生 1924 年在广州的一次讲演中强调:"我们研究到防止水灾和旱灾的根本方法都是要造森林,要造全国大规模的森林。"毛泽东主席早在 1932 年 3 月指出:"为了保障田地生产,不受水旱灾祸之摧残以减低农村生产影响群众生活起见,最便利而有力的方法,只有广植树木来保障河坝,防止水灾天旱灾之发生。"周恩来总理在 1951 年 8 月政务院第 98 次政务会议上指出,"在未经过大搞造林、大搞水利等项工作之前,水、旱等灾害是难以避免的。"江泽民主席于 1999 年 4 月 3 日时指出:"我们要大力开展植树造林,通过植树造林解决两大心腹之患。一是解决长江、黄河上游植被稀少,泥沙俱下,给我们国家带来的巨大水患。二是加大沙漠化的治理力度,实现人进沙退而不是沙进人退。"

5. 缓解"温室效应"对粮食生产的影响

联合国政府间气候变化委员会研究报告预测,到 21 世纪末,气候变暖带来的两极冰川消融,将使海平面上升 0.3 ~ 1 米,届时东京 30% 的地面受淹,全球 30% 的人口可能迁移,我国珠江、长江、黄河三角洲也将严重受损,大批良田将丧失。温室气体的增加是人类生产活动带来的结果,主要有两个因素:一个是化石燃料排放的碳,一个是森林破坏排放的碳。一方面,森林通过光合作用,能够吸收、固定二氧化碳;另一方面,森林的破坏又释放出大量的二氧化碳,从而加剧"温室效应"。由于森林具有固碳和放碳双重功能,因此,保护和培育森林就成为减少大气中温室气体,稳定气候和改善生态的主要途径。目前,国际上都把森林作为碳排放权的置换物。

6. 木本粮油生产潜力巨大

早在远古时代,木本粮油食物是人类最基本的食物来源。后来随着农业的发展,小麦、玉米、稻谷等逐渐成为人类的主要食物来源,但木本粮油仍然在经济社会生活和食物消费结构中占有重要地位。我国山地幅员广阔,山区占国土面积的 69%,沙区占 18.2%,木本粮油树种资源丰富,从南到北都有适宜栽植的树种。据国家林业局 2002 年的统计数字,全国主要木本粮油树种栽植面积 1.43 亿亩,每年总产量约 53 亿公斤。其中木本粮食的栽植面积约 0.83 亿亩,每年总产量为 38.6 亿公斤,总产值约 115 亿元;木本油料的栽植面积约 0.6 亿亩,每年总产量约 14.4 亿公斤,总产值约 50 亿元。

发展木本粮油对满足经济社会日益增长的粮食需求是一条潜力巨大的新途径。木本粮油生产,不占用有限的耕地资源;能够充分利用山地、丘陵地的自然地力,污染少,是绿色食品;具有生态效益,很多树种是生态经济兼用型树种;成本和劳力投入少,经济附加值高,市场前景好,生产潜力大。我国经济林木有 1000 多种,其中木本粮食类有 100 多种,主要是干果类的经济林,如板栗、核桃、枣、果用银杏、仁用杏、柿等;木本油料类 200 多种,含油量在 50% ~60% 的木本油料有 50 多种,作为食用油料栽培的有 10 多种,如油茶、油橄榄、文冠果等。根据专家测算,经过改造,木本粮食平均亩产可达 125 公斤,我国适宜栽植木本粮食树种的土地还有约 2 亿亩,如果全部开发出来,每年可增加木本粮食产量 250 亿公斤。中国农科院王文玺主持的课题研究指出,我国每年一方面粮食进口,另一方面用 500 多亿公斤作饲料粮。全国约有木本饲料资源 5000 亿公斤,如用其 2% 就有 100 亿公斤,可见潜力之大。并且,木本饲料的突出优点是营养价值高,喂养效果好。如刺槐叶中的赖氨酸比玉米、高粱多 12 倍,比米糠多 5 倍;柠条种子的营养价值相当于黑豆[①]。

三、大力发展林业,开辟保证粮食长治久安的新途径

从当前和长远看,保证我国粮食的长治久安,必须保持与粮食总需求不断增长相适应的耕地面积,加强基本农田建设,推广优质粮食作物品种,调

---

① 《农业科技与高产优质高效农业》,中国农科院王文玺,1996 年 11 月。

整政策提高农民种粮积极性,搞活粮食市场流通,建立适应市场经济的粮食储备机制。无疑,这些都是直接、必要、管用的措施。但是,也必须清醒地看到,耕地萎缩、地力下降、旱情加剧、水资源短缺、自然灾害频繁是我国粮食安全面临的主要制约因素,并且带有长期性、根本性。改善和逐步解决这些制约因素,必须以科学发展观为指导,同时遵循经济规律和自然规律,跳出粮食抓粮食,跳出林业抓林业,在生态与经济、林业与粮食的结合上做文章,树立新观念,提出新思路,开辟新途径。林业怎样对粮食的长治久安发挥作用,这是一个复杂而系统的问题,需要深入而系统地研究,但以下五个问题非常重要。

1. 用系统的观点、长远的眼光深化对粮食生产的认识

粮食问题是人类需求与资源供给、经济社会发展与整个生态系统养育力的关系问题,归根结底是人与自然怎样和谐相处的问题。人类是自然生态系统的组成部分,人类的生存发展绝不能破坏自然生态系统的平衡。在某一个地区破坏了生态系统,不仅这个地区要遭受自然的报复,而且其他地区要遭受更为严重的报复;今天破坏了生态系统,不仅今天要遭受自然的报复,而且明天要遭受更为严重、更不留情、甚至不停歇的报复。这是不以人类意志为转移的自然规律。自然生态系统是一个复杂的系统,而人类对这个系统的认识则是一个更复杂的问题。研究我国粮食安全的长治久安问题,应该拓宽视野,深化认识。

一是着眼于气候的整体改善。华北、东北地区是我国的粮食主产区,西北地区也是粮食生产的重要地区,但我国西北地区极端干旱,华北地区严重干旱,东北地区也面临着持续干旱,干旱使耕地退化甚至不能播种,使粮食减产甚至绝收。"三北"地区干旱的状况,与人类长期以来破坏自然生态系统所导致的气候变化密切相关,特别是森林锐减、草原退化、湿地减少。"三北"地区生态恶化不仅仅是这些地区生态平衡遭到破坏的结果,还与西南、东南、东部、东北地区的人口增加、土地开垦和森林减少有着内在联系。西南地区特别是青藏高原东南部、四川和云南高原森林植被的减少,使印度

洋向西北、华北地区输送的水汽减少;南方森林植被的减少和森林质量的降低,使太平洋向华北、西北地区输送的水汽减少;东北"三江"平原森林和湿地的减少,也使太平洋向华北地区输送的水汽减少。中国社会科学研究院发展与环境研究中心研究员王宏昌认为,印度洋自孟加拉湾通过青藏高原东部向华北地区输送的水汽占华北地区水汽总量的 1/3,太平洋经"三江"平原向华北地区输送的水汽占华北地区水汽总量的 1/3[①]。缓解"三北"地区的干旱问题,需要通过加强重点地区的林业建设来影响海洋生态系统和陆地生态系统的水分大循环,从根本上、源头上创造良好的自然条件。

二是着眼于整个国土资源的综合利用。我国耕地再扩大的潜力不大,保护现有耕地不再减少也不是容易之事。广大的山区、沙区可以为木本饲料、木本粮油的生产提供大量的土地资源,进一步拓展我国粮食生产的领域和空间;我国缓坡耕地分布较广,但单位产量普遍不高,提高缓坡耕地粮食的生产力也是一个重要途径。因此,思考粮食问题,既要盯住库,更要盯住地;思考耕地问题,既要盯住基本农田,更要盯住可以替代粮食生产的广大山地。粮食新的希望在山,新的潜力在林。

三是着眼于耕地持续生产能力的保持。在五十年代,我国耕地面积约18 亿亩,毛主席根据当时 6 亿人口的实际情况,曾多次提出在提高粮食产量的前提下实行大地园林化,即三分之一的耕地种农作物,三分之一的耕地轮休(种草养畜),三分之一的耕地植树造林。现在人口已达 12.9 亿,但耕地还是那么多,实行耕地轮休已不可能。无休止地向耕地索取,不让其休养生息,加之持续干旱和长期施用化肥,势必造成耕地土壤结构发生恶变、地力下降,直至退化为沙地和不可耕种地。因此,必须谋划长远,重视耕地的保肥、培肥、增肥和保湿,把保护耕地地力作为重要问题长期抓下去。

四是着眼于粮食生产的科学布局。长期以来,随着人口不断增加和经济社会快速发展,适宜粮食作物生长的森林、草原地带被不断地开垦成耕地。以森林、湿地、草原换取耕地,虽然出于不得已,但却破坏了自然生态系

---

① 《中国西部气候——生态演替:历史与展望》,中国社科院王宏昌,经济管理出版社,2001 年7 月版。

统,带来了水土流失、水资源匮乏、干旱、沙漠化、石漠化等严重后果。从保持整个耕地持续生产能力和改善粮食生产的自然条件着眼,一个地区、一个省乃至全国,对生态区位重要,特别是对调节径流和改善气候影响重大的地区,应当统筹兼顾生态建设与粮食生产,千万不能为了一个地区的粮食生产而使其他更多地区受到影响。不这样考虑问题,就是只看局部不看全局,只看一时不看长远。比如,四川省山区、丘陵区占全省国土面积的97%,是我国的粮食主产区,但同时生态区位又特别重要,关系到黄河源头的来水量、长江流域特别是三峡库区的生态安全、印度洋暖湿气流向我国西北、华北地区的输送,就需要立足全局,立足长远来统筹粮食安全和生态安全。

2. 加强重点地区林业建设,逐步改善气候,缓解北方旱情

水分循环是自然规律,如何适应和利用好这一自然规律是一个重大问题。要从整体上研究怎样通过科学布局,加强重点地区的林业建设,来逐步改善气候,缓解旱情,从根本上为粮食持续增产创造自然条件。

一是通过加强森林植被建设,促进海洋与内陆的水分大循环。一个国家和地区水分大循环的状况,直接关系到粮食产量、耕地的持续生产力乃至民族的生存与发展。解决我国"三北"地区的干旱问题,关键在于促进太平洋、印度洋与我国内陆的水分大循环,使印度洋、太平洋的暖湿气流携带更多的水汽向内陆地区更远地输送。

南汽北送,加强印度洋由西南向西北、华北的水汽通道建设。青藏高原虽然挡住了阿拉伯海、印度半岛和孟加拉湾的暖湿气流,但是挡不死,暖湿气流随季风仍可向我国北方输送。青藏高原主要有两条向西北、华北输送水汽的通道:第一条通道,以雅鲁藏布江向北大拐弯处为中心的区域,包括西藏拉萨市、日喀则地区东部、山南地区和云南省。由于孟加拉湾暖湿气流的作用,使这个区域成为高湿度区。这个高湿度区森林植被好,蒸腾就大,向藏北高原、西北、华北输送水汽的距离就远,强度就大。印度洋从孟加拉湾进入这一高湿度区的暖湿气流的强度,并不亚于太平洋进入我国东南部的暖湿气流的强度。加强这一区域森林植被建设,对于调节我国北方气候,将发挥心脏般的作用,这是一个十分重要的水汽输送通道。第二条通道,横断山区,包括怒江、澜沧江、金沙江、雅砻江、大渡河、岷江等河流和高黎贡山、怒山、云岭(宁静山、无量山、哀牢山)、贡嘎山(大雪山)、岷山(邛崃山、大凉山)等山系,面积达50多万平方公里。该区域的森林植被状况也直接关系到孟加拉湾的暖湿气流向北输送的强度和距离,这也是一个十分重要的水汽输送通道。这两个水汽通道,与黄河和长江上游来水量不足,柴达木盆地、塔里木盆地和河西走廊降水不足,扎陵湖、鄂陵湖和青海湖水量锐减以及昆仑山、祁连山雪线上移等问题关系特别密切,必须从长计议,从全局谋划,及早加大这两个通道区域的森林植被建设,宜飞则飞(播)、宜封则封、宜造则造,强化管理,尽快扩展森林数量,提高森林质量。

东汽西送,加强太平洋由东向西的水汽通道建设。我国由东和东南向北和向西的水分大循环,有两条重要的水汽通道。第一条通道,汉水流域、渭河流域至黄河上游、河西走廊区域。加强这一通道地带森林植被建设,可以加强太平洋暖湿气流由东向西输送。第二条通道,东北"三江"平原、松花江流域。加强这一通道地带森林植被的建设,可以加强太平洋暖湿气流由东北向华北地区输送。这些区域的森林植被历史上本来很好,但由于破坏严重,生态功能严重退化,使水汽输送受到影响。特别需要注意的是,"三江"平原的生态区位十分重要,由于昔日"北大荒"(森林、湿地)变成今日"北大仓",使太平洋暖湿气流随季风进入华北的强度减弱,成为东北部分地区、华北地区干旱和大量开采地下水的一个重要原因。长远之计是统筹兼顾,既保住"北大仓",又同时加强"三江"平原的森林植被和湿地建设,以求华北地区旱情缓解。

另外,还应加强太平洋暖湿气流由我国南部向北部、西北部的水汽输送区域建设。我国东部、南部地区因距太平洋近,是降水充沛区域。增加这些地区的森林植被和湿地面积,是缓解华中、华北、西北地区旱情的重要措施。因此,尽管这些地区森林覆盖率相对较高,但进一步提高森林覆盖率,特别是提高森林质量,仍然是十分必要的。同时,也是这些地区自身防止洪灾、缓解旱情(部分地区)的需要。

二是加强森林植被建设,促进干旱、半干旱地区的水分小循环。我国东北、西北和华北地区旱情日益加重,必须坚定不移地大力发展林业,严格保护湿地,因地制宜地保护和培育森林植被,促进降水,减少风灾、旱灾、沙灾的危害,为保持耕地的持续生产力、提高粮食产量提供良好的气候条件。

虽然经过几十年的艰苦奋斗,我国生态建设成就显著,举世瞩目,但与成绩相融并存的另一个结果是全国生态状况呈现整体恶化趋势。现在与五六十年代相比,我国东北、华北、西北地区的干旱化、沙漠化、雪线上移、江河断流等问题越来越突出。试想,如果不加大生态建设力度,如此再过三十年、五十年,"三北"地区将面临什么样的生态危机?

3. 加强大江大河源头、雪山地带森林植被建设

在高海拔地区加强森林植被建设,是维持雪线不上移、保护冰舌不后退、保持大江大河上游来水量不减少的根本措施。冰川消融、雪线上移、冰舌后退是个十分严重的生态问题,万不可轻视。例如,祁连山严重地区雪线年均后退 12.5 ~ 16.5 米,一般地区雪线年均后退 2 ~ 6.5 米,造成祁连山北麓的石羊河、黑河、疏勒河上游来水量锐减,而这 3 条水系是甘肃河西走廊、内蒙古西部、新疆东南部农业发展和人民生存的命脉,长此下去,后果不堪设想。在全球气候变暖的大环境下,加强大江大河源头、雪山地带森林植被建设绝不仅仅是一个林业问题,而是一个事关粮食安全和民族生存的重大问题。

一是组织科学考察和调查研究。要组织专家学者和林业、农业、水利、气象等部门进行科学考察和调查研究,掌握第一手资料,分析这些地区森林植被的现状和存在的问题,搞清不同江河源头地区、雪山地带在全国和区域经济社会发展中的地位和作用,明确建设重点。

二是坚持封山育林,切实保护好原生植被。对重点河流的源头及所在雪山地带的森林植被,要加大保护力度,该封的坚决封起来,该纳入重点工程的就纳入重点工程(如祁连山青海一侧部分灌木林未纳入天保工程),该生态移民的就生态移民,该加强农村能源建设的就加强农村能源建设。

三是加强江河源头、雪山地带的林业管理机构。水利按大江大河流域建立统一的管理机构,林业也可考虑对重点大江大河源头的雪山地带,设立统一的管理机构。比如,祁连山跨甘肃、青海两省,甘肃境内有森林植被869万亩(70%为灌木),设了一个自然保护区管理机构,青海境内有560万亩,只有2个林场管理了一部分,这与祁连山森林植被的重要地位很不相适应。

四是在江河源头和雪山地带建立自然保护区。恢复和培育江河源头特别是雪山地带的森林植被,需要几十年、甚至更长时间。从民族长远生存和发展考虑,应将江河源头和雪山地带森林植被纳入自然保护区重点建设范围,加大工作力度。

4. 坚持农林结合,促进农业与林业的协调发展

农业生态系统是陆地生态系统的组成部分,森林是陆地生态系统的主体,林业在生态建设中处于首要地位,林业与农业的关系最为密切,必须坚持农林结合。推进农林结合是改善生态状况、稳定粮食生产、确保粮食安全的重要途径。

一是加强平原地区农田防护林建设。目前,我国共完成农田林网化建设4.88亿亩,占建设区基本农田面积的70%,粮食生产条件得到极大改善,防灾减灾能力大大增强。但是,我国大部分地区农田林网化程度不高,农田防护林建设标准低,许多基本农田处于无林网保护状态;一些防护林因人为砍伐、病虫害等因素破坏严重。平原地区是我国粮食主产区,防护林是改善农田小气候、保护土壤结构、减轻洪涝灾害、防止风沙危害,从而提高粮食综合生产能力的"功臣"。认为农田防护林占用耕地、消耗水肥而不予以重视,甚至毁林的危害性甚大,迟早会付出代价。要像抓农田基础建设那样抓防护林,像抓农村水利建设那样抓防护林;要突出重点,在粮食主产区大力建设高质量的农田防护林;要制定好政策,推广生态经济兼用型树种,切实提高农民栽种、补植、保护农田防护林的积极性;要加大建设力度,使没有防护林的农田尽快得到防护。

二是坚决推进退耕还林。我国现有 25 度以上的陡坡耕地 0.91 亿亩，还有一些耕地严重沙化。西部地区的耕地面积约 7.5 亿亩，其中中低产地占 80% 以上，一个原因是森林覆盖率低，植被稀少，难以形成稳定的农业生态系统，另一个原因是坡耕地所占比例大，耕地的保水保肥能力差。陡坡耕地退耕还林是推进农林结合的有效途径，是提高粮食产量、解决农民增收、促进县域经济发展、改善生态状况的最好结合点。要在确保口粮田的基础上，坚定不移地对 25 度以上的陡坡耕地和严重沙化耕地，特别是江河源头及两岸、湖库周围的陡坡耕地实行退耕还林，把这项德政工程、民心工程、生态工程建设好。

三是综合治理缓坡耕地和平坝耕地。我国素称"七山一水二分田"，缓坡耕地和平坝耕地占耕地总面积的比重很大，这一部分耕地在国家粮食生产中占有重要地位。要实行山、水、田、林、路综合治理，坚持改土与治水相结合、治坡与治沟相结合、工程建设与植被建设相结合，加大林业综合开发的力度，扭转缓坡耕地和平坝耕地水土流失、比较效益低的状况，保护和建设好这一部分耕地，保证粮食长期稳产高产。

四是坚持农林复合经营，促进农民增收。发展林业，是解决农民增收的重要途径。农民不增收，种粮积极性也持久不下去。因此，在广大山区、丘陵区、沙区，要因地制宜，采取林粮、林果、林药、林草间作等多种农林复合经营模式，提高土地综合利用率，大力发展林产业，开辟农民增收新途径。

5. 大力发展木本粮油，直接增加粮食产量

发展木本粮油，是改善生态状况和增加粮食产量的双赢之举。为不断提高我国粮食持续生产能力，解决粮食长治久安的问题，应把发展木本粮油作为一件大事摆上重要位置。

一是组织全国木本粮油可持续发展战略研究，制定发展规划。摸清全国木本粮油的底数，分析当前现状、存在问题和发展前景，提出木本粮油发展的战略重点和发展目标。组织制定全国木本粮油发展规划，分 2010 年、2020 年两个阶段进行建设。重点发展木本口粮、木本饲料粮和木本油料，

木本口粮力争占口粮总消费量的 1/12，木本饲料力争占饲料粮的 1/3 甚至 1/2，木本油料应尽可量多地替代草本食用、工业用油。

二是尽快实施全国木本粮油基地建设工程，建设好重点木本粮油基地。象抓粮食丰产科技工程、速生丰产用材林基地建设工程那样抓木本粮油基地建设工程，加大国家和地方政府的投入。立足区域优势，突出地方特色，建设好一批重点木本粮油生产基地。

三是加大政策扶持力度，提高林农生产木本粮油的积极性。在国家扶持粮食发展、林业发展政策的基础上，进一步深入研究扶持木本粮油发展的政策和措施，用政策来调动广大山区、沙区和林区农民和职工生产木本粮食的积极性。

四是加强基础建设和管理工作。要加强科研攻关和科技支撑，培育优良树种，提高品质和产量；要加强木本粮油贮藏、运输和加工的基础设施建设，搞好储备和精深加工；要在林业部门设立专门工作机构，做好木本粮油的生产和管理工作。

加强森林对调控气候变暖
重大作用的研究和宣传*

　　林业研究和宣传要抓关系国家安全的大事。当前,全球气候变暖是发展趋势,是人类面临的重大生态危机之一,控制二氧化碳向大气的排放已成为国际政治问题。气温不断上升,主要是人类大规模使用化石燃料和破坏森林释放碳这两个因素(大约各占一半比例),向大气中大量排放二氧化碳,引起大气中温室气体(以二氧化碳为主)浓度不断上升而导致"温室效应"的结果。我国为进一步控制环境污染和气候变暖趋势,制定了"十一五"期间污染气体排放减少10%的目标。"固碳"包括物理、化学和生物三种形式。用物理和化学方法"固碳"都因其风险大、成本高而很难实施,生物措施是被广泛采用的方法。世界上的共识是,主要通过大量植树造林、扩大森林植被来"固碳",降低化石燃料向大气排碳量,进而起到调节气候的作用。

1. 森林对碳的吸收功能强大

　　森林是"地球之肺"。森林生长靠光合作用。《世界林业动态》2006年第34期报道,2004年度,日本国内1990年以后的育成林对二氧化碳等温室效应气体吸收量达到9400万吨,相当于1990年排放量的7.4%。根据《京都议定书》规定,日本的二氧化碳等温室气体排放量与1990年相比较应该减少排放量的6%,而完成这个指标,其中3.9%由森林来吸收。日本

---

　　* 本文是2006年12月20日作者写给国家林业局党组的建议报告。

把碳排放量减少6%指标的吸收领域确定为"森林经营活动"和"植被恢复活动"两个领域,而不是选择"农用地管理"和"放牧地管理"。这证明,日本很重视碳的吸收,而且,碳吸收领域靠林业发挥作用。当然,在碳排放领域也需要采取措施。需要防偏的是,不能认为排碳领域就只靠控制化石燃料,森林在排放领域也占有极大份额。由于森林储存着大量的碳,森林被破坏的同时也释放出大量的碳。森林具有固碳、放碳双重功能,应该在国家气候变化公约中占有极其重要的位置。

2. 森林固碳的价值巨大

世界银行报告的主要撰写人肯尼思·乔米兹研究,破坏1英亩(约合6.07亩,0.41公顷)的热带雨林建农场或牧场价值为300美元,森林破坏释放出的二氧化碳为500吨。按欧洲标准,抵消每吨二氧化碳的排放要支付15美元,因此,毁掉1英亩森林需要支付7500~8000美元。也就是说,保留1英亩的森林就可以少支付7500~8000美元来抵消碳排放的经济补偿。照此计算,1公顷森林被破坏排碳量则为1219吨,需要支付抵消碳排放1.95万美元。由于这些数字是依据热带雨林计算出来的,所以固碳能力比较大。这样高的数字虽然不具有普遍性,但总算还具有一定的参考性。

中科院中国生态系统研究网络综合研究中心2004年1月出版的《中国碳循环与碳管理论文集》唐建维等的文章公布生态系统定位研究站的数据,他们监测结果是,世界热带森林碳储量平均为248吨/公顷;全球森林平均碳储量为54.5吨/公顷;中国森林植被平均碳储量为44.91吨/公顷。我们如果将中国森林植被碳储量为44.91吨/公顷理解为已经包括了林地土壤的碳储量,我国森林面积为1.75亿公顷,每公顷储碳量为44.91吨,则总储碳能力为87.34亿吨。如果说成熟林、过熟林光合作用不大(但土壤仍具有储碳能力)暂不计算在内,那么,中幼林、近熟林占全国森林面积的81.85%,为1.43亿公顷,总储碳量也有64.33亿吨。假如用欧洲抵消碳排放价值标准1.95万美元/公顷(尽管不可取)来计算,1.75亿公顷固碳价值为3.41亿美元,约合人民币27万亿元。而这只是森林生态价值的一个具体项目。

中国现在仍是发展中国家，《京都议定书》尚未规定中国应承诺的碳减排量指标，但对中国作出规定是早晚的事。我国现有森林的中幼林比例大，对碳排放的吸收能力强，加之新造林力度也比较大，因此，森林应该成为应对气候变化公约和《京都议定书》的主体领域。

3.成熟林地土壤能起到持续固碳的作用

据中科院华南植物研究所研究员周国逸研究的结果显示（发表在近期科学杂志），0~20厘米成熟林地土壤层的有机碳储存量，以每年0.61吨/公顷的速度增加，成熟森林土壤发挥着持续积累有机碳的功能。据《中国碳循环与碳管理论文集》唐建维等人监测结果，以西双版纳热带季雨林为例，其储碳能力为241.73吨/公顷，其中植物体内碳储量占66.14%，林地土壤碳储量占33.86%，据此可得出一个概念，即森林的碳储量，植物体内占2/3，森林土壤占1/3，这也是进行有关计算的依据。

4.森林资源遭到破坏后释放出大量二氧化碳是碳排放的一个主要方面，不能忽视

世界银行报告主要撰写人乔米兹说，目前世界上毁林产生的二氧化碳是全世界汽车二氧化碳排放量的2倍，是全球气候变暖和污染的主要原因之一。前面已提及，中国森林碳储量大约可能有87.34亿吨，是巨大的储碳库，保护森林的特殊意义还包括保护这个巨大的储碳库。有林地消失、森林破坏、森林火灾都是必须高度重视防止的重大问题。《林业战略研究总论》第2章第48页指出，第五次森林资源清查结果，在与前次清查间隔期五年内，林地改变用途或被征占用、有林地被逆转为无林地共计850.9万公顷（合1.276亿亩），年均损失170.2万公顷（合2553万亩，不含森林火灾）。可见，我国森林被破坏释放碳的数字是很大的。

结论是：林业在控制气候变暖问题上处于非常重要的地位，发挥着不可替代的重大作用。一方面要加强林地的保护，防止林地损失，防止森林火

灾,减少因森林消失而释放二氧化碳;另一方面要通过大量植树造林,加强营林来吸收经济社会发展中所排放的二氧化碳。

需要做的工作是:第一,加强研究。我国森林总体结构中,中幼龄林和近熟林比例偏高具有两面性。中幼龄林占森林资源面积的67.85%,近熟林占14%,合计共占81.85%。一方面,就森林防止水土流失、调节气候、防风固沙、木材产量等功能来讲,是比较弱的,需要通过加强营林来提高森林质量;另一方面,同样需要通过加强营林来提高森林的生长量,使森林在生长量增加的同时增加固碳能力。优点中有缺点,缺点中有优点,森林的结构性缺点又是我国森林固碳能力的巨大潜能所在。

第六次全国森林资源清查为研究我国森林固碳及放碳能力提供了条件。林业"碳汇"功能研究要具体化,并以科学监测数据为依据来计算。现在急需搞清楚一些关键数据。比如,过去10年、15年(从1990年开始与《京都议定书》相衔接)我国森林净生长量多少,储碳量多少;现在(2003年全国森林资源第六次清查)全国森林总储碳量多少,植物体内储碳量多少,森林土壤储碳量多少;第六次全国森林资源清查间隔期内,每年全国森林净生长量多少,新增加储碳量多少;我国森林总储碳量与全国工业二氧化碳一年总排放量是什么比例关系,森林一年新增加的储碳量占一年全国工业碳排放总量多大比例,占全国工业减排指标多大比例;全国有林地损失、森林火灾造成的排碳量多少,每年排碳多少;森林的储碳能力量化为货币价值是多少,每年是多少,等等。研究出具体结果才最有说服力,才能为政治服务,为决策服务,为国家和林业发展大局服务。当然,在尽快搞清主要数据的基础上,还可以再细化,比如区域性森林、天然林和人工林的固碳能力。

第二,加强宣传。研究是宣传的基础,没有研究结果,宣传就没有内容,就是无源之水、无本之木。而研究结果没有很好地宣传出去,就不能为大局服务,就体现不出研究价值。研究和宣传同样重要,研究部门和宣传部门要紧密配合。林业碳汇宣传要专题策划。可考虑:一是向国家发改委、向国务院写出研究报告,由林业部门讲清林业的事情。二是重视发挥媒体的作用,向社会宣传。比如召开新闻发布会,专家访谈节目,电台电视播发等。三是制做专题片,专家写报告。

　　第三,围绕构建和谐社会,抓好其他一些事关大局的专题研究。这些研究,可以是某一个课题系统的科学研究,也可以是短平快的研究。比较重要的课题是研究林业对解决"必腹之患"的作用:一是林业在抗旱减灾中的作用。北方干旱是一个发展趋势。四川省林业厅的调查报告需要使用好,不能只在林业系统内转。要抓大的灾害实例,要从国家安全全局去研究。灾后调查很重要。二是林业在抗洪减灾中的作用。水灾是民族心腹之患,林业在抗洪减灾中的作用是个大问题,也要结合大的实例来说明。三是林业在治理土地沙化中的作用。土地沙化也是民族的心腹之患。总之,要抓住关系经济社会可持续发展前途命运的重大问题开展研究和宣传。

繁荣生态文化是新的历史任务[*]

　　研究生态文化体系构建问题,要用历史的眼光、哲学的方法、理性的思考、实践的总结,不断在认识上去深化、升华、系统化。下面,我从工作层面上讲四点意见。

　　第一,研究和建设生态文化体系。有的同志说,生态文化涵盖面甚广,不容易突显林业的主体地位,还是讲森林文化比较好。之所以提出生态文化体系,应从"三个着眼"去理解。一是着眼于林业在生态建设中处于首要地位。陆地生态系统包括森林、沙漠、湿地、草原和人工(城乡)等生态系统。林业在森林、湿地、沙漠生态系统中处于主体地位,在草原、人工生态系统中处于重要地位。生态系统是生态文化产生和发展的自然条件和物质基础,所以,构建生态文化体系是推进现代林业发展的支柱。林业的广域性、系统性、社会性要求林业在发展生态文化中发挥主要的引领作用。二是着眼于创新生态文化。我们要研究的是继承与发展相统一的新的生态文化。中华民族传统的生态文化是悠久的、博大精深的、充满哲理的,并且是随着生产方式的变化而不断融入新内容的。过去的社会历史和自然条件已经发生了翻天覆地的变化,因此,我们要研究的生态文化是在传统生态文化基础上的发展,是新的生态文化观,是现代生态文化观,是先进的生态文化观,是永不停止的生态文化观。创新要以继承为基础,创新是最好的继承。例如,人们需要什么样的空气,只讲空中悬浮颗粒少还不够,还要负离子多才行。要一少还要一多,要清新还要健康。森林既可以吸附有害气体、阻滞粉尘,

---

　　* 本文是 2007 年 6 月 12 日作者在生态文化体系建设专家座谈会的讲话提纲。

又可以释放氧气,促进负离子产生,这就阐明了林业在保证人们健康所需的空气方面具有的双重功能。三是着眼于突出森林文化。人类是从森林走出来的。一部人类发展史就是一部森林变迁史。森林是地圈、水圈、生物圈、大气圈循环的最大作用体和纽带,是陆地生态系统的主体。弘扬生态文化的目的,是促进加强保护、恢复、发展、利用人类赖以生存发展的自然生态系统和自然资源,逐渐实现人与自然和谐相处,共荣共进,而森林的主体作用,决定了森林文化在生态文化中的主体地位。

第二,提升对构建生态文化体系地位的认识。在全面推进现代林业发展中,生态体系建设、产业体系建设思路清晰、任务明确、措施有力、蓬蓬勃勃,相比之下,生态文化体系建设相对滞后。关键要解决对生态文化体系建设的重要性、在工作全局中地位的认识问题。生态文化重要性从哪几个方面去认识呢? 一是奋斗目标。推进现代林业的主要任务和奋斗目标,是构建完善的林业生态体系、发达的林业产业体系和繁荣的生态文化体系。建设生态文化体系,已经成为现代林业的三大奋斗目标、三大支柱之一。建设生态文化已不再是服务性、辅助性、一般性的任务,更不是虚的软的任务。目标既定,就要围绕这个总目标而不懈努力。二是意识形态。文化是意识形态,是上层建筑,对经济基础、生产方式具有巨大的反作用,在一定条件下起决定作用。生态的破坏是人类行为的结果。要实现人与自然的和谐统一,从根本上讲,取决于思想观念、生产方式、生产目的、生活方式的转变。生态文化的核心,是人与自然的关系如何认识和处理。而弘扬生态文化,就是通过教育、科技、法制、文艺、传媒等途径,引领人和社会树立正确的价值观、科学的发展观、健康的消费观,这种巨大的"反作用",是生态建设和产业发展的推动力和保证。三是保持先进性。生态文明是人类社会发展史继农业文明、工业文明之后更高的社会形态。生态文化是生态文明的基础。代表先进文化的前进方向,是我们党保持先进性的基本任务之一。先进的生态文化是先进文化前进方向的重要领域。大力加强生态文化建设,是落实科学发展观、推进先进文化前进的必然选择。四是构建和谐社会。人是社会人,人与自然的关系就是人类社会与自然的关系。人与自然和谐,是和谐社会的前提,是人类生存发展之基。人与自然的关系是一个十分复杂的问题,人对于人与自然互动关系的认识则是一个更为复杂的问题。加强生态文化建设,就是要解决在理论、观念、理念、意识、法制等方面还不适应构建和谐社会、实现人与自然和谐统一所存在的问题。

第三,研究构建生态文化体系的主要任务。构建繁荣的生态文化体系是一个全新的任务,初步考虑,要逐步解决以下十个方面的问题。

1. 生态文化的内涵、构建生态文化体系的重大意义、重要地位。

2. 生态文化建设的指导理论。主要是科学发展观理论,现代林业理论,生态经济理论,气候变化理论,可持续发展理论。要在科学发展观理论的指导下,认真学习掌握有关自然、社会、经济发展规律的理论和知识。比如,生态学、生态政治学、生态哲学、生态法学、生态安全等知识。要注意研究马克思关于自然的论述。

3. 生态观念、生态道德和生态理念。要讲清楚四个关系:即人与自然的关系,生态与经济的关系,林业与和谐社会的关系,生态与政绩的关系。要促进四个转变:即促进社会思想观念的转变,促进生产方式的转变,促进生产目的的转变,促进生活方式的转变。要克服"三个只顾":即只顾眼前,不顾长远,只顾经济,不顾生态,只顾局部,不顾整体。

4. 生态教育。要推进全民、全程和终身教育,特别突出幼年和少年教育。要不断解决教材、手段和基地问题。

5. 文学艺术。在文学、影视、歌曲、摄影等领域积极繁荣生态文化,加强这个薄弱的阵地。

6. 制度建设。不断完善林业法律法规政策,深入推进各项林业改革,理顺管理体制,加强行政执法。

7. 科学技术。科学研究和技术示范推广,是生态文化体系建设的支撑。我们既要重视先进生态文化的学科和基础理论研究,更要重视先进生态文化对实践的影响和指导。特别要注意了解历史、立足现在、联系未来,不断深化、系统化对林业地位和作用的研究。一是围绕国家战略安全,研究8个问题:即林业与气候安全,林业与能源安全,林业与粮食安全,林业与木材安全,林业与水安全,林业与森林安全,林业与生态安全(风沙水旱),林业与生物多样性安全。要把科学理论和科学理念运用到阐释重大战略问题之中。二是围绕和谐社会建设,研究 3 个问题:即林业在社会主义新农村建设中的地位作用,林业在城镇化进程中的地位作用,林业在山区综合开发中的地位作用。三是围绕林业改革,研究理论和实践面临的新问题。林业改革意义重大,涉及面广,情况复杂,要把林业改革放在经济社会发展的全局中去探索和总结。四是围绕人们健康,研究改善和保证人们生理健康、心理健康中林业的功能和作用。

8.宣传和传播。要进一步发挥媒体的作用,加强与媒体的信息交流,改进策划,拓展合作领域。要加强网络宣传、对外宣传,创新宣传的方式。要不断完善生态宣传的基础设施建设。

9.生态文化产业。要把发展生态文化产业提到议事日程,依托林业产业体系和生态体系,不断探索发展生态文化产业的机制、途径。

10.基础保障。包括组织保障、人才保障、经费保障等。

第四,继续抓紧和深化对生态文化体系建设的研究。一是进一步调研、总结、准备,再开一次生态文化建设研讨会。二是加强调查研究,提出构建繁荣的生态文化体系的指导意见和建设规划。三是筹备召开全国林业宣传工作会议,以构建繁荣的生态文化体系为主题。

生态文化建设的若干问题*

这个问题在 6 月份已经研究过一次,以听取专家意见为主,主要是从理论层面探讨。今天是第二次专题研讨生态文化体系建设的会议。我讲七个具体问题。

一、建设繁荣的生态文化体系,是林业在新的发展阶段面临的新的战略任务、新的奋斗目标

这个战略任务和奋斗目标的提出,是林业发展指导思想的飞跃,是林业发展整体布局的完善。我们还处于对这个新课题不断认识的过程中,但认识的过程是不断升华的过程。生态文化伴随着我国林业发展的历史早就在发挥着它的作用,就像生态体系、产业体系的建设一样,它一直在发生、发展、发挥着作用。一方面,我们对这个问题并不陌生,因为生态文化的旗帜一直在飘扬着,生态文化在生态体系、产业体系的建设过程中一直在发挥着它的引领、推动、指导作用。另一方面,生态文化体系建设确实是一个新课题、新任务,因为,我们对它的认识还不完善,我国生态体系建设和产业体系建设都在发生着巨大的变化。在生态体系建设方面,已经提出了较为明晰完整的思路和任务,形成了在科学发展观的指导下,推动林业又好又快发展、推动现代林业建设的思路。产业体系建设也和过去的内涵、外延都不同了,我们要推进的是发达的、范围更宽广的大生态产业。这说明,生态文化

---

* 本文是 2007 年 7 月 10 日作者在生态文化体系建设研讨会上的讲话提纲。

产生的基础已经发生了很大变化,反过来,这个变化又对生态文化体系建设提出了新的更高的要求。从这个角度看,我们现在要研究的,是在推进现代林业建设的新形势下,在构建和谐社会的新要求下,如何繁荣生态文化。因此,研究生态文化问题,是新的历史条件下的新课题。必须用历史的眼光、哲学的思维、实践的总结、辩证的方法来认识这个问题。

二、弘扬和发展生态文化,用科学理念引领全社会

生态问题是一个涉及面很广的问题,和国家的经济、政治、执政理念、环境保护各个方面都有密切的关系。科学地认识这些关系,就是要在推进生态文化体系建设中,在理念上引领,通过理念引领,推动全社会自觉地、科学地认清这些最基本的关系。也就是说,要在社会意识方面发挥生态文化的引领作用。

第一,生态与经济的关系。经济建设是现代化建设的中心任务,是党的基本路线的中心。在今后一个时期,我国经济将继续保持快速、持续的发展态势。经济要持续快速增长,就需要资源的支撑,包括土地资源和各种资源。如何处理生态和经济的关系,是始终面临的、始终回避不了的一个重大问题。都说不能以破坏生态环境为代价来换取经济的发展,但许多地方、许多方面只是把这种认识停留在口号上,行动还没有跟上。生态改善,是经济发展的基础,是经济增长的新途径,更是最大、最长远的经济效益,这些基本理念,需要大力宣传,任重而道远。

第二,生态与政治的关系。政治就是事关全局、事关长远的问题。我国的国际形象、自然灾害、战略资源、气候变化等,都不仅仅是一个林业问题、生态问题,而是国家政治问题。生态良好关系到国家的政治建设。

第三,生态与执政理念的关系。中央提出"五个统筹",其中一个是统筹人与自然和谐发展,一个是统筹城乡和谐发展,一个是统筹地域之间和谐发展,这些执政理念都和生态建设与保护有很大关系。要实现以人为本,全面、协调、可持续发展,必须使我国生态状况从整体上有一个大的改变。我

国差距最大的是生态,产品最缺的是生态,而任务最艰巨也是生态。要实现全面建设小康社会的目标,最难完成的指标就是改善生态、实现人与自然和谐。因此,在执政理念上,林业经济和国家经济发展,都应该坚持生态建设为主的战略,贯彻生态优先的原则,大力推进生态建设,使人民群众共同享受到现实的、整体的、长远的利益。

第四,生态与环境的关系。人们经常讲到"环境"、"环保",而生态与环境并不是一个相同的概念。我国的环境问题仍然是经济社会发展全局中的突出问题,但就广域性、长期性、艰巨性而言,生态问题是一个更突出的问题,也是人民群众最关心、最直接、最现实的问题。环境指的是人类生存发展的外部条件,是人类社会面临的外界环境,外部条件是对人而言的。环境问题突出的是农业、工业给环境带来的破坏,中国环境保护的主要问题是废气、废水、废物的治理。而生态与环境是有区别的。人本身就是自然生态系统的组成部分,人和人类社会是自然的组成部分,没有人的时候就有自然生态系统了,人类社会是依赖自然生态系统生存和发展的,所以,生态问题是一个更大的问题、更长远的问题。生态建设搞好了,对环境保护是一个大的推动。林业具有巨大的多重功能,生态良好,改善了气候,大环境就好了。空气中的粉尘被森林吸收了,空气就净化了。湿地、森林是最好的过滤器,已经污染的水经过森林、湿地的过滤,污染就大大减轻了。大都市里的行道树、片林是城市的卫士,如果没有这些树吸附粉尘和有害物质,就会被居民吸进肺里。

要加强研究,研究出东西,才能够宣传;宣传出去了,才能引领社会树立正确意识、正确观念和正确理念。

三、要深化人与自然关系的认识

弘扬生态文明,倡导生态文化,其核心是围绕人与自然的关系。对这个基本关系的认识要不断地深化、系统化。

第一,应该宣传自然的特性。这种特殊性就是自然规律。第一个特性是自然生态系统具有整体性,是一个完整的大系统。例如,华北地下水位下降,华北日趋干旱,这和三江平原湿地变成耕地、北大荒变成北大仓这几十年来的变迁有直接的关系。人类对自然的每一次胜利都必然遭到自然的报复,这是真理。在三江平原取得了经济上的辉煌,而在华北平原却遭受到干旱的困惑。专家指出,华北平原的降水和水汽与东南沿海暖湿气流有主要的关系,与印度洋暖湿气流有密切的关系,与太平洋经三江平原向西南插过来的暖湿气流也有关系。因此,南与北、海洋与陆地是一个整体循环系统,一个地区的自然条件不是这个地区独有的,它是影响其他地区乃至全国的。四川西北部若尔盖湿地如果遭受破坏,这个地区就会沙化,这个地区的人民就会受到沙化的危害。更重要的是,会影响到黄河、影响到西北地区。自然生态系统是具有整体性的。

第二个特性是多样性。自然生态系统具有多样性,包括物种多样性、生态多样性、遗传多样性。我国现阶段追求的是扩大森林面积、提高森林质量,这是基础,是必须的。但在林业发达国家中,核心理念是生物多样性。林业发达国家森林质量高,森林面积大。俄罗斯的森林覆盖率是47.9%,有8亿公顷;巴西的森林覆盖率是64.3%以上,有5.44亿公顷;加拿大是41.7%;美国是33.1%;而我国现在是18.21%,我们要用远不及其他国家的森林覆盖率、森林面积来实现中国这么大国家、这么多人口条件下的人与自然和谐,谈何容易。林业发达国家更加关注的森林生态系统的多样性,这也是我国森林提高质量的更高目标。生物多样性决定森林的功能和效益。

第三个特性是自然生态系统受到破坏的难逆转性。自然生态系统一旦遭到破坏,想恢复过来很难。特别是一些物种的消失,生态系统的景观和原貌,都很难得到恢复。即使能恢复,也需要很长的时间,而破坏是很容易的。人类保护生态,就是保护自己,破坏生态,就是破坏自己。

第二,要认清人与自然的关系。人是自然人,人是自然生态系统的组成部分。人是自然之子,自然是母,人是在自然生态系统的养育下生存和发展的。这是人和自然生态系统最基本的关系。

第三,要端正态度。自然是取之不尽、用之不竭的吗?人是可以主宰自然、改造自然、破坏自然的吗？人对自然的侵害，其后果最终要由人来承担，由后代来承担。人类对自然的正确态度，应该是亲近、尊重、敬畏、孝敬。弘扬生态文化，要大讲、特讲，讲深、讲透人和自然是什么关系，应该用什么样的态度对待自然。斯大林讲人与自然关系，不用"改造"这两个字，只讲可以利用自然，很慎重。

四、生态文化的作用

生态文化发挥什么作用，要阐释，初步看有以下几条。

第一，对人民群众生产生活方式转变的催化作用。生态文化首先是群众的、大众的文化，同时，又要催生群众生产方式、生活方式的转变，而这些转变，是保护和改善生态的根本途径。

第二，对社会意识进步的引领作用。只有全社会树立科学的生态意识、生态观念、生态理念，才能使人与自然和谐的理念渗透到经济建设、社会建设的过程中。

第三，对我国国际形象的维护作用。气候问题、木材问题、濒危野生动植物问题，都涉及国家形象。要讲清楚中国在解决全球生态危机中做出的艰辛努力和巨大贡献。

第四，对科学决策的推动作用。城市怎么发展，农村怎么发展，沙区怎么发展，林区怎么发展，都有一个如何落实科学发展观的问题。比如，近几年，通过弘扬森林城市理念，"让森林走进城市，让城市拥抱森林"已经深入人心，许多城市的发展规划、基础设施建设都把林业作为重要内容，城市建设明确了新的方向。

第五，对林业事业的凝聚作用。弘扬生态文化，提高林业部门的执行力，增强林业系统的凝聚力，提高林业队伍的素质，加强林业自身建设。

第六，对林业科技的推广作用。

五、注意把握好几个关系

第一，一般性和特殊性的关系。就是共性和个性的关系。生态系统的规律决定了它的一般性，而生态系统的类型不同又决定了它的特殊性。生态文化建设要有一般性的指导原则、一般的规律，也要有特殊的规律，有各地区的亮点、特点，体现一般性和特殊性的统一。生态文化是多样性的，从地域上看，各地区都应该有自己的品牌。比如说伊春的红松文化，海南的岛屿生态文化，新疆的绿洲文化，都是地域性特征，是特色生态文化，没有特殊性就没有一般性。从领域上看，又分城市生态文化、沙漠生态文化、湿地生态文化、乡村生态文化等，像东北大林区的生态文化和西北沙区生态文化就有差异。一般性是指导，而特殊性是切入点和抓手，如果每个地区都在讲一般性，就不会有生机和活力。

第二，继承和创新的关系。中国的生态文化有悠久的历史，博大精深，如天人合一，师法自然，这些是传统生态文化的核心思想。要牢记、继承宝贵的精神财富。但因为整个自然条件和社会条件都发生了巨大的变迁，传统的东西已经不够用了。要与时俱进，就要研究在继承的基础上怎么发展、创新生态文化。我们要弘扬的是现代生态文化、先进生态文化。既有传统的又有现代的，既有国内的也有国际的，一切优秀的东西我们都要继承和弘扬。

第三，完善的生态体系、发达的产业体系与繁荣的生态文化体系的关系。林业生态与产业体系建设都属于物质文明建设，而文化体系既是物质文明又是精神文明建设，更多的是精神文明建设，它属于上层建筑、意识形态领域。物质文明是精神文明的基础，精神文明反过来又对物质文明具有巨大的推动作用。生态文化体系是与生态体系、产业体系相辅相成、水乳交融的。从广义上讲，文化是物质文明和精神文明的总合。从狭义上讲，文化就是意识形态。弘扬生态文化，首先就要大力宣传建设完善的生态体系和发达的产业体系，这正是生态文化的任务。搞文化没有依据、没有基础、没有载体不行,文化就是要宣传应该建设什么样的生态体系,什么样的产业体系,应该发挥什么样的功能,起到什么样的作用,这是生态文化建设的主要任务。生态文化的任务就是为生态体系和产业体系的建设发挥它的引领、推动和保证作用。但文化又有其自身规律,有其特殊使命,有其自身内在需求,还必须建立起生态文化本身的完整体系,以充分发挥生态文化的作用。

第四,全面与重点的关系。生态体系是一个复杂的系统,产业体系是一个大体系,生态文化更是一个广泛的范畴,涉及面很广。要高举生态大旗,宣传林业在生态建设中的首要作用。在全面弘扬生态文化的同时,要突出重点。一个是解决认识上的偏差。当然,必要的时候也可以争论。比如有人说一棵树是一个抽水机,有人说只能依靠自然修复能力恢复生态等,这些话都有一定的道理,但如果这些观点作为决策的依据,就是不科学的。认识上的偏差会作出错误的结论,导致严重的后果。再一个是,在生态文化中森林文化应该放在重要地位,也应该宣传湿地文化、城市森林文化。还有一个,林业发展中的重大决策、面临的重大问题都是宣传的重点。

第五,林业与社会的关系。林业建设者要成为弘扬生态文化的组织者、推动者、实践者和倡导者。要使全社会关注和参与,使全社会树立科学的生态价值观,发动全社会弘扬生态文化,同时,又要为全社会弘扬生态文化提供服务、支持。

六、要研究生态文化的特征

生态文化像生态系统一样,是有特征的。

第一是系统性。从分类来看,可分为森林文化、湿地文化、沙漠文化、城乡生态文化等;从森林文化看,有竹文化、药文化、花文化、旅游文化、茶文化等等。生态文化是一个大的系统,各个子系统之间是紧密联系,不是分割的。

第二是开放性。生态文化不仅是林业文化,不仅是传统文化,也不仅是中国的文化,它是社会性文化,全国性文化,甚至是国际性文化。

第三是社会性或群众性。生态文化是社会文化的组成部分。

第四个是先进性。社会发展正由工业文明进入生态文明阶段,生态文明是更高一级的社会发展文明形态。

七、生态文化体系建设的指导原则

第一,坚持以人文本、全面协调可持续的发展理念。这是一个重大原则,是生态文化体系建设最基本的原则。

第二,引领社会树立正确的价值观,机关干部树立正确的政绩观。比如,创建森林城市的政绩,是永远的政绩,是人民群众拥护的政绩。

第三,教育、制度和传播并重。制度是指法制。教育是基础,制度是保证,传播是最基本的手段。传媒是主渠道,在信息化社会要靠信息化手段。

第四,全民参与,全社会推动。动员全社会的力量关注、宣传生态文化。

谈生态文明[*]

这次研讨会主题确定的好,以生态文明与和谐社会为主题,对于引导人们加深对生态文明的理解和认识将起到重要作用;时机选择的好,当前全国上下正掀起学习贯彻十七大精神的热潮,是贯彻落实是十七大精神的一个具体行动;合作方式好,生态文明建设的各方面共同来研究,有利于全面而又深入地认识生态文明这个重大历史课题。

一、建设生态文明的必然性

建设生态文明的政治意义、历史意义和理论意义重大,反映了发展要求、精神需求、民众述求和执政追求。

发展要求,就是经济社会发展到今天,提出加强生态文明建设是因时而生,因势而出。我国人口众多,资源消耗巨大。改革开放 29 年来,经济社会迅猛发展,取得了举世瞩目的成就,但在发展过程中也付出了巨大的生态环境代价,资源与生态环境容量已不足以支撑现在的产业结构、增长方式和消费模式长久持续下去,必须从生产方式和生活方式上进行大的转变。人的全面发展、经济社会的可持续发展已成为科学发展要解决的的根本问题。建设生态文明,从世界观、道德观、价值观、政绩观、消费观的层面解决问题,是解决经济社会发展与生态环境之间矛盾的治本之举。

精神需求,就是人们在满足物质财富增长愿望的同时,还有更多的精神

---

* 本文是作者在生态文明与和谐社会学术研讨会上的讲话,原文载于 2007 年 11 月 26 日《中国绿色时报》。

层面的需求,人的全面发展应该包括人的生态文明观念的确立。良好的生态环境,给人们身心带来的愉悦和陶冶是精神需求的重要方面。

民众述求,就是生态环境问题已经成为人民群众最为关心的切身利益问题。生态良好,已成为人民群众生理健康、心理健康的基础条件。喝到干净而充足的水、吸到清新和负氧离子多的空气、吃上绿色营养丰富的食品、享受上维护生理健康、心理健康的生态环境,已经成为人民群众的现实要求。

执政追求,就是把建设生态文明、实现人与自然和谐作为实现党的奋斗目标的新要求,作为党执政的新理念。这一执政理念是在我们党的执政过程中不断得到深化和发展的。建国初期,毛泽东同志就提出植树造林、实现大地园林化的伟大号召。1981年在邓小平同志倡导下,五届全国人大作出了《关于开展全民义务植树的决定》。江泽民同志发出了"再造秀美山川"的号召,提出要促进人与自然的和谐,使人们在优美的生态环境中工作和生活。胡锦涛同志在党的十六届三中全会上提出以人为本,全面协调可持续的科学发展观,在党的十七大报告中又提出建设生态文明,走生产发展、生活富裕、生态良好的文明发展道路,成为生态环境良好的国家。这充分说明我们党在探索中国特色社会主义道路的进程中,对生态文明的认识不断达到新的高度。

建设生态文明,有着深刻的理论基础,扎实的实践基础、物质基础和群众基础,是历史发展的必然,也是符合中国特色社会主义实际情况的战略选择。

二、生态文明的内涵及特征

对生态文明的内涵,是一个不断深化、不断升华、不断拓展认识的过程。

马克思讲,"历史可以从两方面来考察,可以把它划分为自然史和人类史。但这两方面是密切关联的。只要有人存在,自然史和人类史就彼此相互制约。"自然生态系统包括海洋生态系统、陆地生态系统、大气生态系统。

陆地生态系统包括森林生态系统、湿地生态系统、沙漠生态系统、草原生态系统、冰川生态系统和城乡人工生态系统。森林，是陆地生态系统的主体。人类社会，也是一个生态系统。生态文明，应包括社会与自然。陈寿朋教授在《生态文明建设论》中讲，生态文明，是指人类在生产生活实践中，协调人与自然生态环境和社会生态环境的关系，正确处理整个生态关系问题方面的积极成果，包括精神成果和物化成果，实现生态系统的良性运行，人类自身得到进步和改善，人类社会得到全面、协调、可持续发展。生态文明的核心是确立生态文明观。这种新型的生态文明观就是人与自然平等、相谐、互惠互利为价值观基础的世界观。它要求人类坚持相互关联的三个基本原则：一是人类社会要与自然共同进化、协调发展；二是人类应热爱自然、保护自然、赞助自然，而不能以任何理由和方式破坏自然；三是人类要按自然规律办事，人类发展必须与自然规律相一致。陈寿朋教授的这些概括，深刻而精炼。

生态文明的特征，主要的有以下几个方面：

一是生态文明范畴的广泛性。从内涵上看，包括生态意识文明、生态法制文明、生态行为文明。生态意识文明，指人们正确对待生态问题的进步的观念形态，包括意识形态、观念、理念、心理、道德以及一切体现人与自然平等、和谐的价值取向。生态法制文明，指一种进步的制度形态，包括生态法律、制度和规范。生态行为文明，指在生态文明观指导下，人们在生产、生活实践中各种推动人与自然和谐发展的活动。从外延上看，生态文明建设是具有多维性指向的有机整体。它的指向覆盖了政治领域、经济领域、文化领域、社会领域，在经济社会的各个领域发挥引领和约束作用。

二是生态文明形态的高级性。生态文明是人类文明的更高级形态。人类创造了农业文明和工业文明，历史表明，农业文明和工业文明是人类文明进程必须经历的历史阶段。农业文明、工业文明往往是以索取和破坏自然为代价换取的，不可能永续发展。而生态文明，是人与自然共存共荣共进、和谐发展的文明，必然替代工业文明。世界工业化发展的成果包括造成了全球生态危机，严重威胁到人类自身的生存和发展。生态危机的直接原因在于人类生产方式、生活方式的失范,而其实质是文化危机。马克思讲,共产主义是人和自然、人和人之间矛盾的真正解决。我们可以这样理解,人与自然和谐了,人与人才能最终实现和谐。

三是生态文明建设的长期性。生态文明作为新的社会文明形态,必然经历一个长期的复杂的历史进程,就像实现共产主义目标的长期性一样。我国生态文明建设任务尤其艰巨,其长期性更为突出。

三、生态文明与和谐社会关系紧密

生态良好、生态平衡,是建设和谐社会系统的基石,是构建和谐社会的必然选择。

一是生态文明建设是和谐社会建设的基础保障。和谐社会的核心是人与人之间矛盾的真正解决。社会的政治、经济、文化发展是实现人与人之间和谐的保证。而没有一个稳定和平衡的生态环境,社会的政治、经济、文化都难以提供人际关系和谐的保证。

二是生态文明建设为和谐社会提供资源支撑。没有自然资源,经济发展就无从谈起,没有经济发展,和谐社会发展就失去推动力。生态文明建设的主要任务,就是通过保护自然资源、节约自然资源、科学利用自然资源,维护自然生态动态平衡。

三是生态文明建设为和谐社会创造维护稳定的条件。生态灾害、生态危机、自然资源开发和利用,已成为国际事务的敏感、重大问题,关系各国根本利益,甚至由此引发战争。由于自然生态系统的整体性、资源的紧缺性,国内流域的上下游之间、地区之间也存在着矛盾。因此,自然资源的可持续利用、生态环境的公平享用是国际和国内社会和谐的前提条件。

四、林业在建设生态文明中的作用巨大

森林、湿地是人与自然和谐的关键和纽带。我国林业肩负着森林保护

和培育、湿地保护和恢复、防沙治沙、治理水土流失、木材生产、野生动植物保护和自然保护区建设的重任。林业在生态建设中处于首要地位,承担着提供生态产品、物质产品和生态文化产品的艰巨任务。在建设生态文明的历史进程中,林业既要承担起生态建设的重任,又要当好生态文化建设的先锋。

一是在应对气候变化中发挥重要的不可替代的作用。人类活动对气候的影响源于两个因素,一方面是大规模使用化石燃料,排放大量以二氧化碳为主的温室气体,另一方面是大规模破坏森林,严重损害了森林的固碳能力,并因此成为巨大的碳排放源。森林是陆地上最大的储碳库,是最大的吸碳器,也是长久的固碳形态。林木每生长 1 立方米,平均吸收 1.83 吨二氧化碳,放出 1.62 吨氧气。今年 9 月,胡锦涛总书记在亚太经合组织第十五次领导人会议上从维护全球气候安全的战略高度,深刻阐明了我国对气候变暖问题的看法和主张,倡议建立亚太地区森林恢复和持续发展管理网络,提出到 2010 年我国森林覆盖率增长到 20% 的发展目标,这是对森林在防治气候变暖中作用的充分肯定,也是林业肩负的光荣而艰巨的任务。

二是在防沙治沙治中发挥重要的不可替代的作用。我国是荒漠化、沙漠化最严重的国家,全国沙漠化土地 174 万平方公里。沙害是中华民族的心腹之患。我国有 53 万平方公里可治理的沙化土地,还有 32 万平方公里的土地有明显沙化趋势,沙化土地占国土面积的 18.1%,防治任务异常艰巨。

三是在提供可再生能源上发挥重要的不可替代的作用。森林是仅次于煤、石油、天然气的第四大能源,已成为各国能源战略的新选择。我国林木生物质能源发展潜力和空间巨大。加快发展林木生物质等可持续能源,对维护石油对外依存度超过 40% 的我国的能源安全具有十分重要的战略意义。

四是在保护生物多样性上发挥重要的不可替代的作用。生物多样性,是维持自然生态系统平衡的核心和基础,也是生态良好的基本标志。从全球看,物种的灭绝速度是自然灭绝速度的 1000 倍。森林是世界上最丰富的生物基因资源库,发展森林资源对于保护好珍贵物种资源具有重要意义。

　　林业对治理水土流失、促进降雨、维护粮食和水资源安全、推进新农村建设等都具有重大作用。但是我国森林资源总量严重不足,结构严重不合理。虽然森林覆盖率经 50 多年艰苦努力达到了 18.21% ,再经过几十年努力力求达到 26% ,但距全球平均森林覆盖率还少 4 个百分点。林业建设任务异常艰巨,任重道远。